賓·拉登文件

蓋達組織、其領導人與家庭的真相

THE BIN LADEN PAPERS

How the Abbottabad Raid Revealed the Truth about Al-Qaeda, Its Leader and His Family

Nelly Lahoud

奈莉・拉胡德 ——著

苑默文 ——譯

在我十四歲左右，我堅決地認為，在我的家鄉——黎巴嫩貝魯特——完成學校裡的學士學位課程一定是浪費時間的。我把全家人召集來並提出我的理由：「學習盧梭、穆泰奈比和前伊斯蘭時期的詩歌到底有什麼用處？我向家人提出這個問題。然後以無懈可擊的推理，說明退學後到技術學院攻讀電腦科學有多大好處。當我說完時，所有的人都同意了。也許應該說，幾乎所有的人都同意了。除了我媽。她並不幸運，自己沒有接受過教育，她只是翻了翻白眼，直接否定了我的提議。

如今，我的電腦技能連平庸都算不上，而我卻如此深愛著閱讀盧梭和阿拉伯詩歌。

這本書獻給我已故的母親Reda——我所認識極聰慧的人之一。

目次

奧薩瑪・賓・拉登家族譜系（包括在伊朗獄中出生的孫輩）

- 希哈姆・賓特・阿布杜拉・賓・胡塞因（Siham bint Abdallah bin Hussain）1987年結婚（沙烏地阿拉伯）
  - 海迪嘉（Khadija）（與阿布杜拉／達吾德結婚）1988年—2007年
    - 阿布杜拉（Abdallah）2001年出生
    - 阿伊莎（Aisha）2003年初出生
    - 奧薩瑪（Usama）2004年底出生
    - 希哈姆／法蒂瑪（Siham/Fatima）2007年中出生
  - 哈立德（Khaled）1989年—2011年
  - 瑪麗亞姆（Mariam）1990年出生（2008年與阿布杜拉／達吾德結婚，婚事未完成）
  - 蘇梅亞（Sumayya）1992年出生

- 阿瑪爾・阿赫邁德・薩達（Amal Ahmad al-Sada）2000年結婚（葉門）
  - 薩菲婭（Safiyya）2001年出生
  - 阿西婭（Asiya）2003年中出生
  - 易布拉欣（Ibrahim）2004年底出生
  - 載奈布（Zainab）2006年10月或11月出生
  - 胡塞因（Hussein）2008年中出生

- 穆罕默德（Muhammad）1985年出生，2000年結婚
  - 法蒂瑪 Fatima）
  - 瑪麗亞姆（Mariam）
  - 奧薩瑪（Usama）2007年出生
- 法蒂瑪（Fatima）1987年出生，1999年結婚〔2001年10月守寡，2007年與蘇萊曼・阿布・蓋伊斯（Sulaiman bou Ghaith）結婚〕
  - 法蒂瑪（Fatima）2010年出生
- 伊曼／阿斯瑪（Iman/Asmaa）1990年出生
- 拉登／巴克爾（Laden/Bakr）1993年出生
- 魯蓋婭（Ruqayya）1997年出生
- 努爾（Nour）1999年出生

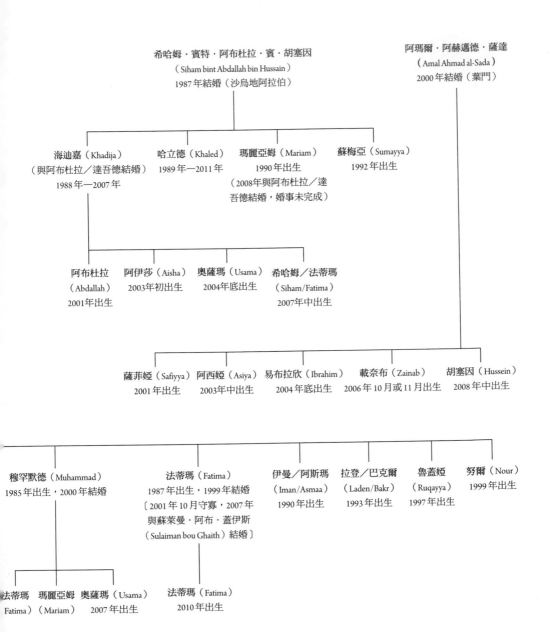

奧薩瑪・賓・拉登

2011年5月1日前的妻子、兒女和孫輩

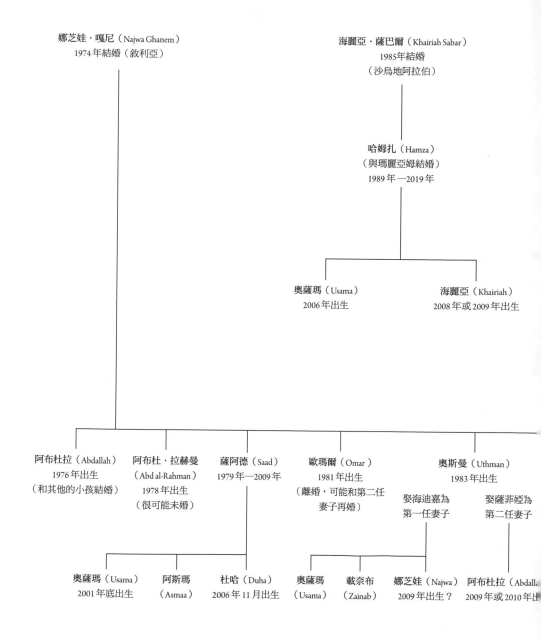

娜芝娃・嘎尼（Najwa Ghanem）
1974年結婚（敘利亞）

海麗亞・薩巴爾（Khairiah Sabar）
1985年結婚
（沙烏地阿拉伯）

哈姆扎（Hamza）
（與瑪麗亞姆結婚）
1989年—2019年

奧薩瑪（Usama）
2006年出生

海麗亞（Khairiah）
2008年或2009年出生

阿布杜拉（Abdallah）
1976年出生
（和其他的小孩結婚）

阿布杜・拉赫曼
（Abd al-Rahman）
1978年出生
（很可能未婚）

薩阿德（Saad）
1979年—2009年

歐瑪爾（Omar）
1981年出生
（離婚，可能和第二任
妻子再婚）

奧斯曼（Uthman）
1983年出生

娶海迪嘉為
第一任妻子

娶薩菲婭為
第二任妻子

奧薩瑪（Usama）
2001年底出生

阿斯瑪
（Asmaa）

杜哈（Duha）
2006年11月出生

奧薩瑪
（Usama）

載奈布
（Zainab）

娜芝娃（Najwa）
2009年出生？

阿布杜拉（Abdalla
2009年或2010年出

阿富汗地圖（以及蓋達組織在巴基斯坦活動的區域）

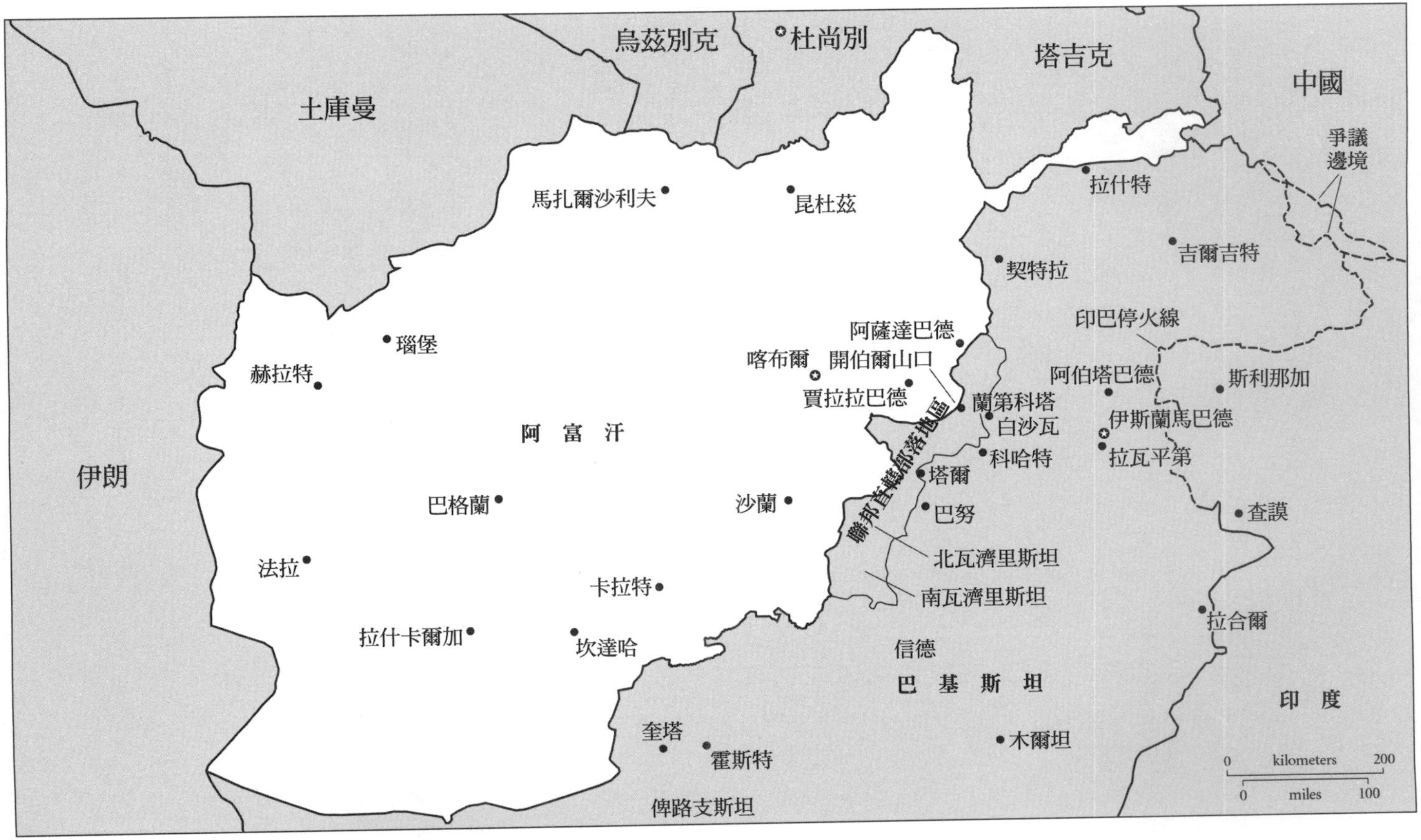

導讀《賓・拉登文件》所展現的基地組織與全球聖戰

侍建宇（台灣國防安全研究院國安所副研究員）

二〇一一年五月，美國海軍海豹部隊突擊奧薩馬・賓・拉登（Osama bin Laden）在巴基斯坦阿伯塔巴德（Abbottabad）。在撤離之前，額外花了十八分鐘奪取電腦與相關電子通訊設備。其中所藏的文件（其中六千頁為阿拉伯文），現已解密。

《賓・拉登文件》一書分為三個部分。第一篇講述二〇〇一至二〇一一年遭受重創的基地組織情況，第二篇著重於二〇〇四至二〇一一年基地組織與相關組織的關係，第三篇則是賓・拉登家庭與相關人員的情形。重組這些文件可以讓我們全面理解基地組織；不僅有機會一睹九一一恐襲的幕後設想，以及後來其他未實現的恐襲計畫，也可藉此一窺基地組織與其他附屬與結盟組織間的運作方式，並展現基地組織與伊朗、巴基斯坦、沙烏地阿拉伯各個國家之間的關係與敵意。美國入侵阿富汗對基地組織造成重創，藉由這些文件可描述賓・拉登當時的心理狀態，以及對他的家庭帶來的衝擊。

作者內莉・拉胡德（Nelly Lahoud）曾在西點軍校任教，現為新美國智庫（New America）國際安全項目高級研究員。在《賓・拉登文件》一書中，她對這些檔案進行全面整理。這些文件涵蓋賓・拉登與同僚的內部通信，以及他個人的反思。賓・拉登將電子文件保存，透過熟識可信的快遞員傳遞訊息，與家人和其他基地組織成員進行交流。

《賓・拉登文件》這本書展現了我們在九一一後過於高估基地組織的實力，基地組織領導人也透過宣傳將自己誇張或等同於全球聖戰運動的主導勢力。過去我們並不了解在美國發動全球反恐戰後，幾個月裡基地組織的實力就已嚴重耗損，甚至困難到無法實質控制和影響全球相關聖戰組織的情況。《賓・拉登文件》一書填補了過去二十多年恐怖主義實務研究的部分，勾勒描繪出二十一世紀初全球聖戰的興起與發展景致，並立論有據。

一、背景

理解基地組織出現的背景，首先可能需要對中東國際政治的癥結，以及蘇聯在一九八〇年代入侵阿富汗的影響有基礎的認識。

一九七九年二月伊朗國王被宗教學者何梅尼（Sayyid Khomeini）發動伊斯蘭革命，推翻並劫持美國駐伊朗大使館，發生人質危機，美國政府因而陷入外交困境。這個事件對伊斯蘭世界有著深遠的啟發——本土草根伊斯蘭教士一樣能夠成功推翻世俗統治者，而美國作為世俗統治者的後盾與強權卻無力挽救，所以穆斯林必須堅定信念。

一九七九年三月埃及總統薩達特（Anwar Sadat）、以色列總理貝京（Mena em Begin）和美國總統卡特（Jimmy Carter）齊聚簽署《大維營協議》，嘗試確立中東和平，埃及也成為第一個正式外交承認以色列的阿拉伯國家，引起中東地區譁然。這個協定象徵美國直接並強力涉入以色列與阿拉伯糾纏的中東區域國際政治，「壓逼」穆斯林「叛教」，對以色列讓步與妥協。伊斯蘭主義[1]復興運動者當然無法接受這樣的安排，武裝份子最後在一九八一年成功暗殺埃及總統薩達特，作為表態。

一九七九年十一月，伊斯蘭瓦哈比狂熱份子佔領麥加聖地清真寺，宣稱執政的沙烏地阿拉伯皇室已經失去正當性，腐敗又炫富，並實施西化政策，與美國結盟，摧毀了阿拉伯傳統文化。瓦哈比宣稱，根據《聖訓》所述，最後審判前的馬赫迪（意即宗教導師）已經降臨，呼籲穆斯林遵從末日遺訓。儘管這批瓦哈比狂熱份子最後被擊敗，並梟首處死，但這次佔領已對整個穆斯林世界帶來衝擊。當時賓．拉登是二十二歲的年輕人，雖然他沒參與此次事件，但家族有人涉案。[2]伊斯蘭激進勢力與向西方妥協的阿拉伯統治者正式決裂，以武力復興伊斯蘭勢在必行。

阿拉伯世俗政權開始全力鎮壓伊斯蘭主義武裝份子，他們被迫向外逃竄；有的前往西方國家以人權名義尋求政治庇護，隨著一九七九年十二月蘇聯入侵阿富汗，引發全世界穆斯林反共風潮，也有很多跨國阿拉伯戰士直接進入阿富汗參戰。蘇聯進軍阿富汗並不順利，陷入泥淖。以「遷徙聖戰」之名，阿富汗作為阿拉伯伊斯蘭聖戰武裝力量的出口，成為後來全球聖戰興起的「實驗場」。

其實這些背景事件烘托出一個中東國際局勢：伊斯蘭主義就是要咎責美國，是伊斯蘭世界紛亂的始作俑者，以色列問題持續被當作聖戰忿恨不滿的源頭，最終導致鼓吹全球聖戰運動的基地組織的出現。蘇聯從阿富汗撤軍是運動的轉捩點，阿拉伯武裝聖戰份子第一次感覺到有可能贏得「勝利」，相信他們打垮當時世界強權之一的蘇聯。所以只要繼續聖戰，喚醒全球穆斯林，終有一天也能把美國趕出中東，並消滅以色列。[3]基地組織也在中東國際政治糾結序列發展過程中，逐漸被凝聚塑造而成。

二、基地組織的結構

基地組織是由一群充滿極度不滿國際現狀的伊斯蘭主義者集結而成。他們嘗試革命，打擊家鄉腐敗的統治者，認為腐敗的源頭就是這些政權與美國西方世界聯盟。他們相信伊斯蘭文明終會復興，所以需要不斷的聖戰；以現代學術的話語來講，他們反殖民、反民族主義，甚至反對隨著工業化而來的現代社會價值。他們相信一個由所有穆斯林組成的共同體，也就是烏瑪（Ummah），最後會由政教合一的哈里發（Caliphate）來統治。

基地組織的成立可以追溯到一九八八年八月在阿富汗與巴基斯坦交界處——白沙瓦舉行的會議，參加過阿富汗戰爭的阿拉伯外國戰士決心創建新組織。[4]在阿富汗伊斯蘭酋長國塔利班政權的庇護下，基地組織逐漸茁壯。基地組織的結構不是傳統的金字塔形等級組織結構，反而更像是一個變形生物體。最多可以說，它的結構有一個「基地組織核心」（Al-Qaeda core），這個核心就是賓・拉登與其他領導層。在一九九〇年代他們可以向世界其他分支組織發號施令，但在美國攻入阿富汗後，卻變成一個政治象徵，吸引其他組織加入行列。

很多研究者都討論過基地組織的結構，它沒有清楚的等級關係，是一種「中心向外輻射」（hub-and-spoke model）的形狀。或說很像是一群四處「分散的部落」（scattered-cluster mode），隨著現實需要也可以變成「全球多中心部落」（global multi-hub tribe），或也可稱作「群集」（clusters）。[5]部落間保持某種有時緊密，有時鬆散的權力關係。也就是說，基地組織最鬆散的狀態可以是一種理念結盟的關係，像是多層的蜘蛛網互相連結，而且這個複雜的網絡關係多存在於地緣政治權力競逐的交會陰影下，在強權鞭長莫及無暇顧及處，進行活動。從權力隸屬角度來看，基地組織的真實權力運作結構非常「平坦」，尤其在美軍攻入阿富汗後，難以有上對下進行指揮的情況，「基地組織核心」頂多向外發出一些戰略概念或建議，各自獨立運作，但也會伺機協調或合作。根據「基地組織核心」的隸屬關係親疏可分成以下幾類：

第一、「基地組織核心」主要由賓．拉登、扎瓦希里與一些高級親近的指揮人員組成。第二、「正式宣誓效忠的附屬機構」，像是AQAP、AQIM、AQIS、Jabhat Al-Nusra，遍及阿拉伯半島、北非與東南亞。第三、「基地組織之外的同盟組織」，像是阿富汗塔利班、巴基斯坦塔利班，他們與基地組織彼此的成員有時身分也會互換。還有第四、其他「同情者與分散在世界各處的獨狼」，他們把基地組織視為一種全球伊斯蘭社會運動的象徵符號，共享某些價值與世界觀。[6]後來某些基地組織與附屬組織的成員隨著伊斯蘭國的興起，也更弦易幟。

基地組織在伊拉克分支的全名是「美索不達米亞聖戰基地組織」（Tanzim Qaidat al-Jihad fi Bilad al-

Rafidayn），二〇〇四年賓・拉登同意讓阿布・穆薩布・扎卡維（Abu Musab al-Zarqawi）所指揮的「認主唯一聖戰組織」（Jamaat al-Tawhid wal-Jihad）加入基地組織，作為伊拉克基地分支，使用基地組織的「品牌」。二〇〇五年扎瓦希里建議扎卡維透過四個階段建立一個國家：即驅逐佔領伊拉克的美國軍隊，然後在伊拉克建立一個伊斯蘭酋長國，再將聖戰擴大到鄰近地區，國家鞏固後再直接威脅並攻擊以色列。但扎卡維自行其是，以極度暴力的手法排除異己，攻擊伊朗。被美國無人機炸死後，扎卡維的繼任者巴格達迪（Abu Omar al-Baghdadi）於二〇〇六年十月正式宣告成立伊斯蘭國，並於二〇一四年六月宣布自己為哈里發，正式切斷與基地組織的關係，成為兩個敵對的聖戰實體。[7]

伊斯蘭國與基地組織在目標和戰術上有根本的差異。拉胡德在書中也重申基地組織從未能夠控制伊拉克當地事態發展。賓・拉登二〇一〇年建議將伊拉克基地分支組織重新命名為伊拉克伊斯蘭酋長國，但也沒有受到理會。

賓・拉登對阿富汗塔利班眾多領導人頗有疑慮，但他完全信任毛拉奧馬爾。面對美國要求引渡賓・拉登的巨大壓力，奧馬爾保護賓・拉登，證明他不屈服於美國的要挾，並對伊斯蘭教的忠誠。除去奧馬爾，賓・拉登並不完全信任阿富汗塔利班。塔利班分為由虔誠領導人毛拉奧馬爾組成的真誠信主陣營，以及受制於巴基斯坦三軍情報局的叛徒陣營。賓・拉登認為這兩派人馬會影響基地組織的未來，他堅信塔利班若與美國直接談判，就是背叛的開始。

基地組織與伊朗的關係十分惡劣，伊朗不是基地組織的後盾，在《賓・拉登文件》一書的第三部有許多細節的描述。二〇〇二年阿富汗不再是全球聖戰士藏身之處後，伊朗反而落井下石。許多基地組織戰士與賓・拉登的家人越境逃往伊朗，非但沒有被接納，反而將他們關進監獄。伊朗作為一個什葉派國家，與基地組織所屬的遜尼派水火不容。賓・拉登的兒子從伊朗監獄逃脫，描述基地組織在伊朗遭受的對待慘況。但由於家人被監禁，基地組織不得不壓制對伊朗的激烈批評。

三、基地組織的主張與行動

賓・拉登發動九一一事件，目的是攻擊美國，希望發動先發製人的打擊，天真地以為這樣可以迫使美國離開阿拉伯領土。全球開始反恐戰後，拉胡德認為賓・拉登對基地組織無力回擊感到極度沮喪。但他依舊希望基地組織網絡專注於攻擊美國人，或在美國境內進行大規模的行動，迫使美國從伊斯蘭世界撤軍，實現與美國的「恐怖平衡」。

賓・拉登認為「只有當全球異教徒政權，尤其是美國的領導者權力被耗盡，瀕臨崩潰，我們才會與地方政權進行鬥爭」。換句話說，首先必須擊潰美國「遠敵」，才能開始對中東和北非地方統治者進行有效的聖戰。然而，各地分支機構不認同這個願景，認為這是一種「負擔」。他們只想以基地組織的名義壯大聲勢，但實際的攻擊行動所針對的卻是「近敵」，[8]與他們有利益衝突的阿拉伯統治者或部族，如伊朗，完全與賓・拉登背道而馳。

賓・拉登所有的計畫都是針對美國與盟邦而來的。九一一後，他曾經設想用炸藥裝滿小型飛機，或將無法檢測的爆材運送到客機上，或使火車出軌。就像拉胡德在文件中指出的，賓・拉登甚至寄望透過襲擊大型油輪來破壞能源供應，導致全球經濟危機。但這些攻擊計畫都未成功實現。

賓・拉登對附屬與同盟組織的運作感到非常無力，因為它們處於一種失控狀態。賓・拉登批評巴基斯坦塔利班太過粗暴，經常傷及無辜的穆斯林，造成支持者的流失。但扎瓦希里比較抱持開放的態度，願意接受其他伊斯蘭主義組織「掛牌加盟」，以擴大基地組織的全球影響範圍。

依照拉胡德在《賓・拉登文件》一書所提出的看法，她認為二〇〇四年時基地組織大多數高級領導人都已被殺害或拘留，很多成員變得「軟弱、失敗且漫無目的」。也有成員歸咎於巴基斯坦，抓捕並阻止許多策劃中的海外恐怖襲擊，並帶來財務上的困難。拉胡德沒有發現任何文件證據顯示基地組織持續策劃重大襲擊事件。至於之後二〇〇四年馬德里爆炸案與其他恐怖攻擊恐，只是媒體羅織將這些襲擊與基地組織進行聯繫。賓・拉登親自指揮的行動只剩下二〇〇二年在肯亞蒙巴薩發動的兩次襲擊，目標是猶太人的旅館和一架以色列客機，這都是九一一事件之前籌畫好的。

許多基地組織的領導人躲藏、或被捕、或被殺，賓・拉登或許無法像過去一樣直接指揮，但並不代表基地組織完全無法運作。基地組織宣傳並指揮對外恐襲的巴基斯坦成員哈立德・謝赫・穆罕默德（Khalid Sheikh Mohammed，簡稱KSM）就曾策劃並負責發動多次的行動。KSM在二〇〇三年被捕並送往美國，他承認策劃九一一恐怖攻擊，二〇〇一年底又試圖策畫炸毀一架美國客機的「鞋子炸彈」恐攻案[9]。KSM利用基地組織的相關附屬組織，繼續發動襲擊，像是二〇〇二年印尼峇里島夜總會爆炸案。基地組織資助印尼的伊斯蘭祈禱團，對峇里島兩家酒吧進行汽車炸彈自殺襲擊，造成四百多人死亡或受傷。[10]另外二〇〇五年在倫敦七七大眾運輸自殺爆炸案，以及二〇〇六年被破獲的液體炸彈恐襲案，計劃炸毀由倫敦往美國多個目的地的「跨大西洋炸機案」。儘管肇事嫌疑者與基地組織不見得有直接的關係，但基地組織成員涉嫌在陰謀中扮演關鍵角色。

二〇〇一之後，基地組織的運作和管理方法完全不同於之前在阿富汗自由運作的時期，但不能完全排除遠在阿富汗和巴基斯坦的基地組織成員仍然提供訓練和管理，或監督執行襲擊的任務。

換句話說，基地組織在美軍攻入阿富汗後，實力大幅削弱，但對之後各個恐襲行動，仍然可依照個案透過特殊的網狀介入結構，進行不同程度的涉入或介入。賓・拉登非常清楚在全球反恐戰開始後，很難再有效地指揮阿拉伯半島與非洲的附屬與同盟組織。賓・拉登最多只提供一些戰略建議或概念原則。他曾經試圖促使葉門、索馬里或伊拉克的相關附屬組織按照他新修訂的概念行事，但路途遙遠又缺乏有效溝通，因此並不成功。

在賓・拉登死後，扎瓦希里與這些合作夥伴依舊維持鬆散的聯盟關係，因為這種關係可以塑造基地組織浮誇的強大形象，並成為一個全球恐怖組織的「品牌」。換句話說，實際上各個組織是根據各自的現狀與需要，面對當地環境的限制而自主運作。

四、伊斯蘭主義的未來？

基地組織的內涵與結構是變動的，多年下來，內部議程和組成已發生根本的演變，執行能力也發生變化。

最初在一九九〇年代，基地組織當然是作為一個層級組織而創建的，不是一個網絡、規則或想法。基地組織被設計成一個國際基地，提供專業軍事訓練、並作為全球聖戰行動的指揮中心，指導和建議未來全球烏瑪／伊斯蘭國統治方針。[11] 後來在二〇〇一年九一一事件後，美國摧毀阿富汗，基地組織遭受重創，才逐漸轉向變成一個全球聖戰「品牌」，有名無實地磁吸各地伊斯蘭主義組織加入與結盟。當然二〇一一年後隨著賓．拉登死亡，以及伊拉克與敘利亞新興崛起的伊斯蘭國成為一個更確定的聖戰組織，基地組織在賓．拉登繼承人札瓦希里的帶領下，只能更強調他們作為全球聖戰的思想理論核心，在宣傳及名義上對跨越不同地緣區域的伊斯蘭主義聖戰運動進行指導。

基地組織一直認為最重要的工作是動員民眾的支持，公眾輿論是基地組織領導人的戰略重點。札瓦希里在他寫給伊斯蘭國組織前身、基地組織伊拉克分支的領導人扎卡維的信中，敦促他減少無謂的暴力行為，提到民眾的支持非常重要。換句話說，基地組織一直重視培養發動軍事武裝攻擊的能力，同時也非常在乎媒體宣傳；軍事職能和宣傳兩個手段互相加乘，才能成就全球聖戰。

基地組織透過半島電視台或其他傳統媒體，以及社交媒體向外傳遞訊息的宣傳主題林林總總；像是鼓吹起義戰爭、指揮高層會議內容、伊斯蘭教法對特定事件的詮釋、宗教與聖戰事件紀念日。後來還討論比較複雜的議題，像是進行戰鬥方式與恐襲目標的鎖定、以及討論或辯解為什麼要解放被佔領的穆斯林土地、結束對穆斯林的壓迫、如何透過伊斯蘭教法和協商進行統治。意識型態問題也可以透過賓．拉登或其他高階領導人講話、聖戰歌曲與漫畫卡通呈現。基地組織領導人扎瓦希里認定這些目標需要「長期或幾代人努力」才能實現，沒有「具體的結束日期」，基地組織會繼續戰鬥直到最後審判日。

然而，基地組織的主張直接被伊斯蘭國組織挑戰。原本作為基地組織伊拉克分支，不僅自行宣稱創建伊斯蘭國，後來更在二〇一四年宣稱哈里發登基。並規劃將伊斯蘭國的疆域從敘利亞和伊拉克，透過「建省」形式擴散到全世界穆斯林社群，直接等於與基地組織進行敵對。基地組織一直強調伊斯蘭宗教解放，追求遙遠而模糊的社會正義。「長期聖戰」的目標卻一眨眼被「建立伊斯蘭國」取代，轉瞬間變得不切實際。基地組織作為全球聖戰的最高「品牌」地位遭受競爭挑戰。

我們在《賓．拉登文件》中看到基地組織對國際關係了解非常有限，很多想像與誤解，對於美國的中東政策完全無知，近乎迷信地以為能用武裝恐怖主義趕走美國，就能夠建立一個像古代帝國一般的穆斯林烏瑪，但從未想過恐怖主義只會破壞社會現狀。基地組織重視宣傳以贏得民眾支持，而其他伊斯蘭聖戰組織大都只想借用「品牌」虛張聲勢，然後繼續暴力破壞，自行其是又不團結。

基地組織與伊斯蘭國在過去十多年的衝突不僅僅是資源、支持者或勢力範圍的競爭，更是一場伊斯蘭主義未來如何發展的意識形態對抗。然而，隨著伊斯蘭國伊斯蘭國領導人巴格達迪在二〇一九年被美軍突襲喪生，二〇二二年札瓦希里在阿富汗喀布爾被美國無人飛機刺殺身亡，現在基地組織應該也只剩象徵的意義，遺留某些伊斯蘭主義發展的意識形態概念，留待後人反省，也就是：一、建立伊斯蘭國／烏瑪是長期聖戰的目標，無法一蹴可幾，伊拉克與敘利亞伊斯蘭國的失敗就是明證。二、全球聖戰是泛伊斯蘭主義的，必須予以包容，不能過度濫用暴力以爭取民心。三、恐怖攻擊的手段是防禦戰，不是進攻戰；具體來說，要迫使美國從穆斯林世界撤軍。

儘管基地組織的戰略概念非常粗糙，但依舊在阿拉伯半島、北非、敘利亞的伊斯蘭聖戰組織中流傳。美軍撤出阿富汗後，一些聖戰士又重新集結，等於又提供這些組織休養生息與反省的機會，之後的發展在不久的未來就會得見。

序幕　十八分鐘

「我們必須在三十分鐘內完成任務，」威廉・麥克雷文（William H. McRaven）上將對彼特・范・胡瑟（Pete Van Hooser）上尉說道。他們正在籌劃對奧薩瑪・賓・拉登位於巴基斯坦阿伯塔巴德的駐地進行的突擊行動。上將已經責成范・胡瑟來負責這次行動的技術執行任務，[1]包括與海豹部隊（Navy SEALs）的現場指揮官直接溝通，並即時向麥克雷文匯報任務的進展情形。[2]

速度至關重要。按照麥克雷文所做的研究，加上他經年日久、功勳卓著的經驗，他知道大多數成功的行動「都是在三十分鐘內完成的」。[3]早在巴拉克・歐巴馬總統委託麥克雷文計劃和主控阿伯塔巴德的突擊行動之前，這位上將已經進行一項歷史研究，研究八項特別行動任務。他的這一研究得出的結論是，速度對於一支小規模的攻擊部隊實現對其規模更大、防禦更強的敵人構成的「相對優勢」而言是至關重要的。[4]麥克雷文推斷，特別行動任務的成功取決於相對優勢，這種優勢是「在交戰的關鍵時刻」實現的；「任何的拖延都會擴大你的弱勢範圍。」[5]

海豹部隊是美國特種作戰部隊（U. S. Special Operations Forces，簡稱SOF）集體的一部分，他們以接受為「完成不可能完成的任務」而設計的訓練內容而感到自豪。[6]那些被選中執行阿伯塔巴德突擊行動的人是海豹部隊中的菁英隊員。麥克雷文指出，「所有的人都是精心挑選出來的」，「都擁有豐富的作戰經驗」。[7]將海豹部隊運送到奧薩瑪・賓・拉登家門口的兩架黑鷹直升機和兩架MH-47契努克運輸直升機的機組人員也是如此。[8]

二〇一一年四月三十日，在海豹部隊出發執行任務的幾小時前，麥克雷文把他的團隊召集起來。「先生們，」他對他們說，「你們每個人都執行過數百次像這次一樣的任務……只要像以往一樣發揮你們的作用，我們就會成功。」[9]在三十分鐘內完成任務是非常重要的，因為「分秒必爭，成敗在此一舉。」[10]

那天晚上的晚些時候，海豹部隊已經踏上抓捕賓・拉登的征途，他們的任務已經開始。他們已經身處於賓・拉登的基地內，就在他們安排好的突擊時間即將到來時，范・胡瑟向麥克雷文提出報告：「長官，海豹部隊要求在現場能有多一些的時間。」麥克雷文詢問現場狀況的情形之後，范・胡瑟解釋說：「長官，他們說他們在二樓發現一大堆電腦和電子設備。」[11]

在這幾分鐘前，現場指揮官已經在無線電中傳達訊息。「為了上帝和國家，傑羅尼莫，傑羅尼莫，傑羅尼莫！」——這是「我們抓到賓・拉登」的暗號，麥克雷文已經確認了，「傑羅尼莫」就是EKIA（敵人在現場被擊斃）的意思。」[12]計劃要求在地面上停留三十分鐘，不能再多了。」[13]但麥克雷文立即意識到賓・拉登的硬碟所具有的潛在情報價值。自從二〇〇一年十月七日在阿富汗開始的「持久自由行動」以來，特種部隊執行的每項任務都會在可行的狀況下施行「敏感地點發掘工作」（Sensitive-Site Exploitation，簡稱SSE），其形式就是獲得可能帶來寶貴情報的數據。[14]

儘管麥克雷文的「直覺」告訴他「要堅持原訂計畫」，[15]但他還是「批准」還原電子設備內文件的行動。在行動已經持續四十分鐘時，麥克雷文認為他們已經推得夠遠了，並告訴他們「結束行動」。「大約八分鐘後——或者不久後——我們已經起飛。」[16]

在隨後幾年內，海豹部隊找到的部分文件已經解密了，但大部分文件仍在情報界的專屬權限範圍內。到二〇一七年十一月時，也就是突擊行動結束後六年多，「將近四十七萬份額外的文件」解密了。在這些資料當中，有近六千頁的阿拉伯文的內部公報，這些公報從未打算拿來提供給公眾使用。如果不是海豹部隊在那危險的額外十八分鐘內勇敢的努力，我們就不會有賓．拉登文件可以使用。

前言

這本書的付梓要歸功於二〇一一年五月一日對奧薩瑪・賓・拉登位於巴基斯坦的阿伯塔巴德的基地進行突擊的特種作戰部隊。這本書是對蓋達組織解密的內部通信和文件所做的研究，這些文件是特種作戰部隊從賓・拉登的基地二樓的「電腦和電子設備」中找到的[1]——它包括近六千頁的阿拉伯文。

當我在西點軍校反恐中心（Combating Terrorism Center，簡稱CTC）工作期間（二〇一〇至二〇一五年）和之後，我都十分榮幸地能夠和特種作戰部隊的成員一同工作，根據我十分有限的經驗，我也能理解和感謝「特種」這兩個字。在西點軍校裡，集中了一大批鎂光燈背後的英雄，他們的成就對於像我這樣的對於軍事術語、軍銜制服的了解很有限的平民來說並不明顯。他們中的一位，連恩・柯林斯（Liam Collins），曾是我的老闆，大家都私下裡說他是特種作戰部隊大家庭中的「搖滾明星」。人們告訴我，他被他的團隊成員稱呼為「幸運」，這是為了紀念他在服役期間經歷過的許多危險遭遇。在連恩・柯林斯二〇一九年的退役典禮儀式上，透過那些曾經和他同袍服役並親眼目睹他英勇行為的人們的發言，我對他的勇敢有了一些認識。

我從連恩那裡了解到，領袖就是那些在特殊條件下，透過知道在何時做出領導、在何時扮演一名團隊成員，並根據這些情形來做出決定的人，這個定義也說明他作為反恐中心主任所扮演的角色。在他的任期內，美國政府透過西點軍校反恐中心解密，並公開從阿伯塔巴德帶回的數千份文件中的十七份。連恩信任並委託由我來帶頭研究這些解密文件，我從中了解到，為什麼特種作戰部隊進行敏感地點發掘（SSE）任務，[2]就如同海豹部隊在阿伯塔巴德二樓所恢復的電子設備那樣。

西點軍校反恐中心公開這十七份文件和阿伯塔巴德報告的幾天前，一群特種作戰部隊的飛行員訪問西點軍校。他們中的一位曾經參與阿伯塔巴德的突擊行動，當他帶著連恩走進我的辦公室時，我感到非常驚訝。我可以向他詢問的關於這一任務的內容很有限。他是典型的特種作戰部隊成員，一直淡化他和他的團隊為恢復文件所經歷的危險，並感謝我在這方面做出的工作。我告訴他，當反恐中心的研究報告定稿時，他的特戰小組將會是第一批讀者。當然，反恐中心會在報告裝訂和公開發表之前就將其郵寄到相應的地址。

我透過另一位英雄，肯特・索海姆（Kent Solheim）了解到更多關於特戰部隊的世界裡的樣貌，當時他是反恐中心的研究員。肯特是第三特種部隊小組（3rd Special Forces Group）的成員；他曾在伊拉克負過傷，他的傷勢讓他失去一條腿。他提出能夠繼續在軍中服役的豁免要求，隨後又得到幾次派遣任務。在我們的談話中，肯特從未提起過他獲得過的銀星勳章。這枚勳章是為獎勵他「單槍匹馬地挫敗了敵人的進攻，將自己暴露在敵人的火力之下，殺死一名正在與戰友糾纏的敵人火箭炮手和槍手」。[3]當他在西點軍校騎腳踏車時，我注意到他的義肢，才了解到他受過的傷。

在二〇一四至二〇一五年時，肯特決定，讓特種作戰部隊和其他軍事單位在被派駐到伊拉克，並為伊拉克軍隊提供「建議和協助」之前，應該要先學到反恐中心對IS組織的研究。在我們前往位於美國各地的軍事基地介紹我們的研究時，我認識了一群具有批判性的思想家，他們都很渴望進行不帶感情、平心靜氣的分析。就如同往常一樣，當我們與特種部隊和其他陸軍社區共事時，我們這些平民研究人員也被視作是他們團隊的一員。事實上，當我跟在肯特的身後時，他經常向別人介紹我是第三組的成員，讓我能夠進入特戰部隊的健身房（配有各種健身器材）。

我所珍藏的紀念品包括肯特的綠色貝雷帽，這頂帽子是為了紀念我正式成為第三組特戰部隊的榮譽成員，以及連恩在二〇〇一年派駐在阿富汗時攜帶的血幅（blood chit）。血幅是軍事人員隨身攜帶有編號的身分證明，以防他們在派駐服役期間被敵人擊落或陷入困境。血幅上面寫有他們派駐地區所使用的語言文字，證明他們是美國人，並鼓勵當地居民給他們提供協助。[4]其英文版本的內容是：

> 我是美國人，我不會說你們的語言。我不會傷害你！我對你們的人民沒有惡意。我的朋友，請為我提供食物、水、住所和必要的醫療護理。另外，請為我提供安全通道，讓我到最近的支持美國及其盟友的友好勢力那裡。當你向美國當局出示這個號碼時，你會因協助我而得到回報。

在我的研究過程中，我一直痛苦地注意到，特種部隊通往阿伯塔巴德的道路始於二〇〇一年九月十一日的紐約，當時有近三千人喪生。在雙子塔所在地建造的九一一紀念館和博物館，底層是一個紀念展廳，其四面牆上展示了所有在九一一事件中喪生者的照片。這直觀地提醒參觀者，他們所站的地方曾是一個屠殺現場。[5]令人無比感傷的是，導致賓・拉登文件存在的一連串事件就是在這裡開啟的，而這本書也是其後續發展的一部分。

多年來，我一直在紐約市消防局（New York City Fire Department，簡稱FDNY）每年舉辦的反恐執行教育計畫中授課，該局在九一一事件中遭受重大傷亡。這個課程是由約瑟夫・「喬」・費佛（Joseph "Joe" Pfeifer）局長（已退休）在九一一事件後構思的。喬是FDNY在世界貿易中心的第一位負責人，他在恐怖攻擊事件中失去他的兄弟，同為消防員的凱文。從FDNY退休後，喬寫了一本書《平凡英雄》（*Ordinary Heroes*），講述這個令人痛心的日子。喬和他的聯邦調查局同事讓我認識到恐怖主義對於那些第一線人員的有害影響，以及他們即使在對我們其他人來說非常普通的日子裡也要面對的非凡挑戰。

撰寫這本書的整個過程中，我試圖將文件中披露的敘述集合起來，讓人們知道賓・拉登和他周圍的人們在做什麼、想什麼、交流什麼、計劃什麼。這就好像整個敘事是一張毯子，而賓・拉登的這些文件是必須要經過重新編織，才能展示出其設計脈絡的絲線。

一開始我曾考慮寫一本回顧關於賓・拉登和蓋達組織現有文獻的書，裡面包含從文件本身而來的一個經過選擇的子集材料，以重新審視關於這個主題的關鍵假設。但我擔心的是，這種方法會產生一本主要集中在並未發生的事情上的書，而不是更有說服力的、不為人知的實際發生的故事。

因此，我轉而選擇以我在語言、文本分析方面的學術背景為基礎，用一種尚未嘗試過的方式來閱讀和分析賓・拉登文件的方法。多年以來，我的博士導師和其他導師們都向我強調文獻學家們所說的「慢慢閱讀的藝術」的重要性。[6]在他們的智慧指導下，我努力地對賓・拉登文件中的明確內容加以理解，並在可能的情況下推測出隱含的內容。

我的目標是向讀者介紹這些文件的來龍去脈，並盡可能多地納入原始材料。我希望，作為讀者的你，也能參與到分析中來，也能參與我在研究過程中遇到的挑戰、謎題和啟示。一同分析，我們才能一起來到一個場域裡，能夠一起在這個場域裡對世界的參與者加以觀察，而我們所閱讀的材料，正是這些參與者互通書信的內容。

請記住，本書所有的內容都來自賓・拉登文件本身。我們將透過蓋達組織的視角，看到一個正在「經受折磨的」組織，這個組織的國際恐怖主義活動在二〇〇一年十二月塔利班政權垮台後就已經停止。我們將親身體驗到，無人機——作為一種反恐武器，對於蓋達組織和其他武裝份子的破壞性影響。我們將目睹賓・拉登對他的政治事業的堅定承諾，並為之犧牲其個人財富，並理解為什麼他的思想在今天仍持續給人們提供動力。我們將透過賓・拉登想要發動大規模恐怖攻擊的計畫來了解他想法中的條理，他曾這樣寫道：「其（大規模恐攻）影響」「將遠超九一一事件」。我們會觀察蓋達組織如何與它所激勵出的聖戰組織活動的意外後果糾結。這些信件將會把我們帶入賓・拉登的家中，在那裡，我們將會看到他的妻子和女兒，實際上她們是他多年以來所發表的公開聲明的共同作者，並且還將聽到為他的兒子哈立德尋找新娘時的談判內容。令人意想不到的是，我們將會在信件中發現真正線人的身分，很可能正是這個人的被捕才讓中情局發現賓・拉登在阿伯塔巴德的藏身之地。

我在前文中已經說到，這本書就像一次重新的編織操作，以揭露出賓・拉登和他周圍的人們所編織的掛毯圖案。然而，這幅掛毯還是缺少一些線頭，讓我只能做出一個不完整的敘述。儘管賓・拉登的許多文件在表達上是毫不含糊的，但有些文件沒被找到，或是已經被賓．拉登銷毀，而其他一些文件則是故意用密碼語言寫成的，它們幾乎是那種難以破解的謎語。我可以從恢復的信件中部分重建一些丟失的文件，但其他的一些信件則可能永遠也找不到。有些謎語我可以解開，有些則讓我敗下陣來。

儘管有缺失的線索，但找回的近六千頁阿拉伯文文件，使得我們能夠按照時間順序把九一一事件發生一直到蓋達組織首腦於二〇一一年被殺之間的十年裡發生過的關鍵事件進行描述，正是這十年間的發展界定了蓋達組織。這六千頁文件揭露了蓋達組織的祕密，並對有關該組織的現有敘述進行糾正。我沒有求助於用第二手資料來補全敘述，因為為現有文獻做出添加的風險可能會讓這些二手文獻與賓．拉登文件所揭示的現實不相符。然而，我也的確利用了二手資料來闡明文件中提出的問題和其他學者研究過的問題，並為這些問題提供背景。

為了理解蓋達組織內部通信所揭示的寶貴訊息，了解賓．拉登及其同夥是如何通信的，以及為什麼他們的通信對賓．拉登領導下的蓋達組織之活動具有內在意義是很有幫助的。

在阿伯塔巴德，賓．拉登的家人延續嚴格的安保措施，以免被中央情報局或巴基斯坦政府追蹤。這些信件非常清楚地表明，賓．拉登一家在他們的院子裡是無法使用網路或電話的，賓．拉登和他的同夥之間所有的通信都是透過線人送來的電子信件進行的。有些信件是手寫的，然後再掃描，並保存為圖片文檔（JPG files），但大多數是打字完成的，並將它們保存為WORD文檔。有一封信披露了其中的機制。電子信被保存在「SIM卡」上，然後放在一個「信封」裡。到達預定目的地後，這些信件必須被「提取」出來。為了防止文件落入他人之手，賓・拉登和他的同夥用他們定期更換的化名來寫信。有時，他們甚至不在各自的信件上簽名或註明日期。

考慮到這一點，有必要就如何閱讀這些信件發表一些看法。顯而易見的是，要記錄蓋達組織在九一一事件後的歷史，需要根據信件的作者和寫作的時間順序來對這些信件加以分析。但這些問題並不總是一目了然的，讀者往往要根據信件內容中提供的線索來確定作者和估計日期。[7]重要的是，賓・拉登文件潦草又怪異的阿拉伯文寫作風格，與蓋達組織領導人光鮮的公開聲明之間存在著明顯的差異。值得重申的是，這些信件不是為公眾消費而寫的，而且往往是在匆忙中一蹴而成。因此，作者對內容的關注要優先於文采，並經常以一種既定的小圈子讀者已經心知肚明的形式穿插訊息。例如，一個看似模糊的句子只有在完整閱讀信件後才能理解——也就是說，在寫信的過程中，寫信的人記住了一件事，後來他們在同一封信的不同頁上隨意對這件事給予補充，因為寫信人知道讀信人很容易就會把這些細節聯繫起來。

通常情況下，需要仔細閱讀好幾封信後才能理解隱祕的資料聯繫。比方說，一件事可能在早先的信中明確指出過，然後在隨後一系列來回往復的信中又再被提及，然而，卻看起來更模糊了。讀者必須把這一系列的往復信件聯繫起來，只有這樣，才會出現「啊哈！原來是這樣」的時刻。此外，近六千頁阿拉伯文內部通信包括相同信件的幾個版本。有些是重複的，而有些則是在寫作過程的不同階段寫成的草稿。例如，同一封信存在於起草過程的第四頁，然後是第九頁，然後是第十八頁，依此類推。通常情況下，早期的不完整草稿會包含重要的訊息，但這些訊息並未進入信件的最終版本。

因此，對信件的理解往往需要整合特定段落以外的訊息和細節，要麼是來自同一封信，要麼是來自其他幾封信。由於這些原因，當我翻譯書信中的段落時，我會使用方括號「〔……〕」，這是專門用來指定隱含但不直接出現在文本中的內容。如果不這樣做的話，行文就會很不方便，而且會分散讀者的注意力。

除了連接字和字之間的點以外，理解賓・拉登文件還需要區分其中的訊息種類和來源。這些信件代表對蓋達組織內部運作、發展動態和世界觀的無可爭議的描述。因此，其內容遠比所有現有文獻，包括基於對蓋達組織成員的採訪和自傳的出版物更具有權威性。賓・拉登文件揭示蓋達組織在九一一發生之後的歷史，而這段歷史正是由它的關鍵成員塑造出來的，而其他的敘述則是利用事後諸葛的便利寫出來的，而且往往帶有某種目的（例如，許多參與者似乎在全球「反恐戰爭」之後發現他們內心的非暴力傾向）。

但冒昧地說一句，信件中的內容並非全都擁有同等的權威性。例如，對於賓・拉登和他的同夥對世界政治的看法就應該抱著懷疑的眼光來加以衡量。當蓋達組織領導人提出伊朗和美國之間，或是伊朗和巴基斯坦之間進行合作以破壞聖戰主義時，我們當然不應該把他們的說法當作真理。然而，我們可以從他們對這些國家行為者一貫表達的懷疑、恐懼和偏執中推測，蓋達組織並不是像一些陰謀論者希望我們相信的那樣，是中央情報局的產物，也不是像一些分析家認為的那樣，是在推進伊朗、沙烏地阿拉伯和巴基斯坦的政治目標的產物。

另外，在本書的閱讀過程中會表現得非常清楚的是，賓・拉登和他的同夥，包括那些以北瓦濟里斯坦為基地的人們，他們費盡力氣來藏身〔瓦濟里斯坦（Waziristan）是巴基斯坦組成聯邦直轄部落地區（Federally Administered Tribal Areas，簡稱FATA）七個地區其中之一〕。因此，他們對自己所處環境的理解有時可能是有缺陷的。例如，儘管我們應該接受他們對阿富汗和巴基斯坦的一些塔利班的恐懼是真實的，但我們不應該認為蓋達組織的信件代表這些團體內部動態的真相。對於蓋達組織對伊拉克、葉門、索馬利亞和北非的地區聖戰組織的看法和評估也是如此。

由特種作戰部隊從奧薩瑪・賓・拉登的基地裡找到並隨後解密的文件可以在幾個網站上查閱。二〇一二年時，國家情報局主管辦公室（Office of the Director of National Intelligence，簡稱ODNI）透過西點軍校的反恐中心解密第一批蓋達組織的內部信件。[8] 隨後，更多的蓋達組織內部信件在二〇一五年五月、二〇一六年三月和二〇一七年一月解密，並直接在ODNI的網站上發布。[9] 國家情報局為其解密所有的文件提供英文翻譯，其中也包括反恐中心網站上的文件。我發現ODNI的翻譯並不充分，有時不完整，偶爾也無法理解。我推測美國政府提供的翻譯是將可操作的情報（例如，確定可能構成直接安全威脅的武裝份子的名字）置於內容分析之前的。二〇一七年十一月，中情局解密「近四十七萬份額外文件」，這些文件可以在其網站上直接訪問，但沒有提供翻譯。[10] 這些文件包括「音訊[11]、文件[12]、圖像[13]、影片[14]和軟體操作系統檔案。」[15]

除了這些文件之外，特戰部隊還找到一份兩百二十頁的手寫文件，以PDF文檔的形式以供取用。[16] 根據中央情報局的說法，這個筆記本的重要性對海豹部隊來說是立竿見影的，「在突擊行動後緊急的幾小時內」對其頁面拍照，使得美國情報分析人員能夠分析它，「尋找能夠揭示蓋達組織持續謀劃的陰謀之線索」。[17]中央情報局將這份文件描述為「賓・拉登的日記」是不準確的。仔細閱讀便可發現，它包括賓・拉登生命的最後兩個月，在阿伯塔巴德基地一個頂層房間的家庭談話的紀錄。這本筆記本是一份獨特的文件，至少是因為它使得讀者能夠近距離觀察賓・拉登和他在阿伯塔巴德的大多數成年家庭成員之間的動態。

中情局公布的文件是至今最全面的。在近六千頁的蓋達組織內部信件中，約有四千五百頁被中情局解密。根據我的研究，蓋達組織的內部通信可以在兩萬四千一百六十八份被轉換為PDF格式的Microsoft Office文件、七萬兩千一百九十五張圖片（IMG格式），以及兩百二十頁的手寫文件中找到。在兩位研究助理的幫助下，我翻閱九萬六千多份文件。其中大部分是公開的材料，比如報紙文章、意識型態專著、聖戰影片和演說錄音。在挖掘這些文件的過程中，我們提取並整理被稱為情報「寶庫」的東西，也就是蓋達組織的內部通信：近六千頁阿拉伯文文件（包括ODNI公布的文件）。我仔細閱讀每一頁，往往是閱讀多次。我還隨機點擊數百（很可能是數千）個音訊和影片檔案。在這些文件中，我發現一些以賓・拉登的孫子為主角的詩歌朗誦錄音，甚至還有一些在院子內錄製的影片。

根據中央情報局的網站，從賓・拉登的院子裡找到包括色情內容的文件，但這些文件當然沒有公布。根據我的研究，這類資料是否屬於賓・拉登是非常值得懷疑的事情。在所有信件中，他都沒提及或要求過他人提供這種資料。如果讀者要理解為什麼這種可能性是極小的話，應該參閱第七章，其中揭示蓋達組織領導人對手淫的可允許性而進行的廣泛審議。然而，我檢查過的、由中央情報局公布的一些文件也包括約會網站的圖像和淫穢圖片。

但這些看起來相互矛盾的事件也不難理解。如前所述，賓・拉登無法使用網路。然而，信件表示，賓・拉登儲存他的聯絡人的電子文檔常常在抵達其目的地時帶有病毒。而電腦病毒總是透過網路感染的。很明顯，賓・拉登不是去當地的蘋果商店買電腦的，他不得不使用破爛不堪的翻新電腦，而且這些電腦之前染過病毒。儘管有些人不願意相信，但上述的淫穢色情內容，以及被恢復出來的色情圖片，很可能是賓・拉登家人購買的電腦先前就存儲過的。技術人員是能夠恢復先前那些文件的。[18]

本書中對賓・拉登文件的翻譯都是我自己完成的。我從研究伊斯蘭歷史的優秀學者、重要的阿拉伯學麥可・庫克教授所提供的建議中獲益良多。為了便於閱讀，那些主要人物的姓名被縮短了，在大多數的時候，我使用的是他們的第一名字（關於取名習慣的更詳盡解說，請參考附錄二）。在我看來，這本第一手的研究是建立在對於所有解密的阿拉伯文內部通信內容的系統閱讀的基礎上，這些內容都是從賓・拉登的基地裡恢復的。按照中情局的說法，有一些「發布後會直接損害保護國家安全努力的敏感內容」仍然是保密的。[19]有鑑於此，以及所有的研究努力，雖然本書首開先河，但絕對不會是對賓拉登文件的蓋棺定論。

第一部

「受折磨的」蓋達組織（2001-2011）

第一章　想法的誕生

「在伊斯蘭大公國（即塔利班政權）垮台後，我們遭受的苦難和困阻令人悲傷，降臨到我們身上的羸弱、失敗和漫無目的令人痛心……這一切都發生了，尤其是在你們兩人迫不得已隱遁之後，當你們無法體驗我們痛苦的現實，無法和我們見面和交談，這一切就發生了。」

——蓋達組織第二階領導人陶菲克（Tawfiq）寫給奧薩瑪．賓．拉登和艾曼．扎瓦希里（Ayman al-Zawahiri）的信，二〇〇四年九月八日[1]

一九九九年，奧薩瑪．賓．拉登提出以飛機撞擊建築物的方式來對美國發動恐怖攻擊的想法，他設想出一個決定性的打擊，從而導致美國軍隊從中東地區撤出。他相信，這種大規模的恐攻會使美國人感到恐懼，為了重新獲得安全感，他們會向政府施加壓力，要求其改變中東政策。

然而，奧薩瑪算計錯了，而且大錯特錯。

雖然最終他將他的想法轉化成對美國本土最致命的外來恐怖攻擊事件，但美國人卻完全未畏縮，而且團結到他們的總統身後。他們支持一場迅速導致塔利班政權崩潰的戰爭，並粉碎奧薩瑪．賓．拉登的蓋達組織。我們從賓．拉登文件中了解到，賓．拉登不得不「出於必要而從現場消失」，以確保他和周圍的人的安全。在二〇〇一年底至二〇〇四年初近三年裡，儘管賓．拉登向全世界發布幾份聲明，但他對全球聖戰的全局毫無掌控。

在此期間，一個叫阿布杜拉．汗（Abdallah Khan）的人負責蓋達組織的軍事事務。當最後奧薩瑪重新與他組織中的同夥聯繫時，他發現阿布杜拉．汗是個「自以為是，傲慢無禮」的人，他的領導風格分裂了蓋達組織，使得組織與曾經支持它的個人和團體疏遠了。他還了解到，巴基斯坦在境內主要城市發起一場逮捕行動，捕獲了「大約六百名兄弟」，因此蓋達組織的「外部工作」——也就是跨國恐怖主義——被停止了。至於阿富汗的塔利班，奧薩瑪的同夥評估，「百分之九十」的塔利班「被閃閃發亮的美元誘惑」，轉向了反對蓋達組織。[2]

在塔利班政權垮台後，蓋達組織被有效地粉碎了。

攻擊了世界上最強大國家的同一個組織，怎麼會如此迅速地發現自己被擊垮了？通往九一一事件的道路和隨後塔利班政權的崩潰，都是由奧薩瑪受到一篇新聞報導的啟發而開始的。

九一一想法的誕生

一張從活頁筆記本上撕下來的紙上潦草地寫著幾行字，這是奧薩瑪．賓．拉登在二〇〇二年九月時寫下的，標題是「九一一想法的誕生」。[3] 這本來是一系列七篇寫作中的第一篇，詳細說明他「打定了主意」實施九一一恐怖攻擊的原因。他相應地給這一頁起了標題和編號。「打定了主意：一。」但當奧薩瑪意識到他記錄了太多訊息時，他便在半途停止，並在另一張紙上重新開始。

不過，這張紙上的兩段文字仍然很有價值，尤其是因為奧薩瑪選擇不把它和其他文件放在一起。雖然有些字的筆跡很潦草，但還是可以破解出來。我們了解到，正是一九九九年十月三十一日這天，奧薩瑪醞釀了九一一恐怖攻擊的想法。在第一行，我們讀到：「當我聽到飛行員巴圖提（al-Batouty）的飛機墜毀的消息時，就有了〔九一一的〕想法。」奧薩瑪指的是一九九九年十月三十一日在新英格蘭海岸墜毀的飛機（從紐約飛往開羅的埃及航空九九〇次航班），該空難造成了二百一十七人罹難。最初的媒體報導提到墜機背後幾個可能的原因，包括其飛行員賈邁勒·巴圖提對其雇主的復仇動機，這一點最終也被證實。[4]

聽到這個消息後，奧薩瑪繼續寫道：「我轉向了當時和我在一起的兄弟們，」並哀嘆道，「為什麼他不把飛機撞向一棟金融大廈呢？」他顯然對巴圖提沒有更好地利用他對復仇的渴望而感到失望。在奧薩瑪的心目中，飛機撞向金融大廈會傳遞出不容忽略的反美主義訊息。[5]

第二段文字則是直奔主題。「九一一的想法就是這樣在我腦子裡構思和發展起來，我們就是在那時開始策劃的。」當時，我們了解到，「除了阿布·哈夫斯（Abu Hafs）和阿布·海爾（Abu al-Khair），沒有人知道這個想法。」一九九九年，阿布·哈夫斯擔任奧薩瑪的助手，而阿布·海爾則是另一個獲得高度信任的蓋達組織成員。[6]

九一一委員會報告（9/11 Commission Report）認定哈立德·謝赫·穆罕默德（Khaled Sheikh

Muhammad，簡稱KSM）是九一一恐怖攻擊事件的策劃者。在奧薩瑪的筆記裡，他並未提及KSM，儘管後來當奧薩瑪的想法似乎毫無進展時，KSM可能在其他方面有所作用。但從筆記中可以看出，是巴圖提意外地在死後為九一一攻擊提供了最初的靈感。接下來，奧薩瑪的筆記還揭露了至少兩名劫持者的無能：

> 我們派了一些人去美國學習英語，他們是拉比亞·納瓦夫·哈茲米（Rabia Nawwaf al-Hazmi）和哈立德·米達（Khaled al-Mihdar）。他們在那裡待了一年，沒取得任何成績。他們經常給我們寫信，告訴我們他們在學習英語方面並未成功。哈立德·米達絕望了，並動身回到麥加。他不好意思回到阿富汗當面告訴我，但拉比亞留在了那裡，而哈立德·米達……

奧薩瑪寫到這裡就停筆了，讀者只能猜測這兩個看似無望的人，哈茲米和米達，最終是如何進入為實現奧薩瑪的想法而選擇的十九名劫機者名單裡。

在兩個如此有趣的段落之後，為什麼奧薩瑪停止他關於九一一想法誕生的敘述呢？他是在二〇〇二年九月，也就是恐攻發生一年之後寫下這些內容，而且他也可能設想了將與他的同夥分享這些內容。人們的筆記往往比作者本人更坦承。毋庸置疑，他不想承認他對至少這兩名劫持者有多麼的看不起。神怎麼會指引了這些年輕信徒去對抗世界上的超級大國，卻不堅定他們學習英語的能力，接受這件事對於一個篤信宗教的人來說，肯定是很困難的。[7] 寫到那一頁中間，奧薩瑪一定意識到他對兩名

奧薩瑪・賓・拉登的手寫文字

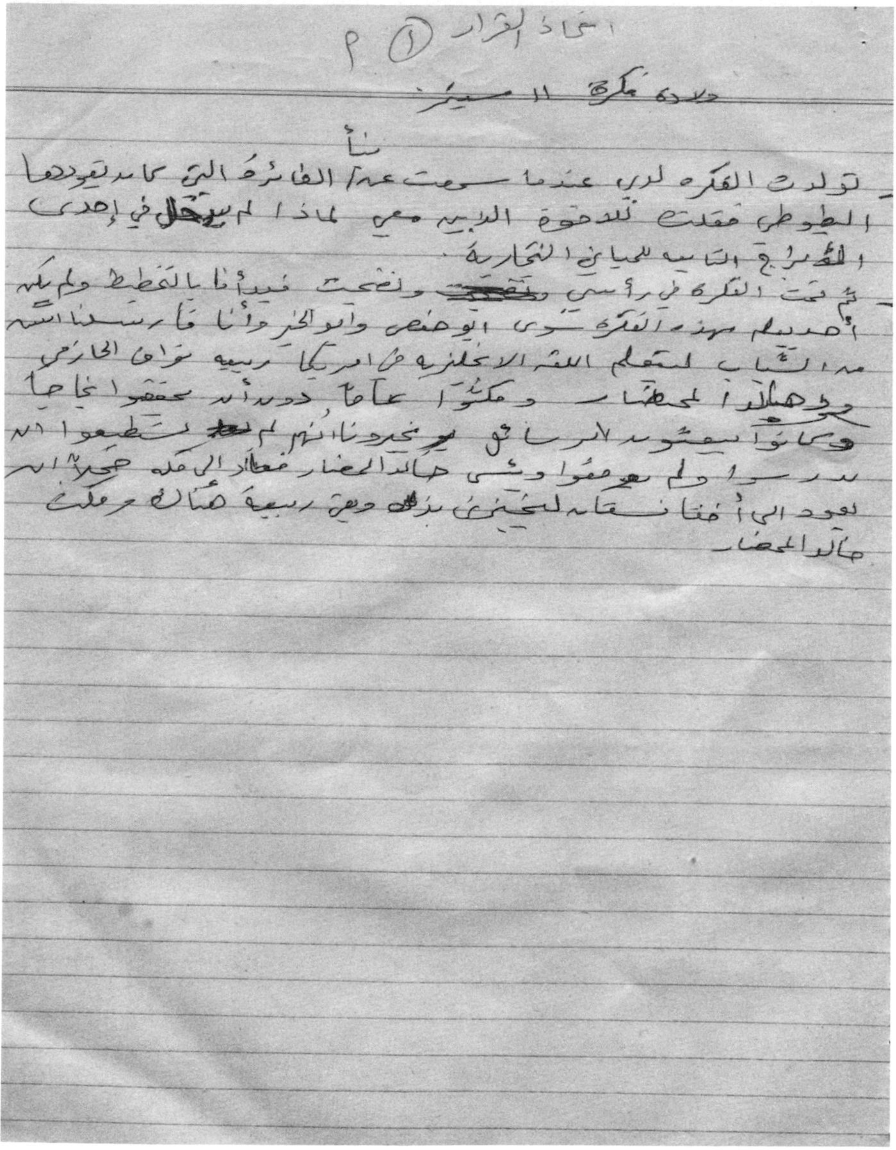
اتخاذ القرار ① م

ولادة فكرة ١١ سبتمبر

نشأ

تولدت الفكرة لدي عندما سمعت عن الطائرة التي كان يقودها
البطوطي فقلت للدعوة اللاتية معي لماذا لم يدخل في إحدى
الأبراج التابعة للمباني التجارية.
ثم نمت الفكرة في رأسي ونضجت فبدأنا بالتخطيط ولم يكن
أحد يعلم بهذه الفكرة سوى أبو حفص وأبو الخير وأنا فأرسلنا اثنين
من الشباب لتعلم اللغة الإنجليزية في أمريكا ربيعة نواف الحازمي
وخالد المحضار ومكثوا عامًا دون أن يحققوا نجاحًا
وكانوا يشتكون في الرسائل يخبرونا أنهم لم يستطيعوا أن
يدرسوا ولم يحققوا شيئًا خالد المحضار فعاد إلى مكة
ليعود إلى أفغانستان ليختبر بذلك وبقي ربيعة هناك
خالد المحضار

劫持者的真實感受與他應該要如何讚揚他們的事跡之間的巨大差距。當他在寫完筆記的幾個月後公開談到這些劫持者時，他自豪地將他們描述為由「一群年輕的信士」組成的「騎士團」；「真主引導了他們，〔並〕堅定了他們的信念」，他們「能夠向世界證明，抵抗和打擊所謂的超級大國是可能的。」[8]其他很晚才寫的信顯示，大多數的劫機者一直到很晚才知道九一一攻擊的細節。「除了穆罕默德・阿塔（Muhammad Atta）和齊亞德・吉拉希（Ziyad al-Jirahi）之外，」奧薩瑪在一封信中寫道，「其他兄弟都是在攻擊前很短時間內才了解行動的細節。」[9]

編號一至七的其餘幾頁內容由奧薩瑪口述記錄下來，其中沒有提到十九名劫機者或「想法的誕生」，而是使用「是什麼導致了這個決定」和「為什麼我要這麼做」的標題，這揭示了奧薩瑪在阿富汗進行全球聖戰時與塔利班之間產生了問題。[10]

「是什麼導致了這個決定」和「為什麼我要這麼做」

當奧薩瑪在構思九一一恐攻時，他正住在阿富汗。[11]一九九六年他抵達阿富汗後幾個月內，[12]由毛拉・奧馬爾（Mullah Omar）領導的宗教學生組成的塔利班控制了首都喀布爾，在此之前，喀布爾一直是阿赫邁德・沙・馬蘇德（Ahmed Shah Masoud）所領導的北方聯盟控制的。[13]儘管塔利班獲勝了，但仍無法打敗馬蘇德，而後者帶領他的追隨者撤退到潘傑希爾山谷之中。[14]

九一一事件發生後，奧薩瑪・賓・拉登在阿伯塔巴德給他的同伴的信中寫道，他在一九八〇年代親身經歷了阿富汗的派系鬥爭，並得出結論，也就是阿富汗的領導人「只關心他們的部落領袖地位」。他認為，除了少數人之外，[15]他們對個人利益的考量總是優先於對政治事業的考量。[16]也許是出於需要，奧薩瑪選擇了與塔利班站在一起。但他也很明顯地欣賞塔利班的宗教模式，如果這種宗教模式與他的全球聖戰議程相結合的話，就有可能在其他地方複製出來。

在塔利班上台之前，奧薩瑪就有使蓋達組織成為世界舞台上的一支力量的野心。在一九九六年的「聖戰宣言」，即人們所熟知的「拉登使徒書」（Ladenese Epistle）中，奧薩瑪把自己說成是全球穆斯林事業的捍衛者，宣揚巴勒斯坦、黎巴嫩、塔吉克、緬甸、克什米爾、歐加登（Ogaden）等地穆斯林的困境。[17]

不久後，人們可清晰地看出賓・拉登已準備以行動來支持他的言論了。一九九八年五月，奧薩瑪在接受當時的NBC記者約翰・米勒（John Miller）的採訪時威脅說，「只要美國人每推遲一天離開」沙烏地阿拉伯（和其他穆斯林土地），「他們就會收到一具新的屍體。」[18]幾個星期後，也就是一九九八年八月七日，蓋達組織對美國駐奈洛比（Nairobi）和達累斯薩拉姆（Dar es-Salaam）的使領館同時進行了兩次恐怖攻擊，造成兩百二十四人死亡，四千多人受傷。[19]蓋達組織恐怖攻擊事件的主要策劃者法迪勒・哈倫（Fadil Harun）在二〇〇九年發布的長篇自傳（一千一百五十六頁）中回憶，一九九八年的爆炸事件使得蓋達組織成為聖戰領域的「巨人」，並導致大量穆斯林青年前往阿富汗受訓和參加全球聖戰。[20]恐怖攻擊事件也震驚了美國情報部門，當時的國家安全顧問桑迪・伯格（Sandy Berger）將其稱為「對賓・拉登威脅的關注程度的分水嶺事件。」[21]

這個「分水嶺事件」是當時活動於阿富汗的塔利班和其他聖戰組織，在不知情的情況下於阿富汗策劃的嗎？為了理解賓・拉登文件中的內容，我們應該了解被廣泛報導的奧薩瑪做決策的樣貌，尤其是他在九一一事件之前與毛拉・奧馬爾的關係。

一些曾以這種或那種方式參與蓋達組織的人在全球「反恐戰爭」之後借助時利之便，公開他們對跨國恐怖主義的反對意見，他們總是指責奧薩瑪（和他的副手艾曼・扎瓦希里）的單方面行動。[22]奧薩瑪・賓・拉登極為親密的顧問之一阿布・瓦利德・米斯里〔Abu al-Walid al-Misri，即穆斯塔法・哈米德（Mustafa Hamid）〕將蓋達組織恐怖攻擊的全部責任推給賓・拉登，並聲稱他的決定並未得到毛拉・奧馬爾的許可。[23]甚至連蓋達組織法律委員會前負責人阿布・哈夫斯・茅利塔尼（Abu Hafs al-Mauritani）也把阿富汗伊斯蘭大公國（Islamic Emirate of Afghanistan）遭受破壞的責任指向賓・拉登。二〇一二年阿布・哈夫斯從伊朗獲釋後，他聲稱，他曾告訴奧薩瑪，「你走的是一條與伊斯蘭教法、理性和邏輯相悖的道路。」[24]當阿布・哈夫斯的建議沒被採納時，他離開了蓋達組織，因為他不想成為「把阿富汗扔進深淵」的一部分。[25]

但當我們對奧薩瑪執掌蓋達組織的協商方式了解得愈多，就愈發不得不質疑他的（聖戰者）批評者們在九一一事件後發現各自內心非暴力傾向的說法的真實性。

無須感到驚訝的是，賓・拉登文件並未改變我們對於他所抱持的意圖的看法；如果有的話，這些文件是更多地揭示出他對跨國恐怖主義堅定不移的堅持。但這些文件也的確描繪出一個在決策過程中高度重視協商、履行承諾的人的形象。因此認為他要為他所謂的單方面做出悲劇性決定而獨自承擔責任的說法，是很難以置信的。我們在信件中一次又一次地看到，奧薩瑪不僅會徵求其同僚的意見，而且如果他們不同意他的計畫和設想，他也會著手改變路線。[26]我們從文件中了解到，在阿伯塔巴德，奧薩瑪甚至徵求並依靠其妻子和女兒的支持來起草他的信件和公開聲明。

那麼，包括塔利班在內的阿富汗其他聖戰組織領導人，對蓋達組織的國際恐怖主義計畫事先了解多少呢？

根據這些信件，蓋達組織恐怖行動的具體細節是在極度保密的情況下計劃的。通常情況下，只有蓋達組織負責跨國恐怖主義（al-ʿamal al-khariji）的領導人和參與計畫的人知道恐攻事件的操作細節。[27]但蓋達組織事先會清楚地表明自己的意圖。奧薩瑪的七頁手寫筆記顯示，在蓋達組織從阿富汗策劃的國際攻擊之前，曾與包括塔利班在內的其他團體進行過磋商。

當時，蓋達組織和其他激進份子的運作基礎是，團體之間的協商（shura）是強制性的，並為此而成立一個協商委員會（majlis al-shura）。領導人必須要接受他所收到的建議（al-shura mulzima）。這個做法並不是從古典伊斯蘭文本中得出的行事前提；[28]據推測，是一九八〇年代的阿富汗實施這一制度，以防止聖戰組織的領導人採取單邊行動。在塔利班時期，這種做法很可能延續了下去。其中一個聖戰組織的領導人阿布．穆薩布．蘇里（Abu Musab al-Suri）說，到二〇〇〇年時，在阿富汗活動的阿拉伯人和非阿拉伯人聖戰組織已經多達十四個，它們都得到塔利班國防部、內政部和情報部的正式認可。[29]

許多年後，艾曼．扎瓦希里在寫給奧薩瑪的一份賓．拉登文件中回憶，協商程序是「聖戰組織為建立伊斯蘭統治而鬥爭」的協議，規定各組織在行動前必須就「嚴正」問題進行協商。艾曼說，這正是促使他的埃及聖戰組織與蓋達組織合併的原因，「在真主的恩典下，我們發現你（即奧薩瑪）是一個在大多數甚至所有的事務上都會諮詢、尊重並服從協商委員會成員意見的人。」[30]

根據這一協商過程，這七頁手稿透露，「奈洛比攻擊事件」——也就是奧薩瑪口中的一九九八年東非爆炸案——「得到所有人的支持。」奧薩瑪回憶，「當時沒有來自塔利班的反對意見，或者至少是沒有清晰的反對意見。」協商委員會所有的成員都給予支持，儘管有人提出，如果美國進行報復的話，蓋達組織將會只在「過去時態」裡存在。[31]

奧薩瑪私下的想法可以與他當時的公開聲明相印證。一九九八年東非爆炸案發生後，在他第一次接受半島電視台長篇採訪時，奧薩瑪公開支持塔利班打著伊斯蘭的旗號的活動，並呼籲全世界的穆斯林支持他們。[32]畢竟，毛拉・奧馬爾不僅是塔利班的領導人，而且還自封為「信士的指揮官」（amir al-mu'minin）。[33]在伊斯蘭語境中，這個頭銜指的是烏瑪的領袖，即全世界穆斯林社群的領導人。

毛拉・奧馬爾似乎確實支持與他的頭銜相稱的全球議程。他拒絕把奧薩瑪交給美國，甚至在一九九八年八月二十日美國為報復東非爆炸案而對蓋達組織在阿富汗的基地進行飛彈攻擊，他也未改變。

二〇〇〇年十月十二日，蓋達組織將一艘裝滿炸藥的小船撞向正在葉門亞丁港加油的海軍驅逐艦科爾號，造成十七名美國海軍人員死亡。[34]雖然這加強了蓋達組織在全球聖戰領域的地位，但導致這次攻擊行動的商討過程卻遠非和諧。我們從奧薩瑪的筆記中得知，當他第一次提出這個建議時，他並沒有像在東非爆炸案中那樣得到協商委員會成員的一致支持。[35]一些成員對國際媒體針對塔利班的宣傳表示擔憂，而其他成員則擔心美國的報復。雖然協商委員會中的蓋達組織高級成員沒有「非常反對」對美國海軍科爾號的攻擊，[36]然而，「塔利班已經開始感受到（國際社會）壓力的重量，」奧薩瑪回憶，「他們的反對聲音變得更加強烈。」可以推測，那些反對攻擊的人的反對並不足夠有力。

科爾號驅逐艦的攻擊事件發生後，在一次有記者參加的大型聚會上，奧薩瑪對他的組織的成就表現得很輕狂。當一名記者問奧薩瑪：「美國正在尋求與你談判」以避免另一次攻擊事件，「這是真的嗎？」蓋達組織的二號人物阿布·哈夫斯笑出聲來。當時他正坐在其領導人的右手邊，而賓·拉登也沒有保持住他的一貫姿態。他們共同的笑聲和奧薩瑪隨後的話語，都反映出他們對挑戰世界上最強大的超級大國的狂妄。奧薩瑪指出，他收到他認為是來自美國政府的「間接」訊息，詢問如果美國從沙烏地阿拉伯撤軍，蓋達組織是否會停止攻擊。但奧薩瑪繼續說，他一直讓人們知道，「這個問題要遠遠大於沙烏地阿拉伯，它關係到整個烏瑪（全世界穆斯林社群）的命運。」[37]

然而，奧薩瑪私下正努力爭取阿富汗其他團體的支持，尤其是塔利班的支持。他在科爾號攻擊事件中遇到的反對意見使他清楚地認識到，塔利班並不像他所希望和期待的那樣致力於烏瑪的發展。奧薩瑪的私人筆記非常詳細地披露了他所面臨的挑戰。他逐漸意識到，塔利班的注意力集中在一個當地的敵人身上，也就是阿赫邁德·沙·馬蘇德，他已經成功地鞏固了他位於潘傑希爾山谷裡的據點。相比之下，奧薩瑪關注的則是威脅整個烏瑪的「敵人」——美國、西歐和以色列，並試圖拓寬塔利班的視線：

> 「我曾經告訴他們，阿富汗還不到穆斯林世界的百分之二。十字軍聯盟正試圖透過集中的努力，使得整個穆斯林世界陷入癱瘓，以占有穆斯林的資源。真正的大戰是穆斯林和這個十字軍聯盟之間的戰爭。但在你的心目中，以及在過去五年裡，你把這場真正的偉大戰爭簡化為只是在潘傑希爾山谷五公里範圍內的一場小戰鬥。你們來回拉扯，前進幾公里，然後又後退幾公里。」[38]

奧薩瑪多次向塔利班解釋，「北方聯盟只是〔敵人〕軍隊中的一個士兵，」而更大的敵人是「主宰世界的十字軍─猶太復國主義聯盟」。他對那些滿足於「削弱這個士兵〔即阿赫邁德．沙．馬蘇德〕的能力，而放棄百分之九十八以上的穆斯林社群，任由十字軍─猶太復國主義者的玷汙」的人顯然感到很沮喪。[39]

隨著九一一計畫的進行，奧薩瑪的時間被消耗在與那些在他看來「對穆斯林社群面臨的巨大威脅缺乏足夠認識」的人的法律爭論中。爭論的焦點是誰有宣布發動聖戰的法律權威，誰可以從伊斯蘭法律的角度來決定哪些恐怖行動是正當的。這一爭論有一個技術上的層面，也就是統治者的權力範圍——在這個情況下，是毛拉．奧馬爾的權力範圍問題存有爭議。奧薩瑪爭辯，「當伊瑪目宣布拿起武器（istanfara）時，聖戰就不再是一項集體義務（fard kifaya），而成為一項個人義務（fard ʿayn）了。但如果聖戰已成為個人的義務，伊瑪目就沒有權力將其變成集體的義務。」[40]奧薩瑪所指的，是早期穆斯林法學家所提出的聖戰法律理論。總的來說，在正常情況下，統治者有權發動進攻性聖戰（jihad al-talab）。由於開戰的決定是一種選擇，一些穆斯林可以代表其他人履行聖戰的義務——這就是共有義務的含義。但當伊斯蘭統治下的領土被入侵時，情況就很特殊了，人們會自動推定這是一場防禦性聖戰（jihad al-daf'）。在這種情形下，隨之而來的便是對拿起武器的號召（nafir 'am）。穆斯林本來可以在別人為他們戰鬥時繼續從事自己的事情，但在這種情形下，他們便不再有這種選擇。相反，防禦性聖戰使得每個穆斯林都有義務進行聖戰，無論統治者是否明確授權。[41]

考量到奧薩瑪對九一一行動的籌備和實施之間的障礙，是毛拉奧馬爾是否會支持這件事。奧薩瑪的筆記顯示，雖然他承認宣布聖戰是統治者的特權，但他在辯論中強調，統治者的權力是受監督的。他是這樣敘述自己與塔利班和其他聖戰組織的教法學爭論的：

〔我告訴他們〕大家都認為宣布聖戰是屬於統治者的權力，但他要接受監督。這個問題是引起爭端的原因：

〔他們說〕真主命令我們服從統治者，並繼續引用《古蘭經》中的經文和歸於先知穆罕默德的教誨（聖訓）來支持他們的立場。

我爭辯說，真主命令我們與異教徒作戰，並引用其他經文和聖訓來支持我的立場。

他們原諒我〔因為我的意圖是良善的〕，我也原諒他們〔因為他們的意圖是良善的〕。

這場爭論對工作產生很大的不利影響；它占掉為準備〔九一一〕攻擊行動所需的精力……

這種境地對我來說非常困難，有太多的問題要在這裡討論，但這是最事關重大的事情。[42]

從奧薩瑪的筆記中可以看出，毛拉・奧馬爾並未參與這些辯論。奧薩瑪沒有成功地說服塔利班和其他團體的高級成員相信他的法學推理是正確的。他們沒有時間討論這些枝微末節，並告訴奧薩瑪，就他們而言，事情已經確定下來——只有「『信士的指揮官』……才有權決定宣布開啟哪個戰線，關閉哪個戰線」。[43]

然而，在奧薩瑪進行這些法律辯論時，一場針對塔利班的國際運動已經開始。一九九九年，聯合國對他們實施制裁。國際社會也發起一場反對塔利班禁止女童受教育的運動，二〇〇一年三月，塔利班在巴米揚山谷摧毀兩座巨大的古代站立佛像，而受到廣泛的譴責。[44]奧薩瑪在他的筆記中回憶，他產生了一種在一切都為時已晚之前一定要做出點什麼的緊迫感，也許他正在考慮這些事情。「我們清楚地知道，阿富汗已經被當作是一個目標，美國人決心要推翻塔利班，入侵是不可避免的。即使我們不破壞那個人造偶像的頭，〔九一一之後〕發生的一切也會發生。」奧薩瑪的推理充滿一個阿拉伯人受到壓抑的內疚感，而不是他的先見之明。他的回憶聽起來很像是在事情已經發生後的特別申辯——換句話說，這一切無論如何都會發生，所以它不是我們的錯。[45]事實上，我們從在奧薩瑪的院子裡找到的其他信件中得知，蓋達組織和其他激進份子並沒有預料到美國會對阿富汗發動全面戰爭。他們設想的最壞情況是「美國進行有限的空中打擊」，以及「美國人將繼續向阿赫邁德・沙・馬蘇德的北方聯盟提供軍事支持，以支持他對抗塔利班的權力鬥爭」。[46]

在奧薩瑪事後為自己的決定辯護時，他聲稱，只有大規模的攻擊事件才能對美國進行他心願中的「決定性的打擊」，並將穆斯林從「麻木不仁」中驚醒。[47]因此：

> 影響〔實施九一一攻擊事件的〕決定最終達成的重要議題之一是，整個穆斯林世界都受到褻瀆的政權的統治和美國霸權的影響。這個美國偶像已經被強加給穆斯林世界，其影響甚至已經滲透到穆斯林的思想中……
>
> 因此有必要做些事情來打破對這個假偶像的恐懼，摧毀穆斯林心中美國不可戰勝的迷思。必須做一些事情，讓穆斯林從麻木不仁中醒來，克服他們的弱點，開始更多地考慮穆斯林社群的問題。[48]

根據他的筆記，還有一個戰略因素影響了他的決定。他列舉「把敵人吸引到阿富汗的重要性，這樣我們就可以讓敵人遭受一場消耗戰，從而損害他的經濟、士氣、人力資源」。[49]再一次，這很可能是事後諸葛亮的說法，因為這個說法並未考慮到在同一筆記中，他還聲稱，他認為美國入侵阿富汗是無論如何都「不可避免的」。

在賓・拉登口述他的回憶時，就像是在發表獨白一樣。他說：「那些告訴你優格是被允許的，酒是不被允許的那些人，不算是教法專家（faqih），」他這樣審思道。[50]「真正的專家，」他說，「是那些當合法的東西與被禁止的東西混雜在一起時，他能夠透過研究間接證據……並更多地考慮符合普遍利益的東西，來告訴你什麼是合法事項的人。」[51]賓・拉登顯然將自己視為這種追求「普遍利益」的「專家」，而塔利班狹隘的聖戰使得他們看不到「普遍利益」。

儘管賓・拉登感到沮喪，但他的筆記反映出他對塔利班領導人毛拉・奧馬爾的尊重。他經常指責穆斯林多數國家的領導人欺騙民眾，竊取穆斯林社群的財富，並為美國利益服務，與這些領導人不同，賓・拉登看到的毛拉・奧馬爾是一個不同類型的穆斯林領導人。「塔利班，」他承認道，「有一個好的領導人，一個聖戰者，一個伊斯蘭國家的領導人，他已經打了五年的聖戰。」他最後總結，這件事「對塔利班來說相當微妙……他們怎麼能不服從這樣的領導人呢〔？〕」[52]

無論如何，奧薩瑪・賓・拉登相信他的事業是正義的，而且有必要為烏瑪的靈魂而進行的鬥爭擴大到潘傑希爾山谷的邊界之外。他的筆記顯示，他認識到塔利班不會考慮不以將馬蘇德的北方聯盟趕出阿富汗為前提的任何聖戰形式。這意味著他要做必要的事情，來消除他為烏瑪追求全球聖戰道路上的任何障礙。二〇〇一年九月九日，也就是九一一事件發生兩天前，馬蘇德被暗殺了。人們普遍認為，蓋達組織是暗殺事件的幕後黑手，這一點也有記載。[53]在賓・拉登的筆記中，他既沒有確認也沒有反駁蓋達組織在這一行動中的角色。

馬蘇德被暗殺的時間僅僅是一個巧合嗎？這十分可疑。這兩件事令人懷疑地如此接近。如果蓋達組織確實是這次暗殺行動的幕後黑手，那麼為什麼賓・拉登決定要消滅馬蘇德呢？為什麼要消滅這個他認為只是一個無足輕重的「士兵」呢？他一定意識到，對美國的戰爭必須經過潘傑希爾。這是與毛拉奧馬爾的交換條件的一部分嗎？我們將在本章後面再討論這個問題。

一個「想法」的災難

奧薩瑪構思這個想法不到兩年後，他將其付諸行動。二〇〇一年九月十一日，在奧薩瑪的命令下，十九名恐怖份子劫持了四架民航飛機，其中有兩架撞向紐約市世貿中心的雙子塔，第三架撞向維吉尼亞州阿靈頓的五角大樓。第四架飛機，也就是美聯航九三號航班，據說是要撞向國會山，但在乘客得知其他恐攻事件並制伏劫機者後，飛機墜落在賓夕法尼亞州的一片空地上。[54]這三起協調的恐攻事件共造成兩千九百八十三人死亡。[55]

阿富汗的鄰國巴基斯坦試圖說服塔利班將賓・拉登交給美國，以避免其邊境發生戰爭。據一九九九年透過政變奪取政權的帕勒維茲・穆沙拉夫（Pervez Musharraf）總統說，他曾派出三個代表團與毛拉・奧馬爾會面，第一個代表團在恐攻事件發生後的幾天內就進行會面。穆沙拉夫的特使馬赫穆德將軍的主要目的是說服毛拉・奧馬爾將賓・拉登交給美國，以免阿富汗人遭受戰爭的殘酷折磨。穆沙拉夫說，毛拉・奧馬爾一再要求提供奧薩瑪對攻擊事件負責的證據，[56]但巴基斯坦沒有切實的證據來說服他。據說有一次，毛拉・奧馬爾在與馬赫穆德將軍單獨談話時表現出「一點點的靈活性」。他同意讓賓・拉登接受由宗教學者組成的伊斯蘭法庭的審判，但這是他準備走的最後一步。

毛拉・奧馬爾對於讓賓・拉登接受伊斯蘭法庭的審判是出於真心的嗎？或者他在爭取時間？可能是後者，由於以往的經驗，他肯定知道他的建議會被拒絕。根據當時塔利班駐巴基斯坦大使阿布杜勒・薩拉姆・扎伊夫（Abdul Salam Zaeef）的政治回憶錄，在一九九八年東非爆炸案後塔利班也提出同樣的建議，但美國拒絕了，堅持認為他們應該交出賓・拉登或將他驅逐到另一個國家。[57]

當穆沙拉夫沒能將賓・拉登交給美國時，他知道戰爭已經無法阻止了。他與美國進行密切合作，包括「使用我們的領空、後勤支持和情報合作、訊息交流」。[58]

二〇〇一年十月七日，在喬治・布希總統一聲令下，「持久自由行動」展開了。美國軍隊（和他國聯軍）對阿富汗的蓋達組織和塔利班目標進行打擊。布希在對全國的講話中表示，他是在塔利班拒絕滿足他的一系列要求（包括交出蓋達組織領導人）後才選擇這一行動方案的。[59]

起初，我們從信件中得知，蓋達組織的武裝份子為擊退入侵而進行戰鬥。然而，不久之後，塔利班部隊就在他們旁邊崩潰了。蓋達組織的戰士們在坎達哈機場「面對美國士兵和無神論者古爾・阿加（Gul Agha）民兵組織的叛教士兵」。當塔利班的最後崩潰臨近時，蓋達組織的戰士們收到「一個簡短的加密訊息：『撤。』」在二〇〇一年十二月六日，「崩潰是一個既成事實。」這些信件顯示，後來奧薩瑪了解到，當塔利班部隊被打敗後，毛拉・奧馬爾「受到來自部落、普什圖領導人和所有的人及其代表的巨大壓力，將坎達哈交給部落委員會。這是由於人民無法忍受美國人攻勢的醜惡」。[60]

「美國人的反應超出所有人的預期，」一位蓋達組織領導人在多年後的一封信中評估道。他解釋，「十字軍的行動非常嚴厲，」而且「隨後出現混亂、分散，以及無法抵擋的混亂。許多人喪生，大量金錢損失，而且愈來愈多！」[61]當時蓋達組織的二階領導人陶菲克（本章開頭引用他的信）感嘆道，「所有的聖戰者」都感到震驚，感到「無能為力、癱瘓和渙散」。[62]聖戰領袖和戰略家阿布・穆薩布・蘇里是這場戰爭的「見證者」，他哀嘆這場戰爭對聖戰份子來說不啻為一場「大災難」。他估計，被殺害的聖戰份子及其支持者的實際人數「遠遠超過官方公布的三千至四千人」。他相信陣亡者中有「近四百名阿拉伯聖戰者，他們在各個戰場上的前線英勇作戰，為保衛阿富汗而犧牲」。[63]

我們從信中得知，儘管「九一一事件造成巨大的後果」，但所有的聖戰組織都認為有必要「認清現在擺在他們眼前的痛苦現實」。[64]他們並不打算投降。相反，他們應該躲起來，「保持耐心和堅定不移」，直到他們能夠繼續聖戰的時機到來。[65]

毛拉奧・馬爾不可能穿越時空，把賓・拉登交出來，讓他的人民免於一場毀滅的戰爭。當阿拉伯人，即蓋達組織和其他阿拉伯聖戰份子，顯然是空襲的主要目標時，他決定優先考慮他的阿富汗同胞的安全。我們從被迫在伊朗尋求庇護的前被拘押者那裡了解到，毛拉・奧馬爾發出明確的命令。「阿拉伯兄弟有必要從阿富汗疏散出去，也包括在靠近巴基斯坦的邊境地帶，從而減輕對聖戰者和這些地區的穆斯林的壓力。」[66]信件顯示，只有「極少數〔阿拉伯〕兄弟」留下來繼續戰鬥；其餘的人帶著他們的女人和孩子服從他們所效忠的人——「信士的指揮官」的命令。

我們在賓・拉登文件中讀到，奧薩瑪・賓・拉登「出於必要而藏了起來」。[67]跟在他身邊的受信任的同伴說，他很少談論美國領導的這場戰爭，他保持著樂觀願景，並談論了「吉利的兆頭和急需的耐心」。[68]他們選擇不與他討論戰爭的問題，更不用說是討論戰爭是誰的錯的問題了。他們得出的結論是：「現在不是時候。」[69]他們最後一次見到奧薩瑪是在護送他到阿富汗東部的托拉博拉（Tora Bora）之後。[70]至少有一個人留在他的身邊。這個人一定是阿布・阿赫邁德・科威提（Abu Ahmed al-Kuwaiti）。此人和他的兄弟——要麼是和他們在一起，要麼是後來加入他們的——他們是在擊斃賓・拉登的特戰部隊突襲中被擊斃的兩名「安保人員」。阿布・阿赫邁德是一名巴基斯坦人，而不是像他的化名所顯示的那樣是來自科威特。他的真名是易布拉欣・賽義德・阿赫邁德（Ibrahim Saeed Ahmed）。阿布・阿赫邁德和他的兄弟住在同一個院子裡的一個單獨房子裡，我們從奧薩瑪・賓・拉登寫於二〇一一年一月的一封信中得知，他和這兩兄弟「一起踏上這條偉大道路（即真主之路）已經超過八年了」。[71]

對毛拉・奧馬爾之遺產的思考

人們不禁要問，為什麼毛拉・奧馬爾面對如此毀滅性的破壞，仍然拒絕將賓・拉登交給美國？據說他對一名記者說，「我不想作為一個背叛客人的人被載入史冊。我願意付出我的生命，我的政權。既然我們給他提供庇護，現在我就不能把他趕出去。」[72]毛拉・奧馬爾的所謂聲明，如果不是徹頭徹尾的愚蠢，也只能被理解為是非理性的，這個決定被辯解為ad nauseam，是一種宗教虔誠的延伸，關於支持這個似是而非的解釋所做出的教法裁決已經有很多研究。

首先，儘管在阿富汗文化中保護客人很重要，但阿富汗的阿拉伯人和塔利班之間的關係並不是建立在賓主關係的基礎上。當美國之音在九一一恐怖攻擊事件發生的十天後對毛拉・奧馬爾的採訪問到他是否會交出賓・拉登時，毛拉・奧馬爾回答：「不會的，我們不能那樣做。如果我們那樣做，這就意味著我們不是穆斯林，伊斯蘭已經完蛋了。如果我們害怕受到攻擊的話，我們上次受到威脅時就已經把他交出來了。」[73]

毛拉・奧馬爾的回答比做一個好主人更有深意。這是關乎團結伊斯蘭信徒的兄弟情誼（和姊妹情誼）的事情。[74]按照伊斯蘭教語境，以及在賓・拉登文件和聖戰文件中所一貫使用的術語，賓・拉登和其他的阿拉伯人認為自己是「遷士」（muhajirun，遷徙者），並把阿富汗人稱為「輔士」（ansar，輔助者）。[75]這些關係動態是與西元七世紀的第一代穆斯林之間發展出的關係相呼應的。在西元六二二年，先知穆罕默德和他的追隨者們——包括男人、女人和兒童，為了逃避宗教迫害而進行「遷徙」（hijra），他們從今天位於沙烏地阿拉伯境內的麥加遷徙到雅斯里布（今稱麥地那）。為了支持他們的信仰，這些遷士，把他們的家園和財產留在身後，在雅斯里布，他們得到在雅斯里布皈依伊斯蘭教的輔士們的歡迎。後來穆罕默德在這裡建立了第一個伊斯蘭社區，從此它獲得「麥地那」的名字，這個詞在阿拉伯語中是「城市」的意思。[76]

阿富汗塔利班將阿拉伯人和非阿富汗人的戰士稱為輔士，[77]這是因為遷士一詞與那些從事聖戰的先輩們有關。儘管如此，他們沒有使用「客人」和「主人」這樣的詞彙，因為這樣會削弱團結信徒的宗教兄弟情誼。有一次，蓋達組織聽說巴基斯坦塔利班（Pakistani Taliban，簡稱TTP）中的一些人在提到蓋達組織時使用「客人」一詞——這些人的信件顯示他們缺乏對伊斯蘭教法的基本了解，賓．拉登的兩名助手寫信給TTP領導人表示抗議。「我們得知，有些人在一些政治場合上把我們稱為『客人』。我們想讓你知道，這種稱呼在伊斯蘭法中是沒有依據的。相反的，所有的信士在伊斯蘭中都是兄弟。」[78]至關重要的是，雖然說「毛拉．奧馬爾深厚的宗教虔誠阻止他將他的『客人』奧薩瑪交給美國人」的說法也並非說不通，但與此同時，正如幾封信中所記錄的那樣，他的宗教虔誠也允許他命令阿拉伯人，包括無處可去的婦女和兒童離開阿富汗。因此阻止他交出奧薩瑪．賓．拉登的原因更有可能是一種理性的考慮：即他同意讓賓．拉登實施他的攻擊計畫以換取對馬蘇德的暗殺。

毛拉．奧馬爾也可能是出於除掉馬蘇德以外的什麼原因而給賓．拉登送上自己的祝福。儘管塔利班控制了阿富汗的大部分地區，但聯合國並不承認他們是阿富汗的合法政府。聯合國不僅「譴責」塔利班為「奧薩瑪．賓．拉登提供安全避難所」，並對此感到「遺憾」，[79]還反對塔利班的伊斯蘭政府形式和對國際人權的侵犯。[80]二〇〇一年二月，美國關閉塔利班在紐約的辦事處，剝奪他們向聯合國上訴的權利，這讓毛拉．奧馬爾可能得到任何國際承認和救濟的希望都落空了。[81]

國際社會的政治和經濟封鎖加劇了阿富汗人的痛苦，因為他們正面臨著一場前所未有的旱災。在九一一事件發生前的幾個月，也就是二〇〇一年六月，研究阿富汗政治的學者吉爾．多倫索洛（Gilles Dorronsoro）警告，塔利班摧毀巴米揚的佛像不是一種宗教行為，而是他們要表現出對國際社會的蔑視。[82]也許正是這種憤怒的延伸，導致毛拉．奧馬爾對賓．拉登的九一一恐怖攻擊事件給予祝福。

其他線索則顯示，蓋達組織與毛拉．奧馬爾之間的關係變得更加密切，在九一一恐攻之前尤其如此。美國軍方二〇〇一年從蓋達組織在阿富汗的一處房屋中找到一封未註明日期的信表明，在九一一事件之前，賓．拉登有向毛拉．奧馬爾通報和諮詢蓋達組織活動的習慣。在這封信中，賓．拉登寫道，除其他事項外，蓋達組織與「塔吉克兄弟們」進行培訓，並要求與毛拉．奧馬爾進行會面和協商，討論就沙烏地阿拉伯的現狀接受可能的媒體採訪的事宜。[83]

九一一事件前的聖戰文件中還有其他內容暗示，反對賓．拉登從事國際恐怖主義的不是毛拉．奧馬爾，而是他圈子裡的其他塔利班領導人，也許就是賓．拉登在二〇〇二年的私人筆記中提到的那些人。一九九八年，正值美國為報復東非爆炸案於八月二十日對阿富汗進行導彈攻擊後，聖戰組織領導人阿布·穆薩布·蘇里有以下的敘述：

在美國將阿拉伯和阿富汗的訓練營地作為目標發射巡弋飛彈後，世界被美國縱情使用的暴力震驚。毛拉·奧馬爾在公開回應中表示，他永遠不會交出奧薩瑪·賓·拉登和其他阿拉伯聖戰者，就算是要戰鬥到最後一滴血也不會交出。在毛拉·奧馬爾拒絕交出阿布·阿布杜拉（即賓·拉登）後，美國威脅要對阿富汗使用核武器和生物武器。在這之後，所有塔利班政權中的部長都聚集在毛拉·奧馬爾家裡開了三天會，以便就這一迫在眉睫的威脅做出決定。我們都期望他們要求阿布·阿布杜拉和阿拉伯人凍結他們所有的活動，並關閉他們的訓練營地。我急忙去見了一些塔利班的部長，以了解他們所做決定的第一手資料。我驚訝地聽到，其中一位部長說，毛拉·奧馬爾斥責他的部長們中那些承認害怕美國的人，並對他們講了堅信真主的重要性。他提醒他們，在真主的支持下，阿富汗人已經打敗比美國還要更強大的對手，而這些人正是他們的鄰國俄羅斯人。[84]

阿布·穆薩布·蘇里所做出的關於毛拉·奧馬爾支持賓·拉登活動的證詞特別有價值，尤其是因為他在一本書中對塔利班和阿拉伯聖戰份子在阿富汗的政治活動進行批判性的坦誠評估。

毛拉·奧馬爾在面對美國時的狂妄也被阿布·哈夫斯·茅利塔尼記錄下來，之前他和奧馬爾曾經見過面（在九一一事件後，他還順勢譴責賓·拉登違背伊斯蘭教法和不服從毛拉·奧馬爾）。二〇〇一年十一月三十日，在美國領導的對阿富汗的入侵最激烈時，半島電視台的一名記者向阿布·哈夫斯提問，實際統治著阿富汗的，是不是蓋達組織，而不是塔利班。阿布・哈夫斯斷然表示：

「信士的指揮官」毛拉・奧馬爾是統治阿富汗的領導人，包括蓋達組織及設在那裡所有的聖戰組織和個人……所有的國家和全球軍事聯盟都害怕美國（但毛拉奧馬爾不害怕），他曾說：「美國承諾我們會失敗，而真主承諾我們會勝利。我們來看看這兩個承諾中哪一個將會實現吧。」當毛拉・奧馬爾向烏瑪（穆斯林社群）講話，煽動穆斯林參加聖戰時，他明確地表示：「我不是呼籲你們參加聖戰來保護我的統治和我的政府。如果我有這樣的動機，我就會走上阿拉伯統治者的道路，向美國人的〔意願〕下跪，美國人會向我提供金錢、人員和武器。但有尊嚴的死亡遠遠勝過被奴役的生活。」85

根據毛拉・奧馬爾的這些描述，結合賓・拉登二〇〇二年時記下的私人筆記，我們有理由問這樣的一個問題：如果賓・拉登真的像許多人認為的那樣，透過實施九一一恐攻而背叛毛拉・奧馬爾，那麼我們難道不應該期望他們的關係在九一一之後至少會變壞嗎？然而，這件事並未發生。而且事實遠非如此。相反的，賓・拉登文件顯示，賓・拉登和他的同夥繼續信賴毛拉・奧馬爾的「值得信賴」，與一些塔利班的「叛徒」不同的是，他「堅定地走在聖戰之路上」。當奧薩瑪・賓・拉登在二〇〇四年恢復與他同夥的聯繫時，他指示他們向毛拉・奧馬爾「送去他的問候」，並表示「我們認為他是值得信賴的」，並且還向他送去「一筆錢」。

蓋達組織領導人後來的努力與那些仍然「堅定不移」的塔利班成員建立了良好關係，即使是這些人的數目也變得愈來愈少。蓋達組織收到的「得到確認的報告」稱，二〇〇七年五月，他們中的大多數人「與美國人聯手殺死了毛拉·達杜拉（Mullah Dadullah）」，這位塔利班領導人以他反美國、反巴基斯坦的強硬觀點而聞名。[86]當這種情況發生時，賓·拉登勸告他的同夥，讓他們保持警惕，警告說大多數的塔利班領導人「對於接受叛教國家的情報機構的領導感到無所謂」，這句話裡的「情報機構」指的是巴基斯坦的情報機構——三軍情報局。「那些塔利班領導人，」賓·拉登繼續說道，「只接受建立獨裁者所允許的那部分內容，背棄了讓真主的宗教成為最高準繩的道路。」最讓賓·拉登感到可怕的是，「如果我們的朋友〔即毛拉·奧馬爾〕消失了，那群人就會繼承他的位置。」很顯然，賓·拉登將毛拉·奧馬爾視為對抗那些受雇於情報機構的人的堡壘。他還警告他的同夥說，如果毛拉·奧馬爾出局了……

「其他的塔利班領導人會想要把我們拖到他們的錯誤道路上，我們必須對他們保持謹慎。因此他們提出的任何可能導致暫停或削弱個人聖戰義務（al-jihad al-muta'ayyin）的要求都應該被拒絕。而且還必須告訴他們，他們無權代表我們去簽訂任何的協議，尤其是和那些參與反穆斯林戰爭的國家簽訂協議。如果不這樣的話，我們就有可能在不知不覺中落入由國家情報機構領導的某個圈子裡。要小心，不要與他們分享你的祕密。」[87]

我們從其他信件中得知，蓋達組織信任的塔利班領導人包括曼蘇爾·達杜拉（Mansur Dadullah）、哈卡尼一家（Haqqanis）和毛拉・奧馬爾。蓋達組織所不信任的人包括毛拉・巴拉達（Mullah Baradar）[88]、毛拉・奧拜杜拉（Mullah Obaidullah）[89]和毛拉・阿赫塔爾・曼蘇爾（Mullah Akhtar Mansour）[90]。值得注意的是，據報導，毛拉・奧拜杜拉曾於二〇〇七年被巴基斯坦當局逮捕，並「在很神祕的情況下被釋放」。這些信件影射毛拉・奧拜杜拉與巴基斯坦情報部門合作以對付毛拉・達杜拉。

這些信件中沒有任何地方表明，奧薩瑪・賓・拉登及其同夥曾懷疑毛拉・奧馬爾對聖戰的堅定承諾。到二〇一〇年，蓋達組織對塔利班的恐懼已經加深。在寫給賓・拉登的一封信中，我們發現艾曼・扎瓦希里對於塔利班已經「在心理上準備好」與美國達成協議，從而使蓋達組織束手無策的情形感到震驚。但與奧薩瑪一樣，艾曼對值得信賴的毛拉・奧馬爾和其他「偽信者」塔利班領導人做了明確的區分。「由於他們的傲慢、恐懼和偏執，十字軍〔即美國人，在這種情況下〕太不願意與毛拉・奧馬爾和像他一樣的人達成協議。相反地，他們寧願與那些自稱溫和的塔利班成員中的叛徒、間諜和偽君子進行談判。」[91]因此蓋達組織在九一一事件後對毛拉・奧馬爾的持久信任，使人聯想到他對九一一恐怖攻擊事件所給予的祝福。另外，在伊斯蘭教中，履行協議（ʿahd）是相當受重視的事情，[92]賓・拉登也在他的信中反覆強調這件事。[93]對奧薩瑪・賓・拉登而言，履行協議的重要性甚至讓他勸說要履行和蓋達組織的敵人所達成的協議，其中也包括和美國人達成的協議。據說賓・拉登對毛拉・奧馬爾和其他人說謊以後，又在私人談話中強調這一點，這對賓・拉登而言是不可想像的。

因此，毛拉・奧馬爾若事先批准九一一恐攻事件的話，那麼事後違反協議的作法，不但在伊斯蘭教上不合法，在政治上也不合理。毛拉・奧馬爾可能像蓋達組織的領導人一樣，冒著經過計算的風險，正如美國人在一九九八年和二〇〇〇年遭遇恐攻後並未侵阿富汗一樣，他們在九一一之後也不會入侵。如果這確實是他的理由的話，那麼他的假設顯然大錯特錯，但認為他是一個愚蠢的「主人」的這種想法是值得懷疑的。

賓・拉登和艾曼・扎瓦希里關於「偽信者」塔利班的預測並未偏離目標。毛拉・奧馬爾於二〇一三年去世，但塔利班直到二〇一五年才發布這件事。[94]這可能是因為他最親密的伙伴，也就是賓・拉登所不信任的塔利班領導人是希望與美國進行談判的。二〇一九年，據說是與毛拉・奧馬爾有著密切聯繫的毛拉・巴拉達「叛教」，在卡達領導美國與塔利班進行的會談。二〇二〇年二月二十日，甚至連蓋達組織最信任的塔利班領導人之一塞拉祝丁・哈卡尼（Sirajuddin Haqqani）也參加同一場談判，並為《紐約時報》撰寫一篇專欄文章，認可「必須停止殺戮和殘害」。二〇二〇年二月二十九日，美國和塔利班之間達成「為阿富汗帶來和平的協議」。[95]

從二〇二一年八月以後的角度來看，在美國從阿富汗撤軍和塔利班重新掌權之後，該協議也說明了問題。美國接受的協議將國際公認的、由阿什拉夫・加尼（Ashraf Ghani）總統領導的阿富汗政府排除在談判議程之外。更重要的是，在卡達談判的塔利班領導人堅持認為，他們不是代表一個團體，而是代表一個大公國／國家，好像整個阿富汗領土都在他們的管轄之下。因此該協議的全稱是：「未被美國承認為國家的阿富汗伊斯蘭大公國（即塔利班）與美利堅合眾國之間的阿富汗和平協議」（Agreement for Bringing Peace to Afghanistan between the Islamic Emirate of Afghanistan which is not recognized by the

United States as a state and is known as the Taliban and the United States of America）。這個標題出現在每一個條款之中，在這份四頁的文件中總共出現十六次。[96]如果美國談判小組在簽署文件時沒意識到這個標題的含義的話，那麼當塔利班在二〇二一年八月向喀布爾進軍時，它的重要性就明顯地體現出來。

第二章 國境線之間的聖戰士

「隨著伊斯蘭大公國倒台，毛拉．奧馬爾隨後下達讓阿拉伯人撤出阿富汗的命令，混亂、困惑和兄弟們的離散隨之而來……大量的兄弟，其中許多人帶著家人，湧入巴基斯坦，尤其是到了卡拉奇。巴基斯坦人對兄弟們的逮捕行動隨之而來，於是發生許多可怕的事情……！然後有其他人前往伊朗，同樣的可怕事情也發生在他們身上。」

——蓋達組織和區域聖戰團體的聯絡人阿提亞寫給他在沙烏地阿拉伯的中間人的信，二〇〇七年一月至二月[1]

聖戰者拒絕接受民族國家的合法性，並尋求使神的話語在大地上至高無上。本著這種精神，當塔利班建立他們的阿富汗伊斯蘭大公國時，阿拉伯聖戰者前往那裡，生活在「伊斯蘭教的新生地和地球上唯一的伊斯蘭之地」。就像早期的穆斯林——七世紀時的遷士為支持他們的信仰而舉家遷徙，現代的聖戰者也曾舉家遷往阿富汗。他們從很遠的地方移居過來，尤其是來自那些以監禁、酷刑和迫害手段來壓制聖戰主義的穆斯林人口占多數的國家。但在二〇〇一年十二月初，毛拉．奧馬爾下達讓阿拉伯人離開阿富汗的命令。在阿拉伯人已經向他表達效忠之後，他們別無選擇，只能遵從他的命令。因此，一旦毛拉·奧馬爾下令撤離，那些作為遷士來到伊斯蘭大公國的人又再次作為「遷士」，即「流離失所者」離開了。

毛拉·奧馬爾發布命令之前，奧薩瑪·賓·拉登就已經在「托拉博拉的群山」之中銷聲匿跡了，[2]而其他人不得不承擔起流離失所的重擔。他留下的許多人都有多個妻子（最多四個）和眾多子女，這使他們變得顯眼而脆弱。

塔利班政權垮台後，阿拉伯聖戰者的家庭發生了什麼呢？

賓·拉登文件顯示，這些家庭發現自己處在一個十分嚴峻的困境中。正如一封信件所說，撤離阿富汗是「我們面臨的一個重大問題……一個巨大的責任，甚至會考驗那些最有忍耐力的人。」一九九〇年代末，塔利班垮台後，以宗教之旅為開端的樂觀主義突然陷入絕望。二〇〇一年十二月，聖戰份子發現自己處於被他們拒絕其正當性的國家及其邊境線的擺布之下。

流離失所

為了了解賓·拉登文件中所描述的挑戰之艱巨，我們必須首先了解塔利班垮台前幾年阿拉伯人湧入阿富汗的情況。在一九九六至二〇〇一年間，聖戰者的湧入和塔利班在阿富汗的統治是同步進行著的。儘管國際社會透過政治和經濟封鎖加強對塔利班的打擊力度，但阿富汗舞台上的聖戰「遷士」卻不斷增加。聖戰組織領導人阿布・穆薩布・蘇里在他長達一千六百頁的書中懷念那段歲月，這本書是聖戰組織文獻中的一部鴻篇巨著：

> 隨著塔利班對前來投奔的先鋒隊員的歡迎和友好，[3]阿富汗的舞台開始吸引聖戰者，包括那些希望有更有利的環境來追求他們的聖戰雄心的人。當塔利班宣布實施伊斯蘭教法，並實現了對近百分之九十四的領土的控制時，阿富汗成為了伊斯蘭教的新生地和地球上唯一的伊斯蘭之地。」[4]

蘇里回憶，到二〇〇〇年時，在阿富汗的主要城市裡，比方說首都喀布爾、坎達哈、霍斯特（Khost）和賈拉拉巴德，都出現了阿拉伯人的旅店和訓練營地。針對塔利班的國際經濟和政治禁運並沒有阻止更多的「遷士」前往「伊斯蘭教的新生之地」。蘇里估計，在一九九六至二〇〇一年間，進出阿富汗的人多達數千人：

> 「在阿富汗定居的人有近三百五十個家庭左右，有近一千四百名不同國籍的阿拉伯男子。此外，阿富汗還有數百個來自中亞的家庭，尤其是烏茲別克和塔吉克——共產主義的最後據點，伊斯蘭運動在這裡受到壓迫。還有來自東突厥斯坦的遷士，那裡被中國占領著，穆斯林在那裡受到各種酷刑和侮辱。[5]

實際上，塔利班的大公國正在成長為全球穆斯林社區的一個縮影。在那些年的聖戰份子心中，阿富汗是一個巨大的希望，但在二〇〇一年十月七日，「持久自由行動」開始了，這個希望立即就破滅。蓋達組織的一位領導人冷靜地反思道：「美國對九一一事件的反應是巨大的，遠遠超出我們的預期。我們也沒想到，塔利班的大公國會如此迅速地崩潰。原因當然是由於突然間的震撼，以及轟炸和破壞的醜陋。」[6]

到二〇〇一年十二月六日時，塔利班已經徹底崩潰，蓋達組織戰士接到毛拉・奧馬爾的命令，他們停止戰鬥，從坎達哈撤軍，並且離開阿富汗。

蓋達組織甚至連一個A計畫都沒有。該組織已經預料到美國會為九一一事件而對阿富汗進行有針對性的打擊，但他們沒有為戰爭做好準備。毛拉・奧馬爾下令阿拉伯人撤離阿富汗後，該組織的「苦難」更嚴重了。在他發布命令時，賓・拉登已經「消失」在「托拉博拉的群山之中」，他的副手阿布・哈夫斯・米斯里在空襲中被炸死了。後來艾曼・扎瓦希里成為蓋達組織極為突出的公眾形象之一，也是賓・拉登的繼任者，但他也「失蹤」了——最初他很可能是和賓・拉登藏身在一起。重要的決定留給了蓋達組織的第二階領導人，有時還與其他阿拉伯聖戰組織協調。當時的二級領導人之一阿提亞（Atiya）在二〇一〇年成為蓋達組織在阿富汗和巴基斯坦（Af-Pak）的領導人，他講述以下的情況：

坎達哈淪陷後，我們當晚就去了霍斯特，一大群阿拉伯聖戰者在山谷中經受了可怕的考驗……我們在霍斯特和加德茲（Gardez）的城市裡分散。隨後會議和協調就開始了。對於我們下一步應該做什麼，大家意見不一。有的人贊成撤到巴基斯坦，有的人則希望我們繼續戰鬥到死。經過幾天的討論，大多數人達成最好撤到巴基斯坦的觀點。而事實上，我們分幾批撤到瓦濟里斯坦，然後又撤到巴基斯坦的其他地區，只剩下極少數的阿拉伯人和另一批來自突厥斯坦的烏茲別克人。[7]

阿提亞所指的其餘團體很可能是外國戰鬥人員部隊協助軍（Liwa' al-Ansar）的一部分。該組織由毛拉．奧馬爾於二〇〇一年六月成立，在其麾下作戰的是非阿富汗人戰士。[8]起初，該組織由烏茲別克人領導，[9]而一封被復原的信件表明，蓋達組織直到二〇〇二年十一月仍在給該組織予以金援。[10]但艾曼．扎瓦希里在二〇〇四年給賓．拉登的信中寫道，這個組織的領導人之間出現「一個嚴重問題」，艾曼不明白真正發生了什麼事。[11]

在所有條件相同的情況下，逃往巴基斯坦是蓋達組織的合理選擇。對於那些曾在一九八〇年代與蘇聯作戰的人來說，他們很熟悉巴基斯坦的地形。在白沙瓦（Peshawar）尤其如此，這裡有來自不同國家、具有不同意識型態傾向的團體設立的接待所，這些接待所與阿富汗的訓練營地有聯繫。[12]幾年前，賓．拉登在一九九八年接受半島電視台採訪時，曾對巴基斯坦人給聖戰事業的支持大加讚許，並指出：

我們在巴基斯坦發現富有同情心和慷慨的人民，他們超過我們所有的預期……巴基斯坦人民清楚地表明他們對於美國對伊斯蘭世界抱持的傲慢的憎恨程度……有一些團體同情伊斯蘭教，同情反美聖戰。也有一些團體不幸地仍在與我們烏瑪的敵人——美國合作。[13]

當記者問他蓋達組織在巴基斯坦是否有官方支持時，奧薩瑪．賓．拉登證實他確實可以依靠「政府內部人員」的支持。[14]

蓋達組織還沒完全意識到在帕勒維茲．穆沙拉夫於一九九九年政變成為總統後，其命運發生多大的變化。蓋達組織曾希望在二〇〇一年底「和大量的兄弟，其中許多人和他們的家人，一起湧入到巴基斯坦，尤其是到卡拉奇去」，並在那裡獲得庇護。但巴基斯坦領導人在九一一恐怖攻擊事件後與美國中央情報局建立密切的合作關係，[15]阿提亞哀嘆道：「已經發生這麼多可怕的事情……！」這些信件顯示，巴基斯坦發起一場「在卡拉奇、拉合爾等主要城市，甚至在小城市裡進行的搜捕行動」，[16]大約有六百名兄弟被抓，也許人數更多。」[17]媒體還報導說，一些巴基斯坦人試圖從中獲利，把阿拉伯人引到他們的餐桌上，只是為了「把他們賣給美國人」，因為「有從三千美元到兩萬五千美元不等的賞金。」[18]

二〇〇二年十月，艾曼．扎瓦希里公開指責巴基斯坦政權的「背叛」，因為它「向美國軍隊提供情報、軍事基地和各種支持」。[19]巴基斯坦對蓋達組織的打擊是不遺餘力的，在九一一事件之後幾年裡，蓋達組織在巴基斯坦的活動能力已經被中止了。

由於政府對我們採取嚴格的安全措施，在巴基斯坦開展工作很困難……現在，僅僅是租一個房子，或從另一個國家帶來一個兄弟，或是為一名兄弟操辦旅行，或者是把一個兄弟從巴基斯坦境內的一個地方轉移到另一個地方，或是打一個電話，都需要付出巨大的努力。執行任何這些事情所需的財政、後勤和安全努力，可能與我們過去計劃和準備一次〔恐怖〕行動所需的努力相當。[20]

二〇〇二年初，阿富汗不再歡迎阿拉伯聖戰者，巴基斯坦也不歡迎他們，這些聖戰者有可能被抓，而且很可能被引渡給中央情報局關押。[21]

國境線上的暴君

除巴基斯坦外，與阿富汗接壤的國家有：北邊的土庫曼、烏茲別克和塔吉克，東北邊的中國，以及西邊的伊朗。北部的三個中亞國家和東北部的中國並不被蓋達組織視為逃亡的目的地。儘管這些國家有武裝組織在阿富汗活動，但他們一直在訓練並準備最終對自己本國的政府發動聖戰。土庫曼的邊境對聖戰份子來說是最難跨越的。早在一九八〇年代末，他們曾試圖穿越土庫曼前往亞塞拜然，以協助亞塞拜然與亞美尼亞的衝突，但卻遭到慘痛的失敗。[22]在聖戰文獻中，我們了解到土庫曼的政權「很強悍，不允許任何滲透進入其領土……而且阿拉伯人的存在非常有限。」[23]土庫曼密不透風的國境迫使聖戰份子尋求非法穿過伊朗的替代路線，而伊朗「成為了想去亞塞拜然的聖戰份子的主要路線」。[24]此外，阿富汗北部的大部分邊境地區是由北方聯盟控制的，據稱蓋達組織在實施九一一攻擊事件的幾天前暗殺北方聯盟的領導人阿赫邁德・沙・馬蘇德。[25]

對蓋達組織來說，向西逃亡的路線也充滿問題。蓋達組織對伊朗的敵意在賓・拉登文件中是顯而易見的。賓・拉登在一封信中回憶，早在一九八七年，他就公開警告過要小心「拒絕者（Rafida）的威脅」——這個詞指代的是伊朗的什葉派政權。[26]同樣的，蓋達組織的其他領導人也在信件中強調，雖然美國是「當下的敵人」，但伊朗是「以後要對付的敵人」。蓋達組織還從一些曾逃到伊朗，希望得到支持的埃及伊斯蘭集團成員的「失敗和痛苦經歷」中吸取教訓。然而，一些聖戰份子，包括蓋達組織內部的聖戰份子，與伊朗的遜尼派武裝組織「俾路支兄弟」有聯繫，他們積極地反對伊朗政權。因此，當阿富汗北部、東部和南部的邊界對他們關閉時，聖戰份子便向西走去。

阿提亞於二〇〇二年初進入伊朗，並成功地躲避逮捕，我們從他那裡得知，第一波逃往伊朗的聖戰份子並不包括蓋達組織成員，而是由「不同國籍和類型」的團體組成。[27]還有一些人沒有簽證就進入伊朗，他們走非法途徑，「透過走私和越境，這件事並不難做到。」[28]第一批聖戰份子在伊朗東部城市札赫丹（Zahedan）定居，「一些庫德人或遜尼派俾路支人兄弟」幫助他們偽造身分證並找到住房。但沒過多久，他們就被一些「遜尼派兄弟」出賣並被捕了。[29]

伊朗當局最初的回應是讓聖戰份子安全、迅速、不聲不響地離開伊朗。伊朗對其境內的聖戰者——男人、女人和兒童稱伊朗為「拒絕者」（一種貶義的教派術語）並不感到高興。但它也不可能把這些聖戰份子交給美國，因為自一九七九年革命以來，反美主義一直是伊朗外交政策的主打內容。在那場革命中，伊朗第一任最高領袖阿亞圖拉・何梅尼（Ayatollah Khomeini）將美國稱為「大撒旦」，他的繼任者阿亞圖拉・哈梅內伊（Ayatollah Khamenei）繼續引用這句話來為他的佈道添彩。[30]一九七九年的革命者還曾將美國大使館人員當作人質扣押了四百四十四天（一九七九年十一月四日至一九八一年一月二十日），促使美國在一九八〇年四月切斷和伊朗的外交關係。九一一恐攻事件發生後，美國並沒有考慮利用伊朗對蓋達組織的敵意為自己牟利。相反，喬治・W・布希總統的「邪惡軸心」外交政策將伊朗、伊拉克、北韓一起打成了一丘之貉。[31]

因此，雖然伊朗在意識型態上是與聖戰主義為敵，但要它把聖戰份子交給美國也是不可想像的。此舉實質上是以善意的姿態來回報美國的「邪惡」稱號，而伊朗政府的正當性在其相當一部分民眾的眼中也會受到威脅。事實上，當第一批聖戰份子在伊朗被捕時，他們被「伊朗情報部門、巴斯基民兵組織（伊朗革命衛隊的一個部門）和其他部門的低級人員讚譽為打擊美國的英雄」。一些人在給賓・拉登的信中說：「當我們在伊朗時，我們看到有關於你的波斯文書籍，封面上還有你的照片。」[32]

伊朗選擇先將第一批聖戰份子安置在酒店中，直到他們的安全通道被安排就緒。這些信件顯示，當局允許「兄弟們選擇他們的目的地，但必須是在拍下他們的照片和指紋之後」。[33]據阿提亞說，「大多數沙烏地人、科威特人以及一般來自海灣國家的人」被允許離開，有時是「在沙烏地阿拉伯駐德黑蘭大使館的協助下」。其他給聖戰份子提供幫助的國家包括「馬來西亞、中國、印度尼西亞和新加坡」。[34]蓋達組織領導層並不清楚這些國家是「故意視而不見」，還是根本不知道回國的聖戰武裝份子的背景。[35]

為了回報，伊朗當局要求聖戰者「避免任何會引起注意的活動、運動或集會」，並指示他們不要透過電話聯繫，「因為美國會監控所有的通訊方式。」[36]伊朗似乎曾試圖招募一些「兄弟」來推進反美計畫，但沒有成功。阿提亞在一封為了引起沙烏地謝赫的注意而寫的信中提到：

尤其是對那些可敬的沙烏地兄弟，伊朗人向他們中的極少數人（尤其是那些最近才成為聖戰者的人，伊朗人認為他們在意識型態上具有可塑性）提出，如果他們願意的話，伊朗人將會支持他們，並在黎巴嫩的真主黨訓練營裡訓練他們；如果他們只想打擊沙烏地阿拉伯和海灣其他地區內的美國目標的話，他們將提供資金和其他形式的援助……

我沒聽說伊朗人曾對任何人提議攻擊當地政府，例如攻擊沙烏地政權，或是其他的政府。我也不知道有哪個兄弟接受這些提議。這一類的提議只會向低階的新入伍的兄弟提出。據我所知，他們沒有向聖戰老兵提出此類建議。[37]

伊朗似乎沒有對第一批的聖戰份子施加任何額外壓力。它很可能是被他們的行為推遲了。正如阿提亞所說，這些人是「無政府狀態的」，違反伊朗給他們規定的「安全條件」。他們使用手機，組成團體，「他們在很短的時間內就建立了接待賓館。」阿提亞確信，「美國人監聽這些電話，」伊朗可能也無法足夠快速地將他們送出國境。[38]

與此同時，巴基斯坦則正在加強其抓捕行動，於是蓋達組織認為，進入伊朗是一個值得冒險的行為。二〇〇二年二月底，第二批聖戰份子，包括蓋達組織成員及其家屬，非法進入了伊朗。他們中還包括賓・拉登的家人：他的第二任妻子海麗亞（Khairiah），他們的兒子哈姆扎（Hamza），以及他的第一任妻子娜芝娃（Najwa）所生的六個孩子。他們在「札赫丹、設拉子、馬什哈德、德黑蘭和卡拉季」等幾個城市定居，[39]並得到「俾路支兄弟」的協助，他們很可能是伊朗的真主軍組織（Jundallah，即人民抵抗運動），[40]我們會在本書的第九章再次提及它的領導人。[41]

聖戰份子到達伊朗後不久……

大家開始透過信任的遜尼派兄弟租房子。其中許多人在忠於和支持塔利班和蓋達組織的正直學者和謝赫的敦促下，趕去幫助他們的聖戰兄弟，願真主回賜他們。每一批聖戰者都得到一些庫德人或遜尼派俾路支人兄弟的幫助，他們一起為家庭和單身漢租賃房屋。在許多情況下，這些兄弟偽造文件並使用假身分證來租房。這在伊朗是很簡單的事情。[42]

在將近一年裡，蓋達組織的大多數成員及其家人都避開伊朗當局。[43]他們採取嚴格的安全措施，避免見面或分享彼此的地址，「除非在出於必要的少數情況下。」他們還避免使用手機，盡量減少網路的使用，並限制他們與伊朗遜尼派的互動。

這些信件顯示，伊朗當局最終找到一種有效的方法來追蹤他們中間的聖戰份子。儘管他們無法監視與阿富汗和巴基斯坦之間漏洞百出的邊界，但當局開始對「俾路支兄弟」展開監視。二〇〇二年十二月，他們發起一場迅速而全面的行動，逮捕第二批聖戰份子中的大部分人，包括蓋達組織的高級領導人和他們的家人。

二〇〇三年三月，美國入侵伊朗的鄰國伊拉克，在推翻薩達姆．海珊政權後，伊朗把被拘押的聖戰份子送出國境的政策停止了。最後被送出去的是阿布．穆薩布．扎卡維（Abu Musab al-Zarqawi），最初他和他的組織成員一起去了伊拉克庫德斯坦（Kurdistan）。當伊朗釋放扎卡維時，它不知道此人將繼續在伊拉克發動聖戰，他不僅反對美國人，而且還反對什葉派和他們的聖地，這些聖地是大多數什葉派伊朗人的熱門朝聖目的地。而當美國入侵伊拉克時，美國人並不知道，蓋達組織在阿富汗和巴基斯坦的聖戰火焰已經幾乎被撲滅。雖然美國迅速擊垮薩達姆政權，沒找到所謂的大規模殺傷性武器，但美國的侵略卻點燃了另一股聖戰之火，這股火焰一直燃燒到今天。

在伊朗的拘押

當第二波聖戰份子前往伊朗時，他們曾希望他們的旅程是通往安全避難所的階梯，而不是他們發現自己踏上的地獄之路。受拘押者未受到指控，也沒得到法律代表的機會。伊朗甚至沒有正式承認對他們的拘押。根據那些書信，這些婦女和兒童最初被安置在兩間沒有警衛的房子裡，伊朗的女性安全人員「會順便來看看他們有什麼需求」。我們從二〇〇八年逃脫的賓・拉登之子薩阿德（Saad）那裡得知，他和其他人是在二〇〇二年十二月被逮捕的，他們最初是被安置在德黑蘭機場附近的一個祕密地下監獄裡。「我們在那待了五個月。為了改變我們的境遇，我們發起絕食抗議。」[44]作為回應，伊朗當局把這些人送到另一個地點並允許家人前來探視。

監獄官員很快就意識到，允許家人探視損害了他們之前所設下的安全規定。為了防止男女混雜在一起，探視時必須撤走男性安保人員，「有幾個兄弟成功逃跑。」後來，伊朗當局發現這些女子會偷偷「將一些手機和筆記型電腦交給她們的丈夫」；作為回應，他們「用電棍打一些姊妹」。當局隨後推斷，如果把這些家庭都拘押在一起的話，會更有效率。薩阿德回憶，「在第三次絕食後，當局把我們和其他家庭一起轉移到一個拘押所……我們一直被關在一個大院裡，除非有嚴重的醫療緊急情況需要住院治療。」他們的住所包括「〔在德黑蘭的〕一個大型的長方形祕密監獄。中間是一條走廊，左右兩邊是房間。每個房間都被劃分為臥室、浴室和廚房。有些房間有兩間臥室。實際的監獄被三個安保嚴密的大門所包圍。」[45] 一位前被拘押者的另一封信裡補充說，這些是「有堡壘的拘押中心，由三個政府機構管理，也可能更多，包括情報部門，伊朗革命衛隊和司法機構」。[46]

那些囚犯患有許多疾病，而監獄當局卻一再忽視他們，薩阿德曾哀嘆說：「災難堆積如山，心理問題也愈來愈多。」當他的妻子在懷孕第九個月需要引產時，監獄當局一直拖延，不及時將她轉移到醫院。一直到「胎兒不再動了」，他們才把她帶到醫院，「在胎兒死後才接生。」

薩阿德寫道，伊朗人「是讓我們發狂的高手，以從心理上折磨我們為樂」。他相信，當局的手法是經過故意設計的，「要讓我們自殺或使我們發瘋，這就是大多數婦女的遭遇。」精神健康受到影響的人包括奧薩瑪的女兒伊曼（Iman）和奧薩瑪第一任妻子娜芝娃所生的女兒法蒂瑪（Fatima）。

信中沒有明確說明的是在大院中男女隔離的規定，這只是他所假定的。這會給女性的行動施加額外的限制，以避免與不是她們「血親」（mahram，即不能與之結婚的親人，如兄弟、父親或兒子）的男子混在一起。這也可能加劇婦女的心理問題。

惡劣的條件也對其他人造成影響。一位曾被拘押的利比亞聖戰者蘇巴伊（al-Subay'i），將自己在伊朗的被拘押經歷描述為在「最大的撒旦」統治的土地上「被逐出了宗教」。當然，他指的是伊朗的最高領袖阿亞圖拉・哈梅內伊，他認為哈梅內伊比美國總統還要更壞。他詛咒哈梅內伊對「真主的崇拜者、聖戰者、他們的家人和他們的孩子」所造成的傷害。憤世嫉俗的蘇巴伊認為，根據我們「與猶太人和偽信者的交往經驗」，伊朗人「要更接近於猶太人和偽信者」。[47]

按照《古蘭經》中的內容，「偽信者」是指那些在表面上是真主的朋友，實際上是為真主的敵人服務的人。優秀的伊斯蘭思想學者麥可・庫克解釋說，《古蘭經》向穆斯林保證，真主知道偽信者的內心世界，他們在後世將「面臨可怕的前景」。「真主憎惡他們，詛咒他們，並為他們準備火獄——那歸宿真惡劣！」（《古蘭經》四十八章第六節）。[48]但對蘇巴伊來說，後世似乎太遙遠了，他祈求真主趕快對他們施以懲罰。「願真主在今世和後世都讓伊朗人蒙羞。」[49]伊朗的拘押條件如此令人絕望，蘇巴伊甚至乞求「能被驅逐到任何其他國家，甚至是以色列。」他告訴伊朗看守說：「以色列都比你們更有榮譽感。」[50]

我們將在第九章中了解到更多關於蓋達組織在伊朗的狀況。

從「聖戰騎士」到「討價還價的籌碼」

在很短的時間內，這個培養出「聖戰騎士」並摧毀「紐約的高塔」的組織，便開始無法確定自己的成員及其家人的命運了。在伊朗情報部門對被拘押者進行「心理折磨」時，蓋達組織的二階領導人確定，「隨著美國開始入侵伊拉克，薩達姆·海珊倒台，那裡的聖戰和抵抗開始，阿布·穆薩布·扎卡維醒目而快速地崛起，蓋達組織名稱的出現，以及迅速展開的種種事件，伊朗當局決定把我們的兄弟當作是討價還價的籌碼。」[51]這種推測是有道理的。從賓·拉登的基地找到的一封手寫信件顯示，二〇〇四年七月，伊朗派出一名中間人與蓋達組織一名領導人見面。目前還不清楚這次會面是如何組織的，也不清楚這次會面是在伊拉克還是伊朗進行的。它可能是由阿提亞的一封信中描述的一位不知名的「兄弟」安排的：

他是那種非常才華橫溢的人，在社交、外交方面都是如此。無論你把他送到哪裡，他都能創造奇蹟……這位兄弟設法在伊朗建立一些聯繫，我還記得，他甚至以想學習波斯文學為藉口進入到庫姆。在那裡，他認識一些已經成為什葉派並在伊朗學習的〔遜尼派〕阿拉伯人。他與他們建立友誼，並經常與他們進行交談和辯論。這位兄弟有一個獨特的品質，他在每次談話和辯論中都能獲得朋友，並從他們的幫助中受益。事實上，他們給他很多幫助，他們為他的學習和住房提供便利，並把他介紹給那裡的一些資深和有影響力的人。[52]

雖然我們不能確定這次會面就是透過這位「才華橫溢的兄弟」而安排好的，但這種可能性是很大的。無論如何，在巴格達和卡爾巴拉的什葉派聖地遭到攻擊後，伊朗的中間人於二〇〇四年七月與蓋達組織取得聯繫。由阿布·穆薩布·扎卡維領導的組織被懷疑是這些攻擊事件的幕後黑手，並被認為與賓・拉登和蓋達組織有關聯。[53]

伊朗認為現在是利用被拘押者作為「討價還價的籌碼」的時候。如果賓・拉登想確保包括其家人在內的被拘押者的安全，他就必須答應伊朗的要求。哈菲茲（Hafiz）是當時蓋達組織的二階領導人之一，他與中間人見面，他的一封手寫信件總結出伊朗的姿態。信中的一些話是用密碼寫成的：[54]

伊朗人有興趣與首領〔即賓・拉登〕一方的人取得聯繫，他們的興趣不限於病人〔即賓・拉登的家人〕的問題。相反的，首先，他們對伊拉克的局勢感興趣，因為他們認為那裡的兄弟們，特別是阿茲拉克〔即阿布・穆薩布・扎卡維〕和他的團體，是攻擊什葉派聖地的幕後黑手。這就是為什麼伊朗人渴望與首領方面的代表會面，討論這個問題，尋求澄清，並討論合作的可能性。

這位中間人繼續堅持說：

伊朗人至少需要一封由首領親自簽署的信，在信中他得保證什葉派聖地不是我們聖戰兄弟的攻擊目標……他們還希望首領能公開表示，在伊拉克發生的事情是阿茲拉克的一些不穩定行為造成的，他、首領和他的人〔即蓋達組織〕對這些攻擊事件並不滿意，也不贊成把這些地方作為目標。[55]

當時哈菲茲與賓・拉登沒有聯繫。他告訴中間人，收到賓・拉登的信是不可能的，但他可能會安排他的一個代理人送來一封信。但在繼續向前推動之前，哈菲茲堅持認為，他希望能得到有關賓・拉登的家人的更多可靠訊息。「直到現在為止，我們仍然沒有信心，對病人的情況也沒有任何的了解，因此，在這種條件下，很難答應伊朗人所提出的條件。」[56]如果伊朗是認真的，他告訴這位中間人，它就必須要釋放「一個病人，這樣我們才能評估情況」。[57]

正如我們在本書後面所發現的那樣，當時伊朗並不打算釋放賓・拉登的家人或是任何蓋達組織的成員。同樣地，蓋達組織也從未認真考慮與伊朗合作。幾年來，它繼續利用伊朗作為轉移資金和偷渡人員的通道。那些被信任執行這種危險任務的人在出發前就會被敦促研究一篇關於允許自殺的伊斯蘭法律論文——這種行為在伊斯蘭教中通常是被禁止的。[58]如果伊朗人抓住他們，建議他們攜帶一種「工具」，使他們能夠自殺，而不是在脅迫下向敵人透露蓋達組織的祕密。[59]

多年來，伊朗沒有正式承認它拘押蓋達組織成員和賓・拉登的家人，就彷彿他們並不存在一樣。雖然伊朗無法利用這些被拘押者作為「談判籌碼」來馴服扎卡維，結束他對伊拉克什葉派發起的無情攻擊，但伊朗可能認為，透過關押他們，伊朗便是對蓋達組織施加壓力，讓其不再攻擊伊朗。伊朗不知道蓋達組織已經被擊潰，也沒有能力進行任何跨國攻擊了。伊朗也並不知道，如果蓋達組織能夠這樣做的話，它將會優先攻擊美國，而不是攻擊伊朗。一個具有諷刺意味和偶然性的轉折是，伊朗對蓋達組織高級成員的拘押確保了該組織仍然處於癱瘓狀態，從而阻止了它對美國的攻擊。它還為美國省去在關塔那摩監獄再監禁一大批人的費用和麻煩，並面對國際人權機構譴責的壓力。

由於蓋達組織的高級領導人被關押在伊朗，其餘的人在阿富汗和巴基斯坦的邊境地區「受折磨」，蓋達組織的跨國恐怖主義活動被制止住了。正如我們在下一章中所看到的，蓋達組織只是眼睜睜地看著以聖戰名義進行的恐怖攻擊繼續在世界各地造成傷亡，賓·拉登只是在事情發生以後才有機會對他們給予祝福。

第三章　自行其是的跨國聖戰

「在阿拉伯半島發生攻擊之前，沒有人徵求過奧薩瑪．賓．拉登的意見……我所知道的是，兄弟倆是在一個非常困難的時期，在與蓋達組織的溝通非常困難和幾乎沒有溝通的情況下自行做出種種行動的。兄弟倆受到沙烏地當局的迫害、逮捕和傷害，並得出結論，有必要採取一些行動作為回應。」

——沙烏地阿拉伯一位「可信的中間人」寫給阿提亞的信，二〇〇七年二月十九日[1]

塔利班垮台後近三年裡，賓．拉登未曾指揮過蓋達組織的行動。他身邊有一、兩個安保人員，很可能就是後來在阿伯塔巴德突擊中被殺的那些人。二〇〇二年底或二〇〇三年初，他與第四任妻子阿瑪爾（Amal）團聚並懷上第二個孩子，並為她取名為阿西婭（Asiya）[2]，這個名字背後有「受難」的意涵。這也是《古蘭經》的經註作者稱呼埃及法老妻子的名字，正是她收養了先知摩西（穆薩）。經註作者將法老的妻子稱為「阿西婭」，以示她在丈夫手中所承受的殘酷，根據伊斯蘭教的傳述，法老因為阿西婭信仰獨一的真主而將她鞭打致死。但由於摩西的祈禱，她沒有感到痛苦。[3]對於虔誠的穆斯林來說，法老妻子所遭受的苦難是真主計畫的一部分——阿西婭救了摩西，後來摩西把以色列的宗族從奴役中解救出來。透過給女兒取名阿西婭，賓・拉登可能是想把法老妻子的苦難與自己的苦難相提並論，無疑是為了安慰自己，增強自己的決心。

蓋達組織被粉碎以後，恐怖攻擊仍繼續發生。二〇〇二年，突尼西亞、巴基斯坦、葉門、科威特、峇里島和莫斯科都發生聖戰份子恐怖攻擊事件。雖然賓・拉登被孤立，但他仍設法以錄音帶的形式發布公開聲明，這些錄音帶被送到半島電視台或在網站上發布，[4]以確保他的位置無法被追蹤。[5]賓・拉登在錄音中吹噓說，恐怖攻擊是九一一攻擊事件的延續，是由「熱忱的伊斯蘭之子為捍衛其宗教而進行的。」[6]在二〇〇三至二〇〇四年間，恐怖攻擊蔓延到賓・拉登的祖國——沙烏地阿拉伯。

我們從賓・拉登在二〇〇四年時和他同夥的通信中了解到，蓋達組織的高級領導人不是被消滅，就是被逮捕了，第二階的領導人被打散了，組織處於一種混亂的狀態。[7]在二〇〇二年至二〇〇四年間，賓・拉登對這些事情的參與僅限於他從「衛星電視」上獲得的新聞，他要求他的同夥跟蹤沙烏地阿拉伯所有的事件，以便「全面了解」那裡的狀況。[8]

全球聖戰正處於自行其是的狀態。

躊躇滿志的賓・拉登重新建立聯繫

海豹部隊所找到的信件表明，塔利班垮台後的三年裡，賓・拉登並沒有指揮蓋達組織。二〇〇四年的信件顯示，他的同夥向他通報三年前發生的事件。其中一封敘述了在賓・拉登「出於需要而銷聲匿跡」，以及他「無法體會我們痛苦的現實」之後，蓋達組織發生了什麼。[9]另一封信則講述蓋達組織「在過去三年裡」的活動。[10]艾曼・扎瓦希里也「消失了」，但他似乎在賓・拉登之前就與蓋達組織的二級領導人建立聯繫。從二〇〇四年十月扎瓦希里寫給賓・拉登的信件內容來看，兩人有近三年沒有聯繫。艾曼向奧薩瑪保證：「我過得很好，我住在一個安全的地方（makani jayyid）」，真主還賜福給了我「一個女孩」。扎瓦希里的著作很多，他的信裡充滿他的著作內容，包括「十八份聲明，其中十二份已發表」。他所列舉的一長串清單與他從二〇〇一至二〇〇四年的產量相吻合。[11]

更有說服力的是，在寫於二〇〇四年的最早一批信件中，賓・拉登首次評估發生在二〇〇二年的事件。我們不知道賓・拉登的狀況是如何變化的，也不知道為什麼他在二〇〇四年重新與他的同夥建立起聯繫。在其中一封信中，賓・拉登提到一個「在白沙瓦的人」，這個人早在二〇〇二年時就為他的兒子穆罕默德提供住所。[12]在賓・拉登從托拉博拉山區出來後，他也有可能是躲在同一個地方。

無論如何，二〇〇四年賓・拉登亟於恢復蓋達組織的跨國恐怖主義。他的第一封信是寫給哈姆扎・拉比亞（Hamza al-Rabia）的，他很快就被任命為蓋達組織的「外部工作」，即跨國恐怖主義事務的領導人。[13]賓・拉登在信中顯得精力充沛，並充滿讓九一一攻擊事件所造成的恐怖再度重演的野心勃勃的計畫。[14]儘管他在信中列舉他在「銷聲匿跡」期間發生的攻擊事件，但他信中的內容顯示，他事先只是知道發生於二〇〇二年十一月二十八日的蒙巴薩（Mombasa）攻擊。在那一天，有兩次恐怖行動同時發生。第一次攻擊的目標是以色列人擁有的天堂酒店（Paradise Hotel），造成十五人死亡；第二次攻擊是發射兩枚飛彈，險些擊中一架從蒙巴薩機場起飛的以色列航空公司的客機。

然而，其他的攻擊事件給奧薩瑪帶來啟發。二〇〇二年的峇里島爆炸案造成兩百零二人死亡，其中大部分是澳洲人。賓．拉登看到在東南亞開展更多行動的潛力：

這些國家的政治反對派很強大，他們的公眾正在要求他們的軍隊〔從伊拉克和阿富汗〕撤出。因此在這些國家進行任何形式的攻擊都是有效的，即使是小規模的攻擊也可以，例如在他們的外交官的汽車底部放置一個誘殺裝置。攻擊的目標不需要是大使的車，一個低階外交官的車就可以了。[15]

賓．拉登建議哈姆扎聯繫菲律賓的「印度尼西亞兄弟及阿布．薩亞夫」，在該地區進行此類攻擊。但如果這些計畫實施的話，他想要「其他組織的成員結束和別的組織的聯繫，至少是直到我們的工作完成為止」。[16]這時賓．拉登想要的是保護他的蓋達組織品牌。

如果蓋達組織是「受折磨的」，其領導人與外界斷絕交流，那麼蓋達組織是如何在二〇〇二年同時發動蒙巴薩攻擊的呢？

我們從策劃法迪爾．哈倫（Fadil Harun）那裡了解到更多關於蓋達組織的參與，他是蒙巴薩攻擊事件的操作人員之一。他曾是一九九八年東非爆炸案的主要策劃者，在二〇〇〇年時，蓋達組織派他來到該地區為蒙巴薩行動做準備。在二〇〇二年攻擊事件後，哈倫在東非逃亡；於二〇一一年被殺。儘管他對奧薩瑪．賓．拉登保持著絕對忠誠，但他並不贊成大多數以蓋達組織名義行事的聖戰團體。他曾在自傳中發洩自己的不滿，並於二〇〇九年二月在網路上公開這本自傳，但沒有事先向蓋達組織領導層說明情況。一些賓・拉登文件中的內容哀嘆道，哈倫的「傾訴」為「敵人」提供了有關蓋達組織及其活動的敏感訊息。[17]

賓・拉登在二〇〇四年的信中說：「我們感謝扎烏爾（al-Zawl）和道薩里（al-Dawsari）這兩位兄弟對蒙巴薩的兩次攻擊，這兩次攻擊都執行得十分出色。」扎烏爾是哈倫的化名，而道薩里是另一名特工阿布・塔爾哈・蘇丹尼（Abu Talha al-Sudani）的化名。[18]哈倫在他的自傳中記述，賓・拉登在二〇〇〇年授權對蒙巴薩的攻擊，並在當年十二月將他從阿富汗派往東非以進行事先的準備。[19]由於賓・拉登從現場「銷聲匿跡」了，他直到二〇〇四年才可以對蒙巴薩攻擊事件發表評論。儘管兩枚針對以色列航空公司客機的飛彈沒有擊中目標，但賓・拉登對這次攻擊的簡單性及其潛力印象深刻。「對客機的〔未遂〕攻擊特別出色，它可以很容易地複製到其他敵人的任何飛機上，如那些與英國、澳洲、日本、波蘭、義大利或任何〔在伊拉克和阿富汗〕進行占領的國家相關的飛機。」[20]

賓・拉登繼續對特工人員建議：

> 要使用基本的高射炮，如DShK或Zikuyak，發動類似的攻擊，[21]以避免被現代技術攔截。要使用多種類的武器發射能穿透飛機機翼的子彈，讓機翼著火。要在飛機剛起飛時發射，而不是降落時，因為飛行員需要很長的時間在空中調轉飛機。這樣一來，當飛行員降落時，飛機就已經被燒毀了。[22]

為了確保哈姆扎和蓋達組織的其他成員了解這種性質的攻擊的影響，賓・拉登繼續說：

你和兄弟們應該注意到這種攻擊會造成的潛在積極影響和持久性的影響，特別是在目前的情況下。例如，美國因攻擊其奈洛比大使館〔即一九九八年東非爆炸案〕而造成的物質損失可能高達一百萬美元左右。然而，同樣的攻擊會迫使美國花費數十億美元，不僅重建其大使館，而且還加強其在世界各地的大使館和領事館的安全。此外，奈洛比的攻擊事件成功地削弱了美國人的士氣。[23]

換句話說，奧薩瑪・賓・拉登正在教育他的特工人員如何利用簡單的武器來產生驚人的效果。奧薩瑪二〇〇四年信件的其餘部分也十分具有前瞻性。毫不奇怪的，他制定的計畫主要是針對在美國發起的新攻擊，「要盡早付諸行動。」他傾向於將航空公司作為目標，因為「紐約攻擊〔即九一一〕造成深刻的傷害，在西方人的心理上留下一個開放的傷口。」他的理由是，「即使是一絲威脅，無論多麼輕微，都會產生巨大的尖叫聲。」[24]

賓・拉登注意到了，機場安檢措施的加強使對航空公司發起攻擊變得更具挑戰性。他建議「租用私人飛機」，他認為這些飛機的安全措施相對寬鬆。他建議在乘客座位上裝上炸藥，進行類似於「九一一紐約攻擊」的「殉道行動」。「重要的是，私人飛機的尺寸應該比較大，如果是客機就更好了，因為速度對行動的成功起著至關重要的作用，特別是當它撞上建築物時。」[25]

在使用飛機被證明十分困難的狀況下，賓・拉登仍有條不紊地制定替代計畫，目標是攻擊鐵道：

考慮到美國境內各地的距離很遠，所以我們在談論的是長程且關鍵的鐵道，我建議把部分的鋼軌拆掉，長度為一整塊，或大約十二公尺。你要使用強大的手動千斤頂，操作很簡單，尤其是如果有幾部空氣壓縮機的話，做起來就更容易了，因為它們強大又快速。否則，就使用鐵匠和焊工使用的煉鐵工具，並將其安裝在一塊堅固的鐵塊上以穩定它。

要注意，如果有水泥將鐵釘固定在鐵路枕木上的話，一般大小的起重吊車是不太可能有足夠的力量將十二公尺長的鋼軌吊起來的。但可以使用強大的液壓千斤頂，它可以舉起一百噸。這些東西在商店裡很容易買到，大多是大卡車司機使用的。需要注意的是，起吊時應該在要拆除的鋼軌的開頭或結尾處施力。

破壞鐵軌的行動應在偏遠地區進行，靠近河流或深谷，盡可能地遠離城市。[26]

「受折磨」的回應

這些信件顯示，到了二〇〇四年，蓋達組織的大多數高級（kibar）領導人不是已經被消滅就是被逮捕了。蓋達組織的第一副手阿布・哈夫斯・米斯里於二〇〇一年十一月被殺。二〇〇二年底，蓋達組織的軍事和實操任務的領導人賽義夫・阿德勒（Saif al-Adl）和阿布・穆罕默德・米斯里（Abu Muhammad al-Misri）在伊朗被拘捕。蓋達組織法律委員會的領導人阿布・哈夫斯・茅利塔尼也是如此。除奧薩瑪・賓・拉登之外，唯一倖存的高級領導人是艾曼・扎瓦希里，他的聖戰組織已於二〇〇〇年與蓋達組織合併。塔利班倒台後，他也「銷聲匿跡」了。

二〇〇四年，賓・拉登所剩下的同夥是二階領導人。他們不情願地在巴基斯坦聯邦直轄部落地區尋求庇護，該地區是巴基斯坦西北部與阿富汗接壤的一個由當地部落管理的自治區域。一些蓋達組織成員留在阿富汗，與「被信任的」塔利班一起作戰。我們將在第五章中進一步了解蓋達組織在聯邦直轄部落區的存在。

那些在二〇〇四年與賓・拉登通信的人顯然是受到信任的人們，在同年晚些時候，賓・拉登將他們擢升到高級領導職位，以提高他們在蓋達組織和其他聖戰組織（包括塔利班在內）的地位。他們所處的世界與賓・拉登在「衛星電視」上看到的以「蓋達組織發動攻擊」為特色的世界不同。他們沒有在給奧薩瑪的回信上說「你到底生活在哪個星球上？」而是充斥著對該組織的災難和行動無力的描述。他們甚至沒有對他要在美國發動更多攻擊的計畫進行評論。其中一位名叫陶菲克的人在信中向「兩位謝赫」，即奧薩瑪和艾曼表示感謝。他感覺到「其他兄弟」寫在信中的內容有所克制，是出於對兩位謝赫的感情，「特別是由於你們兩個所遭受的嚴重痛苦。」

儘管如此，陶菲克並不打算「玩弄事實」。他的手寫信件中充滿壞消息，給兩位謝赫講述在他們缺席的三年中，蓋達組織的事務的真實狀況：

> 伊斯蘭大公國（即塔利班政權）垮台後，我們遭受的苦難和困阻令人悲傷，降臨到我們身上的羸弱、失敗和漫無目的令人痛心。我們穆斯林被玷汙和褻瀆，我們的國家被撕成碎片。我們的土地被占領，我們的資源被掠奪……這就是聖戰者們的普遍遭遇，尤其是我們蓋達組織的遭遇。不幸的是，伊

斯蘭大公國垮台後，這種悲慘的狀況是所有阿拉伯聖戰者和阿富汗人都知道的。這一切都已經發生了，尤其是在你們兩人迫不得已隱遁之後，當你們無法體驗我們痛苦的現實，無法和我們見面和交談，這一切就發生了。

陶菲克向兩位謝赫表示，「大家都很想念」他們，「我們甚至在夢裡都想能像以前一樣見到你們，與你們交談。」他哀嘆蓋達組織不僅被「敵人們」的先進武器「所折磨」，而且被「不適宜的人擔任領導職務」所困擾。他感嘆這個以「章程」為基礎，期待其領導人進行協商的組織因為其自身的錯誤而受損，幾乎已經要終結了。二〇〇四年初，陶菲克和其他人成立一個法律委員會，與阿富汗—巴基斯坦區域的其他武裝份子協調。但他們的努力受到阻礙，因為那個「自以為是、傲慢無禮」的阿布杜拉・汗「任命自己來作蓋達組織的軍事指揮官」。

阿布杜拉・汗是誰呢？其中的一封信顯示，「塔利班是任命阿布杜拉・汗為軍事指揮官的人。」[27]在「關塔那摩文件（Guantanamo files）」中，一個叫這個名字的阿富汗人被稱為「坎達哈機場的前塔利班指揮官」。根據維基解密的檔案，關塔那摩的一名被關押者是被誤認為阿布杜拉，並在二〇〇三年一月二十九日「在離開查瓦查克村前往坎達哈〔原文如此〕在集市上賣東西」後被抓。[28]另一種可能是，阿布杜拉・汗是阿布杜勒・哈迪（Abd al-Hadi）的化名，他是外國戰士組成的協助軍的阿拉伯領導人，該單位是由毛拉・奧馬爾於二〇〇一年六月成立的。[29]不管究竟是怎樣，陶菲克還繼續說：[30]

我不想要對軍事指揮官加以批評來貶低他。但阿布杜拉・汗的慌亂，他缺少清晰的考慮，他所做出的許多單邊決定，以及他的過度行為，都對蓋達組織的內部和外部造成傷害。事實上，他的行為導致許多傳統上支持蓋達組織的個人和團體都不再與我們打交道了。

陶菲克將蓋達組織所面臨的內部問題總結如下：

首先：責任沒有得到適當的分配或澄清。負責人不為組織成員所知，其職責範圍也沒有明確指定。

第二：關於該組織的章程和該組織總領導人發布的命令不明確……不言而喻，章程是組織的基礎和根基。

第三：該組織沒有法律和文官規章制度。如果這些制度是存在的話，它也沒有讓成員知道。規章制度應作為仲裁者，解決我所提到的問題。

第四：法律委員會（近八個月前成立）的作用尚未啟動。它應該得到授權，並在所有部門和領域獲得應有的地位。這樣，它將為輔士〔即阿富汗和巴基斯坦的當地武裝份子〕和遷士〔即阿拉伯武裝份子〕服務，在問題蔓延之前解決問題和消除病根。

第五：這是最重要的一條。對負責人沒有任何法律約束。按照目前的情況，對一般軍事指揮官而言，協商是沒有約束力的。我在此重申，鑑於您不在現場，無法在組織中體驗我們痛苦的現實，這一點是特別嚴重的。另外，同樣特別嚴重的一個問題是，因為阿布杜拉．汗缺乏基本的法律知識。當我找到他，向他解釋他的角色帶有某些義務，而這些義務是他對您〔賓．拉登〕效忠的延伸時，他對此並不在乎。他認為大多數事情都需要單方面的決定，[31]而且只有他一個人可以下決定，以至於他的行為達到公然撒謊、欺騙的程度，我是親眼見證者。

如果奧薩瑪寄希望於其他的信件能夠帶來一些喜訊的話，他就會失望了。蓋達組織的忠實成員、當時的二階領導人哈立德．哈比布（Khaled al-Habib）的話也同樣令人沮喪。他說，蓋達組織缺乏任何自己的「成就」，只能聲稱是與塔利班進行了幾次聯手行動：

至於我們在戰場上取得什麼成就，這件事可以忽略不計：有一些雞毛蒜皮般的行動，主要是發射PM〔原文如此〕火箭彈，而且還是從很遠的地方發射的。還有一些伏擊行動，但考慮到塔利班人數眾多，這些行動完全達不到需要或期待中的效果。另外，在這些行動中，過去三年裡只進行了三次。這種工作上的懈怠可以歸結為許多原因。包括阿富汗人的恐懼感極強，百分之九十以上的人都已經偏離聖戰道路。他們這樣做既是因為他們對空襲行動的轟炸極度恐懼，也是因為他們被〔美國人在他們面前晃動的〕閃亮美元所誘惑。[32]

哈立德的信中充滿「負面結果」。蓋達組織的「折磨」不僅限於該組織在阿富汗蒙受的損失，還包括「約二十二名兄弟殉難，六百多人被抓，其中就包括哈立德．謝赫．穆罕默德〔KSM〕在巴基斯坦被捕。」這種「恐怖電影」，哈立德感嘆道，「正在上演。」[33]

塔利班也對蓋達組織施加不同的壓力，因為他們的「財政狀況非常困難」。瓦濟里・汗（Wakil Khan，很可能是阿提亞或陶菲克在當時的化名）告訴奧薩瑪，塔利班「任命洛加爾省前省長齊亞・拉赫曼・馬達尼（Zia-ur-Rahman Madani）負責籌集資金」。他們希望賓・拉登以書面形式推薦他，[34]無庸置疑，這是為了提高他的地位，吸引海灣地區的捐款。[35]瓦濟里在信中還強調「巴基斯坦對蓋達組織活動所施加的壓力」，並抱怨「工作」——即跨國恐怖主義，因此停止了。[36]

關於蓋達組織在九一一事件後興起的全球聖戰活動中所起到的作用，我們可以得出什麼結論呢？信件中沒有任何內容表明賓・拉登授權於此期間對不同國家進行的聖戰攻擊。但賓・拉登（和扎瓦希里）會在事發後公開支持恐怖攻擊，特別是針對那些加入美國領導的對阿富汗和伊拉克發動戰爭的國家。有一次，偶然出現對蓋達組織，特別是對扎瓦希里有利的機遇。二〇〇四年九月，在他發表公開聲明的幾天後，位於埃及西奈半島上的幾家旅遊酒店被恐怖份子攻擊了。在二〇〇四年十月的一封信中，我們可以看到，扎瓦希里就這次攻擊事件向賓・拉登表示祝賀，但我們發現他並沒有描述蓋達組織是如何成功地組織了攻擊行動，而只是把成功歸功於神的恩賜。他以第三人稱提到，寫道：「我們感謝真主對我們的眷顧，這次行動是在艾曼・扎瓦希里發表關於巴勒斯坦的公開聲明後六天進行的。」更重要的是，他還說：「以色列指控蓋達組織是這次攻擊的幕後操作者。」[37]

九一一事件發生後，世界各地的恐怖攻擊都是以聖戰的名義進行的，這個事實使得各國更容易懷疑這些攻擊事件是由強大的蓋達組織策劃的，畢竟蓋達組織曾在美國本土發動過最致命的外來攻擊。

在一段時間內，這種狀況正好對蓋達組織有利。賓・拉登有可能說服了自己，認為阿富汗伊斯蘭大公國的崩潰最終是有利於「整體利益」的，並能如他所期望的那樣，使得穆斯林「從麻木不仁中覺醒」。[38]

考慮到該組織所受到的「折磨」，在二〇〇四年內交換的書信中沒有顯示蓋達組織參與從二〇〇二至二〇〇四年的國際恐怖攻擊，這一點也並不奇怪，但除了前面提及原因的二〇〇二年的蒙巴薩攻擊事件外，書信中也沒有提到二〇〇四年三月的馬德里火車爆炸案，恐怖份子在四輛通勤列車上引爆炸彈，造成一百九十一人死亡，一千八百四十一人受傷。[39]這就是蓋達組織的終點嗎？這些「兄弟們」確信真主不會拋棄那些在主道上奮戰的人。因此「當真主知道我們的苦難和無助時」，哈立德・哈比布安慰他的領導人說，「祂為我們和伊拉克的整個烏瑪打開了聖戰的大門。」當然，哈立德在此指的是二〇〇三年美國入侵後在伊拉克崛起的聖戰主義。

蓋達組織所遭受的「折磨」，加上其領導人對大多數塔利班人員的不信任，以及來自巴基斯坦的不懈壓力，導致哈立德對賓・拉登的催促：

> 我們應該把所有的兄弟都轉移到伊拉克。這將給外部工作（即跨國恐怖主義）和內部工作帶來諸多的助益。我們將在巴基斯坦留下一位兄弟，組織那些真心誠意地努力打擊巴基斯坦的不信教領導人的活動。我們還將留下另外兩位弟兄與你們保持溝通並收集捐款，另一位弟兄則負責與表兄弟們（即塔利班）就阿富汗的工作進行聯絡。我在前面的信中已經向你解釋我們與表兄弟的關係。這就是為什

麼我認為派兄弟們去伊拉克可以確保他們的安全。[40]

瓦濟里表示贊同。他還告訴賓・拉登，巴基斯坦當局正在審訊一些塔利班領導人，並表示擔心他們會背叛蓋達組織。

在伊拉克方面，除了「真主知道我們所受的折磨」之外，奧薩瑪的同夥還有一些具體的報告。伊拉克勢力強勁的聖戰組織領導人阿布・穆薩布・扎卡維曾在二〇〇三年底或二〇〇四年初派聯絡人賈法爾（Jaafar）前去與賓・拉登的同夥會面。[41]扎卡維和蓋達組織之間交換的電報沒有註明日期，篇幅短小，而且故意寫得晦澀難解。扎卡維的組織——認主獨一聖戰組織（al-Tawhid wa-al-Jihad）自二〇〇三年以來一直在伊拉克活動。二〇〇四年四月，該組織聲稱對一些最致命的攻擊事件負責，包括二〇〇三年八月十九日殺害聯合國祕書長伊拉克問題特別代表塞爾吉奧・比埃拉・德・梅洛（Sérgio Vieira de Mello）的事件。[42]

儘管阿布・穆薩布・扎卡維在伊拉克取得一連串「成就」，但他急於讓他的組織與蓋達組織合併。他想讓世界知道「我們是父親〔即奧薩瑪〕的兒子」，「我們是原蓋達組織的一個分支。」[43]他強調，兩位謝赫，即奧薩瑪・賓・拉登和艾曼・扎瓦希里，應該知道「我們一如既往，他們會永遠對關於我們的作為感到高興」。[44]扎卡維不僅熱中於保持蓋達組織在恐怖主義領域的品牌，他還準備為其提供財政支持。「另一件事，」他在信中說，「如果你需要錢，我們在這裡做得比較好，我們可以給你寄一些我們的東西。」[45]

賓．拉登的同夥報告說，阿布杜拉．汗正計劃前往伊拉克，接任那裡的蓋達組織領導人，並警告說，除非阻止他，否則他可能會浪費這個他們認定的神力介入所提供的機會。三名同夥都擔心阿布杜拉．汗會在伊拉克「分裂聖戰主義者的隊伍」。

奧薩瑪的決定

二〇〇四年底，奧薩瑪意識到他的同夥不可能執行他所制定的攻擊計畫。相反的，他根據他們的建議迅速做出幾個決定。首先，他指示他的圈子裡的每個人都要隱藏（kumun）起來。「考慮到你們的安全狀況，」他給他的夥伴寫道，「你們最好保持隱蔽。」至於那些因工作需要與他人會面的人，他建議「他們應該透過信件和依靠數量非常有限的傳信人（我們建議最多兩到三個）來進行會面」。

賓．拉登評估蓋達組織與塔利班的關係，正如陶菲克所描述的那樣，是靠不住的，「在這樣的基礎上繼續合併是不可想像的。」[46] 換句話說，他想讓蓋達組織及其領導人不在必須協商（al-shura ghayr mulzima）的前提下運作。他任命陶菲克擔任蓋達組織在阿富汗和巴基斯坦的總行動領導人。這是一個新的高級職位，賓．拉登希望塔利班知道，他已經負責起蓋達組織的事務，而陶菲克是直接向他報告的。他用哈立德．哈比布取代塔利班指定的阿布杜拉．汗，而哈立德．哈比布是向陶菲克匯報工作的。賓．拉登還拒絕塔利班推薦齊亞．拉赫曼．馬達尼作為籌款人的請求。[47]

出於同樣的考量，賓．拉登希望與他在阿富汗信任的人重新建立起聯繫，並在蓋達組織自身資源允許的情況下為他們提供財政支持。在他的信任名單中，塔利班領導人毛拉·奧馬爾是名列前茅的：

請向哈吉·薩利姆·汗〔即毛拉·奧馬爾〕致上我的問候，我們認為他值得信賴，儘管他失去視力。根據你的經濟狀況送他約十萬卡爾達〔約合兩千三百二十五美元〕的一次性款項。同時向優尼斯·哈里斯（Younis Khalis）和他的兒子送去我的問候，並給他的兒子一筆類似金額的錢。[48]

奧薩瑪很明顯是繼續信任毛拉·奧馬爾的，但對圍繞在他身邊的人保持警惕。另一位阿富汗領導人優尼斯·哈里斯曾於一九九六年策劃將賓·拉登轉移到阿富汗，當時蘇丹政府正對他施加壓力，要求他離開。

在伊拉克方面，儘管他並沒有參與到在蓋達組織與阿布·穆薩布·扎卡維的組織的初步討論中，但賓·拉登還是對其同夥達成的安排表示贊同。他在給扎瓦希里和陶菲克的信中說：「與一神論聖戰組織的合併事關重大，」並敦促他們「高度重視此事，因為這是團結聖戰努力的一個重要步驟。」[49]二〇〇四年十二月，賓·拉登公開承認阿布·穆薩布·扎卡維的組織已經加入到了蓋達組織。雖然他既沒有排除也沒有批准將蓋達組織轉移到伊拉克，但他同意派出哈姆扎·拉比亞，並任命他為「外部工作」的領導人：

在哈姆扎與阿布·穆薩布·扎卡維聯絡從而確保他能安全地旅行後，哈姆扎自己去伊拉克就可以了。他應該向阿布・穆薩布解釋，他想成立一個獨立的國際行動單位，利用可以輕鬆旅行的人來執行此類任務。[50]

他希望哈姆扎優先考慮在美國發動攻擊，但只是在二〇〇四年投票給小布希的那些州。[51]賓・拉登向投票反對小布希和伊拉克戰爭的美國人做出「安全保證」（aman），在選舉前幾天，他公開承諾：「哪些州不侵犯我們的安全，都會確保擁有自己的安全。」[52]賓・拉登的信顯示，他準備堅持他的安全承諾。我們將看到，在伊拉克建立一個「獨立單位」的計畫被挫敗了，哈姆扎於二〇〇五年在巴基斯坦被擊斃了。

賓・拉登還做出一個關於伊朗的決定。如前一章所述，伊朗曾派出一個中間人，提出一項安排。如果賓・拉登想要確保在伊朗的蓋達組織被關押成員的安全的話，賓・拉登就應該向扎卡維施壓，讓他不要攻擊什葉派和他們在伊拉克的聖地。賓・拉登做出決定：

> 至於西邊的人〔即伊朗人〕，以及與我們建立聯繫的願望，我們建議你向他們發出口頭或書面信函，要求他們釋放阿赫邁德・哈桑（Ahmad Hasan）或扎亞特（al-Zayat），這樣我們就可以對情況和他們關押的人有一些了解……任何進一步的接觸都必須以此為條件。[53]

阿赫邁德・哈桑和扎亞特在信中被稱為al-kibar，即蓋達組織中的「大人物」，直到二〇一〇年，他們仍被關押在伊朗。[54]

在沙烏地阿拉伯的聖戰，二〇〇三至二〇〇四年

這些信件並沒有證實蓋達組織戰士是根據賓・拉登的命令和指示離開阿富汗，並在峇里島、莫斯科、沙烏地阿拉伯等地進行攻擊的說法。[55]此外，這些信件明確指出，奧薩瑪的兒子薩阿德和蓋達組織的軍事指揮官賽義夫・阿德勒不可能像沙烏地媒體《中東日報》（*al-Sharq al-Awsat*）所說的那樣，從伊朗策劃這些攻擊。[56]儘管賓・拉登文件沒有提供恐怖主義活動在沙烏地阿拉伯的全貌，但它表明，聖戰份子的行動是獨立於賓・拉登進行的。

在這個王國裡，並不缺乏聖戰者的熱情，但它並非是以蓋達組織為主導的。我們從獲得賓・拉登文件之前所知的一封寫給賓・拉登的信中得知，早在二〇〇〇年六月，也就是蓋達組織在沙烏地阿拉伯還不為人所知時，這封信的作者阿布・胡載法（Abu Hudhayfa）就曾指出，儘管賓・拉登「是聖戰的象徵之一」，但「他並不是最重要的」。他敦促賓・拉登發展出一套媒體戰略，以贏得在沙烏地阿拉伯的支持者，因為「令人深感遺憾的，〔蓋達組織〕運動在〔沙烏地阿拉伯的〕政治和媒體領域裡知名度不足」。蓋達組織的短板，阿布・胡載法悲傷地說，「它受祝福的奮鬥」在沙烏地阿拉伯還沒有被「兄弟們」足夠地知道，「這實在是令人惋惜」。[57]

賓・拉登文件顯示，在毛拉・奧馬爾命令阿拉伯人撤離阿富汗後，逃往伊朗的聖戰份子中就有沙

烏地人回到母國。根據這些文件，伊朗和沙烏地駐德黑蘭大使館一起協調他們的旅行。信中提到的「兄弟們」從伊朗打電話到「車臣」[58]，表示有一些沙烏地人可能是沙烏地阿拉伯另一位聖戰領袖哈塔布（Khattab）的追隨者。一些人認為，在沙烏地，哈塔布比賓・拉登更受歡迎。奧薩瑪・賓・拉登先是在阿富汗開始打擊俄國人的旅程，然後才轉向打擊「美國偶像」的恐怖主義，而哈塔布的聖戰則是一直在打擊俄國人。與賓・拉登一樣，他也曾在阿富汗與蘇聯人作戰，然後在車臣聲名大噪，最終於二〇〇二年遭俄羅斯人暗殺。[59]

二〇〇三年三月七日，沙烏地內政部發表一份聲明，宣布在利雅得挫敗了一次大規模的恐怖攻擊，並沒收相當數量的爆炸物和彈藥。聲明中列出十九名被當局「通緝」的男子的姓名和照片。[60]名單上的第十位是尤瑟夫・薩利赫・法赫德・烏亞里（Yousef Saleh Fahd al-Uyayri），他在二〇〇三年六月被殺之前被稱為「阿拉伯半島蓋達組織的領導人」。在內政部公布這些名單幾天之後，自殺式炸彈攻擊了居民區，造成三十五人死亡，包括九名炸彈客。在將近兩年裡，聖戰組織透過一連串與安全部隊的衝突和爆炸事件，在這個王國裡不斷地開展活動。[61]

賓・拉登和扎瓦希里不得不等到二〇〇七年阿提亞與沙烏地阿拉伯由「可信賴的中間人」建立了聯繫，才對這些事件有更可靠的了解。中間人的信中包含當時在沙烏地阿拉伯支持蓋達組織的少數神職人員比什爾・比什爾的觀點，當時他正被軟禁在家。中間人讓賓・拉登和扎瓦希里打消他們從「衛星電視」和／或不可靠的聖戰出版物中得到的一些假消息。「依我看來，」沙烏地中間人寫道：

這位父親和這位醫生（即賓·拉登和扎瓦希里）在一些問題上缺乏可靠的訊息。聽了醫生最近的公開聲明後，我特別注意到這一點——願真主保佑他。在我看來，關於〔沙烏地阿拉伯〕事件的重要訊息並沒有準確地到達他們手中。他們所相信的一些東西是想像出來的。在真主的幫助下，我們都有責任解決他們的缺點並告知他們。[62]

賓·拉登和扎瓦希里缺乏可靠訊息的問題的原因之一在於所謂的「阿拉伯半島蓋達組織」和它的領導人。這位「可信賴的中間人」明確地表示，「謝赫·尤瑟夫·烏亞里一生中從未擔任過阿拉伯半島〔即沙烏地阿拉伯〕蓋達組織的領導人，也從未支持過二〇〇三年的爆炸事件，因為他認為這些事件是不合法的。」另一位中間人，「來自阿拉伯半島的阿布·塔伊布（Abu al-Tayyib）」在一年後也證實這一點：

謝赫·尤瑟夫曾經說過，在阿拉伯半島上開始工作是不會帶來任何好處的，因為我們把這裡看作是金錢、人員和許多宗教學者支持的供應線。這裡的人民會反對我們，更何況我們沒有力量或能力來推翻政權。[63]

根據這些信件，尤瑟夫不僅沒有帶頭開展恐怖活動，反而試圖阻止它。內政部公布十九名「被通緝」的聖戰份子名單後，尤瑟夫發表一份公開聲明，拒絕接受指控並否認和隨後發生的攻擊有任何瓜葛。他熱情地申明：「我們沒有舉起聖戰的旗幟來殺害信士。」

賓・拉登和扎瓦希里還從「可信賴的中間人」那裡了解到，並不存在有組織的「阿拉伯半島蓋達組織」團體。相反，「兄弟們正處在一個非常困難的時期，在與蓋達組織的溝通非常困難且幾乎沒有溝通的情況下，獨自行動。兄弟們受到沙烏地當局的迫害、逮捕和傷害，並得出有必要採取一些行動作為回應的結論。」[64]

阿布・塔伊布回憶，早在一九九七年，賓・拉登就不贊成在沙烏地阿拉伯進行聖戰，並敦促人們保持克制。當有人問他這個問題時，奧薩瑪回答說：「如果我們決定在那裡開展工作（即展開攻擊），那些有鬍子的人（即宗教學者）將會首先反對我們。」我明白，這樣的努力是注定要失敗的，因為它不會得到宗教學者和神職人員的支持，而奧薩瑪知道他們是至關重要的。[65]

如此一來，我們便可以相信，在二〇〇三至二〇〇四年發生在沙烏地阿拉伯的恐怖活動不是在賓・拉登的授意下發起的。那些「獨自行動」的「兄弟們」也不可能是蓋達組織的資深成員。

沙烏地當局的逮捕行動是否激怒了聖戰份子？從阿富汗回國的沙烏地人很可能受到當局的嚴密監控，許多人最終被關進監獄，我們將在下文看到這點。但當局開始監禁和折磨聖戰份子的大致時間在賓・拉登文件中並不明顯。據尤瑟夫・烏亞里說，逮捕行動是在九一一攻擊事件後不久開始的。他聲稱，他和他的弟兄們「在美國的命令下」遭受到錯誤的迫害，他堅持認為，塔利班垮台後，「美國向沙烏地當局發送了一份透過審訊關塔那摩的被拘押者而收集的一百四十一個名字和化名的名單。」

在一些關於這個問題的美國文獻中，尤瑟夫這一說法的一個變體得到潛在的回應。美國駐沙烏地阿拉伯大使羅伯特・喬丹（Robert W. Jordan）在他的《沙漠外交官》（*Desert Diplomat*）一書中，對沙烏地阿拉伯內政部長迅速回應美國情報機構的要求給予了積極評價。喬丹對穆罕默德・賓・納耶夫（Muhammad bin Nayef）這位「沙烏地反恐戰爭中的關鍵人物」讚不絕口，並稱讚他「幾乎立即將材料交給聯邦調查局」。[66]尤瑟夫的說法在參議院委員會關於中情局「強化審訊技術」的報告中也得到回應。在這份經過高度審查編輯的報告的一個腳註中，我們讀到「從『施行強化措施之後』所收集到的訊息中，中情局『了解到更多關於行動規劃的深入細節』，『包括損害在沙烏地阿拉伯的美國和沙烏地利益的持續行動』。」[67]

美國情報機構是否如尤瑟夫所說的那樣，向沙烏地當局施壓，要求在沙烏地王國開展逮捕行動呢？[68]如果沙烏地當局確實如「可信賴的中間人」在信中所說的那樣，在聖戰份子從阿富汗返回後就開始逮捕他們，那麼很可能是「兄弟們」被激怒了，他們開始積累彈藥，準備決戰。由此可見，內政部公布的「十九名通緝犯」名單成為聖戰份子所擔心的，或者說是他們所希望的導火線。這位不支持攻擊的「可信賴的中間人」解釋說，「兄弟們」遭受到「迫害」，他們「認為有必要採取一些行動作為回應。」[69]

雖然賓・拉登在一九九七年時可能不贊成在沙烏地阿拉伯進行聖戰，但他對二〇〇三至二〇〇四年的攻擊感到高興。二〇〇四年十二月，他向「特別是沙烏地阿拉伯的穆斯林」發表一份公開聲明。他講道：「對於希賈茲（Hijaz，即麥加和麥地那所在的沙烏地西部）的愛深藏在我心中，但它的統治者是豺狼。」他將沙烏地政權列為「該地區壓迫的、叛徒的統治家族」，指責他們屈從於「美國及其盟友」。[70]同月，他寫信給他的同夥，要求他們：

如果可能的話，與半〔即沙烏地阿拉伯〕的兄弟們聯繫，向他們轉達他的問候，並通知他們，在真主的幫助下，他們最近實施的攻擊產生巨大的效果。如果可行且條件允許，我們希望他們能夠暗殺該政權的主要人物，即蘇丹、納耶夫、薩勒曼和阿布杜拉。我們還希望他們成立一個名為「穆罕默德·賓·瑪斯拉瑪」（Muhammad bin Maslama）的祕密小組，以消滅那些與當地和國際不信教者站在一起的偽君子和叛教者……例如作家和發布為暴君辯護的法律意見的神職人員，他們都是為美國在伊拉克和更廣泛地區的侵略活動服務的。[71]

我們不妨思考一下奧薩瑪·賓·拉登想在沙烏地阿拉伯建立的祕密部隊的名稱的歷史意義。穆罕默德·賓·瑪斯拉瑪是西元七世紀時的人物，他率領一群人刺殺諷刺先知穆罕默德的詩人卡厄布·伊本·阿什拉夫（Ka'b ibn al-Ashraf）。先知穆罕默德曾向真主祈禱能擺脫卡厄布的攻擊，隨後穆罕默德·賓·瑪斯拉瑪成為第一個對付「他散播的邪惡和他寫出的詩歌」的自願者。[72]當穆罕默德向卡厄布所屬的納迪爾部落宣戰時，他面對的是比刀劍更有穿透力的押韻詩句。用歷史學家馬丁·靈斯（Martin Lings）的話說，「一個有天賦的詩人可以以一擋百，因為他的詩句會在阿拉伯人中間一直口口相傳」。

賓·拉登明白這個歷史事件對於他自己所處時代的教訓，因為正如他所說的，「媒體在今天的戰鬥中占據更大的比重，」而學者和記者「比前伊斯蘭時代的諷刺詩人還要糟糕」。[73]當他寫這封信時，他希望「兄弟們」能夠跟隨穆罕默德・賓・瑪斯拉瑪的步伐。當時班達爾・賓・蘇丹（Bandar bin Sultan）是沙烏地駐美國大使；穆罕默德・賓・納耶夫是內政部長；薩勒曼（很可能是Salman bin Abd al-Aziz）是利雅得省長（並於二〇一五年成為國王）；阿布杜拉・賓・阿布杜・阿齊茲（Abdallah bin Abd al-Aziz）是沙烏地國王。

要影響沙烏地阿拉伯的恐怖活動，對賓・拉登而言已經太遲了。當他有機會給沙烏地阿拉伯的「兄弟們」撰寫指示時，沙烏地當局已經成功地壓制王國的聖戰運動。賓・拉登的信已經不可能傳達到他們手中了。

關於沙烏地阿拉伯和蓋達組織

有廣泛的報導說沙烏地阿拉伯曾支持過蓋達組織。許多報導指責沙烏地王室參與了九一一攻擊事件，還有報導堅定認為，沙烏地阿拉伯的宗教機構孕育出蓋達組織的意識型態。班達爾・賓・蘇丹曾在二〇〇四年被列入到賓・拉登的刺殺名單裡，他是美國一項長期訴訟中提及的兩名沙烏地王室成員之一，該訴訟涉及他對九一一恐怖攻擊的支持。[74]正如剛才所引用過的二〇〇四年的信件所證實的那樣，蓋達組織對班達爾・賓・蘇丹以及整個沙特政權的敵意是無可爭議的，正如賓・拉登對大多數沙烏地神職人員的蔑視一樣，他認為這些神職人員是沙烏地政權手中的工具。

這種敵意是雙向的。這些信件顯示，沙烏地當局設法壓制王國裡對蓋達組織的支持，到了二〇〇七年，甚至連討論蓋達組織也會使人遭逮捕。這位「可信賴的中間人」在信中說，「為奧薩瑪招募人員變得比和奧薩瑪站在一起還要危險了。」他感嘆神職人員對蓋達組織同樣充滿敵意。雖然他們的數量「像沙粒一樣多」，但他遺憾地說，「完全支持你〔即蓋達組織〕的人可能最多只有三、四個。」[75]

我們從另一位沙烏地中間人那裡了解到，關押政治犯的監獄數目在王國激增，到二〇〇八年時，當局已經逮捕五千多名聖戰份子政治犯。[76]當局去激進化的手段加劇了聖戰份子的受迫害感。這位「值得信賴的中間人」這麼說：

> 我了解到，沙烏地情報部門在監獄內外與一些聖戰份子見過面。他們與他們討論拒絕者〔即沙烏地阿拉伯的什葉派和伊朗政權〕的問題，以及在與伊朗爆發戰爭的情況下，聖戰份子會採取什麼立場。當局想利用兄弟們當驢子〔即愚蠢的人〕來實現美國和沙烏地政府的目標。[77]

這位「可信的中間人」指的是他從武萊沙監獄（'Ulaysha prison）的一位「兄弟」那裡得知的具體事件，他「給我們寫了以下內容」：

> 幾天前，在武萊沙監獄發生一件事。其中一位官員，一位中將，叫來一位資深的兄弟。在他回來後，這位兄弟說：「我被帶去一個大樓裡，我在那看到來自魯威斯（Ruways）和哈耶爾（Hayer）監獄

的聖戰者。然後，那個中將拉著我的手，把我帶進一間辦公室並告訴我說：『國家在監禁你們時並沒有對你們懷恨在心。而是出於對你，出於對這個國家的人民的關心，以及諸如此類的事情。』然後這位中將說，『我要向你透露一些嚴重的、高度機密的事情。我們有可靠的情報，伊朗正計劃在沙烏地阿拉伯東部對拉菲達〔即主要由什葉派居民居住的地區〕進行攻擊。他們想讓人覺得是沙烏地政府對其什葉派人口進行攻擊，並嫁禍說沙烏地施行宗派主義。』」

然後這位兄弟問到：「你到底是想要說什麼？」中將隨後回答說：「我們想要讓蓋達組織在伊朗境內發動恐怖攻擊，然後主張為攻擊負責。為了這個目的，我們會給你錢和武器的支持。」然後這個兄弟說：「這件事很困難，但你得讓我想想。」然後中將說：「在卡提夫（Qatif）的拉菲達（什葉派）都是有武器的，政府知道這件事。」這位兄弟說：「把那些在卡提夫的留給我們，我們三個月就能宰了他們。你可以繼續構思你的戰略，不用再擔心卡提夫的拉菲達。」這時中將誠摯地向真主祈禱，然後站起來說：「好樣的。這就是我們要的。」然後就讓他離開房間了。在同一天的晚上，這位兄弟又被傳喚，然後和其他的聖戰者被帶到一個休息區。他們都收聽了一場演講，內容是關於拉菲達構成的威脅、他們的野心和他們對伊斯蘭的惡意。在這件事的兩天以後，他們帶走了這個兄弟，我們不知道他現在在哪了。[78]

這封信並沒有表示沙烏地政府真的給沙烏地聖戰者提供打擊伊朗的錢和武器。如果這裡所說的事情是真的的話，我們也許可以推測，沙烏地當局很有可能是想要測試聖戰份子反什葉派和反伊朗的可信度。沙烏地官方很明顯是有這樣的印象，認為這個國家所有的聖戰份子都是蓋達組織成員。考慮到那個在沙烏地聖戰者中間廣獲支持的哈塔布已經在二〇〇二年被殺死了，其餘的人可能都想要成為蓋達組織的一部分。他們可能會為政府把他們看作是「蓋達組織」而感到與有榮焉，而那位中將也是假裝要獲取蓋達組織的支持。

我們也能從信件中知道，宗派主義是深植於沙烏地當局的去極端化計畫中的，他們發展出「革新」其政治犯的做法。阿布・塔伊布在他二〇〇八年的信中詳盡描述了這個計畫。「在審訊和酷刑的過程中，」他敘述說，安全部隊更關注那些「傾向於從事國內活動的人」，而不是那些「傾向於從事外部活動的人」。他對審訊者所使用的審訊技術的描述是這樣的：

> 審訊人員掌握一些宗教學的知識，以避免被那些用伊斯蘭法論據為自己的行為辯護的囚犯所誘騙。當局還招募專門審理那些（透過）慈善捐款來資助（恐怖主義）案件的審訊人員。他們現在遵循的是很精細的審訊技術。這些技術是：
>
> 審訊者在不同時間提出一系列不同的問題。這些問題都是關於同一件事的，但它們以不同的方式提出，以驗證囚犯的回答是否一致，以及他是否在說實話。如果審訊者使用這種技術但沒有奏效的話，他們就會在囚犯的檔案上蓋上「不誠實」的印章，並將他轉到另一個部門，在那裡他將遭受鞭打和酷刑！
>
> 一些年輕人被這種形式的審訊技巧所欺騙了。然後，當局開始把這些人往好處想（以及考慮將其

去激進化的可能性」。然後是穆罕默德・賓・納耶夫（即當時的內政部長）的角色，他比他爸爸更狡猾……他利用內政部的預算給年輕人發錢，替他們還債。然後他會（以責備地口吻）對他們說。「你們曾經對塔利班政權的多神論和它的違法行為表現出耐心和寬容，但卻不對你們的這個實施伊斯蘭教法的有福國家一視同仁？當然，這個國家的確是做了一些違法的事，但我們正在努力解決這些問題！」然後他又說「主啊，我也和你們一樣，對於我們國家所做的一些不為伊斯蘭教法贊成的行為、政治和僭越感到不高興。」他繼續用更多這類的欺騙性語言來給年輕人洗腦。他在這方面很有技巧，有令人印象深刻的教育能力……他還說：「我們需要我們的年輕人來保衛這個國家，對抗拉菲達的威脅。」79

我們不能確定阿布・塔伊布說的是否事實，但很難想到有什麼原因會導致他偽造這些敘述。二〇〇二年至二〇〇四年間，「受折磨」的蓋達組織充其量也只能是站在遠處觀察全球聖戰。作為一個組織，蓋達組織幾乎已經被粉碎。但正如我們在下一章中所看到的，奧薩瑪・賓・拉登重新與他的同夥聯繫後，他以新的領導人組合恢復了蓋達組織，試圖讓「已經停滯不前的工作」得以恢復。

第四章　蓋達組織的「隱藏」

「鑑於你的安全狀況，所有兄弟的默認立場都應該隱藏……」（這一指示應該被理解為一項義務，而不是建議。）——奧薩瑪・賓・拉登的書信草稿，二〇〇四年底[1]

二〇〇四年底，至少是在對送信人的依賴程度所允許的範圍內，奧薩瑪・賓・拉登重新執掌起蓋達組織的事務。我們不知道當時他住在哪裡，但我們從一封信中得知，大約在那時，他與他的第三任妻子希哈姆（Siham）以及他們的孩子哈立德、瑪麗亞姆（Mariam）和蘇梅亞（Sumaya）重新團聚了。他們的長女海迪嘉（Khadija）和她的家人可能住在北瓦濟里斯坦。對蓋達組織的貢獻而言，奧薩瑪的家人所具有的意義遠非僅僅是家人團聚，這件事會在隨後的章節中逐步顯現出來。

奧薩瑪的首要任務是讓他「受折磨的」同夥躲起來。更確切地說，他指示他的組織成員「隱藏應該是默認立場」（al-asl al-kumun），因為他擔心他們會被與巴基斯坦安全部隊有聯繫之虞的塔利班領導人出賣。

賓・拉登假定隱藏起來是一項臨時措施，蓋達組織將會重新獲得動力並恢復「已經停滯不前的工作」。他還設想，隨著其在阿富汗－巴基斯坦地區的「工作」進入停滯狀態，蓋達組織可在伊拉克開展跨國恐怖主義活動，正如其中一封信中所描述的，伊拉克成了「驚人的聖戰勝利」的新舞台。

儘管奧薩瑪和他的同夥們的決定和決心，但事情並沒有按計畫進行。至於從伊拉克重新發動跨國恐怖主義，這是很具有挑戰性的，在本書後面的內容裡，我們會進一步了解蓋達組織與伊拉克和其他地方的聖戰組織的複雜關係。

「新階段」和新領導人

帶著極大的決心，奧薩瑪．賓．拉登在二〇〇四年底啟動一個「新階段」，指示他的同夥將「隱藏」作為他們的默認立場，並適用於所有人：

尤其是那些工作不需要移動的人，例如從事聖戰媒體工作的人。至於那些工作需要移動和會面的人，他們應該透過信件和依靠數量非常有限的送信人（我們建議最多兩至三人）來實現——我們的通信應遵循封閉圈子的模式。除非有絕對必要，不應離開他們的藏身地。[2]

「封閉圈子模式」呼應了馬蒂厄上校（Colonel Mathieu）在一九六六年的電影《阿爾及爾之戰》（*The Battle of Algiers*, 1966）中所說明的模式，該片描述阿爾及利亞人反對法國的獨立鬥爭。在影片中，這位沉默寡言的上校在黑板上畫了一系列三角形，形成一個大金字塔，以強調法國軍隊面臨的挑戰。三角形的組合說明，法國人面對的是一個由小單元組成的組織，如果一個特定單元中的每個武裝份子都被抓，可能會危及最多三個人的安全。

賓・拉登建立的封閉圈子式送信人圈甚至更為嚴密，我們將在第十一章了解他的網路。他給人的自由度為零，強調他的指示具有命令的性質，這意味著這些指示是「義務」，需要由他的同夥來執行。賓・拉登還將「隱藏」視為重建蓋達組織的一個機會，將二階領導人提升到高級職位，制定指揮系統，並建立內部匯報文化。

代理領導人

賓・拉登需要一個新的副手來取代阿布・哈夫斯・米斯里，後者在二〇〇一年十一月美國對阿富汗的空襲中喪生。塔利班政權垮台後，艾曼・扎瓦希里成為蓋達組織的代言人，熱情地煽動穆斯林參加聖戰，包括在九一一事件兩週年時接受聖戰媒體的採訪。由於這種知名度，媒體想當然地認為扎瓦希里是賓・拉登的副手。

在二〇〇一年底他們兩人「出於需要而銷聲匿跡」時，賓・拉登可能指定了瓦希里作為其副手。但更有可能的是，賓・拉登是受了媒體的這一猜定的啟發，因為直到二〇〇四年底，他才正式向他的同夥指定艾曼・扎瓦希里為他的副手。奧薩瑪可以想到另外兩三個同樣適合這個角色的人，但好像沒有多少高級領導人可以選擇：「如你所知的，資深的和有經驗的兄弟要麼已經被殺，要麼就是被抓了……既然你能接觸到醫生（即扎瓦希里），那就定期諮詢他，因為他是副領袖。」[3]因此「關於醫生」，他在給陶菲克的信中說，「他是我們在過去幾十年中所認識的其餘聖戰兄弟中最傑出、最優秀的。」雖然奧薩瑪下令蓋達組織所有的人都要隱藏起來，但他特意敦促扎瓦希里更是要隱藏起來。

至於阿布・法蒂瑪兄弟（即扎瓦希里），我們希望你為他安排一個安全的地點。不要讓任何兄弟知道這個地方，特別是那些被當局通緝、照片被公布的人，除非他們是與他躲在同一個地方，並且同意不在他的藏身處以外的任何地方活動。與阿布・法蒂瑪的通信應透過不被當局通緝或不為當局所知的可靠傳信人來進行。[4]

賓・拉登還授權扎瓦希里應該始終有五萬歐元的預算供他支配。[5]當時，賓・拉登傾向於使用歐元，因為當時美元的交易價格很低。[6]考慮到這種情況，奧薩瑪認為他和艾曼有必要離開他們的基地，到一個安全的地方去。他認為，僅僅是有經驗的領導人的存在，就足以「對敵人造成傷害。」

蓋達組織的常務領導人

由於賓・拉登只能在本人缺席的情況下進行領導，於是他任命陶菲克擔任「蓋達組織的常務領導人」。這是一個新的高階職位，陶菲克將直接向賓．拉登匯報工作。但在無法及時聯繫到賓．拉登時，陶菲克被賦予在與他信任的夥伴和下屬協商後做出決定的權力：

陶菲克弟兄應該履行他所有的職責，不受其他弟兄的約束，包括那些年齡較大、有較長聖戰經驗的人。在此基礎上，應該讓所有負有領導責任的兄弟，特別是軍事領域的兄弟知道，陶菲克是〔阿富汗－巴基斯坦〕地區最高階的……[7]陶菲克弟兄應透過送信人送信的方式與軍事指揮官哈立德．哈比布聯絡，並與他討論小組的完整結構。兩人應該商定至少為陶菲克配備兩名副手。換句話說，陶菲克和他的副手應該協調合作，特別是在管理軍事事務方面。這種協調有助於幹部的培養。

陶菲克應向哈立德．哈比布和其他身居要職的兄弟強調，他們應定期與〔下屬的〕有能力的兄弟協商。他們應該給他們機會，使他們的潛力和能力得到最大限度的發揮，特別是當涉及到創新的方式，會使得敵人感到不安。

賓．拉登決定，負責任的職位應該要實行輪換。這種制度早在蓋達組織初期的一九八〇年代就已採用過，或者至少已經設想出這種輪換模式。其目的是讓領導人有時間「追求知識」，算是一種休養，並「讓他們的副手有機會承擔自己的責任」。[8]當然，情況已經發生變化，但奧薩瑪．賓．拉登正在制定長期戰略，並渴望培養出能夠推進蓋達組織的幹部新人的計畫：

要提振士氣，必須讓幹部們感受到新計畫的重要性。應要求他們以書面形式提出他們計劃如何報復敵人的建議。你〔即陶菲克〕應該賦予哈立德・哈比布和那些最終將取代他的人以權力，你的下屬應該有機會創新出新的方法。讓他們保有為期一年的職位，除非我們決定延長他們的任期。[9]

賓・拉登讓陶菲克要對等待著他的挑戰做好準備，尤其是要面對「實行遠距離管理的缺陷」。他解釋說，定期親自走訪戰場可以讓領導人做出重要決定，防止排長級指揮官們過度膨脹。但由於蓋達組織的生存需要依靠隱藏，所以這種訪問是無法進行的。因此奧薩瑪敦促陶菲克「避免作出嚴厲的決定」，並建議「循序漸進地追求自己的目標」。比方說，如果一個「兄弟」無法達到標準，「明智的做法是感謝他的付出，給他一些時間休息，然後把他分配到適合他技能的其他崗位上去。」換句話說，「在目前的條件下，開除他不是一個可以考慮的選項。」[10]

「溫柔地」……脫離

陶菲克今年三十一歲，人們對他所扮演的新角色有著很高的期望。也許是為了鼓舞他的士氣，賓・拉登告訴他，他認為自己有一種得天獨厚的直覺，可以根據人的行為、談話和身體特徵來判斷人的好壞，[11]他認定，「你是在這種困難條件下領導工作的合適人選。」[12]

奧薩瑪・賓・拉登從自己過去的經歷和穆斯林傳奇人物的經歷中，向陶菲克傳授一系列建議。

「當初我比你小兩歲，」他寫道，「那是我在一九八六年領導馬薩達義勇軍（Ma'sadat al-Ansar）對抗蘇聯的時候。」他指的是他在阿富汗創建的第一個實體。後來他回顧他曾所面臨過的挑戰，包括那些使得他必須從最親近的人那裡脫身的挑戰：

> 我想用一個個人的例子來說明這一點。當謝赫・阿布杜拉・阿扎姆（Sheikh Abdallah Azzam）和我開始在白沙瓦一起工作時，一切都進行得很順利。但隨著新的兄弟加入，情況發生變化，打亂了原來的良好關係。雖然成立服務局（maktab al-khidamat）是我的主意，而且我和謝赫・阿布杜拉的關係也是可以想像的好，但新兄弟的閒言碎語和爭吵給工作帶來負面的陰影。我決定讓他們擁有這個局，不與他們發生任何爭執，而我則繼續與謝赫・阿布杜拉保持穩固和友好的關係。[13]

謝赫・阿布杜拉・阿扎姆是奧薩瑪・賓・拉登的導師，他在一九八四年成立服務局（Services Bureau），並負責接待希望支持阿富汗事業的阿拉伯人。[14]這意味著服務局也會為賓・拉登的「馬薩達」工作提供便利和支持。[15]這兩個實體緊密合作，直到賓・拉登認為繼續維持這種合作已經不再有成效為止。

賓・拉登專門提起這段舊事，是因為他希望陶菲克也能做出類似的事情。他希望蓋達組織與包括塔利班在內的其他聖戰組織脫離關係，就像他曾經對服務局所做的那樣。

重新審視一九八八年八月二十日

這時我們有必要先暫停一下，回到過去，重新審視賓・拉登在二〇〇四年的信中提到的那些事件。為此，我們應該回到一九八八年八月二十日，對那份據稱描述了蓋達組織「誕生」的文件進行長期、縝密的審思。這份文件和其他蓋達組織的內部文件是二〇〇一年十二月於波士尼亞（Bosnia）找到的，它是對一個慈善組織——仁愛國際基金會（Benevolence International Foundation）及其與蓋達組織的聯繫所進行的調查的一部分。

許多人認為，蓋達組織是在一九八八年八月二十日凌晨兩點結束的漫長會議之後誕生的，而這場會議是在先前一天的日落時分開始的。記錄這次曠日持久的會議的手寫文件被稱為「蓋達組織的成立記錄」。就其本身而言，這份文件並沒有提供什麼幫助，因為它實際上並沒有詳細說明發生了什麼和討論了什麼。但是它提及參加會議的人的名字，並提到「白沙瓦的一個新部門」和「蓋達組織」，說它是一個獨特的「有組織的伊斯蘭團體」。[16]

在這份看起來像是文件附錄的文件中，記錄了會議涉及「四十個要點」，「謝赫・奧薩瑪將這些要點歸納為兩個標題：（1）al-mazalim；和（2）管理不善和處理不當。」在伊斯蘭教術語中，al-mazalim是一個負責處理投訴和伸張正義的機構，很像一個人力資源部門。其他由賓・拉登手寫的一九八八年文件提到對謝赫・阿扎姆及其服務局的具體怨言，比方說「服務局到底是為政府還是為阿拉伯〔志願者〕服務而設立的」，以及「謝赫・阿布杜拉・阿扎姆應該要澄清他在協商會議中是否有他支持的政治立場以外的其他立場；如果有的話，委員會承受這種行為方式是否合理〔？〕」[17]這些內容清楚地表明，奧薩瑪與阿扎姆及其服務局有著深刻的、不可調和的分歧，因此必須分道揚鑣。

很可能是在八月二十日這一天，賓・拉登提出一個令人信服的理由來支持他和服務局的分道揚鑣，因為這次會議「結果是〔允許〕謝赫〔即賓・拉登〕明天做他認為合適的事。」同一份文件指出，「一九八八年八月二十日星期六上午，提出申訴的兄弟抵達了。」這裡的關鍵詞是「提出申訴的兄弟」，這清楚地表明會議是關於賓・拉登對服務局提出的投訴。根據賓・拉登寫於二〇〇四年的信，現在我們可以明白，這不是一場關於新團體誕生的會議，它更像是一個法庭案件，允許已經運作「一年半」的現有團體「獅巢」（al-Ma'sada）脫離服務局，並以新的名稱制定自己的章程和成員。[18]因此一九八八年八月二十日是一個標誌著兩個現有實體分道揚鑣的日期。其他文件顯示，這個新的獨立實體本應設在喀布爾。人們肯定需要一段時間來適應「蓋達」這個新名字，因為直到一九八八年十月十二日時，一些內部文件仍然將這個新組織稱為「新獅巢」（al-ma'sada al-jadida）。[19]

二〇〇四年，奧薩瑪・賓・拉登希望能讓一九八八年八月二十日的情節重新上演，這一次是與包括塔利班在內的其他聖戰組織脫離關係。他建議陶菲克「向你所在地區的領導人和學者說明情況」。更具體而言：

要輕柔地讓該地區的領導人和學者知道是塔利班任命阿布杜拉・汗為軍事指揮官。但你也應該讓他們知道，是這封信的作者〔即賓・拉登〕任命你為總領導人，監管蓋達組織所有的兄弟。[20]

賓・拉登希望撤消阿布杜拉・汗職務的舉動會受到該地區領導人的歡迎，因為阿布杜拉的聲譽已經受損。與此同時，他也向這些領導人表明，他任命的陶菲克是在代表他行事，而且確實在領導。

但是，賓・拉登還想以不同的方式繼續向前推進。他希望蓋達組織的決策是建立在這樣的基礎上：任何協商的結果最多只能告知（mu'lima）領導人，而不要求領導人接受建議（ghayr mulzima）。他不只是考慮到自己作為領導人的地位，也考慮到所有處於領導地位的人。在奧薩瑪看來，領導人不能優柔寡斷。雖然他指示所有擔任領導職務的人應該接受一種協商文化（橫向和縱向的協商），但他不希望他們受制於別人的意見。否則，結果將會是一片混亂。[21]

至少可以說，這是一個很敏感的問題。根據一九八〇年代的蓋達組織內部文件顯示，自一九八七至一九八八年以來，蓋達組織的運作基礎是，如果舒拉委員會（即協商機構）的大多數成員不同意的話，就可以推翻領導人（即賓・拉登）的決定。[22]這些早期文件包括一張手繪的蓋達組織圖表，由阿布・阿布杜拉（即賓・拉登）掌舵；上面寫著「協商是強制性的」（al-shura mulzima）。[23]從賓・拉登文件中的討論來看，舒拉委員會很可能是由其他聖戰組織的成員組成的。

奧薩瑪想要改變這種安排。他試圖說服陶菲克（和他自己），蓋達組織的運作基礎是，舒拉委員會的決定對領導人沒有約束力。每當賓・拉登在信中提出這個問題時都表現得很懊惱，表明他自己的立場隨著時間的推移而發生變化。無論如何，在二〇〇四年時，賓・拉登不想為了討好塔利班而感到有義務讓阿布杜拉・汗繼續擔任他的職務，尤其是在得知蓋達組織有可能被阿富汗塔利班中的很大一部分人背叛之後。直接與毛拉・奧馬爾聯繫是不可能的。這些信件清楚地表明，向毛拉・奧馬爾傳遞訊息必須要透過蓋達組織所不信任的塔利班領導人。

儘管如此，對蓋達組織而言，推動與其他聖戰組織和塔利班脫離關係並非一個好選擇，因為蓋達組織應該是同一個集體（jamaʿa）的一部分。奧薩瑪曾公開呼籲穆斯林團結起來支持聖戰者，但他卻要求陶菲克朝相反的方向前進。奧薩瑪向陶菲克保證，這種脫離「並不違反任何勸告穆斯林團結的教法文書」：

> 「集體」（jamaʿa）的概念不是簡單地把人們聚集在一起，而是為了崇拜真主而聚合。正是透過這樣的聚合，才能實現最高境界的崇拜。但當聚合成為一種崇拜真主的障礙時，這就絕對不是教法文書中勸告的那種團結。[24]

「集體」的概念是伊斯蘭教的基礎之一，也被蓋達組織視為其座右銘。這個詞的內涵可以是指一個小的「團體」，一個「社會」，甚至是一個更大的由志同道合的夥伴所組成的「社群」。「集體」的本質要求秩序，沒有秩序，人們將陷入無政府狀態。「沒有集體就沒有聖戰」是聖戰文獻中常見的格言；更為詳細的說法是：「沒有領袖就沒有集體，沒有聽從和服從他的命令，何談領袖。」[25]儘管賓・拉登是在用教法條文來提出主張，但他實際上是在提出一個實利政治的推想。從宗教的角度來看，他所提出的分道揚鑣是非常複雜的。這件事類似於：相信婚姻的神聖性，但同時為了對孩子更好，更堅持提出離婚。

陶菲克肩負著推動這種分道揚鑣的艱巨任務。我們在本書前幾章裡所討論過的陶菲克的早先書信表明，他很顯然是不會害怕說出自己的想法的，而賓．拉登則繼續增強他的自信：

感謝神，你是認真的，你有人手，也有武器……繼續吧，不要猶豫了。有人會開始向你抱怨，對他們好一點，把實話說出來，也就是：「我們所要的，是在工作已經停滯不前之後重新啟動它。」無論人們的行為如何，都要善待他們，因為這樣的做法可能會將衝突降到最低……不要把你的時間浪費在與那些不喜歡你所做的爭論上。相反的，可以用「願真主支持我們和你，以便我們都能捍衛祂的宗教」來回應反對者。

烏薩瑪注意到等待著陶菲克的挑戰。他提醒他，「真主會在審判日計算你的行為」（Allahu hasibuka），並勸告他應該用「耐心和虔誠」來強化自己。他繼續說：「在困難的時候，永遠記住我們先知的聖門弟子們，他們領導早期伊斯蘭教的偉大征服，他們比你更年輕。（沒有壓力！）也許是本著勸諫書的傳統，賓．拉登向他傳授一些從《古蘭經》和實利政治中提取出來的處方，他認為這對所有領導人都很重要。

一、要有耐心，如果你的耐心用完了，就轉向堅忍。

二、對所有的兄弟要寬宏，如果你沒有寬宏，就轉為寬恕。

三、徵求意見，如果你能做到的話，要多多諮詢。然後堅決果斷地做出決定。

四、要有同情心，總是對你的兄弟抱以微笑。有時微笑也相當於行善施捨。

五、將事務委託給那些你對其能力和可信度有信心的人。不要切斷與那些稍有欠缺的人的聯繫。對那些你不能容納的人，要注意，不要把他們變成你的敵人。[26]

因此，當奧薩瑪．賓．拉登和艾曼．扎瓦希里在世界舞台上大肆宣揚聖戰者團結在一起時，他們卻也不得不悄悄進行與塔利班和其他組織的脫離。值得注意的是，即使在賓．拉登沒有負責指揮蓋達組織的行動時，蓋達組織在媒體上的活動也沒有中斷。該組織的兩位最高領導人定期發表公開聲明，為世界各地的聖戰份子慶祝歡呼，彷彿他們是在掌管全局一樣。

蓋達組織在媒體上的存在是賓．拉登的首要任務，媒體活動能使得領導人提出他們的政治主張，其核心是穆斯林在「已叛教的統治者」手中的困境和西方對穆斯林專制者的支持。這麼做能夠讓他們顯示他們實際上並非如此的強大。賓．拉登對於聖戰份子的媒體並不看重，他更願意讓他的訊息在主流媒體上傳播。他要求陶菲克「找到一條與任何一家美國電視台的安全通信線路來發布我們的聲明，我們建議由哥倫比亞廣播公司發布。」他希望美國人了解「小布希和他的政府的謊言，以及我們的消耗戰正在取得成功……對我們來說，重要的是讓美國公眾了解我們的攻擊有其合理性。」

賓．拉登也不想放棄在巴基斯坦境內擁有蓋達組織存在的念頭。他敦促陶菲克和負責跨國恐怖主義的哈姆扎．拉比亞，「委託一些相信我們計畫的巴基斯坦兄弟，在巴基斯坦建立一個蓋達組織分部。」賓・拉登急於讓巴基斯坦分部「招募人員以在巴基斯坦境內外開展工作（即恐怖主義活動）。」[27]

重建的蓋達組織

這些信件顯示，奧薩瑪・賓・拉登用新的領導人重建他的組織，並建立一種符合他所規劃的指揮系統的內部報告文化。他在隱藏、對塔利班的不信任和全球「反恐戰爭」的境況下成功達成這一點。

陶菲克的任期可能在一年後結束。我們下次見到他時，他正在使用賈爾格・丁（Jargh al-Din）這個化名，向監督聖戰媒體的阿布杜・拉赫曼・馬格里比（Abd al-Rahman al-Maghrebi）傳達賓・拉登在二〇〇四年十二月的指示。兩人顯然對對方很有好感，而且阿布杜・拉赫曼也希望能夠有面對面的溝通。「關於你要求我們見面的請求，」陶菲克遺憾地告訴他的朋友，「我非常想見到你並親吻你，但導師（賓・拉登）指示我們應該推遲所有的會面。」[28]同一封信顯示，蓋達組織成員被傳授如何使用加密技術，陶菲克表示，賓・拉登「還指示所有加密和（媒體）研究都應該透過通信進行。」[29]

隨後的幾年裡，陶菲克所寫的文字或和他有關的文字都不多。賓・拉登可能在二〇〇五年搬到他的阿伯塔巴德大院（據美國情報部門的說法），這可能解釋了為什麼在陶菲克負責時的通信較少。在那一年，有可能是哈立德・哈比布接替陶菲克。[30]二〇〇六年，第二階領導人是向哈吉・奧斯曼（Hajj Uthman）報告，後者接任蓋達組織的常務領導人。我們最後一次聽到陶菲克的消息是在二〇〇七年十二月，當時賓・拉登的女婿達吾德（Daoud）報告了「獅子的死亡」。[31]信中沒有說明陶菲克「殉道」，主流媒體報導他死於肝炎。[32]此一被報導出來的疾病可能與他短暫的任期有關。

哈吉・奧斯曼被任命為蓋達組織的常務領導人這件事有一些離奇。儘管賓・拉登認為他「有德行」，在金融方面也很有能力，但他曾建議陶菲克不要讓他管理軍事和政治事務。在二〇〇五至二〇〇六年時，最有能力的操盤手是阿提亞，他的敏銳度可以說是超過賓・拉登和扎瓦希里。然而，他忙於和伊拉克聖戰組織的聯絡和調停，並與各國可信賴的中間人建立聯繫。在有空餘時間時，他還審查和編輯艾曼・扎瓦希里的大量著作。另外，當時阿提亞大約三十五歲，而哈吉・奧斯曼則是五十歲，年齡可能對後者有利。（哈吉奧斯曼一直擔任蓋達組織在阿富汗—巴基斯坦地區的常務領導人，直到他在二〇一〇年五月的無人機攻擊中被殺。隨後由阿提亞取代他。）[33]

其他的「兄弟們」何去何從呢？這些信件表明，奧薩瑪的一些「兄弟們」繼續與受信任的塔利班並肩作戰，而他們中的大多數人則集中在巴基斯坦多山的聯邦直轄部落地區，該地區在塔利班倒台後立即證明其效用。根據一封信，聯邦直轄部落地區的一個部落首領穆夫提・蘇萊曼（Mufti Sulaiman）是「一個非常好的人，留著白色的鬍子，在〔阿拉伯〕兄弟離開托拉博拉山後給他們提供幫助。他為他們提供住所，並為他們安排〔假〕身分證和護照。」[34]

最後蓋達組織的領導人在北瓦濟里斯坦居住下來。聯邦直轄部落區的領導人們並沒有形成統一的陣線；每個人都有自己的利益和議程。在寫於二〇〇四年的一封手寫信件對蓋達組織與瓦濟里斯坦各部落的關係提出警告：「即使是部落提出了要求，你們〔即蓋達組織〕也最好不要介入，也不要給他們軍事和財政援助。這樣做不會帶來任何好結果。」[35]

目前尚不清楚蓋達組織是否與部落一起參加戰鬥，但它至少自願在聯邦直轄部落地區培訓武裝份子。蓋達組織的領導人堅持認為，他們對毛拉·奧馬爾的效忠使得該組織能夠行使獨立性。他們的生存完全取決於反對巴基斯坦政府的「兄弟們」，而聯邦直轄部落地區就是他們的地方。歷史學家布萊恩·格林·威廉斯（Brian Glyn Williams）指出，聯邦直轄部落區是「巴基斯坦最荒野、最不發達的地區……自成一個世界」。[36]威廉斯解釋說，早在蓋達組織出現之前，聯邦直轄部落地區的居民就已經抵制英國的統治，並對自己的事務保持實際的自主權。當一九四七年巴基斯坦獨立時，政府並未改變聯邦部落地區的自治地位，也沒有投入足夠的資源來改善其居民的生活。[37]據一位在聯邦直轄部落地區長大的記者說，巴基斯坦的軍事和政治機構認為，瓦濟里斯坦的居民「就像生活在亞馬遜雨林裡的部落一樣」。[38]

自從二〇〇一年的「反恐戰爭」發動之後，聯邦直轄部落區便成為反對巴基斯坦當局的國內武裝份子的聚集地，各種外國聖戰武裝組織也藏匿在這裡。[39]巴基斯坦支持「反恐戰爭」的決定的確是符合其自身利益。史蒂夫·柯爾（Steve Coll）報告說，二〇〇二年時，巴基斯坦總統帕勒維茲·穆沙拉夫同意讓中央情報局在對巴基斯坦當局構成威脅的武裝份子所在的聯邦直轄部落地區飛行無人機。[40]這一安排對中情局有利，因為中情局的首要任務是追蹤蓋達組織，進而追蹤那些為蓋達組織成員提供庇護的武裝份子。

賓·拉登希望把「已經停滯不前的工作」恢復起來，但是沒能實現。對巴基斯坦的蓋達組織領導人進行的定點打擊確保這些「工作」沒有進展。被這種打擊消滅的人之一是哈姆扎・拉比亞，他曾被授權前往伊拉克建立一個祕密的國際恐怖主義小組。哈姆扎在二〇〇五年十二月的死亡肯定使得蓋達組織實行跨國恐怖主義的願望再次停止了。[41]

然而，蓋達組織繼續利用自行其是的聖戰份子來為己所用。二〇〇五年七月七日，四名來自巴基斯坦的自殺式炸彈攻擊者——其中有三人在英國出生，同時對倫敦的大眾運輸系統進行攻擊，造成五十二名乘客死亡。兩個月後，艾曼・扎瓦希里在一段蒙太奇拍攝手法的影片中公開對這些攻擊給予嘉許，影片中出現自殺式炸彈攻擊者之一穆罕默德・西迪克・汗的最後遺言。在扎瓦希里的講話和西迪克的遺言之間，我們看到飛機撞向雙子塔的片段，以及倫敦七七恐怖攻擊事件發生後倫敦的街道被救護車堵得水泄不通的片段。這段蒙太奇的背景音樂是納希德唱法（nashid⊠一種無伴奏合聲）。「恐怖份子，我的確是；我要恐嚇的，是宗教的敵人。」西迪克在他的遺書中說，他的靈感來自於「當今的英雄，如我們敬愛的謝赫奧薩瑪・賓・拉登、艾曼・扎瓦希里博士和阿布・穆薩布・扎卡維，以及所有在神的道路上戰鬥的兄弟姊妹。」[42]

扎瓦希里沒有把這些攻擊事件歸於自己身上，但他歡呼地說，這些攻擊「與之前在紐約、華盛頓和馬德里發生的攻擊一樣光榮，因為它們將戰鬥轉移到敵人的土地上，而敵人的軍隊一直在車臣、阿富汗、伊拉克和巴勒斯坦占領著我們的土地。」西迪克的遺囑內容並沒有表明他與艾曼的講話是相協調過的，而且信件中沒有任何內容表明蓋達組織策劃或促成這些攻擊事件。

事實上，賓・拉登文件中所有的內容都表明，蓋達組織不可能是攻擊事件的幕後黑手。我們從一封耐人尋味的信件中了解到蓋達組織在這一時期的工作情況，包括該組織開支的細項說明。二〇〇六年三月，哈吉・奧斯曼向賓・拉登報告，蓋達組織一共擁有十七萬六千歐元：

這一時期的開支總額為十七萬八千歐元（七萬五千歐元用於軍事開支；四萬歐元用於支付白沙瓦家庭六個月的保障金（kafalat）；兩萬歐元用於類似的保障金；兩萬五千歐元用於行政開支；六千歐元用於聖戰媒體開支；一千二百歐元用於法律開支；以及一萬八千歐元用於雜項開支。

關於支出的評論：

一、在過去兩個月中，軍事預算減少到一萬五千歐元。

二、白沙瓦家庭的六個月保障金將於三月二十七日到期（即二十六天內）。

三、由於在此期間有八個兄弟結婚，行政開支增加。這意味著額外的支出用於婚姻援助（過去是一千美元，然後是七百美元，然後是五百美元）。該援助包括為他們安家，並提供保障金。關於這種援助，我們處在尷尬的位置上。一方面，考慮到我們的財政狀況，我們正在考慮取消這種援助。另一方面，我們注意到婚姻對這些人很重要，並能確保他們保持堅定。[43]

值得注意的是，「外部工作」，即跨國恐怖主義方面的開支並沒有出現。同樣明顯的是，蓋達組織用於支付其戰鬥人員薪資和該組織的武器裝備費用的軍事預算微乎其微。其預算中有相當一部分的

「保障金」被用在支付其陣亡和被俘戰士的家屬上面。

從蓋達組織在二〇〇六年的財務狀況，以及他們在二〇〇四年至二〇〇七年之間的信件往來的內容來看，正如廣泛報導的那樣，他們還有能力發動跨國攻擊的可能性是很難以想像的。例如，信件中沒有任何地方討論到馬德里和倫敦的爆炸事件，而這些事件是被人們歸在蓋達組織頭上的。信件中也沒有提到二〇〇六年八月用液體炸彈炸毀幾架跨大西洋客機的失敗陰謀，這也被歸因於蓋達組織。[44]

儘管如此，在二〇〇六年，蓋達組織顯然仍希望在國際恐怖主義方面取得進展，而其唯一可能的途徑是在伊拉克建立一支祕密部隊。這一點並沒有實現。「關於對外工作，」阿提亞向奧薩瑪和哈吉・奧斯曼報告說，「我們已經與兄弟討論過，」這是指伊拉克的扎卡維。但阿提亞哀嘆道：「在實際層面上，不難看到，這裡沒有什麼……！」[45]

儘管蓋達組織沒能在伊拉克建立起一支部隊，但它仍堅持試圖從阿富汗—巴基斯坦地區策劃攻擊。這些「兄弟們」與二〇〇六年的跨大西洋航班陰謀毫無關係，但他們還是受到啟發；直到二〇〇九年八月，他們仍在試驗並試圖複製這一陰謀。[46]

儘管如此，賓・拉登在不到兩年裡重建了一個支離破碎的組織，而且這是在他和其他領導人都處在藏匿中的狀況下完成的，這不是一件小事。但正如我們在下一章將會看到的，藏匿成為蓋達組織的工作方式。在奧薩瑪去世之前，儘管該組織在行動上無能為力，但蓋達組織仍然被認為是聖戰領域的「利維坦（巨獸）」，這種看法是錯誤的。

我們不知道陶菲克是如何進行他的分道揚鑣任務的。後來的信件顯示，與其他組織的協商（舒拉）對蓋達組織領導人具有何種約束程度的問題仍未解決。從伊斯蘭法律的角度來看，這太具有挑戰性了。奧薩瑪・賓・拉登在實踐中經常與他的同夥協商，並聽從他們的意見，但他繼續地強烈主張——事實上太強烈地支持這樣一種觀點，認為舒拉僅僅意味著要求給領導人以知會（al-shura mu'lima）。因此在聽取舒拉會成員的意見後，應由領袖來決定如何做。[47]艾曼・扎瓦希里欽佩賓・拉登的協商式領導，但扎瓦希里所持有的論點卻與賓・拉登相反。他堅持認為，在真主的道路上忍受「苦難」的「兄弟們」應該成為決策過程的一部分，而不應該被當作單純的追隨者看待。[48]蓋達組織領導人之間並沒有因為這些對立的觀點而產生分歧。但隨著蓋達組織與包括阿富汗塔利班在內的其他聖戰組織之間的分歧愈來愈大，協商過程更像是一種負擔，而不是志同道合的團體之間的紐帶。

具體到阿富汗塔利班而言，通信文件顯示，奧薩瑪和他的同夥們再也沒有真正信任過他們這個組織。二〇〇七年，蓋達組織與塔利班的關係達到破裂點。在五月，蓋達組織領導人收到「經證實的報告」，一些阿富汗塔利班「與美國人聯手殺死了〔塔利班高級軍事指揮官〕毛拉・達杜拉。」[49]換句話說，他們認為塔利班與巴基斯坦情報部門進行了合作，而在蓋達組織眼中，巴基斯坦情報部門是為美國中情局工作的。根據一封信，參與殺害他的塔利班領導人包括毛拉・巴拉達、毛拉・奧拜杜拉和毛拉・阿赫塔爾・曼蘇爾。我們不能確定誰是殺害達杜拉的幕後黑手，但有一點是清楚的——蓋達組織對一些塔利班的不信任感正在與日俱增。

被殺指揮官的同父異母的弟弟毛拉・曼蘇爾・達杜拉（Mullah Mansur Dadullah）捕獲了參與暗殺的兩個人。我們是從一封信中得知此事的：

他們供認，他們是受其領導人的委託來暗殺達毛拉．達杜拉的。他們說，他們的領導人為這一行動給出辯護，理由是「毛拉．達杜拉擅自行動，不聽我們的話。他反對我們與美國人和卡爾扎伊政府進行任何談判的倡議，即使這麼做是符合塔利班利益的。」他們被捕和招供的消息傳到他們的領導人那裡，現在塔利班中出現分裂的跡象。[50]

毛拉．曼蘇爾．達杜拉希望從信中得到賓．拉登的建議，在他的堅持下，蓋達組織的領導人直接聽取殺害他同父異母兄弟的人的供詞。他們當然對所聽到的內容感到不安，賓．拉登建議曼蘇爾直接向毛拉．奧馬爾提出此事，這使得曼蘇爾感嘆，與毛拉．奧馬爾唯一的聯繫管道，正是要透過那些下手殺害他同父異母兄弟的那些塔利班領導人。

賓．拉登對這些事件感到震驚，並警告他的同夥，大多數阿富汗塔利班領導人「對於聽從一個叛教國家的情報機構領導毫不感到顧慮。」他擔心，「如果我們的朋友〔即毛拉．奧馬爾〕消失了，那群人會繼承他的位置，」並希望蓋達組織順應他們的意願。他指示他的同夥向那些塔利班領導人表明，「他們無權代表我們簽訂任何協議，特別是與那些參與反穆斯林戰爭的國家簽訂協議。」[51]

也許是為了制止達杜拉被殺後出現的分裂，阿富汗塔利班派代表前往北瓦濟里斯坦，希望說服蓋達組織相信他們的共同目標。但這次殺戮似乎是一個轉折點。據阿提亞說，當時謠言四起，「塔利班內部的勢力正在與蓋達組織保持距離，以逃避恐怖主義的指控。」他會見阿富汗塔利班的代表以調查這些謠言：

我們找到那些看起來很好的人，真主至知……他們向我們保證，這些傳言是假的……他們解釋了自己在公開聲明中所說的實際意思。「只有在所有外國占領軍撤出阿富汗之後，我們才會與卡爾扎伊政府進行談判……」他們告訴我們：「我們說這樣的話是為了獲得政治上的優勢，這是明智之舉……」他們還說「你太了解我們了，你和我們一起生活，我們一起犧牲，我們就像同一個身體，」還有大量諸如此類的甜言蜜語。[52]

阿提亞顯然有疑慮，而且奧薩瑪根本不買帳。二〇〇八年五月，他寫信給艾曼並提醒他：

這不僅僅是對一個人（即毛拉·達杜拉）的暗殺……這是消滅整個真誠的聖戰運動的開始，他們拒絕被哄騙，而且拒絕以真主的宗教作為妥協的代價。你、蓋達組織的兄弟們和馬哈蘇德（部落）的領導人應該警惕這場妥協運動。他們中的許多人將不會放棄讓你們流血。[53]

賓·拉登的同夥曾向他表示，他們的策略是對被懷疑的阿富汗塔利班領導人抱以好感（husn al-zann），除非他們的行為迫使他們產生相反的想法。但賓·拉登堅稱，當他們試圖「釋放那些被指控殺害毛拉·達杜拉的人」時，他們就已經露出真面目。他堅持認為，「重要的是，我們要鞏固真誠的塔利班運動，並削弱那些損害真主的宗教和代表巴基斯坦情報機構（ISI）的運動。這不過是在阿富汗開始的遏制和驅逐蓋達組織的戰爭的延續。」[54]

扎瓦希里同意賓．拉登的觀點，認為贏得「真誠的塔利班領導人」的信任，並向他們保證「蓋達組織的活動符合他們的最大利益，首先是作為穆斯林，同時也是作為一個不會屈服於奴役的獨立國家的統治者。」但是到二〇一〇年五月艾曼卻評估說，阿富汗塔利班已經「做好〔接受一項交易〕的心理準備」——他們將控制蓋達組織，以換取重新獲得權力。當他在給賓．拉登的信中承認自己的這一恐懼時，艾曼安慰自己說：「真主正在幫助我們透過十字軍正在強加的不可能接受的條件來抵禦這一打擊。」

但他還是考慮了可能出現的情況。「如果是我來向美國人建議的話，」他寫道，「感謝真主，我不用這麼做，」我會建議他們「直接與毛拉．奧馬爾談判，要求他同意讓蓋達組織在阿富汗沒有行動能力，讓其成員成為政治難民，因為大多數的塔利班成員會同意這些條件的」。但「如果」艾曼問：「這種情況發生了怎麼辦？」他對毛拉．奧馬爾的信任並未動搖。他相信「十字軍太害怕了，不敢與毛拉．奧馬爾達成協議，他們寧願和那些以溫和的塔利班自居的叛徒、間諜和偽君子談判。」[55]

賓．拉登保持著對毛拉．奧馬爾的忠誠。而且看起來，毛拉．奧馬爾仍寄希望於和賓．拉登的合作。我們了解到，在二〇一〇年六月，毛拉．奧馬爾派出一名中間人前往北瓦濟里斯坦，與他討論一件「最重要」的事情。賓．拉登被限制在他在阿伯塔巴德的院子裡，遵守最嚴格的安全措施以躲避當局。因此阿提亞禮貌地通知毛拉．奧馬爾所派的那個中間人，與奧薩瑪會面是「不可能的」。[56]最後賓．拉登收到毛拉．奧馬爾的一封信。這封信無法被復原，但賓．拉登的回覆則被復原了。二〇一〇年九月，賓．拉登對毛拉．奧馬爾寫道：「我們聽到並服從你所說的一切。我們是你的士兵，全心全意，共同捍衛真主的偉大宗教。」[57]他沒有透露具體細節，無疑是擔心這封信有可能被毛拉・奧馬爾身邊的「叛徒」看到。

從賓・拉登文件中可以看出，在蓋達組織眼中，並非所有的阿富汗塔利班成員都是平等的。但同樣明顯的是，蓋達組織繼續透過一個諮商委員會與塔利班保持著聯繫。這給蓋達組織造成壓力，也許也給那些想與蓋達組織斷絕關係的阿富汗塔利班造成壓力。艾曼・扎瓦希里確信，塔利班因與蓋達組織的「法律和心理上的」聯繫而感到「負擔沉重」。

毛拉・奧馬爾在二〇一三年去世，但這一事實在二〇一五年才被報導出來。幾年後，奧薩瑪和艾曼的噩夢成真了，那些曾與毛拉・奧馬爾有密切接觸的塔利班領導人參加了和平進程，最後在二〇二〇年二月二十九日舉行的美國－阿富汗塔利班儀式上達到高潮。甚至連被蓋達組織信任的哈卡尼家族成員也參加了這一進程。根據所達成的協議，塔利班承諾「制止包括蓋達組織在內的任何團體或個人利用阿富汗的土地威脅美國及其盟國的安全」。[58]

塔利班能否兌現他們對美國的承諾，控制蓋達組織呢？二〇二〇年的一份聯合國報告提到阿富汗塔利班內部的分歧，以及其最高領導人與蓋達組織之間正在進行的磋商。[59]從賓・拉登文件的內容來看，塔利班的派系主義可能是美國難以解決的問題。但同樣的派系主義也可能使得蓋達組織和其他在阿富汗尋求庇護的恐怖組織的問題複雜化。儘管蓋達組織在二〇二一年八月的一份聲明中慶祝美國撤軍，並「祝賀烏瑪在阿富汗獲得了真主賜與的勝利」，[60]但我們不難想像其領導人在幕後商討時的焦慮。

阿富汗塔利班是否以有意義的方式讓蓋達組織參與到了他們與美國的談判中，這一點是值得懷疑的。艾曼·扎瓦希里的信早在二〇一〇年時就幾乎逐字逐句地預測了協議的條款，他和他的同夥們無疑對那些「背棄宗教」的人重新掌權感到沮喪。他當時就意識到了，蓋達組織無法阻止美國與塔利班的和解。然而，這並沒有阻止他在塔利班提名一名尋求國際合法性的聯合國特使後不久發表公開聲明，「警告伊斯蘭烏瑪注意聯合國的危險。」儘管艾曼二〇二一年十一月的聲明是以「建議」的形式發表的，但他含蓄地警告塔利班，他們的政策等同於背棄伊斯蘭教的行為。他不厭其煩地強調，「《聯合國憲章》顯然與伊斯蘭教法相牴觸，」並繼續強調了其中不分性別和宗教地促進人權的第一（三）條款。[61]

因此報導中的阿富汗塔利班和蓋達組織之間的「持續磋商」，很可能是這兩個實體自二〇〇一年十二月阿富汗伊斯蘭大公國倒台以來就已經存在的嚴重互不信任的延續。

第五章　災難

「經過仔細和精確的檢視，我們得出結論，所有被無人機空襲殺害的兄弟之損失，都是由他們自身的錯誤造成的。敵人的成功不是因為他們精明或擁有現代的高超科技，而是與兄弟們一再忽視對於基本的安全措施的遵守有關，而這些措施現在大家應該都很清楚。」——蓋達組織安全委員會，二〇一〇年[1]

早在二〇〇四年，當奧薩瑪・賓・拉登命令將「隱藏」作為其組織成員的默認立場時，他所擔心的是人類中的敵人。具體而言，他擔心他的手下會被「叛教」並準備與巴基斯坦的情報機構，而且最終與中央情報局合作的阿富汗塔利班背叛。然而，奧薩瑪並沒有預料到這種隱藏變成了蓋達組織的行動方式（modus operandi）。同年，中央情報局在蓋達組織尋求庇護的巴基斯坦聯邦直轄部落地區發動無人機突襲行動，[2]而且，根據鮑勃・伍德沃德（Bob Woodward）的說法，中情局在二〇〇八年「加強對蓋達組織領導人和特定營地」的獵食者無人機攻擊。[3]

無論是蓋達組織的訓練，還是其意識型態工具，都不是為應對無人機而準備的，而且蓋達組織的領導人發現，這種獵食者無人機完全是「我們所遭受的災難」。具有諷刺意味的是，正如我們將會發現的那樣，聖戰主義最大的資產——即那些無懼死亡的人競相去見他們的造物主的熱情，在面對無人機時，被證明成為一種自投羅網的必然。

蓋達組織的阿富汗—巴基斯坦的大環境

為了理解無人機帶來的驚人效果，對於蓋達組織所處的阿富汗—巴基斯坦的大環境有所了解會是很有幫助的，包括該組織與巴基斯坦的爭鬥以及它與巴基斯坦塔利班（TTP）的脆弱關係，後者是反對巴基斯坦當局的最活躍軍事團體之一。

阿富汗—巴基斯坦

賓．拉登文件顯示，在賓．拉登被殺時，蓋達組織有一個分布在努里斯坦（Nuristan，阿富汗東部）和庫納爾（Kunar，阿富汗東北部），由大約七十名戰士組成的戰鬥營。[4]它還有一些人駐紮在「加茲尼（Ghazni）、帕克蒂亞（Paktia）、帕克蒂卡（Paktika）、瓦爾達克（Wardak）和扎布爾（Zabul）」等省分，這些人很可能是在「真誠的」塔利班成員的戰鬥營裡效力，那些「真誠的」塔利班拒絕被那些「受了哄騙，並把真主的宗教作為妥協的代價」的人領導。二〇一〇年五月，美軍的巴格蘭空軍基地遭到攻擊，這次行動被稱作是一次聯合行動，由塔利班的塞拉吉．哈卡尼（Siraj Haqqani）領導的團體。這些信件報告說，蓋達組織的一名成員阿布．塔爾哈．阿爾曼尼（Abu Talha al-Almani）在這次行動中「殉道」。阿布．塔爾哈是一名德國皈依者，於二〇〇六年或二〇〇七年加入蓋達組織，他的入會條件是將會得到安排以參加「殉道行動」。蓋達組織的領導人在他身上看到的是一名跨國恐怖主義的絕佳人選，[5]並「盡力推遲他的殉道」。但他們最終改變主意。根據一封信中的內容，「這個人實現殉道的願望已經達到一個非常高的水準，已經無法再阻止了。」[6]阿布．塔爾哈曾與另一位德國皈依者伊麗莎白．安娜．溫迪施曼（Elisabeth Anna Windischmann）結婚，後者也同樣的狂熱。海豹部隊找到的其中一封信就是出自伊麗莎白之手的，她說自己是一個孤兒，「並非因為我的父母死去了，而是因為他們是異教徒。」她認為奧薩瑪．賓．拉登就「像我的父親一樣」，並且向他懇求，「如果你想提醒人們注意到來自神的訊息，那麼就請再複製九一一攻擊。願真主賜予你成功。」[7]

蓋達組織的領導人、特工、幹部和他們的家人都躲在聯邦直轄部落地區。[8]這些信件顯示，他們都「被限制在北瓦濟里斯坦，」[9]並指出他們在這裡擁有主要是關於「爆炸物」的訓練設施。這個地區無論如何都不是蓋達組織的安全區，但這裡是反對巴基斯坦當局的本國和外國武裝份子據點。蓋達組織的領導人還寄期望於信德省和俾路支省的「兄弟們」的忠誠，[10]有一些阿拉伯戰士留下的孤兒寡母住在那裡。另外，瓦濟里斯坦的婦女可以在那裡，主要是在信德省的卡拉奇尋求醫療服務。

在巴基斯坦其他地方，蓋達組織受到很大的限制。我們在前幾章中發現，當奧薩瑪提議建立一個蓋達組織的分部來「招募人員在巴基斯坦境內外開展工作〔即恐怖主義〕」時[11]，他的同夥認為這是不可能做到的。但巴基斯坦軍隊在二〇〇七年七月包圍和突襲位於伊斯蘭馬巴德的拉爾清真寺（紅色清真寺）造成一百人死亡時，奧薩瑪看到了可以召集巴基斯坦人支持蓋達組織的機會。根據報導，這座清真寺及其附屬的神學院曾是「激進伊斯蘭的學習中心」，而當巴基斯坦總統帕勒維茲．穆沙拉夫在二〇〇一年支持「反恐戰爭」時，拉爾清真寺成了「呼籲對他發起刺殺行動的核心地點」。[12]

在發生那場血腥圍攻的一個月之內，奧薩瑪．賓．拉登發表一份公開聲明，呼籲「巴基斯坦的穆斯林參加聖戰，除掉帕勒維茲、他的政府、他的軍隊以及所有支持他的人。」[13]賓．拉登的呼籲很快就造成難以控制的效果，巴基斯坦的激進組織發動了恐怖攻擊，不分青紅皂白地針對平民發起攻擊。阿提亞力促賓．拉登能夠緩和他的言辭：

> 我們親愛的謝赫，請求您能夠對巴基斯坦的聖戰問題，以及這件事要如何與我們的政策和戰略相融合的問題給予澄清。自從您發表呼籲巴基斯坦人造反、推翻叛教的帕勒維茲政府、發動聖戰等行動的公開聲明以後，新的狀況肯定會出現的。在我看來，這件事情需要更加的精準和明確。與我們在一起的巴基斯坦兄弟問了很多這方面的問題，也向我們轉述其他巴基斯坦精英人士、伊斯蘭主義者，以及其他人的擔憂。[14]

阿提亞希望賓．拉登能夠公開地轉達出這樣的訊息：「我們與巴基斯坦作戰，只是因為它是美國人的走狗和幫凶。」[15]

蓋達組織在阿富汗—巴基斯坦的領導人哈吉．奧斯曼也認識到，蓋達組織必須將自己與在巴基斯坦活動的其他組織區別開來：

加入我們的巴基斯坦兄弟建議我們在巴基斯坦有一個官方發言人。他們建議我們應該明確我們在巴基斯坦境內的工作〔即攻擊〕目標是什麼，對我們實施的攻擊負責，並讓人們知道哪些攻擊沒有我們的責任。後者是敵人用來疏遠穆斯林，使其不再支持我們的。[16]

如此看來，到二〇〇八年時，在蓋達組織指揮下活動的巴基斯坦「兄弟」人數已經增加。哈吉・奧斯曼自豪地告訴賓・拉登說，以伊利亞斯・克什米里（Ilyas Kashmiri）為首的巴基斯坦組織「被認為是和我們同列的最大組織之一」，而且伊利亞斯「總是向你致以問候」。[17]

在印度發生的許多恐怖主義活動都要歸在伊利亞斯名下，[18]包括二〇〇八年造成一百六十六人死亡的孟買攻擊事件的關聯。[19]然而，賓・拉登文件顯示，至遲到二〇一〇年時，伊利亞斯仍然渴望「在印度境內工作」。他迫切希望「把那些為巴基斯坦情報部門的利益而進行〔所謂〕聖戰的人拉下馬」，並「向穆斯林社群展示那些進行聖戰的人的真正職責」。[20]

其他蜂擁而上地要和蓋達組織一起工作的團體包括「一個成員中有一名〔醫學〕醫生的組織」。哈吉・奧斯曼匯報說，「這位醫生還學習戰略和規劃，對如何在巴基斯坦境內開展活動有很好的設想。」他和蓋達組織的其他人與這位醫生會面了幾次，「我們要求他把自己的設想寫下來。」[21]這位巴基斯坦醫生的答覆是一篇題為「巴基斯坦的聖戰」的文章，指出聖戰是必要的，因為：

一、巴基斯坦在阿富汗伊斯蘭大公國的垮台一事上扮演了主要角色。
二、巴基斯坦政權逮捕近八百名外國聖戰者，並將他們交給美國……
三、當巴基斯坦部落地區歡迎聖戰者時，巴基斯坦軍隊在這些地區發動消滅他們的軍事行動。

巴基斯坦造成「嚴重削弱」聖戰份子的條件，使巴基斯坦人民無法「在精神上做好參加聖戰的準備」。醫生提出一項戰略，重點是鞏固聯邦直轄部落地區的「部落帶狀地區」，把聖戰份子團結起來：

儘管當初英國人擁有主導地位，但他們無法像控制巴基斯坦其他地區那樣控制聯邦直轄部落區……〔但〕巴基斯坦各級聖戰份子，無論是在地的部落地區塔利班，還是這些地區以外的聖戰組織，都缺乏統一而明確的戰爭理論。他們在思想上都是分裂的。即使是同一實體的成員也對當前事件有著不同看法，對敵人的看法也不盡相同……這就是為什麼聖戰組織領導層有必要整理出一套清晰的戰爭理論。然後，它應該把所有的巴基斯坦團體和當地的塔利班領導人召集起來，與他們進行長時間的討論。如果巴基斯坦所有聖戰組織的領導人開始在政治條件上達成一致，並就共同的計畫達成協議，我們的任務就完成一半以上了。[22]

這位醫生的觀點似乎對蓋達組織產生了影響。二〇〇八年六月，一個代表團在聯邦直轄部落地區的庫拉姆（Kurram）、奧拉克扎伊（Orakzai）和開伯爾（Khyber）進行為期十天的旅行，其目的是「與聖戰領導人建立聯繫」。這次旅行得到某一個叫毛拉·阿布杜·馬南（Mullah Abd al-Manan）的人的協助。如果這就是曾擔任阿富汗塔利班南部赫爾曼德省軍事主管的毛拉·阿布杜·馬南的話[23]，那麼他可能向蓋達組織提供他在聯邦直轄部落地區的一些聯絡人。

總結這次旅行的內部報告顯示，在聯邦直轄部落地區，蓋達組織與三十六個重要的「人物」聯繫，這些人都有編號（例如，「人物一號」等）。[24]幸運的是，海豹部隊恢復了一份單獨的文件，列出所有三十六個相對應的名字。[25]我們了解到，蓋達組織想評估這些「人物」的聖戰承諾，並確定他們是否準備好「在他們的地方接待我們——以家庭或個人，並允許我們建立一些訓練中心」。這次旅行還讓代表團「熟悉前往這些地區的道路，」並確定從北瓦濟里斯坦的米爾阿里（Mir Ali）出發時可以避開檢查站的小路。

很可能的情況是，他們遇到所有的「人物」都是當地的部落領袖，其中一些人擁有正在阿富汗作戰的人馬。他們在庫拉姆遇到的一個人是哈吉·馬赫穆德（Hajji Mahmoud），他似乎是該地區最熱中於支持蓋達組織的人之一。他之所以脫穎而出，是因為他的一個兒子毛拉維·梅赫博布（Mawlawi Mehboub）曾經在清真寺學習，並且「對巴基斯坦懷有很大的敵意」。在「崎嶇多山」的奧拉克扎伊，代表團凝視著「令人嘆為觀止的風光」，還會見了幾位指揮官，他們表示願意「準備房屋來接待」蓋達組織。開伯爾的情況則不那麼樂觀，報告顯示，「我們沒找到一個可以與之建立聯繫的真誠的指揮官（在那裡）。」該地區的一些「人物」有「接受美國人監管的援助」的疑慮，而其他人則被認為與巴基斯坦政府有聯繫。

儘管據匯報，巴基斯坦塔利班的領導人「鬆散地控制著在巴基斯坦西北部活動的三十多個武裝團體」，[26]但蓋達組織並不這樣看待問題。該報告指出「庫拉姆和奧拉克扎伊的人民對貝伊圖拉和他的由一個叫哈基姆的年輕人領導的團體的行為感到很頭痛。後者很粗俗，對真主的宗教毫無所知，甚至對最基本的事務也不了解。」這是指TTP領導人貝伊圖拉・梅赫蘇德（Baitullah Mehsud）和他的副手哈基姆拉・梅赫蘇德（Hakimullah Mehsud），我們將在本章的後文中再次看到他們。

最終，這一趟旅行對於蓋達組織來說並沒有什麼收穫。報告的結論是，儘管在這些地區「取得很大進展」，但「必須謹慎行事」。代表團觀察到「這些地區的人們不像以前那樣害怕」，「聖戰份子是可以明顯看得出來的，」但他們推測，如果巴基斯坦政府發動攻擊，他們不會奮起反抗。報告的結論是，這兩個地區的人們在願意戰鬥和忍受苦難方面「不像瓦濟里斯坦的人」。報告還表達了其他方面的擔憂。該地區的一些人因僵化的神學路線而分裂。另外，「他們中有些人種植大麻，有些人甚至種植鴉片。」報告警告說，「無論誰搬到這個地區，都必須對這個問題有堅實的法律理解。」[27]

蓋達組織似乎最後也沒有把任何的成員轉移到這些地區。因此蓋達組織的武裝份子仍被限制在北瓦濟里斯坦，而這可能會讓中央情報局更容易追捕他們。

巴基斯坦政府的問題

史蒂夫・柯爾報告說，在二〇〇二年時，巴基斯坦總統帕勒維茲・穆沙拉夫同意讓中央情報局在聯邦直轄部落地區上空飛行無人機，條件是他能從布希政府那裡得到「精確武器和夜間行動能力」。[28]這一協議讓中情局得以追剿蓋達組織武裝份子，讓巴基斯坦政府可以由此延伸，對部落地區的地方武裝份子予以打擊。在二〇〇四年中情局的第一次無人機攻擊中，與巴基斯坦軍方作戰的內克·穆罕默德（Nek Muhammad）被殺，這給穆沙拉夫帶來成果。[29]巴基斯坦也在聯邦直轄部落區開展自己的軍事行動，根據伊斯蘭馬巴德的戰略研究所（Institute of Strategic Studies）的資料，巴基斯坦軍隊「在二〇〇二至二〇一〇年間至少發起五次大型軍事行動」。[30]

鮑勃·伍德沃德在二〇一〇年出版的《歐巴馬的戰爭》（*Obama's Wars*）一書中說，中情局在二〇〇八年「加強對蓋達組織領導人和特定營地的獵食者無人機攻擊」。[31]我們從這些信件中了解到，大約在同一時期，蓋達組織在聯邦直轄部落地區面臨了愈來愈大的壓力。賓·拉登所收到的信件愈來愈頻繁地向他匯報「兄弟們的殉難」，這是「間諜攻擊」（darabat bi-al-jasusiyya）的結果——無人機在當地間諜的協助下對其目標進行攻擊。[32]

這些信件清楚地表明，蓋達組織認為這些間諜是中情局的人，是由巴基斯坦情報部門招募的。二〇〇八年十二月，蓋達組織成立一個安全委員會，以尋找對抗無人機的方法。該委員會由八個人組成，有四個阿拉伯人和四個非阿拉伯人。委員會由一個叫阿布·瓦法（Abu al-Wafa）的人領導，他在加入蓋達組織之前曾在沙烏地軍隊中服役。他的副手祖拜爾·馬格里比（al-Zubayr al-Maghrebi）曾是利比亞戰鬥小組的成員，於二〇〇九年從伊朗獲釋後加入到委員會中。[33]

從一開始，委員會就認識到，正如內部報告中所說的，「我們與敵人的戰爭是一場情報戰，而不是一場軍事戰。」委員會成員建議，「我們的情報能力必須與和我們發動的全球戰爭的份量相稱。」[34]

為此，委員會為其工作制定一個詳盡的框架，包括：（一）情報收集；（二）招募和培訓安全人員；（三）藉由監視、審訊和逮捕打擊間諜；（四）對「敵人」（即中情局）的敘述／宣傳予以反擊；以及（五）暗殺。委員會中的非阿拉伯人「主要致力於透過逮捕、審訊和監禁來打擊間諜」。[35]

當委員會成員向哈吉・奧斯曼提出他們的建議時，他最初只撥了四萬盧比（約四百八十美元）來支付他們的工作。他們抗議說：「這筆錢不足以養活與委員會有關的人員。」他隨後把預算增加到五萬盧比，並指示他們把重點放在打擊間諜上，並堅稱蓋達組織無法承擔更多的開支。哈吉・奧斯曼的其他通信證實，蓋達組織當時在財務上十分困難。事實上，蓋達組織的財務狀況已經萎縮到他不得不「為那些想要結婚卻得不到允許的兄弟道歉」的地步。（已婚戰士會獲得額外的津貼，當他們陣亡時，蓋達組織會給他們的寡婦和孩子提供支持）。[36]安全委員會成員向哈吉・奧斯曼明確地表示，他們提案中的各項內容都是相互關聯的，他們不能推行某一項提案，除非所有的提案都得到資金。最終，預算被增加到二十萬盧比（兩千三百八十美元）。

蓋達組織需要巴基斯坦來紓解其在聯邦直轄部落地區承受的壓力。為此，在二〇〇八年九月，一名阿富汗外交官在被提名為駐巴基斯坦大使後不久遭到蓋達組織的綁架。據報導，蓋達組織收到的五百萬美元贖金是來自阿富汗政府的一個基金，該基金每個月會從美國中央情報局獲得付款。[37]這件事可能解釋了蓋達組織安全委員會所收到的額外資金。

蓋達組織還對巴基斯坦政府發起媒體攻勢。二〇〇九年五月，奧薩瑪・賓・拉登呼籲巴基斯坦人團結起來，反對他們的新總統阿西夫・阿里・扎爾達里（Asif Ali Zardari），因為扎爾達里延續了其前任在聯邦直轄部落地區的軍事行動。他指責扎爾達里對歐巴馬言聽計從，對自己的人民發動戰爭。賓・拉登呼籲：

巴基斯坦各地的穆斯林要團結起來，反抗扎爾達里和他的軍隊，因為他威脅到巴基斯坦穆斯林的宗教、安全、團結和經濟。人們應該繼續共同努力，擺脫他的統治，並將其繩之以法。儘管巴基斯坦在帕勒維茲手中已經遭受到巨大傷害，但鑑於扎爾達里在巴基斯坦執行美國所要求的方式，他所造成的傷害甚至更大……結束他和他的軍隊造成的錯誤的唯一方法就是進行聖戰。[38]

一個月後，艾曼・扎瓦希里對巴基斯坦的整個統治機構進行抨擊。他說：「美國十字軍正在玩弄巴基斯坦的命運，」而「將它從這種災難性的命運中拯救出來的唯一希望就是聖戰」：

巴基斯坦目前的統治階層在當今的十字軍攻勢的十字架下與其結盟，以爭奪美國人的賄賂。這就是為什麼巴基斯坦的真正統治者是美國大使，他行賄並且發號施令。這也是為什麼他希望巴基斯坦的統治階級要打擊穆斯林和聖戰者，犧牲巴基斯坦以及巴基斯坦人民的靈魂和尊嚴，以此來實現美國貪婪而令人作嘔的目的。[39]

賓・拉登和扎瓦希里的努力並未對巴基斯坦在聯邦直轄部落地區的政策產生影響。無人機毫不留情，蓋達組織的「兄弟們」成群結隊地死亡。[40]二〇一〇年五月，蓋達組織在阿富汗的領導人哈吉・奧斯曼在某次無人機攻擊中被殺，喪生的還有「他的埃及妻子，他的三個女兒和他的孫女」。

蓋達組織該怎麼做呢？正如我們會在下一章中所看到的，奧薩瑪已經做出決定，它應該將其所有能力集中在攻擊「美國人」上，並準備與巴基斯坦達成休戰協議（muhadana）。二〇一〇年六月，阿提亞匯報說，他已透過中間人向巴基斯坦當局發出訊息，以通知他們：

我們發動的戰爭是針對在阿富汗的美國人。如果巴基斯坦政府及其軍隊放過我們，我們也會放過他們。否則的話，如果繼續攻擊我們，繼續支持美國人對我們的無人機戰爭的話，巴基斯坦政府將會震驚地看到在伊斯蘭馬巴德、賓迪和其他地區受到的攻擊。[41]

巴基斯坦的三軍情報局沒有作出回應。不久後，阿提亞指出：

我們（在塞拉吉．哈卡尼和梅赫蘇德家的兄弟中一些人和其他人的幫助下）洩露消息，說蓋達組織和巴基斯坦塔利班正準備在巴基斯坦境內進行大規模的地震級的行動。然而，蓋達組織的領導層阻止了他們，以努力平息與巴基斯坦的局勢。然而，如果巴基斯坦方面執意要在瓦濟里斯坦發動軍事攻擊的話，這些行動就會實施。它們是大規模的攻擊，隨時準備對巴基斯坦的心臟做出攻擊！[42]

從這些信件中可以看出，蓋達組織並沒有實施這種攻擊的具體計畫。但據阿提亞說，這次的威脅引來三軍情報局的間接回應：

此後，巴基斯坦情報機構透過他們認可的所謂巴基斯坦「聖戰」組織，由法德勒・拉赫曼・哈利勒（Fadl al-Rahman Khalil）領導的聖戰行動軍（Harakat al-Mujahidin）聯絡我們。他們的送信人告訴我們，三軍情報局的領導人，如舒賈・沙〔三軍情報局將軍〕，想直接與我們談談。[43]

與三軍情報局送信人會面的「兄弟」重申蓋達組織對於和巴基斯坦實現停戰的承諾。三個星期後，三軍情報局再次派出同一名送信人。「這次最有意思的事情是，」阿提亞評論說，是陪同他前來的「是哈米德・古爾（Hamid Gul），」此人是前三軍情報局的將軍，據說他在九一一事件之前就與蓋達組織有聯繫：[44]

他和法德勒・拉赫曼・哈利勒以顧問的身分出席會議！他們告訴我們：給我們一些時間，一、兩個月。我們正在試圖說服和迫使美國人與蓋達組織進行談判。我們正試圖讓他們知道，與〔阿富汗〕塔利班談判而不把蓋達組織含括在內是沒有用的。因為我們巴基斯坦人並不反對與你們談判。[45]

我們不知道哈米德・古爾和法德勒・拉赫曼是否真的代表三軍情報局。無論如何，阿提亞在報告裡說「我們這邊的兄弟告訴他們，我們會讓我們的領導知道的。就是這樣。」[46]阿提亞本人並不相信三軍情報局的誠意。「如你可以看出來的，」他在寫給賓・拉登的信中說。「全都不過是空談罷了！」而且他猜測「巴基斯坦人在耍我們」。[47]

TTP麻煩

在蓋達組織向三軍情報局發出和解訊息的同時，巴基斯坦塔利班（TTP）在巴基斯坦不同地區發動恐怖攻擊。他們的領導人貝伊圖拉・梅赫蘇德在二〇〇九年八月的一次無人機攻擊中喪生，而他的繼任者正是哈基姆拉——一個「對真主的宗教毫無所知」的「粗俗」的人，我們在前文中已經提到過此人。

從這些信件來看，TTP已失控了，這讓巴基斯坦有更多的理由在聯邦直轄部落地區保持壓力。在哈基姆拉的領導下，該組織發動針對巴基斯坦各地清真寺和其他公共場所的攻擊，使數百名穆斯林平民流血。美國皈依者和蓋達組織媒體顧問亞當・加丹（Adam Gadahn）在給其領導人的一封充滿了激情的信中寫到TTP隊伍中「從裡到外的無知」，並列舉該組織的一長串「非法的」攻擊。亞當・加丹用出色的阿拉伯語寫道，他敦促他的領導人採取公開立場，結束TTP的流血活動。[48]

TTP非但沒有收斂他們的攻擊，反而採取步驟走向國外。二〇一〇年五月一日，在未與蓋達組織協商的情況下，TTP試圖對紐約市進行攻擊。攻擊者費薩爾・沙赫扎德（Faisal Shahzad）將一輛裝滿炸藥的汽車停在時代廣場，但對紐約人來說十分幸運的是，他沒能引爆汽車。兩天後，他在試圖逃往杜拜時於約翰甘迺迪國際機場被捕。

賓・拉登觀看審判，並對費薩爾對於伊斯蘭教義的理解大失所望。費薩爾已經成為美國公民了，這意味著他在入籍儀式上宣誓要捍衛美國憲法和法律。在審判期間，當被問及費薩爾的誓言時，他厚顏無恥地回答說他撒了謊。這激怒了奧薩瑪，他寫信給阿提亞說：

你不會忘記，費薩爾的謊言相當於背叛（ghadr），不屬於〔戰時〕為〔躲避〕敵人而受到允許的謊話。也許這位兄弟不了解這個伊斯蘭法律問題，或者是對此很糊塗。請要求我們的巴基斯坦塔利班兄弟以公開聲明的方式解決這一問題，明確指出背叛誓言是非法的……還請他們注意，費薩爾．沙赫扎德兄弟與哈基姆拉．梅赫蘇德指揮官一起出現在一張照片上。我想核實一下，梅赫蘇德是否知道，當一個人獲得美國公民身分時，他是要宣誓的，要宣誓不傷害美國。如果他不知道的話，應該讓他知道這件事。這個問題的負面後果你是知道的。〔因此我們必須迅速採取行動〕，以消除聖戰者違反誓言和從事背叛誓言行為的疑慮。[49]

需要說明的是，奧薩瑪並不是反對在美國發動攻擊。他的態度遠非如此。但他對於在戰爭時欺騙敵人的行為和違反誓言的行為進行了區分。前者在伊斯蘭教法中是允許的，但後者則不被允許的。奧薩瑪在他的信中指出，他希望在美國的攻擊是由在美國出生的穆斯林或持美國簽證來訪的人實施的，也就是指那些沒有進行公民身分宣誓的人。

在蓋達組織看來，TTP的背叛誓言只是他們眾多非法行為中的一個。阿提亞和阿布．葉海亞．利比（Abu Yahya al-Libi）是蓋達組織的法律學者，他們威脅哈基姆拉說，除非他們改邪歸正，否則蓋達組織將公開與TTP組織脫離關係。[50]在一封聯名信中，他們解釋說，他的組織不分青紅皂白的攻擊不符合tatarrus——也就是指在特定的情況下，附帶損害被認為是被許可的，並指出哈基姆拉所起草的TTP憲章中存在著許多伊斯蘭教法上的錯誤。章程宣稱哈基姆拉是「唯一領袖」（埃米爾，amir），任何不向他效忠的人都將被視為反叛者（baghi），應該受到打擊。阿提亞和阿布・葉海亞指出這種說法是錯的，用他們的話說，這種說法「忽略了聖戰領袖和大伊瑪目之間的區別。」大伊瑪目是指全球穆斯林社區（烏瑪）的領袖。[51]

哈基姆拉似乎對蓋達組織也很不滿。我們從這些信件中得知，他散布謠言說蓋達組織成員是身在瓦濟里斯坦的「客人」。他這樣做可能是為了將蓋達組織的規模縮小，或者是出於對宗教的無知，或者兩者皆有。阿提亞和阿布・葉海亞直言不諱地表示：

我們要向你們澄清，我們蓋達組織是一個全球性的伊斯蘭聖戰組織。我們不受國家或種族的約束，我們在阿富汗已經效忠於聖戰者和信徒的指揮官，阿富汗伊斯蘭大公國的領導人毛拉・奧馬爾。我們得到信徒指揮官的授權，進行全面聖戰。我們得到消息，有些人在一些政治場合把我們稱為客人。我們想讓你們知道，這種稱呼在伊斯蘭法中是沒有任何依據的。相反的，信徒在宗教上是兄弟。[52]

根據這些信件內容，我們可以推測，巴基斯坦塔利班的行為加重蓋達組織在無人機面前的損失，如果巴基斯坦確實像蓋達組織所認為的那樣，會透過向該地區滲透間諜來給中央情報局提供支持的話，這種損失就尤其嚴重。具有諷刺意味的是，也許正是由於巴基斯坦塔利班所抱持的從聯邦直轄部落區向國際發動攻擊的野心，導致一些人錯誤地得出一個結論，以為蓋達組織仍然延續著它的行動能力。

間諜—無人機的聯繫

我們從安全委員會二〇一〇年五月的報告中了解到，儘管它的預算十分有限，但其成員仍然取得諸多成效：

我們設法瓦解和摧毀許多間諜網路。我們還能發現敵人的計畫，發現它招募間諜的方法，以及它是如何進行間諜活動的。大約有三十到四十名間諜被殺。我們也能夠組建起一個網路在該地區存在的大多數團體之間連接訊息，以有效的方式分享情報。我們也獲得許多人的信任……如果財政支持足夠，或者至少與軍事預算相當的話，我們能有更大的成效，取得更多的戰果，因為情報工作與社會改革交織在一起，會把人們聚集在一起，並獲得他們的信任。[53]

在寫給葉門和索馬利亞聖戰組織領導人的信中，阿提亞列出安全委員會的更多具體結論。[54]為了避免重複蓋達組織在北瓦濟里斯坦的「慘痛」經歷，他非常詳細地分享安全委員會的調查結果：

——這種邪惡的〔間諜飛機〕轟炸是非常精確的。

——一般來說，無人機是不會錯過目標的。不過，他們在這裡〔即北瓦濟里斯坦〕還是犯了一些罕見的錯誤。

——如果沒有地面上的「眼睛」，這種邪惡就不能做任何事情，而這就是人為因素。

——這就是為什麼他們〔即中情局〕需要花時間在當地建立一個間諜網路。時間的長短取決於他們所面對的現實。他們與當地的叛教政權〔即北瓦濟里斯坦的巴基斯坦情報部門〕合作，它是〔中情局〕的代理人和合作者。

——為此，他們花了大量的錢。他們的工作方式是用美元來購買人們的忠誠。

——一般來說，在你們的社會環境中，你應該知道哪些人是扮演間諜角色的潛在人選（網路領袖和出賣忠誠的卑鄙同夥）……

——這種邪惡〔即無人機〕的工作依賴於透過地面上的人類合作者來識別目標。他們使用各種工具，我們稱之為shariha，它是電子環／圈組成的。我們認為，這很簡單。它依賴於傳播低於紅外線或高於紅外線的特定的適當波線或特定射線（光）……他們有可能依靠另一種工具，即由合作者放置在房屋、汽車或類似的屋頂上的磷化或類似顏色組成的液化指示器，也有可能使用全球定位系統（GPS）來識別目標坐標。他們可能依靠拍攝圖片（類似於Google圖片）的方式來識別目標，或者是依靠其他的方式。但要做到這一點，必須有一個地面上的合作者（間諜）透過電話或其他通信方式通知他們，報告他們的目標（一人或多人）正位於放置標誌的地點（這取決於我們剛才列舉到的工具）。

——無人機飛彈體積小但威力大，但不能穿透地面或堅固的障礙物。這就是為什麼壕溝是有效的，若真主恩准的話。

——但如果他們知道真正的目標躲在一個小型飛彈無法到達的地方，他們可能會使用更大的飛彈。他們的導彈有大小不一型號。

——所有類型的無人機都會發出一種獨特的聲音。因此正如我們所了解的那樣，在夜間和／或白天，可以透過聲音來區分無人機。

——根據我們的多次經驗，單獨的一架無人機不會進行轟炸（它好像沒有能力這樣做）。相反的，當無人機打算要進行攻擊時，它們通常會有好幾架在該地區遊蕩，彼此之間都很近。就好像它們中的一些從不同的角度識別目標，以達到精確的目的，而另一些則供應飛彈。

——這就是為什麼如果你碰巧看到它們中的三個在相互靠近的範圍內巡迴，你就要知道它們即將擊中一個特定的目標。在這一點上，有必要採取果斷的安全措施來抵制他們。離開該地區或改變你的位置——哪怕只是稍微改變一下，進入事先為此祕密挖好的壕溝，並取消所有的會面，避免任何的聚集。[55]

阿提亞關於監視、偵察和精確空襲的觀點印證了公開的訊息。美國政府網站將無人機描述為一種「遙控的無人駕駛飛行器」，允許遠程飛行員／操作者即時獲取數千英里外的圖像，並在這些遙遠的地方執行目標。該系列無人機包括RQ-1「獵食者」，這款無人機是在為遠程飛行員提供即時的「監視和偵察」；MQ-1「獵食者」與之類似，但它具有用於「武裝偵察和攔截」的額外能力，這意味著它攜帶一枚飛彈，用於「對目標行刑」。而MQ-9「死神」獵人／殺手無人機是為「精確空襲」而設計的，這意味著它具有更複雜的能力，可以「對高價值、瞬息萬變和時間敏感的目標進行打擊、協調和偵察」。[56]出於可以理解的原因，政府文獻中並沒有提到間諜所起到的作用，但有一些分析家暗指了這點。[57]

無人機幾乎一直在北瓦濟里斯坦上空盤旋，蓋達組織顯然已經不堪重負。奧薩瑪・賓・拉登對「美國人多年來在該地區收集的累積〔偵察〕數據」感到震驚。他警告艾曼・扎瓦希里，反覆去同一所房子的個人所面臨的危險是很大的，不僅是開車，步行也是如此，「因為美國人能夠識別出某個人比平時更加頻繁地前往某個房子。」[58]他建議艾提亞，他和「兄弟們」應該計劃長期躲藏，並安排定期的食物供應：

與其說要儲存小麥，我認為，你應該找兩個精於糧食交易，而且有能力的在地兄弟。最好的狀況是，他們應該是已經在這個領域裡工作的人。你可以要求他們在商業活動中把你要的小麥、糖、豆類和類似的基本營養物資包含進去。他們需要有一個堅固耐用的倉庫，以防漏水。它應該遠離河流，應該要位於山谷之上，這樣就不會受到洪水的影響。你可以透過給你的兄弟們購買所需的食物來為他們的生意做出貢獻，要知道，應該有至少一年的儲備。儲藏品應該要定期更換為新鮮的食品，你可以與從事此貿易的兄弟達成共識，在發生危機時，他們可以專門出售給蓋達組織⋯⋯倉庫應位於一個可以在必要時將小麥運給兄弟們的地區。

阿提亞曾建議用囤積糧食來代替，但賓．拉登認為，如果那些糧食需要改換存放地點的話，搬運工作就會很麻煩。但如果這是最方便的方法的話，賓．拉登建議

> 購買帶有堅固蓋子的乾淨桶子——這些桶子可以用於儲存食物，例如存放汽水或植物油，但不能儲存化學品。這些桶需要洗乾淨，然後在陽光下曝曬一天。這種桶的蓋子必須得有一個橡膠圈以防空氣滲入。如果是在當年出產的，就儲存起來，確保沒有蟎蟲、昆蟲之類的，這樣可以讓豆類食品保存長達七年之久。[59]

鮑勃．伍德沃德的《歐巴馬的戰爭》這本書在二〇一〇年九月出版，書中介紹小布希政府和歐巴馬政府時中央情報局的無人機行動的演變。[60]在賓．拉登收到的一封信中摘錄了這本書的節選內容。最令蓋達組織震驚的是伍德沃德報告的訊息，即中情局在聯邦直轄部落地區發現的約一百五十個塔利班訓練設施。蓋達組織還擔心伍德沃德報告的巴基斯坦三軍情報局和哈卡尼組織之間的關係，哈卡尼組織在信中被稱為蓋達組織的可靠伙伴。[61]

在讀完伍德沃德的敘述後，奧薩瑪．賓．拉登完全放棄了聯邦直轄部落地區。他在給阿提亞的信中說：「在我看來，該地區已經被高度暴露了，」並且建議「最好的解決辦法是完全撤離該地區」。他建議將所有的「兄弟們」轉移到巴基斯坦的其他城市，將他們安置在遠離人口密集地區的地方，並配備值得信賴的安保——這與他自己在阿伯塔巴德的安排很相似。他還希望阿提亞就塔利班的行動向

他們提供諮詢，並讓塔利班知道，他們的訓練營地已經暴露了。[62]

二〇一一年一月底，阿提亞告訴奧薩瑪，這些人寧願死在聯邦直轄部落地區，也不願意冒險搬到可能被三軍情報局捕獲的城市。阿提亞不甘心，認為剩下的唯一選擇就是盡可能地隱藏起來。至於巴基斯坦塔利班，阿提亞則是對他們感到絕望：

我們經常勸說他們，但他們就像阿富汗人一樣，並不怎麼關心。公允地說，他們並不都是一樣的，有些人關心並渴望發展和學習，而有些人則不然。總的來說，現在他們都是目標〔即無人機的目標〕，他們明白，敵人的目標是所有人。他們的許多戰士和指揮官都被殺了。〔痛苦的〕現實真是最好的老師！[63]

阿提亞描述了一個難以解決的問題。北瓦濟里斯坦「擠滿各種團體，我們對其事務的控制是有限的」，「我們的家庭負擔壓在我們身上。」他的意思是，這些人不能自由移動到安全區，因為他們必須確保家人的安全行動。蓋達組織的未來看起來相當暗淡：

我們將不可避免地承受巨大的痛苦，我們中的許多人將會被殺害，因為該地區的聖戰份子很顯眼，引人注目，他們在公開場合的行動過多。因此我們已經成為一個幾乎百分之九十公開的組織。考慮到對我們不利的地區和國際條件，在這樣的環境下無疑是無益的！這裡的人數太多，遠遠超過這個舞台所能容納的數量。這裡的政治、經濟、安全和行政環境無法處理這樣的人數（除此之外，還要加上提高這些人的地位、教育他們、培養他們、教育他們所需的努力）。大量的muhajirun（即外國戰鬥人員）根本無法在人口和社會方面得到吸收。不僅僅是我們阿拉伯人出現在這個舞台上，其他人的數量要多得多，例如，土耳其人、烏茲別克人、那些說俄語的（保加利亞人、亞塞拜然人、達吉斯坦人等）。這種存在是無組織的，缺乏深謀遠慮和適當的控制，每個人都試圖影響其他人。我們的事務遭受相當程度的混亂，我們根本無法改善我們的狀況。這是我的觀點，簡而言之……這就是為什麼不久前我建議對動員人們（參加聖戰）的論述加以改變。64

阿提亞確實就這一問題寫過文章，他回答網路上以「關於出征聖戰的答覆」（ajwiba fi al-nafir）為題的問題。他巧妙地指出，阿富汗不需要額外的戰士，穆斯林最好是寄錢支持已經在那裡的聖戰者。但阿提亞補充說，如果他們的聖戰召喚已經不可抗拒，那麼他們應該前往阿富汗以外的地區，例如前往索馬利亞。

無人機：不可逾越的挑戰

從安全委員會的調查結果來看，反擊無人機不僅可行，而且簡單。它要求聖戰份子遵守安全守則，即在無人機在該地區上空盤旋時躲藏起來，並注意限制自己的行動以躲避間諜。然而，委員會的報告描繪出一幅令人絕望的畫面。委員會成員認為，如果這些「兄弟們」能夠遵守基本的安全措施的話，所有的死亡都是可以輕易避免的。相反的，他們不斷重複大家已經很熟悉的錯誤，比如「沒有留保鑣就把車留下」，或者是「阿拉伯兄弟決定自己把車開去修車廠」，而不是透過他的保鑣。[65]

這些措施看起來確實是可行的，但為什麼它們卻被證明是無法實施的呢？

聖戰與隱藏

無人機給聖戰份子帶來意識型態上的挑戰，監督蓋達組織安全委員會工作的人也注意到這一點。委員會報告的十八頁中，有四頁是專門為他們的工作提供律法依據的，強調《古蘭經》中強調「安全」的重要性（如第二章：一二六節；一〇六章：第四節）和「警惕」的美德（例如第四章七十一節，一〇二節），並認為警惕與加入聖戰（nafir）是並行的。

儘管報告中援引大量《古蘭經》的內容，但委員會試圖實施的安全措施卻與聖戰者的文化格格不入。幾十年來，聖戰領袖和思想家一直在提醒穆斯林有戰鬥／聖戰的宗教義務，並譴責那些忽視它的人。因此無論彼此間存在著怎樣的差異，所有的聖戰者都認為他們與真主有約在先，他們戰鬥（qital）是為了讓真主的話語在地球上至高無上，而作為回報，真主會獎勵他們永居於天堂中（《古蘭經》第九章一一二節）。

聖戰者如何調和戰鬥的義務和隱藏的必要性呢？蓋達組織武裝份子面對的是一個無人駕駛的敵

人，他們從空中監視他們，在遠離戰場的地方追蹤他們，並記錄他們的日常行動，必要時還會無休止地記錄。一旦確定預定目標，飛彈就會緊隨其後，很少失手。他們所面對的獵食者需要他們去隱藏，而不是去戰鬥。這並不是當初促使他們加入聖戰的意識型態文獻所提倡的那種行動。這種轉變不僅使普通聖戰者迷失方向，也使他們的領導人感到不安。委員會的報告指出，許多領導人樹立了一個壞榜樣，拒絕遵守合理的安全措施。報告的作者哀嘆道：「這是一種我們還沒找到治療方法的弊病。」

進退維谷的間諜活動

另一個意識型態上的僵局是間諜活動，它加劇了以隱藏代替出擊的挑戰。儘管聖戰組織的敵人是無人駕駛的飛行器，但它們透過間諜的「眼睛」看到他們，也就是那些冒充他們在當地的朋友和盟友的人。理論上，譴責間諜是很容易的，因為間諜活動在伊斯蘭教中是不合法的，甚至侵犯穆斯林同胞的隱私也會受到譴責。[66]二〇〇九年，蓋達組織的隨行法律學者阿布·葉海亞·利比發表一篇關於伊斯蘭教法中的間諜行為的論文。阿布·葉海亞根據《古蘭經》中的間諜一詞（單數形式jasus; 複數形式jawasis）的構成（見《古蘭經》四十九章十二節），強調真主對他們的懲罰（參見二十二章十九—二十二節；十四章十五—十七節），以及打擊他們以保護聖戰者的重要性。[67]艾曼·扎瓦希里為這篇論文寫了前言，不停地讚美阿布·葉海亞對聖戰者所遭受的「災難」（al-nazila）的博學。

但在實際操作層面上，間諜活動帶來了不同程度的問題。安全委員會如何在不侵犯穆斯林同胞隱私的情況下有效打擊間諜活動呢？不足為怪，委員會成員自己也被指控從事間諜活動，這對他們的工作產生了不利影響。例如，一些領導人沒有回應委員會的訊息要求，一些聖戰組織甚至警告其成員不要與蓋達組織合作。儘管委員會的領導人因與瓦濟里斯坦的團體關係良好而受到關注，但重要訊息卻被隱瞞了。例如，報告指出，蓋達組織事先並不知道阿布·杜賈納·呼羅珊尼（Abu Dujana al-Khurasani）殺死七名中情局官員的行動。[68]

對於蓋達組織在從事間諜活動的認知也給聖戰者帶來可以說是心理上的問題。許多人加入聖戰是為了反抗他們認為是暴君（tughat）的統治者，而且聖戰份子的意識型態著作也連篇累牘地呼籲穆斯林起身反抗那些監視和迫害他們的警察政權，監視和迫害行為甚至在清真寺中也不例外。這件事一定是蓋達組織安全委員會要日常隨時面對的問題，而且它們的報告得煞費苦心地對蓋達組織實施的間諜活動和暴君實施的間諜活動加以區分：

> 我們進行的監控活動與暴君的監控恰恰是相反的。當他們做出破壞時，我們則做出建設。當他們違反神的話語時，我們則順服。暴君們的監視離真主的願望最遙遠，而我們的監視是為了讓我們更接近真主。他們的監視涵蓋信徒和異教徒，我們的監視則只限於異教徒敵人和敵人的同夥。[69]

這種防禦性的語氣足以解釋為何無人機變成讓蓋達組織及其成員感到挫敗的「災難」。委員會對於聖戰份子能夠做出改變、採取必要的安全措施不抱希望，並哀嘆資金不足，因此蓋達組織無法超越中央情報局購買／獲得當地人的忠誠。「這就是為何金錢很重要，有錢的話我們就可以用合法的東西來充實人們，〔吸引他們〕遠離非法的東西，這是對付敵人的最具殲滅性的武器。鑑於我們的預算有限，我們在傳播和反擊敵人謠言的方面只有部分成功。」[70]蓋達組織的安全委員會在情報戰中敗下陣來，因為它沒有中央情報局的錢來運作，或者用它自己的話說，「用合法的東西來充實人們。」

聖戰何去何從？

美國對九一一恐怖攻擊事件的反應結束了奧薩瑪．賓．拉登和他的蓋達組織發動國際恐怖主義的能力。[71]儘管奧薩瑪在二〇〇四年重新與他的同夥聯繫後重建了他的組織，但在阿富汗—巴基斯坦地區以外，蓋達組織並沒有在塔利班垮台後「將已經停止的工作重新啟動」。[72]簡而言之，當無人機在聯邦直轄部落地區加強任務時，蓋達組織的「折磨」被「災難」取代了。

奧薩瑪與他的組織距離遙遠，缺乏對局面的感同身受。儘管他一再勸說他的同夥躲起來，但他不能完全理解他的組織在行動上的無能。二〇〇九年，當無人機在北瓦濟里斯坦壓倒蓋達組織時，他抱怨「那些負責對外工作的兄弟太弱了」，並建議阿提亞「取代他」。哈吉．奧斯曼提出反對的建議，阿提亞指出「困難的條件」阻礙了該組織繼續開展「工作」。阿提亞承諾說，他會親自「跟進工作，並透過不斷的諮詢和思考，努力給兄弟們提供鼓勵和建議，」[73]並安慰賓．拉登說：

> 在研究和計畫方面，兄弟們已經製造出可以通過機場安檢和登機口而不被發現的材料（以特定方式隱藏的爆炸材料）。這些材料已經成功生產出來，我們很快就會進入試驗階段，我們希望能把一些材料運到歐洲。早期的實驗很有希望，也很樂觀。願真主賜予我們成功。[74]

阿提亞所指的可能是二〇〇六年八月企圖使用液體炸彈炸毀幾架跨大西洋客機的陰謀，並希望蓋達組織能夠開發這種材料。蓋達組織的「研究和計畫」未能順利地進入實施階段。在蓋達組織進行「研究」的同時，聯邦直轄部落地區的其他聖戰組織顯然走在他們前面。在阿提亞的信發出後的一個月內，紐約市挫敗了一個利用雙氧水和丙酮產品引爆地鐵系統的陰謀。據聯邦調查局稱，因策劃攻擊而認罪的納吉布拉·扎齊（Najibullah Zazi）「在巴基斯坦得到詳細的炸彈製造指示」。[75]從這些信件中可以看出，聯邦直轄部落地區的蓋達組織領導人對與那些「缺乏著力點」的狂熱者進行國際恐怖主義活動合作抱持著謹慎的態度。例如，我們了解到，阿提亞和艾曼·扎瓦希里拒絕給穆罕納德·阿比亞尼（Muhannad al-Abyani，被稱為「圖凡兄弟」（brother Tufan））予以資助，他所起草的七頁宣言被命名為「恐嚇他們」（Terrorize Them, arhibuhum），這篇宣言由漫無邊際的句子組成，反映了他濫殺無辜的欲望。在沒提出任何方法的情況下，他的計畫要求「殺死成千上萬的美國人和歐洲人」，採用包括「HHO炸彈」、「氰化物」和「過氧化氫合成物」等異想天開的方法。這位「圖凡兄弟」還貌似自認為具有醫學知識，當他開始寫關於脾臟炎症的文章時，艾曼·扎瓦希里——一位出身於專業醫生背景的人，忍不住告訴他，即使是屠夫和廚師，也對這個腹部器官有著更明智的說法。當賓·拉登在審查圖凡的資歷時，他簡短而明確地指出：「至於在美國境內開展工作（即攻擊），圖凡兄弟並不適合。」[76]

二〇一〇年一月，哈吉・奧斯曼發現自己已經不得不像對新招募來的新人一樣向賓・拉登解釋和說明情況：

> 外部工作（即跨國恐怖主義）無疑是非常重要的。但我們正在經歷的階段也是不同的。雖然我們在過去幾年中沒有成功發動特別攻擊，但我們還是實現了我們的目標，即：對敵人達到恐嚇和威懾，並與他們進行消耗戰。事實上，敵人在安全方面花了很多錢，並不斷受到恐嚇。他們根本就沒有安全感，他們承認這一點，並且確信這一點……外部工作開展得不成功——也就是在敵人的領土上成功發動大規模攻擊，甚至是小規模的攻擊，這可以歸結為許多原因，包括個人及我們的環境方面的原因，現實狀況不允許我們花錢來推動外部或內部工作。我想說的是，我們正在前進，即使我們沒有成功地進行一次具體的攻擊，然而，我們在總體上是成功的。[77]

奧薩瑪很可能不同意什麼都不做就構成總體上的成功的說法。無人機繼續壓制著蓋達組織，在二〇一〇年六月，阿提亞報告說，該組織的主要目標是能生存下去。[78]狀況並沒有得到改善，在二〇一〇年底時，阿提亞寫道：「我們購買了一些炸藥，制定一些簡單的計畫，」但「我們的情形很困難，因為我們面臨幹部人員的嚴重短缺，間諜在我們的地區像大流行病一樣，願真主幫助我們。」[79]

正如我們將在下一章中看到的，奧薩瑪・賓・拉登並沒有放棄他的目標。在他的最後一年裡，當無人機給他的組織造成破壞時，奧薩瑪正在為未來做打算。他決定將一些更有前途的特工轉移到聯邦直轄部落地區以外，並起草針對「美國人」的行動計畫，「其效果將會遠遠超過九一一攻擊。」

第六章　美國人

「我們要迫使敵人停止對我們的侵略和戰鬥。如果真主意願如此的話，這個目標將會透過集中力量在異教徒的領頭者，也就是美國的身上來實現。眾所周知，在美國，權力和權威來自於人民，由人民行使，由國會和白宮來代表。我們有必要把戰鬥的重點放在美國人民和他們的代表身上。」

——奧薩瑪・賓・拉登寫給哈吉・奧斯曼和阿提亞的信，二〇一〇年[1]

二〇〇九年底，大約是賓・拉登抱怨他的組織行動無力時，蓋達組織中的一位精力充沛的年輕成員優尼斯・茅利塔尼（Younis al-Mauritani）給艾曼・扎瓦希里寫了一封信，提議重新啟動蓋達組織的國際「工作」。優尼斯沒想到他的信會被送到賓・拉登手中，更沒有想到賓・拉登本人會對他的建議感興趣，並寫回信和他討論。[2]那時奧薩瑪已經有九年的時間進行反思了，並已經得出結論，九一一攻擊沒有產生他所期望的「決定性打擊」。他們未能迫使美國從穆斯林人口占多數的國家撤出軍隊，因此他決定改變蓋達組織的戰略。奧薩瑪希望他的組織把重點放在美國的「力量的最初來源」上，也就是「美國人」身上，應該讓他們「感受到我們的人民所感受過的巨大痛苦」。

雖然奧薩瑪的信中顯示出對美國人民有一定的欽佩，但他並不打算改變自己的志業。與優尼斯的通信顯示，賓．拉登計劃開展「大規模的行動，其效果將會遠遠超過九一一攻擊事件」，以迫使美國人改變其政府針對中東的政策。[3]這是賓．拉登最關鍵的一封信，「致尊敬的謝赫優尼斯，」開篇如是寫到，「這是專門寫給你的信，是最高機密，不要與任何人分享。」阿拉伯文中沒有大寫，但這一行字是用紅色和大號黑體打出的，以達到引起注意的效果。

奧薩瑪．賓．拉登責成優尼斯領導一支特工人員隊伍，進行大規模協調的海上攻擊。這些計畫的細節具高度的技術性，如果攻擊得以實施，其後果也會是如此，我們將在本章的後文中加以探討。

為什麼要改變蓋達組織的戰略？

由於美國人是賓．拉登戰略的中心舞台，探討這些戰略多年以來在他的思想演變中呈現的特點是有幫助的。因此我們將首先探究賓．拉登為什麼決定改變蓋達組織的戰略，然後再深入研究他的新戰略，以及他打算如何實施該戰略。

在與他女兒的談話記錄中，我們發現奧薩瑪的回憶，正是在一九八六年，他首次提出「我們應該在美國境內進行打擊」，以解決巴勒斯坦人的困境的構想。[4]對奧薩瑪來說，巴勒斯坦人的不滿是真切的，他認為這正是「我們開始聖戰的原因」。[5]但這也是一個方便拿來利用的議題。聖戰戰略家阿布．穆薩布．蘇里指出，透過在媒體宣傳中「擔起巴勒斯坦的事業」，賓．拉登「將聖戰主義推向了一個新的高度」。[6]阿布・穆薩布解釋，透過這樣做，奧薩瑪・賓・拉登將外國對穆斯林占多數人口的國家的占領一事成為全世界穆斯林的最主要怨恨。[7]

二〇一〇年，奧薩瑪認定聖戰份子已經丟失對於全球聖戰運動的真正目的關注。他哀嘆於區域團體（在伊拉克、葉門、索馬利亞和巴基斯坦）披上了聖戰的斗篷，卻只關注地區，而且成了「〔全球〕聖戰的拖累」。奧薩瑪在北瓦濟里斯坦的聯絡人們花費了大量精力，在這些地區和當地領導人進行諮商，但這些努力給他們的行為構成的影響卻微乎其微。我們會在下一章中了解到關於蓋達組織和這些團體之間的複雜關係的更多內容。

到這時，奧薩瑪已決定要按照他的理解來恢復全球聖戰了。在寫給哈吉・奧斯曼和阿提亞的信中，他向他們提醒蓋達組織的宗旨：

> 在信的開頭，我想要強調的是，必須始終牢記我們與美國戰爭的基礎，以免我們逐漸偏離我們的目標……我們在九一一事件後的誓言（qasam）概括了我們的目標……我們所尋求的戰鬥是能夠迫使敵人停止對我們的攻擊。[8]

誓言指的是最後通牒，它是在預料到美國為報復九一一攻擊而領導的對阿富汗發動戰爭之前錄製的。這段影片是在「持久自由行動」啟動的當天，也就是二〇〇一年十月七日發布出來的。「我對美國和美國人民只有幾句話，」奧薩瑪・賓・拉登在發出最後通牒之前以一種嚴厲的語氣宣布：「我向天地的主宰、萬能的真主發誓，在生活在巴勒斯坦的我們實現安全之前，在所有異教徒軍隊離開穆罕默德的土地之前，美國和生活在那裡的任何人都不會享有安全。」[9]

這個最後通牒在聖戰文獻中被稱為誓言。它出現在蓋達組織的許多影片中，並且在賓・拉登死後的很長一段時間內，繼續為那些有聖戰傾向的人提供動力。二〇一九年十二月六日，誓言在美國本土被付諸行動，沙烏地皇家空軍少尉穆罕默德・沙姆拉尼（Mohammed al-Shamrani）在佛羅里達州的彭薩科拉海軍航空站（Naval Air Station, Pensacola）實施了一次致命的槍擊事件，造成三名美國水兵死亡，另外八人受傷。[10]沙姆拉尼留下一封給美國人的信，內容裡顯示出無疑是賓・拉登誓言的印記。沙姆拉尼寫道：「安全是一個共同的命運，」「在安全已經成為巴勒斯坦人的現實和美國軍隊從我們的土地上撤出之前，美國人也不會享受到安全。」[11]

當賓・拉登在反思全球聖戰的狀況時，他認為蓋達組織在行動上的無能為力是在巴勒斯坦戰線上未能取得進展的一個延伸。他用以下的比喻來說明這一點：

巴勒斯坦的例子類似於地中海上一艘有巨大吊臂的船。吊在起繩索上的是一頭大象，然後牠被放到我們家的小院子裡，毀壞牆壁，傷害人們。人們開始用棍子打大象作為回應，想把牠趕走。他們這樣做已超過六十年了，但無濟於事……

正確的反應應該是打擊那艘固定大象繩索的船。這樣一來，這艘船就別無選擇，它只能抬起大象，把它從我們的院子裡移走。這艘船就好比是美國……

其他地方的穆斯林的狀況也是如此。他們在他們的統治者——美國的代理人手中忍受著巨大的痛苦。解決他們痛苦的辦法也是透過打擊美國，迫使它放棄叛教的統治者，放過穆斯林。例如，如果埃及的聖戰份子的力量超過了叛教政權的力量，如果聖戰份子開始著手施行真主的法律，大家都知道，美國將會立即部署它的軍事力量，從調動第六艦隊開始，來拯救埃及政權。[12]

在反思蓋達組織的紀錄時，賓・拉登還有其他的一些清醒思考。他開始意識到，全球聖戰本身是一個錯誤的想法，我們發現他透過另一個比喻來表達他的遺憾：

穆斯林世界和美國之間的衝突類似於一個大河壩。在河的兩岸有許多小村莊，房子是用黏土建造的。有一些壞人在堤壩結構的牆上搞破壞，導致河水溢出河岸，流向村莊，毀壞房屋，傷害人們。一些勇敢的人趕去幫助老人、婦女和兒童，夜以繼日地辛勤工作，冒著生命危險來拯救他們，為他們提供一個安全的住所。

這些勇敢的人需要做的事情反而是多思考少行動，以減輕不斷消耗他們精力的痛苦。有一些騎士般的人物應該要懲罰搞破壞的人，把他們趕出這片地方。然後，他們應該要堵住牆上的缺口，止住水流。這是讓如此巨大的傷害能夠終結的唯一方式。[13]

我們可以設想賓・拉登是把自己和他的追隨者們看作是那些「冒著生命危險的」、「勇敢的人」

和「騎士般的人物」。好幾十年來，在九一一恐攻的很久以前，他和其他的聖戰領袖就在呼籲全世界的穆斯林遷徙，訓練（i'dad），並聚集在一起（ribat），在阿富汗、伊拉克和索馬利亞與外國占領者進行鬥爭（聖戰）。奧薩瑪・賓・拉登花了幾十年時間才意識到，全球聖戰的「能量」已經被浪費了，這股能量就是他和他的同夥「騎士」一直在「消耗著的」，在九一一恐攻中達到巔峰。換句話說，他們的全球聖戰並沒有像他的誓言所威脅的那樣，有效地設計出一個有意義的方式來破壞所有美國人的安全。除非他和他的聖戰夥伴「更多思考，更少行動」，否則他們將永遠無法「在巴勒斯坦或其他地方實現安全」。

從這些信件中可以看出，賓・拉登也在重新評估自己的想法，即使是當他似乎是在向他的同夥陳述明顯事實時也不例外。「研究敵人的文化和歷史，」他在一封信中寫道，「是至關重要的，」[14] 並且要專注於「敵人的思維方式及其弱點和優勢」。只有這樣，賓・拉登評估說，「在真主的支持下，才能做出更明智的決定。」[15]

賓・拉登縱覽美國的歷史，他得出結論說，導致美國決定性地結束對外戰爭的「主要因素」出現在「當民眾的憤怒和國內的反對意見增加時」。他尤其想到的是越南戰爭，這場戰爭引起他希望透過實施九一一攻擊來實現那種國內的反對聲浪。這並不是一個新的想法。賓・拉登在九一一事件發生後不久接受採訪時就曾公開談到越南戰爭，他說：

我要求美國人民注意到他們的政府對穆斯林的政策。他們形容政府對越南的政策是錯誤的。現在他們應該採取和以前一樣的立場。美國人有責任防止穆斯林在他們的政府手中被殺害。[16]

大約九年後，也就是在二〇一〇年，賓・拉登不得不承認，越南戰爭和九一一攻擊事件是不存在可比性的。他審思美國在越南戰爭中有「五萬七千名美國士兵被殺」的「天文數字」之後，[17]他給他的同夥寫道：

> 你們已經知道的，美國的人口是三億〔原文如此〕。
>
> 在八年間，大約有一千名美國士兵在阿富汗被殺，約有四千人在伊拉克被殺。這意味著只有一小部分美國人口受到直接影響，而這遠遠不足以影響美國人民的集體，使得他們對政治人物施加壓力，要求結束戰爭。
>
> 美國人在阿富汗的死亡人數是百萬分之三點三。與他們在越南的損失相比，這實在是微不足道，越南的損失是……考慮到當時美國的人口是一點五億〔原文如此〕，他們在越南的損失是百萬分之三百八十。[18]

奧薩瑪接著說，「當他們的尼克森總統〔原文如此〕犯錯並下令招募軍事服務〔即徵兵〕——以繼續戰爭時，他的決定「影響到每個美國人的安全」。他還說，就在這時，「美國人民，特別是大學生，走上街頭，組織大規模的反對戰爭的抗議活動，迫使他們的政府從越南撤軍。」[19]

奧薩瑪・賓・拉登的反思不應以其歷史準確性（和不準確性）作為評估標準。[20]他了解越戰期間反戰抗議活動的重要性，[21]並希望蓋達組織將會在他們創造出來的條件下如法炮製。

正如我在本章後文中會詳細介紹到的那樣，賓・拉登的計畫要求開展大規模的行動，「將美國推入嚴重的經濟危機，」對「每個美國公民的收入」產生不利影響。他認為，只有這樣，蓋達組織才能「直接對所有美國人民，或大部分美國人民產生影響」，並預測他們會走上街頭，複製越戰時的反戰抗議活動，要求政府改變其外交政策。這是蓋達組織用槍（或炸藥）逼出的變化，而美國人將透過投票的洪流來實現。

新的蓋達組織戰略

奧薩瑪・賓・拉登決定，蓋達組織需要與美國實現「恐怖平衡」。如果做不到這一點的話，他與他的同夥分享說，蓋達組織正在「衰落」，「有可能作為一個組織面臨死亡。」新戰略的靈感當然來自於「權力平衡」的政治學說——現代國家如何處理彼此之間的和平和／或敵對關係。作為一個非國家行為實體，蓋達組織缺乏權力，但賓・拉登明白「平衡」在聖戰份子和他們的敵人之間的重要性。因此他希望蓋達組織：

> 藉由我們和他們之間的恐怖平衡，對白宮、國會和五角大樓施加直接的壓力。當我們能夠透過在

美國境內開展大規模的行動，剝奪美國人民的安全感，直接影響美國人民，或大部分美國人民時，這一點就能實現。我們還將針對向美國出口石油的國家進行大規模攻擊，讓每個美國公民的薪水不再能滿足其生活所需，尤其是燃油的費用，以對其收入產生不利影響。

這種大規模的行動應該與發起密集的媒體運動同時進行，如果可行的話，其中一部分將透過美國的媒體管道進行廣播。我們的媒體宣傳將為我們針對美國和石油出口國施行的行動予以辯護，理由是我們在自己的國家，特別是在巴勒斯坦、伊拉克、阿富汗、巴基斯坦和索馬利亞，穆斯林的安全被剝奪了。措辭將類似於我們的誓言，例如，在我們能在巴勒斯坦獲得安全之前，美國不應該夢想能享受到安全。[22]

在制定戰略的過程中，賓．拉登收到在蓋達組織手下工作的巴基斯坦特工伊利亞斯．克什米里的一封信，我們在前一章中曾簡單提到過他。伊利亞斯迫不及待地想「在印度境內開展工作」，並「將那些為巴基斯坦情報部門利益而進行〔所謂〕聖戰的人拉下馬」。為此，他徵求賓．拉登的意見。「你建議我們如何做到這一點？願真主回賜你。」伊利亞斯如是問道。[23]他沒得到他所希望的答覆。相反的，賓．拉登要求他在歐巴馬總統和當時擔任美國中央司令部的彼得雷烏斯將軍（General Petraeus）訪問阿富汗期間將他們作為目標。[24]

一年前，在優尼斯出現之前，賓．拉登對這個問題的回答可能會有所不同。他曾寫信給扎瓦希里說：「在孟買事件及其對該地區的影響之後，」蓋達組織必須發表聲明，「向巴基斯坦的穆斯林保證，我們支援他們對印度及其野心所發起的聖戰。我們還應該警告印度，如果它攻擊巴基斯坦的穆斯林，其結果是……我們將針對其經濟節點，消耗其經濟，直到其崩潰。」[25]到了二〇一〇年，奧薩瑪對蓋達組織的戰略有了完全不同的看法。他指示，蓋達組織應將其所有資源完全集中在「美國人身上，這是能夠迅速制止這種侵略的原始力量來源」。為了確保他周圍的人理解這一點的特殊性和緊迫性，賓・拉登用簡單明瞭的語言解釋這一點：

我們所掌握的每根矛和每個誘殺裝置都必須只針對美國人。我們的資源不應該浪費在其他人身上，例如那些屬於北約聯盟的國家。例如，如果我們在坎達哈和赫爾曼德〔省〕之間的公路上伏擊敵人，看到有軍車經過，如果第一輛車運送的是阿富汗士兵，第二輛車運送的是北約士兵，而第三輛車運送的是美國士兵，即使是前兩輛車的士兵人數更多，我們也應該要攻擊第三輛車。[26]

事實上，在二〇一一年四月，蓋達組織希望與英國達成「適當的安排」，以便集中力量對付美國。阿提亞了解到，英國情報部門讓「在英國的一些利比亞兄弟」向蓋達組織轉達，「如果蓋達組織明確承諾不對英國或其利益進行任何攻擊，英國準備從阿富汗撤軍。」[27]阿提亞沒有理由在這一點上撒謊，但最有可能的是，英國情報部門提出這一提議是在測試其內部誰與蓋達組織有聯繫。

賓・拉登的新戰略並沒有吸引蓋達組織所有的領導人。在信中，奧薩瑪與他的同夥協商，讓他們與他坦誠地交流意見是很常見的狀況。在這次的狀況下，扎瓦希里直言不諱地質疑賓・拉登的新戰略。當然，他同意國際恐怖主義是「重要的和有用的」，但不能理解為什麼蓋達組織有必要只對美國人予以關注：

> 美國人在越南的損失與他們在伊拉克和阿富汗的損失之間的差別，並不意味著美國公眾會對他們的政府從阿富汗撤軍無動於衷。這種比較有些簡單化和不準確。
>
> 美國政府已經宣布它計劃從這兩個國家撤軍的日期，儘管這樣撤軍給美國帶來了戰略問題。陣亡士兵的數量並不是美國決定的唯一甚至最重要的因素。經濟和心理因素可能更重要，更具決定性。
>
> 我所說的心理因素，是指在戰爭期間，優勢軍事力量對於拿到手的勝利感到絕望的關鍵時刻。當這個國家意識到即使戰鬥持續數年，當地的情況也不會改善時，就會出現這種情況。因此它失去了戰鬥的熱情，就會打包走人。這就是大國及其有組織的軍隊在面對多個移動的武裝團體時的情況。
>
> 我同意並支持在美國和歐洲內部進行打擊的重要性，但同樣關鍵的是，要認識到阿富汗和伊拉克的戰鬥也非常重要。
>
> 誠然，在美國和歐洲內部進行打擊有很大的心理影響，但請記住，俄國人當初在阿富汗這個一窮二白的地方被打敗，而且阿富汗人也沒有在俄國國內進行打擊。法國在阿爾及利亞也被打敗了，阿爾及利亞人也沒有在法國境內進行打擊〔原文如此〕，美國在越南被打敗了，但越南人也沒有在美國境內進行打擊。[28]

艾曼・扎瓦希里還擔心，如果奧薩瑪改變路線，這會讓蓋達組織陷於很尷尬的境地。他提醒奧薩瑪，多年以來，他們公開過在伊拉克和阿富汗作戰的重要性的聲明。然而，艾曼與奧薩瑪的分歧似乎並沒有持續到這封信之後。

「最高機密，不要與任何人分享」

在阿伯塔巴德突擊行動之前，人們對優尼斯・茅利塔尼知之甚少。「我們的兄弟，謝赫優尼斯十分多才多藝，」哈吉・奧斯曼在一封信中如此稱讚優尼斯，「他出色的能力十分令人印象深刻，而且能在各個領域表現優異。他學識淵博，並具有得天獨厚的個性和成熟的頭腦。」他又補充道。[29]我們從優尼斯給奧薩瑪的信中得知，他是在伊斯蘭馬格里布（Islamic Maghreb）與哈立德・阿布・阿巴斯〔Khaled Abu al-Abbas，又名貝爾穆赫塔爾（Belmokhtar）〕領導的組織一起接受聖戰訓練的，後者可能在二〇〇七年派優尼斯作為特使前往蓋達組織。據貝爾莫赫塔爾說，優尼斯訪問的目的是分享「我們的現實和我們組織的歷史」，希望與蓋達組織建立更密切的關係，甚至可能合併。[30]優尼斯對他的任務充滿熱情，寫了一份關於貝爾莫赫塔爾組織歷史的詳細研究報告和對西北非洲的地緣政治評估，[31]但「蓋達組織的兄弟們不感興趣」。[32]優尼斯沒有返回北非，很可能是因為他給北瓦濟里斯坦的蓋達組織領導人留下深刻印象。他被指派在蓋達組織的法律委員會任職，並最終成為該委員會負責人阿布・葉海亞・利比的副手。[33]

優尼斯十分仰慕奧薩瑪・賓・拉登。他引用了賓・拉登在演說中的一句話寫道，「我們處在崇拜中。」他說他們兩人有一個共同的信念，即「我們的時間沒有被浪費掉」，聖戰份子參與這場戰鬥是為了長遠的利益，這種「對主的崇拜將持續到審判日」。[34]賓・拉登的願望對於優尼斯來說，遠不止是一個命令。「我是一支長矛，任你處置，」優尼斯自告奮勇，「在你認為合適的地方和時間，把我扔出去。」在優尼斯的身上，賓・拉登看到的不僅僅是一個堅定的聖戰者，而且還是一個戰略和批判性的思想家。優尼斯與賓・拉登共享著這樣的觀點，認為聖戰份子中的宗教極端主義是聖戰主義的負擔，並敦促蓋達組織的高級領導人在他們的公開聲明中對其提出警告。賓・拉登對優尼斯的印象十分深刻，以至於他將優尼斯的信摘錄轉發給了阿提亞和阿布・葉海亞，以便他們能夠落實他關於宗教極端主義威脅的建議。

二〇一〇年，賓・拉登堅信，其影響「將遠遠超過九一一事件」的海上攻擊可以帶來「決定性的打擊」，最後迫使美國從穆斯林人口占多數的國家撤出其軍事力量。優尼斯讚揚賓・拉登的想法，認為「海上聖戰」，也就是海上的遠征，「隨著鄂圖曼帝國在一九二三年滅亡而停止了，」而「重新開啟這種聖戰是接近真主的最佳行動之一」。[35]他的狂熱是有頭腦的。他不想在毫無準備的情況下貿然進入海洋領域。相反，他想在需要時研究海洋這個「浩瀚的造物」，並招募合適的人員來完成這項任務。[36]

蓋達組織在九年裡一直處於休眠的狀態，優尼斯重新啟動「工作」的熱情正是賓・拉登所期待的重新啟動。在與優尼斯分享了他與美國的「恐怖平衡」戰略後，賓・拉登解釋說：

我們的組織能夠實現的極為重要的工作之一，是開展直接影響整個美國人民安全和經濟的行動。這就是為什麼在美國境內的恐怖行動以及針對石油出口國的恐怖行動，將是直接影響美國人民的最迅速的方式，並將使得他們對其政治人物施加壓力。

我即將向你們提出的計畫是最重要的，我希望它能在結束美國對穆斯林世界發動的戰爭中發揮關鍵作用。[37]

在二〇一〇年賓・拉登在寫信時，美國的原油進口量正在上升，原油其經濟至關重要。[38] 賓・拉登首先透過類比向優尼斯解釋他的計畫，接著說：

> 你不會不知道，石油對當今世界工業化國家的重要性就像血液對人的重要性一樣。過多的出血會導致一個人的死亡，缺血就會削弱他的力量……
>
> 如果我們假設石油是透過三條管道到達包括美國在內的西方的話，並且假設我們瞄準並摧毀其中一條管道的一部分，在二十四小時內將它修復是很容易做到的事……但如果我們完全摧毀它，這種攻擊的影響將導致美國經濟的三成左右受到損害，因為重建管道需要幾年……在真主的幫助下，將美國推入一場嚴重的經濟危機是我們可以做到的。

操作細節必須對除優尼斯之外所有的人保密。我們從其他信件中了解到，「保守祕密」對蓋達組織的國際恐怖主義來說是最重要的。為了避免安全漏洞，即使是賓．拉登也不知道蓋達組織恐怖行動的具體操作計畫，只有一個例外（很可能是九一一攻擊）。「只有對外工作的負責人和負責執行行動的人知道行動細節，」賓拉登在一封信裡寫道。（在九一一攻擊事件中，只有兩名劫持者穆罕默德．阿塔和齊亞德．吉拉希了解行動計畫；其他人只是在攻擊前的「非常短的時間內」了解到細節。）[39] 這就是為什麼賓．拉登的信是「最高機密」，不能與蓋達組織的其他任何人分享。他曾設想過一個精心策劃的計畫，這一計畫將摧毀遠超類比中的相當於一條管道的東西。預計到一旦優尼斯出發執行任務，關於行動細節的交流就會不復存在，因此賓．拉登在信中充滿關於實際操作的想法：

我們的計畫是擊沉大量的原油油輪，優先考慮最大的船隻。我們希望透過幾次同時攻擊來實現……這些大型船隻的數量在世界範圍內是有限的。與汽車不同，它們不可能那麼容易製造出來……重要的是，要把盡可能多的船隻作為目標，不管它們是否運載原油。主要目標是擊沉它們，因為這將給敵人帶來巨大損失，導致全球經濟危機。

在評估賓．拉登的想法時，寇特．阿爾博（Kurt Albaugh）中校說，奧薩瑪已經做了研究準備。阿爾博在美國海軍卓越的職業生涯中，曾擔任過美國海軍破壞者號（掃雷艦）的艦長，這是一艘專門用來對付海軍水雷威脅的軍艦。在賓．拉登寫信時，阿爾博正在亞丁灣航行，阻止索馬利亞海盜對商船的攻擊。他解釋說，油輪的大小不一，而賓．拉登虎視眈眈地想要炸毀的大型油輪被稱為超大型原油運輸船（Very Large Crude Carriers, VLCC）。全世界大約有七百三十艘超大型原油運輸船，每艘可以裝載一百九十萬至二百二十萬桶原油。[40]

賓・拉登考量了美國會對超大型原油運輸船被擊沉作出迅速反應的可能性，並希望優尼斯和他的團隊為在不同大洋同時進行的一系列攻擊做好絕對準備，以利用「驚敵人於不意」的優勢。正如威廉・麥克雷文（William McRaven）上將在研究特種作戰任務時所說，出其不意的因素對於「取得相對優勢」至關重要。[41]對於尋求最大限度地擴大攻擊影響的恐怖份子來說，情況也是如此。賓・拉登明白，除非精心策劃出其不意的因素，否則後續或延遲的攻擊都有可能失敗，因為「敵人有時間優勢」來應對或率先發起攻擊。這就是為什麼他提醒優尼斯說：

> 我們絕不能發起任何行動，除非我們已經採取所有必要的步驟來進行同時的攻擊，這些攻擊將針對幾條航運路線上的油輪——從波斯灣開始，經過阿曼、葉門、索馬利亞，一直到南非的好望角。同時，我們將攻擊從北非和西非向美國出口石油的國家，例如阿爾及利亞、利比亞、奈及利亞和迦納的港口出發的油輪。我們還將針對從委內瑞拉出發的油輪。我們必須仔細研究美國的原油進口，並將目標放在那些對美國出口石油最多的國家身上。

考慮到地理範圍，發動攻擊的類型不可能在所有的航道上都是一致的。比方說，賓・拉登就請優尼斯注意，靠近有聖戰組織存在的陸地的攻擊，例如葉門和索馬利亞，應與在有美國軍事存在的海灣地區的攻擊不同。在前一種情況下，「兄弟們在實施行動後可以撤退，」但在海灣地區，他們需要實施自殺式行動，以免被捕獲。

至於具體細節，賓·拉登的計畫涵蓋了整個範圍，從計劃和添置設備的階段開始：

必須進行廣泛而精確的監視。這首先要購買或租用一艘小船，如果可能的話。它應該是高品質的，應該在運輸貨物的商業掩護下運作。一些木船可以運載五十至一百噸的任何東西。它們在該地區很常見，許多商人用這種船將貨物從杜拜運到吉布地（Djibouti）、厄立特里亞或索馬利亞。我們曾經有一艘，是在杜拜購買的……

要確保進行監視工作的船是由木頭或是橡膠製成的，以避免被附近船隻上的雷達發現。避免使用玻璃纖維船，最好是使用木質船。它們可以在索馬利亞買到。在一些地方，銷售這種船是非法的，因為它們可以被用來走私貨物……

購買木船時應使用葉門或索馬利亞兄弟的名字……重要的是，船上的每個人都應該是同一國籍，否則會引起懷疑。

寇特·阿爾博中校指出，奧薩瑪對於木船的偏愛表明，「他所考慮的是所謂的雷達橫截面（RCS）。」因此為了避免被RCS探測到，奧薩瑪建議說：

要把船上所有的金屬物件都遮蓋起來，例如武器和船的發動機，這是非常重要的，因為金屬會被敵人的雷達探測到。當船停下來時，兄弟們應該在發動機上放一個橡膠罩。他們可以透過購買卡車車輪的橡膠管來做一個，把它剪開，然後像布一樣覆蓋在發動機上。

執行任務的人員，賓．拉登建議說，應該融入到行動目標的海洋環境裡：

我們將沿著海岸線安排一些小隊，以釣魚為掩護，進行監視。他們需要真正地捕魚，也就是購買漁船，並把魚賣給鄰近的地區，這樣他們就可以進行必要的偵察，收集船隻與航運路線有關的確切時間和日期……

兄弟們需要以收集油輪海上交通的數據點的形式進行監視。比方說，每次有油輪經過荷姆茲海峽時，兄弟們就有必要在海圖上追蹤其路線，例如其所在位置與目標航道的時間關係。他們可以透過在海上地圖上添加（作為圓點）的訊息，以顯示油輪在特定時間（或左右）的準確位置來做到這一點。海上交通圖可以從書店買到。我們過去在杜拜買過一本，我想在卡拉奇也可以買到，因為它是一個沿海城市。網路上也應該有這些地圖。

根據阿爾博的說法，「這些訊息是來自於安裝在這些船上的一個系統，叫做自動識別系統（Automated Identification System，AIS）。」任何人都可以使用，「訪問這些追蹤器是不需要註冊或者付款的。」從理論上講，阿爾博解釋說，「它將給攻擊者提供近乎即時的訊息，這將大大有助於對目標的鎖定。」[42]

甚至連最基本的細節都提到之後，賓・拉登還建議實際操作者需要獲得其他的相關知識：

他們需要接受培訓，以區分油輪和商船，可以透過研究海事百科全書或在網路上研究這個問題來實現。這很容易學習。原油船非常大，它們不像商船那樣在上面裝載貨櫃，因為石油是儲存在船內。也可以區分空油輪和滿載的油輪。這一點很重要，因為它影響到我們為成功擊沉它們所需準備的炸藥量。空船通常是那些返回海灣的船隻。從外面可以看到船底船身的顏色，而滿載原油的船底和船身是大多浸在水中的。

奧薩瑪所指的是船隻的塗裝方式。在船舶的吃水標記周圍的塗裝中通常有一個劃分。因此如果吃水標記以下的船體顏色是可見的，它通常是紅色的，但不總是紅色，人們便可能會推斷出這艘船只是輕度載貨。[43]

一旦監視工作完成，實際操作人員就可以進入任務的執行階段，也就是劫船，然後把船隻炸掉。

奧薩瑪列舉了如何劫船的幾種可能性：

——把船放在離對方船頭的一小段距離內，然後拿起探照燈，直到船長意識到船被劫持；

——向船隻開火；或者

——用發射器（jihaz masih）呼叫船隻，通知船長他的船隻被扣了，除非他和他的船員投降，否則你們將向船上儲存發動機燃料的部分開火。

一般來說，建議船長向〔海盜／挾持者〕投降，並避免與他們發生爭執。

該計畫的劫船方面沒有經過仔細的構思。阿爾博觀察到，奧薩瑪所給出的建議表明，在他寫作時，他並不精通海運業中普遍使用的安全措施，這些措施使得海盜或其他攻擊者更難劫持船隻。

劫持油輪後，奧薩瑪指示執行人員應「利用救援船釋放船上的穆斯林」，並補充說，「也應考慮釋放非穆斯林。」然後，「應將一艘船排在另一艘裝滿炸藥的船後面，從內部炸毀」：

可以用小船來爆破油輪，就像〔我們〕在科爾號上做的那樣。使用的小船需要攜帶大量的炸藥，最好是放在拱形的位置，面向船隻。如果這不可能的話，那麼炸藥的體積應該非常大，直徑不小於一公尺，這樣蓋子就無法關閉。

賓．拉登是明白計畫執行上的運行機制的。根據阿爾博的說法，「拱形位置」是一種「定型炸藥」，旨在對準和集中炸藥能量，以穿透目標深處。阿爾博解釋說，除非炸藥是按照相應形狀出現的，否則能量會擴散，會減少任何單點的爆炸力，從而減少穿透的程度。賓・拉登還表現出對環境安全標準的深刻理解，這些標準的實施是為了將船隻的風險降到最低：

兄弟們應該知道，油輪中的燃料儲存並不與油輪的外部主體相連。這意味著，從外部穿透油輪並不一定意味著會穿透油輪內部的燃料庫，因為它們之間存在空間。目標是擊沉油輪，而一艘小船不太可能擊沉油輪。因此有必要使用兩艘小船來爆破。第一艘應針對船隻的正面層，而第二艘應針對其中間層。這是因為油輪是被分成緊密密封的許多部分。擊穿其中一個部分會使得油輪向側面飄移，但不一定會沉沒，美國海軍的科爾號戰艦就是這樣……

無論怎樣，我們都應該要炸毀儲存該船燃料的油箱，即使它是空的，以確保船隻沉沒。如果油箱保持完整的話，就有可能防止船隻沉沒。[44]

賓・拉登想像了優尼斯和他的團隊會擊沉足夠多的超大型原油運輸船，切斷美國百分之三十的原油供應。他設想對以下這些航運路線同時進行七次攻擊：

一、波斯灣，從伊拉克到荷姆茲海峽；
二、巴基斯坦到阿曼海岸，注意，英國在荷姆茲海峽的阿曼一側有軍事存在；
三、葉門〔亞丁灣〕；

四、索馬利亞到南非，這是最重要的目標；
五、奈及利亞和迦納；
六、利比亞和阿爾及利亞；
七、委內瑞拉。
該行動應在八月二十五日至四月中旬之間的任何時候進行。在這幾個月之外，海況是很惡劣的。波濤洶湧的水域將使得小船無法使用。

阿爾博觀察到，賓．拉登選擇的航運路線是「合乎邏輯的」，同時「在活動範圍和規模上是大膽的」。他認為，儘管這個計畫將會是「極難實現的」，但「它並非不可能。」百分之九十以上的國際貿易是透過海上進行的，這種規模的攻擊將對航運業產生廣泛的影響。阿爾博警告說，如果成功的話，這樣的攻擊將「破壞自由和開放的貨物交換系統背後的安全」，而此事正是美國海軍的一個關鍵戰略目標。他補充說，可以肯定的是，「海事安全總是脆弱的，但這種脆弱性並不位於公眾意識的前列。」這種攻擊將對消費者信心和整個經濟產生不利影響。在軍事方面，如果賓．拉登在他所設想所有的地區實施攻擊的話，美國六個地域作戰司令部中的至少四個可能會做出反應，也就是中央司令部、南方司令部、非洲司令部和歐盟司令部。[45]

奧薩瑪．賓．拉登在二〇一〇年三月底寫下他的大部分指令。不久之後，他批准二十萬歐元的預算來資助優尼斯的任務，希望「馬格里布的兄弟」能提供這筆錢。[46]攻擊的時間並沒有確定。奧薩瑪和優尼斯一致認為他們應該「緩慢但穩步地」進行。但奧薩瑪不希望優尼斯被其他項目分散注意力。「我們必須繼續進行擊沉油輪的計畫，」他敦促優尼斯，「就像我們沒有其他計畫一樣。」[47]

二〇一〇年六月，我們從阿提亞那裡得知，優尼斯正準備前往伊朗，希望能躲過伊朗當局的追捕。他將會帶著六到八個「兄弟」，給他們進行為期三個月的培訓課程，然後派他們到實地開始籌劃他們的任務。[48]二〇一〇年九月，優尼斯打算要討論將美國境內的攻擊與針對油輪的攻擊結合起來，但奧薩瑪認為「這兩者必須分開」。[49]要麼是奧薩瑪將海上攻擊置於美國境內的其他攻擊之上，要麼是他認為同時關注兩種攻擊會使得優尼斯和他的團隊的能力過度膨脹。到了二〇一〇年十二月，奧薩瑪從阿提亞那裡得知，優尼斯認為前往伊朗並不安全，而是選擇將其團隊帶到巴基斯坦境內的一個安全地點。[50]

就在優尼斯和他的團隊準備離開北瓦濟里斯坦執行任務時，「阿拉伯之春」爆發了。和平抗議活動的爆發，成功地推翻突尼西亞、埃及和利比亞的專制政權。在二〇一一年四月二十六日的最後一封信中，奧薩瑪建議，如果優尼斯和他的團隊在一個相對安全的地方，他們就應該留在那裡，直到葉門和敘利亞的政權倒台。推測起來，他大概是認為在這種過渡時期，他們會有更大的行動自由。[51]五天之後，海豹突擊隊突襲奧薩瑪．賓．拉登的駐地。很可能是由於海豹突擊隊找到賓．拉登的信件，優尼斯於二〇一一年九月遭到巴基斯坦三軍情報局的逮捕。[52]

據報導，二〇一三年六月，美國將優尼斯從阿富汗的巴格蘭空軍基地空運至茅利塔尼亞，並將其移交給茅利塔尼亞當局。二〇一五年四月，優尼斯因從事「恐怖份子」活動被判處二十年監禁。[53]「美國人」無疑會鬆一口氣，因為優尼斯的「崇拜」是在監獄牢房裡進行的，而不是在他駕駛木船製造海嘯規模級別的經濟破壞時進行。

如果？

有一句古代諺語說：「杯子碰到嘴唇的一剎那，也能發生很多事情。」奧薩瑪・賓・拉登的命運已被海豹突擊隊終結，在今後的幾年裡，優尼斯將不得不在茅利塔尼亞的牢房中繼續他的聖戰。但如果蓋達組織成功地執行賓・拉登的計畫的話，一切會變成怎樣呢？

前中央司令部司令約瑟夫・沃特爾（Joseph Votel）分享他對於賓・拉登的戰略的幾點看法。[54]「賓・拉登計畫的涵蓋範圍，」他說道，「與他專注於大事件來推進他的戰略是一致的；」他推測，「奧薩瑪是想重新獲得一些主動權。」至於蓋達組織執行賓・拉登的計畫行動的可行性，沃特爾指出，「在海洋領域開展行動具有極大的挑戰性，」但「其科學性是可以理解的」，而且蓋達組織有「保持著耐心」的紀錄。他推測，如果這種攻擊成功對美國軍隊的影響將是巨大的。「即使是只有一艘目標油輪被蓋達組織擊沉，」它也會引起一系列「國防部的短期反應」。可能會導致國防部面臨「將資源轉移到海灣地區」的壓力，無疑會犧牲分配給例如印度—太平洋地區的其他地區的資源，「在那裡，更多的美國軍事存在被看作是對中國的一種制衡。」他補充，這種攻擊也會對美國的海上安全戰略產生影響，使得美國更加重視航道安全的保障，並很可能給海灣國家施加更大的壓力，使其提高其應對力。

但沃特爾對於賓・拉登所抱持的總體戰略的評估認為，賓・拉登以為蓋達組織和任何其他組織若是懷有透過用恐怖主義活動來改變美國的外交政策的野心的話，他們就要失望了。雖然他認為賓・拉登正確地看到美國人民是實現他的目標的關鍵，但沃特爾認為，賓・拉登在計劃攻擊會構成的潛在結果方面存在著「脫節」。「奧薩瑪高估了蓋達組織或任何恐怖組織的恐怖攻擊，將對美國經濟的復原力產生的影響。」當沃特爾在二〇二〇年六月份享他對此的回應時，他是透過視訊電話的方式進行的，因為新冠肺炎（COVID-19）在那時已經向全世界發起攻勢。帶著最新的消息，他指出，「儘管美國人的損失和確診案例數量多得令人悲哀，」「儘管經濟空前低迷，美國仍然是世界上最強大的經濟體。」換句話說，擊沉油輪在破壞美國經濟方面，就像依靠九一一恐攻迫使美國從穆斯林占多數的國家撤出其軍事力量一樣不會成功。

沃特爾將軍還分享對本書中提出的調查結果的其他看法。如果二〇〇二年之後的國際恐怖攻擊真的是由奧薩瑪和他的蓋達組織啟發出來，但不是由他們策劃和執行的話，而且〔美國〕早就知道這一點的話，那麼「我們在阿富汗和巴基斯坦的參與可能會有所不同」，他如此思考道。鑑於「我們在該地區的政策目標是阻止蓋達組織攻擊我國和我們的海外利益」，他解釋，「這將表明我們可能把我們的敵人高估了。」

如果情形真是如此的話，蓋達組織自二〇〇二年以來就沒有能力計劃和實施國際恐怖主義了，而且他們與實施國際恐怖主義的組織的關係也很微妙，這會對美國如何威懾恐怖主義產生更多的影響。在九一一事件發生後，美國國會通過《使用軍事力量授權決議》（Authorization for the Use of Military Force, AUMF），這是一項聯合決議，授權總統「使用所有必要和適當的力量」來「打擊他所認為的」「策劃、授權、參與或協助在二〇〇一年九月十一日發生的恐怖攻擊的任何個人和組織予以打擊」。[55]從那時起，軍事力量就被用於對付在九一一事件後和精神上支持九一一攻擊的團體，但這些團體可能並不正式隸屬於蓋達組織。[56]

在擔任中央司令部司令之前，沃特爾將軍曾擔任美國特種作戰司令部（U.S. Special Operations Command, SOCOM）的司令，因此對《使用軍事力量授權決議》的法律複雜性十分熟諳於心。「AUMF，」他評論說，「為我們提供了追捕恐怖份子的法律框架，我們甚至利用它來對付ISIS，」儘管ISIS也在與蓋達組織作戰。「然而，」沃特爾悲嘆地說，「沒有發生的事情，」他接著說道，「是對《使用軍事力量授權決議》給予重新的審視和更新。」「這麼做不僅會加強法律基礎，而且同樣重要的是，會加強我們使用武力的道德基礎。」他認為，當務之急的事情在於，「動用武力的原因應該是美國人民感到不言自明的，美國人的力量是連奧薩瑪也明確地知道的，對武力的使用應該永遠建立在合法和道義的基礎之上。」

第二部

「兄弟們」的崛起（2004-2011）

第七章　有些「兄弟」比另一些更親密無間

「隨著和阿布・穆薩布・扎卡維的合併，真主對蓋達組織賜以憐憫，扎卡維的組織為聖戰份子取得驚人勝利。這提高了蓋達組織的「股值」。這是真主對聖戰者在主道上做出的犧牲的回報方式。」

——沙烏地學者（比什爾）寫給阿提亞的信，二〇〇七年二月十九日

蓋達組織和阿布・穆薩布・扎卡維的組織於二〇〇四年十二月在伊拉克合併了，我們在第三章中提到這件事，這一發展也刺激北非（二〇〇六—二〇〇七年）、葉門（二〇〇九年）以及索馬利亞（二〇一二年幾乎要完成）的其他聖戰組織的紛紛效仿。這些組織並不是由蓋達組織直接催生的，但他們的領導人看到加入國際知名的蓋達組織品牌的諸多好處。他們看到提高自己在追隨者眼中的地位和獲得國際媒體關注的機會，他們希望這能幫助他們籌集資金和招募新的追隨者。

鑑於我們將發現蓋達組織和它所激勵的團體之間的眾多差異，讀者很可能會認為這本書的這部分內容是否偏離了主題。但有幾個原因可以說明，蓋達組織與這些組織的合併是應該要引起人們注意的。

最明顯的一個原因是蓋達組織在九一一事件之後的行動無力，現在我們之所以能了解到這件事要歸功於賓・拉登文件。雖然蓋達組織被擊垮了，但它的品牌卻透過以其名義行事的團體之行為而繼續存在著。[1]

另一個原因是蓋達組織的品牌對這些組織的價值。正如一封信裡所說的，透過購買蓋達組織的「股票」，那些地區性的聖戰組織獲得了一個具有國際地位的品牌的股份，並因此獲得了全球媒體的關注。用布萊恩・詹金斯（Brian Jenkins）的話說，恐怖份子希望有很多人關注，而不僅僅是很多人死掉。[2]因此我們不應忽視蓋達組織對這些團體行動的非主動貢獻。

我們必須考慮這些組織的更重要的原因和我們要考量蓋達組織的意識型態和戰略世界觀有關聯。與地區性聖戰組織的合併代表了空間上的十字路口，宗教和地理的結合使得全球的穆斯林社區團結起來。蓋達組織希望，隨著不同地區聖戰組織的崛起，聖戰主義將獲得重建歷史上的全球穆斯林社群（烏瑪）的力量。

但我們將會發現的是，將蓋達組織的印記賦予蓋達組織無法控制，甚至無法施加影響的團體的決定是一個錯誤的判斷。[3]

外人可能會認為奧薩瑪・賓・拉登的命令會被所有聖戰組織的人聽到並遵從。然而，賓・拉登文件顯示，對蓋達組織而言，實際上的狀況要比這複雜得多，也具有挑戰性。在九一一事件之後，蓋達組織的品牌在聖戰者和他們的敵人心中都占據一席之地。其他的聖戰組織想不到他們自己能夠發動與九一一事件的規模和象徵意義相稱的攻擊，因此他們急於向蓋達組織表示效忠，成為蓋達組織的一員。其他組織甚至完全跳過例行公事和步驟，單方面就將蓋達組織的品牌當成自己的品牌。

聖戰份子的敵人也對這一品牌情有獨鍾，反恐部門經常將所有聖戰份子歸入蓋達組織的範疇。這一方面是由於對不同聖戰組織的意識型態取向和議程缺乏了解，另一方面則是出於方便。出於方便的動機尤其重要。正如上一章所討論的，九一一恐攻事件發生後，美國國會通過《使用軍事力量授權決議》，這是一項聯合決議，授權總統對與九一一恐攻事件有關聯的個人或實體動用武力。[4]這意味著AUMF可以適用於和為恐攻事件負責的組織（也就是蓋達組織）有關係的聖戰組織實體的行動。由於不需要國會的批准，這大大加快行動的速度。

蓋達組織是世界各地聖戰組織的擴散及其行動的幕後推手嗎？我們發現，塔利班政權垮台後，蓋達組織受到「折磨」。那麼，人們可能會問，蓋達組織是如何參與區域聖戰組織的崛起的呢？蓋達組織與他們的關係是什麼性質的呢？

首先，了解蓋達組織對一般穆斯林所持的「兄弟情」，和它對聖戰組織所抱持的「兄弟情」角度之間的不同，對於了解上述問題是有幫助的。按《古蘭經》的說法，所有信士都是宗教上的「兄弟」和「姊妹」。因此信中提到的幾乎所有聖戰者的名字前都使用「兄弟」一詞。但這並不意味著所有的「兄弟」在組織上都是平等的。例如，蓋達組織自己的「兄弟」是該組織的核心成員，而其他聖戰組織的成員只是透過宗教關係成為「兄弟」。[5]值得注意的是，奧薩瑪將「謝赫」這一尊稱賦予他的蓋達組織成員（因為宗教中的兄弟關係是不言而喻的），但他卻沒有對其他的地區性聖戰組織的領導人使用「謝赫」的尊稱。在此，我們將用粗體的「兄弟」來指代與蓋達組織合併的聖戰組織成員。

在奧薩瑪・賓・拉登被殺時，蓋達組織已經與來自世界各地的組織接觸。它們中包括那些在阿富汗—巴基斯坦地區活動的組織，其中最引人注目的是阿富汗塔利班和巴基斯坦塔利班，即TTP。信中還附帶提到在那裡活動的塔吉克人、土耳其人、烏茲別克人、保加利亞人、亞塞拜然人、達吉斯坦人和東突厥斯坦人（來自中國的新疆）。在阿富汗—巴基斯坦地區之外，蓋達組織與伊拉克、伊朗、北非（阿爾及利亞、利比亞和埃及）、西非（茅利塔尼亞和奈及利亞）、阿拉伯半島（葉門和沙烏地阿拉伯）、東非（索馬利亞）、黎巴嫩和加薩的幾個遜尼派武裝組織有聯繫。

在阿富汗—巴基斯坦地區以外，最有意義的接觸是那些促成公開合併的。他們的合併機制包括團體向奧薩瑪・賓・拉登宣誓效忠（在兩個案例中為個人向奧薩瑪效忠），承認他的權威，並承諾「服從」他的命令。隨後，賓・拉登或扎瓦希里會接納這些個人和／或團體加入蓋達組織。在某些情況下，這兩種行為會一起放在一個公開的聲明中。賓・拉登希望這種合併能夠「提振穆斯林的士氣，從而使得他們更踴躍參與和支持聖戰者」。

蓋達組織和地區聖戰組織之間的聯繫有不同的形式。就伊拉克而言，二〇〇四年初，阿布・穆薩布・扎卡維與蓋達組織的最初接觸是透過一名叫賈法爾的特使來進行的。蓋達組織早期還收到了阿布・穆薩布的語音訊息，這些訊息被轉抄在信件中。

從二〇〇四年開始，聖戰媒體開始研究加密技術，到二〇〇七年時，一個名為「聖戰者的祕密」（asrar al-mujahidin）的軟體程序已經開發出來，並被蓋達組織使用。奧薩瑪小心地告誡不要使用這個軟體，但作為蓋達組織與「兄弟們」的聯絡中端的阿提亞卻無視他的警告，[6]使用該加密軟體，但有強化的措施，「這意味著會有加密中的加密。」[7]這些信件還表明，帶有大附檔的電子郵件是經過聖戰者網站的「兄弟們」的監督才交換的，[8]因為蓋達組織那邊的網路連接不夠強。較短的電子郵件在沒有真的發送的情況下被分享，因此也無法被截獲。同一個電子郵件地址的登錄訊息在兩方之間共享，然後他們可以在草稿箱中撰寫和保存他們的電子郵件內容。然後，另一方所要做的就是登錄到共享的電子郵件地址，並訪問草稿箱裡的訊息。由於尚不清楚的原因，至少有兩次，從蓋達組織到葉門的電子郵件必須要經過索馬利亞。

在下文中，我們將分別追蹤每個團體，以評估蓋達組織在奧薩瑪被殺之前與每個團體建立的關係。重要的是，我們要以謹慎的態度對待這些內容。儘管信中透露的訊息具有獨特性，但我們只是在閱讀「兄弟們」想要讓蓋達組織了解到的關於他們的狀況。

伊拉克和伊斯蘭國（Islamic State）的誕生

蓋達組織在九一一事件後進行的第一次，也可以說是最重要的一次合併是與阿布．穆薩布．扎卡維在伊拉克的認主獨一聖戰組織合併。精明的聖戰者教士比什爾指出，如果不是「聖戰組織在伊拉克取得驚人的勝利，提高蓋達組織的股價，蓋達組織早就完蛋了」。[9]

已故的美國國務卿科林．鮑威爾（Colin Powell）於二〇〇三年二月五日在聯合國發表講話，為美國對伊拉克的侵略加以辯解，世界第一次認識阿布．穆薩布。鮑威爾聲稱，伊拉克總統薩達姆．海珊正在「窩藏」阿布・穆薩布及其組織，這一說法是從「幾十年來伊拉克與蓋達組織之間關係的經驗得出的」。[10]從我們現在知道的情況來看，鮑威爾正在不經意間媒合這件事。在二〇〇三年，阿布・穆薩布和蓋達組織之間沒有關聯，是美國對伊拉克的侵略使得他們走到一起。另外，當阿布・穆薩布於二〇〇二年從伊朗獲釋後抵達伊拉克時，他並不是薩達姆・海珊的客人。他可能是得到庫德斯坦反薩達姆政權的遜尼派人士的幫助。

伊拉克戰爭後，我們對阿布・穆薩布與蓋達組織的早期歷史的了解被一篇二〇〇四年的文章誤導了，這篇文章據說是蓋達組織軍事委員會領導人賽義夫・阿德勒在九一一事件之前撰寫的。文章評論阿布・穆薩布對聖戰的承諾，但強調他在意識型態上的僵化和對建立伊斯蘭國家的急不可耐，而這些品質在賓・拉登和扎瓦希里於一九九九年第一次見到他時就已經顯現出來了。據稱，賽義夫看到阿布・穆薩布的潛力，並重視他在黎凡特的聯繫和網路，但要說服賓・拉登和扎瓦希里允許他在阿富汗建立訓練營，則還需要一些說服力。

現在我們知道，當這篇文章於二〇〇四年發表時，[11]賽義夫被關押在伊朗。正如第二章所討論的，伊朗利用蓋達組織的被拘押者向奧薩瑪施壓，以阻止阿布・穆薩布對伊拉克的什葉派發起攻擊，我們將在第九章了解更多這方面的情況。考慮到這一點，我們可以推斷，如果賽義夫真的與這篇文章有任何關係的話，它應該也早就被大量編輯過，從而適應伊朗所追求的目標。[12]直到二〇一〇年，這篇文章才引起賓・拉登的注意，其虛假的內容讓他感到不安。奧薩瑪希望阿提亞能公開駁斥它：

我讀了這篇文章後，我清楚地意識到，這篇文章被錯誤地歸在我們的兄弟賽義夫・阿德勒身上。它對我們的兄弟阿布・穆薩布、對我們的兄弟賽義夫以及對整個組織都是一種冒犯。它對伊拉克的兄弟們進行嚴厲的批評，因為他們在沒有成功手段的情況下想要建立一個國家。

對於我們這些用賽義夫的文章來評估他的組織與蓋達組織的關係的人們而言，我們應該注意到其中的可疑之處。有一條線索對奧薩瑪而言是一目了然的：

> 能清楚表明作者不是我們的兄弟賽義夫的是，作者聲稱他得到我和謝赫艾曼・扎瓦希里的授權來對付兄弟阿布・穆薩布。當時〔即一九九九年〕，謝赫扎瓦希里的組織和蓋達組織還沒有合併。因此當時認識我們的人肯定是，應該說，該授權來自我和謝赫阿布・哈夫斯・米斯里。[13]

在賽義夫所謂的一九九九年的事情中，阿布・哈夫斯是奧薩瑪的副手。因此我們應該相信賓・拉登的說法，而不用理會那些依靠賽義夫的文章來構建阿布・穆薩布和賓・拉登之間早期歷史的一連串媒體報導和學術著作。正如我們將發現的那樣，賓・拉登文件並沒有指出兩人之間先前存在任何意識型態上的緊張。相反，奧薩瑪・賓・拉登對於和阿布・穆薩布的組織合併一事是充滿熱情的。

這對阿布・穆薩布有什麼好處呢？

我們並不知道阿布・穆薩布在尋求與蓋達組織合併時，是否知道該組織已被破壞到什麼程度，但他對於成為該品牌的一部分的熱情在以轉錄格式轉達給奧薩瑪・賓・拉登的語音訊息中是顯而易見的。[14]他想要讓全世界都知道他的組織是蓋達組織「源頭的一個分支」，而且想要被人們看作是在沿著「父親」（也就是賓・拉登）的腳步前進。阿布・穆薩布很有激情，在一個他能獲得各種機遇的大環境裡，我們可以想像他會為自己設計一個名頭響亮的名片。他的藝術性傾向在他為家人創作並設計的一本情感洋溢的小冊子中顯而易見。這本小冊子是用從一個活頁筆記本上撕下的紙張製成的，空白處有他的創意繪畫，而他深情款款的手寫筆跡，包括一些詩歌，占據著頁面的中間部分。[15]

然而，讓阿布・穆薩布急著和蓋達組織合併的心態不僅僅出於激情。當他在二〇〇三年底或二〇〇四年初尋求接觸時，有眾多團體正在伊拉克活動。根據所有的現有資料，阿布・穆薩布的組織是其中最強大的。雖然阿布・穆薩布的職業生涯包括在約旦的行動（和坐牢）以及在阿富汗的訓練，但他是約旦人，他的組織在伊拉克的存在還只是剛剛開始。其活動可以追溯到二〇〇二年，也就是阿布・穆薩布從伊朗獲釋之後。[16]儘管許多伊拉克個人和小團體急於加入他，還有大量的外國戰士前往伊拉克與他一起發動聖戰，但阿布・穆薩布仍在努力與已經成立的伊拉克團體建立起牢固的關係。

當時在伊拉克活動的另兩個組織尤其重要。第一個是位於庫德斯坦的伊斯蘭輔助者組織（Ansar al-Islam），又稱為助人傳統組織（Ansar al-Sunna）。它是伊拉克最成熟的聖戰組織，其根基可以追溯到一九八〇年，其成員包括庫德人和阿拉伯人。[17]第二個組織是二〇〇三年戰爭結束後不久出現的一個資源豐富、由伊拉克人領導的聖戰組織，名為伊拉克伊斯蘭軍（Islamic Army of Iraq）。

阿布・穆薩布需要說服伊拉克武裝份子加入一個由他自己，一個約旦人所領導的組織。從理論上講，聖戰主義中是不考慮民族和國家的，因為正如我們在前文裡指出的，「所有信士在宗教上都是兄弟。」但在聖戰份子中還是可以發現對國籍、民族的敏感度，阿布・穆薩布在輔助者組織中就面臨著這個問題。阿布・穆薩布肯定意識到，如果他能成為賓・拉登在伊拉克任命的人，就會增加他說服伊拉克團體加入他，並在他的指揮下作戰的機會。值得稱道的是，阿布・穆薩布沒有以虛假的藉口尋求與蓋達組織合併。他堅持認為，兩位謝赫，即奧薩瑪和艾曼，應該事先了解「我們在伊拉克的戰略與其他地方的不同之處」。為了避免有任何疑慮存在，在二〇〇四年的某個時候，他派出一名特使賈法爾「向你說明我們的狀況」。[18]

瓦濟里・汗（很可能是陶菲克或阿提亞的化名）與賈法爾見面。根據賈法爾的描述，瓦濟里・汗說：「伊拉克百分之九十的聖戰行動都是由阿布・穆薩布兄弟和加入他的團體所策劃的……所有大型行動和大部分小型行動，包括對聯合國辦公室、希拉（Hilla，即義大利人）和那些在巴士拉的人的攻擊等等。」

賈法爾所說的「聯合國辦公室」是指二〇〇三年八月十九日殺死聯合國伊拉克問題特別代表塞爾吉奧・比埃拉・德・梅洛的恐怖攻擊。所說的「希拉」（義大利人）很可能是指二〇〇三年十一月在納西里亞（Nasiriya）的一個國際軍事警察基地外發生的攻擊事件，該事件造成二十六人死亡，包括十二名義大利人。

阿布・穆薩布的組織也在吸引來自鄰國的外國戰鬥人員。我們了解到，「與敘利亞、沙烏地阿拉伯、科威特和約旦的邊界都是可以進出的，」而且「來的兄弟人數很多」。在賈法爾出發去見瓦濟里・

汗的前兩天，「來自沙烏地阿拉伯的一百名兄弟已經抵達伊拉克。」信中沒有任何內容表明鄰國政府在密謀支持阿布・穆薩布，但他們顯然沒有或無法控制本國與伊拉克的邊界。然而，值得注意的是，科林・鮑威爾只指責敘利亞透過其邊境為伊拉克的「恐怖組織提供直接支持」。[19]與伊拉克接壤的其他國家，即沙烏地阿拉伯、科威特和約旦，都是美國的盟友，這或許可以解釋為什麼他們沒有受到類似的指責，至少在公開場合裡沒有。

賈法爾向瓦濟里・汗報告說，他們「不缺少武器」，「伊拉克軍隊八成以上的武器裝備」都落入到他們手中。他吹噓說，阿布・穆薩布集團在黑市上「與美國人競爭購買剩餘的爆炸物和武器」。由於他們透過軍事行動獲得累積的武器和彈藥等「戰利品」，因此他們在經濟上「還算過得去」。賈法爾吹噓說，他們不需要靠扣押人質來資助他們的行動：

> 比方說，當具有猶太裔背景的中央情報局官員〔即尼可拉斯・伯格（Nicholas Berg）〕被俘時，[20]美國人提出用一張空白支票來換取他回歸，但兄弟們堅持用他來換取被拘押的伊拉克聖戰者。當美國人拒絕時，阿布・穆薩布將其砍頭……不過，如你所知，聖戰的開支還是相當大的……賈法爾曾問阿布・穆薩布：「十萬美元能用多久？」他告訴他：「如果能支付三天的費用的話，就算是很幸運了。」[21]

當瓦濟里・汗詢問針對什葉派的攻擊時，賈法爾承認，「除了殺害巴基爾・哈基姆之外，」所有其他針對什葉派的攻擊都是由阿布・穆薩布的集團策劃的。阿亞圖拉・穆罕默德・巴基爾・哈基姆（Ayatollah Mohammed Baqir al-Hakim）是伊拉克革命最高委員會（Supreme Council of the Revolution，簡稱SCIRI）的負責人，在流亡伊朗二十年後於二〇〇三年五月返回伊拉克。薩達姆・海珊倒台後，他有望發揮相當大的影響力。[22]在他回國四個月後，他發表完呼籲伊拉克人團結的星期五布道演說後，一枚汽車炸彈在一群做禮拜的人中被引爆，阿亞圖拉和其他八十五人罹難。我們可以相信賈法爾的話，相信阿布・穆薩布的團體不是這次暗殺的幕後黑手，因為賈法爾非常樂意把所有其他針對什葉派的攻擊的功勞都攬入懷中。

瓦濟里・汗對這種不分青紅皂白地把什葉派當作攻擊目標的做法感到擔憂。雖然蓋達組織拒絕了什葉派的許多神學前提，但其首要的任務是「攻擊美國人和他們的盟友」。賈法爾解釋說，這些攻擊「源自於什葉派對海珊政權倒台後的政治真空的利用」。他補充說，這些攻擊是必要的，因為什葉派的白德爾旅（Badr Brigade）「來到巴格達，占據遜尼派的清真寺，抓捕遜尼派的謝赫和學者，並攻擊婦女」。賈法爾可能給瓦濟里・汗展示了什葉派武裝份子在巴士拉散發的將遜尼派趕出該市的紙條。這張紙條警告說「這些遜尼派，恐怖份子」，除非他們「離開巴士拉並且不再回來……（否則）子彈將射進他們的腦袋」，以加速「他們下地獄去」。[23]這份紙條的一個副本在奧薩瑪・賓・拉登的藏身地得到恢復。

賈法爾給瓦濟里・汗的印象是阿布・穆薩布有能力把伊拉克的其他聖戰組織召集起來支持他。賈法爾指出，「加入阿布・穆薩布的團體數量正在增加，」那些已經加入他的團體「透過合法的效忠，承諾發起聖戰」。根據他的統計，「加入阿布・穆薩布的團體人數有數千人，更不用提的是還有來自不同國家的人們。」瓦濟里在信中說，這些組織「完全控制了費盧傑（Fallujah）、薩瑪拉（Samarra）、布赫里茲（Buhriz）、巴埃固巴（Baaquba）和拉馬迪（Ramadi）的大部分地區。以至於費盧傑的警察和軍隊官員都是由聖戰者任命的。」

然而，瓦濟里警告賈法爾說，阿布・穆薩布的組織有可能會被當地人指責為「為外部行動者效勞的外國人」，並指出其隊伍中沒有一個伊拉克人領袖。賈法爾解釋說，這件事是由於「缺乏有經驗和資深的伊拉克聖戰者」，但他向瓦濟里保證，「阿布・穆薩布已經組建一個伊拉克領導團隊，現在已經幾乎掌管了一切總領導層和各省的事務。」在當時，也就是二〇〇四年，根據賈法爾的說法，阿布・穆薩布和輔助者組織，也就是我們前面提到最古老的激進組織，保持著良好的關係。很顯然，「輔助者組織的許多成員加入到阿布・穆薩布的團體是出於對發動聖戰的渴望，因為該組織在他們自己的地區——庫德斯坦並不活躍。」至於另一個組織——伊拉克伊斯蘭軍，賈法爾指出，該組織由「不知名的伊拉克人組成，但他們似乎是好的兄弟，阿布・穆薩布與他們關係良好」。[24]

在大多數狀況下，賈法爾的敘述都證實了記錄在案的攻擊事件，但我們不知道他是否誇大阿布・穆薩布集團的財政狀況。然而，外部觀察者可能會質疑賈法爾關於沒有伊拉克人擔任領導職務的回答。他聲稱「缺乏有經驗的」伊拉克人，這句話又與他的另一個說伊拉克人「幾乎掌管一切」的說法不一致。

在瓦濟里・汗與賈法爾見面相談時，賓・拉登並未參與，但「醫生」——也就是艾曼・扎瓦希里——已經聽取匯報，並批准合併。[25]扎瓦希里鼓勵阿布・穆薩布繼續發表「公開的聲明」，並在聲明中對奧薩瑪・賓・拉登表示效忠。[26]阿布・穆薩布和瓦濟里之間的交流，在阿布・穆薩布於二〇〇四年十月十七日公開向賓・拉登效忠前的「四十八小時」後結束了。在二〇〇四年十二月四日，賓・拉登公開認可阿布・穆薩布・扎卡維的團體，並授予他「美索不達米亞蓋達組織領導人」的稱號。

賓・拉登是如何設想對「兄弟們」管理的？

我們從奧薩瑪的信件中得知，他已經注意到「遠距離管理的缺點」。他還依靠聯絡人與蓋達組織的「兄弟們」進行所有通信，因為他對使用電子郵件和任何可能被現代技術截獲的傳輸方式都抱持謹慎態度。[27]雖然奧薩瑪的同夥使用雙重加密軟體與「兄弟們」進行通信，但所有需要賓・拉登批准的事情都必須等待他的信件由可信的送信人親自送達，並與他在北瓦濟里斯坦的同夥聯繫。

在任何情況下，奧薩瑪都未設想親手管理「兄弟們」。在這一點上，正如在多數問題上一樣，奧薩瑪和他的同夥是以先知穆罕默德為效法對象。他們傾向於對穆斯林同胞保持正向思考，這裡是指那些致力於聖戰的穆斯林，並認為那些目睹事件發展的人比那些不在場的人更有資格做出決定。[28]換句話說，賓・拉登和他的同夥們制定蓋達組織的大戰略，阿布・穆薩布則被授權自行決定如何能最好地實施這一戰略。在原則上，這種方式就是後來加入蓋達組織所有的「兄弟們」的參照模板。

這是明智的做法嗎？理論上，這並不是一個好辦法。但蓋達組織的領導人都是「隱藏著的」，他們沒有能力直接對「兄弟們」加以管理。奧薩瑪注意到伊拉克境內潛在的聖戰者間的對立，並試圖防止這種對立。當他接納阿布・穆薩布的組織加入蓋達組織時，他建議伊拉克的其他聖戰組織，「無論規模有多小」都應該「在媒體上分別向蓋達組織效忠」。最有可能的是，賓．拉登認為單獨行動標誌著每個組織都具有獨特性，並且承認這樣的獨特性，而效忠將顯示他們與蓋達組織的聯合。

另外，得知阿布．穆薩布與其他伊拉克武裝組織已經建立起牢固的聯繫時，奧薩瑪肯定是感到欣慰的，他可能認為聖戰組織即將在伊拉克實現統一。阿布．穆薩布的外聯活動也讓奧薩瑪有理由希望伊拉克以外的聖戰組織也能效法行之。事實上，阿布．穆薩布主動提議發一封信來鼓勵他在「阿爾及利亞的薩拉菲團體的聯絡人能夠追隨老大哥的腳步」，也就是效忠於奧薩瑪．賓．拉登。[29] 我們將在本章的後文中看到，這件事情最終被促成了。賓．拉登對這種媒體運動的前景感到興奮，他相信這種運作會「提振穆斯林的士氣，反過來，也會讓聖戰者有更大的參與並獲得更多的支持」。[30]

在阿布．穆薩布任職的時間裡（從二〇〇四年十二月四日至二〇〇六年六月七日），蓋達組織在伊拉克面臨著兩大問題。首先，與賓．拉登的希望相反，阿布．穆薩布沒能將伊拉克的各個團體團結在他身後，這讓聖戰者之間出現內訌。即使在阿布．穆薩布被賓．拉登公開任命為「美索不達米亞蓋達組織」的領導人之後，輔助者組織仍拒絕加入。奧薩瑪和他的同夥們收到類似於八卦小報的信件，其中充滿聖戰者之間的爭執。輔助者組織聲稱，阿布．穆薩布藉由「以不同的名字組建虛構的小團體」來偽造自己的知名度，然後「這些團體陸續宣布對蓋達組織的效忠。」據稱，這都是為了「宣傳」，是為了給人以「各個團體和組織都在趕著加入蓋達組織」的錯誤印象。[31]

蓋達組織面臨的第二個主要問題是阿布．穆薩布不分青紅皂白的攻擊，這造成了大量伊拉克人的傷亡，尤其是什葉派的傷亡。這讓蓋達組織的領導人感到不安。賓．拉登和他的同夥希望他們登上新聞報導的原因不是因為殺害伊拉克人——無論他們屬於哪個教派，而是因為對美國軍隊造成傷害。雖然我們不能確定阿布．穆薩布在伊拉克號稱的受到歡迎的說法，但他無情的攻擊的確得到廣泛報導。阿提亞評估說，「我們不能讓這位兄弟只根據自己的判斷做事情，」二〇〇五年十二月美國情報部門截獲的一封信顯示，阿提亞向阿布．穆薩布施加壓力，要求他改變策略。他敦促他「減少攻擊的次數，甚至將目前每天的攻擊次數減半，甚至更少」，並指出「最重要的是聖戰要繼續下去，持久戰對我們有利」。他指示阿布．穆薩布在重大問題上尋求蓋達組織的批准，同時為了團結，定期與輔助者組織進行協商。[32]

在蓋達組織要求阿布．穆薩布和輔助者組織保持團結的壓力下，他於二〇〇六年一月將其組織的名稱改成伊拉克聖戰者諮詢委員會（Jihadis' Advisory Council in Iraq）。他這樣做可能是為了樹立一個更具協商性的領導形象。但這麼做也沒有給他帶來什麼幫助，他隨後向蓋達組織報告，「以真主作證，我首先接觸了輔助者組織，但真主意願如此，這些人的問題與他們的領導人有關，儘管他們百分之八十的幹部和成員已經加入我們，但他們拒絕接受別人的領導。」[33]

阿布．穆薩布還對惡意散播的謠言感到不滿，他認為這是輔助者組織所散播的。他在發給蓋達組織的語音訊息中抱怨：

> 他們一直在散布關於我的謊言。他們說我不聽建議；說我讓他們感到絕望並為此感到疲憊。
> 他們說我已經變得像狂熱份子安塔爾．扎瓦比里（Antar al-Zawabiri，阿爾及利亞一個惡名昭彰的極

端主義組織的領導人，於二〇〇二年被殺）。你能想像嗎？是這樣嗎？這就是為你的穆斯林同胞著想的意義嗎？如果由我來決定，我會努力地把我認為正確的東西運用起來。如果決定權在你，你應在真主面前承擔責任，但我只是一個士兵，我知道我絕不會違抗你（我求真主的護佑）。[34]

外人可能會覺得難以理解，為什麼阿布．穆薩布會認為自己是主流，並對被描述為安塔爾那樣的極端份子感到不滿。但很容易想像的是，蓋達組織的領導人在他們各自的藏身之處都是與社會脫節的，他們會告訴自己：「這不是我們（從加入聖戰中）想得到的東西！他們發現在伊拉克更曾在將這兩個組織聯合起來的必要。在二〇〇六年一月二十六日，艾曼．扎瓦希里戴上媒合人的帽子，他給輔助者組織的領導人寫了一封信：

我親愛的兄弟，我給你寫這封簡短的信，但你要知道，這封信裡飽含著感情。謝赫奧薩瑪指示我跟進你的團結問題，因為他希望看到伊斯蘭教在伊拉克勝利……伊斯蘭輔助者組織的兄弟們是否在原則上同意與蓋達組織聯合了？若是，請給我們一份詳細的建議，說明你們希望如何實現這種聯合。[35]

就在艾曼準備發送這封信之前，蓋達組織與輔助者組織的兩名代表會面。因此「蓋達組織負責伊拉克事務的特別委員會」的一份說明被列入增編。它寫道：「我們從貴集團的阿布．達爾達拉（Abu al-Dardara'）和阿布．穆罕默德兄弟那裡了解到，在原則上，你們支持聯合，但首先你們希望糾正美索不達米亞的蓋達組織的方式，以便在合理的原則下實現聯合。」[36]蓋達組織從這次會議中推測，儘管輔助者組織的說法有點誇張，但阿布．穆薩布的確「存在一個嚴重的問題」，有待解決。

伊拉克伊斯蘭軍也公開提出對阿布．穆薩布的抱怨。但當蓋達組織進一步調查此事時，它了解到這個資金雄厚的組織是由沙烏地阿拉伯資助的。如果這是準確的話，沙烏地阿拉伯可能想要不惜一切代價破壞阿布．穆薩布的集團。

蓋達組織認為，要在伊拉克形成團結，就必須採取更多的實際行動，並討論派阿提亞去伊拉克密切地對阿布．穆薩布予以監視。[37]但在蓋達組織完成牽線搭橋之前，阿布．穆薩布於二〇〇六年六月七日在美國的空襲中被擊斃了。幾天後，在六月十三日，他的繼任者阿布．哈姆扎．穆哈吉爾（Abu Hamza al-Muhajir）發表一份公開聲明，給人留下他正在追隨阿布．穆薩布腳步的印象。在聲明中，阿布．哈姆扎向他的支持者發出呼籲。「不要放下你們的武器，不要停歇，直到你們每人至少殺死一個美國人。」他還向毛拉．奧馬爾、奧薩瑪．賓．拉登和艾曼．扎瓦希里保證，「我們會一如既往地在聖戰的道路上前進……我們只是你手中的長矛，把我們扔到你喜歡的地方，你會發現我們只是你順從的士兵。」

我們不知道伊拉克武裝份子的錯綜複雜的動態，但所揭露出的事情在聖戰領域是非常不正常的。二〇〇六年十一月，阿布．哈姆扎解散美索不達米亞蓋達組織（當時已經有不同的名稱），並向新成立的伊拉克伊斯蘭國〔Islamic State of Iraq，ISI，注意不要與巴基斯坦的三軍情報局（ISI）相混淆〕領導人阿布．歐瑪爾．巴格達迪（Abu Omar al-Baghdadi）效忠。這位阿布．歐瑪爾——一個默默無聞的伊拉克人，他的公開聲明都是透過音訊傳遞的，以確保他的身分不被發現，他被指定為「信士的指揮官」，阿布．哈姆扎則成為他的「國防部長」和副手。

至少可以說，在伊拉克伊斯蘭國的名稱中使用「國家」（State）一詞和阿布．歐瑪爾「信士的指揮官」的頭銜是很彆扭的一件事。在伊斯蘭法律的術語中，「國家」是烏瑪——全世界穆斯林社區——的一個文官系統工具，而「信士的指揮官」則是全世界穆斯林社區的領導人。在現代民族國家出現之前的背景下，穆斯林會敦促自己居住在伊斯蘭國家的領域內，並對其領導人表示效忠。阿布．歐瑪爾和阿布．哈姆扎在想什麼？這是為團結伊拉克的聖戰組織而進行的一次真誠嘗試嗎？他們是否忘記了馬瓦爾迪（al-Mawardi）的《政府條例》（*Ordinances of Government*）的教誨呢？該著作是伊斯蘭公共法律的教科書。阿布．歐瑪爾是否在趕走另一位「信士的指揮官」毛拉．奧馬爾，並試圖讓蓋達組織黯然失色呢？他是否期望著奧薩瑪．賓．拉登向阿布．歐瑪爾宣誓效忠呢？

阿提亞可能是唯一一個立即認識到這個新詞是危險且不合乎規範的蓋達組織領導人。二〇〇六年十二月十三日，在宣布成立伊拉克伊斯蘭國後不久，阿提亞發表一份公開聲明，似乎是非常支持這件事的。但在他的歡呼聲中，阿提亞對阿布．穆薩布的繼任者們大加指責：

> 我想提醒我的弟兄們，「伊拉克伊斯蘭國」這個名字只是聖戰者和遜尼派的一個社會和政治實體的描述語。它只限於伊斯蘭教的這塊特定土地。我們不應該忘記這一點……
>
> 為什麼他們不稱其為「埃米爾國」（大公國，Emirate）而選擇使用「國家」一詞呢？這是一個很

> 好的問題，但我們應該知道，我們的兄弟們行使他們個人的判斷力，在相互協商後，他們選擇了他們認為合適的方式……
>
> 至於「信士的指揮官」這個頭銜，它指定的是我們剛剛描述的「國家」的領導人……也許我們的兄弟選擇使用這個頭銜，是出於我們這些身在遠方的人有所不知的什麼原因。[38]

當阿提亞發表這一聲明時，他還不是一個廣為人知的蓋達組織公眾人物。[39]儘管他的回應很精明，但這並沒有結束聖戰圈內的批評聲。從蓋達組織的角度來看，對伊拉克伊斯蘭國最令人擔憂的批評來自科威特學者哈米德．阿里（Hamid al-Ali）。當他在網路上被問及伊拉克伊斯蘭國的公告是否使得穆斯林有義務向其領導人效忠時，哈米德對此展開激烈的批評。哈米德引用大量歷史典籍中存在的伊斯蘭法律文本，否定伊斯蘭國的合法性：「我們建議他們收回叫作伊斯蘭國的宣言，恢復原狀，也就是一個在聖戰旗幟下與其他團體並肩作戰的聖戰組織……這個所謂的伊拉克伊斯蘭國的存在是沒有任何的法律依據的。」哈米德在談到阿布．歐瑪爾模糊晦澀的身分時繼續說道：「伊斯蘭教中沒有任何規定要求穆斯林向一個身分不明、隱蔽、沒有權力和領土實力的蘇丹效忠。」[40]

哈米德．阿里是聖戰主義的支持者，他的觀點對於奧薩瑪．賓．拉登而言很有份量，這主要是因為他對伊斯蘭教的經典文獻有廣泛的了解。但與哈米德不同的是，奧薩瑪傾向於預設「穆斯林同胞的出發點是良善的」，而且他對於這件事有著不同的處理方式。他要求扎瓦希里為伊拉克伊斯蘭國辯護，並讓人們知道，現在不是爭論語義內涵的時候。奧薩瑪希望扎瓦希里強調，真正的鬥爭是「信仰」和「不信」之間的鬥爭，也就是「那些想讓真主的話語至高無上的人」（由伊斯蘭國的領導人所代表）和「那些想讓國王和領導人在大地上至高無上的人」（由美國及其地方性的支持者們所代表）之間的鬥爭。

但從奧薩瑪的信中可以看出，哈米德・阿里的回應讓奧薩瑪感到很不安。它的論述太強大了，而且有律法上的支持，是無法忽視的。「我並不反對學者所說的和哈米德所引用的內容，」奧薩瑪向艾曼坦言，「但我反對哈米德無視我們所處的現實。」奧薩瑪可以理解阿布・歐瑪爾遠離公眾視線的做法。「我們當中有誰能夠出現在公眾面前並與他的兄弟們協商呢？」賓・拉登寫道。他要求艾曼「冷靜地」回應哈米德的批評，強調聖戰份子是處於情有可原的境地。[41]

那麼，與輔助者組織的聯合情況又如何呢？我們不知道他們內部的第一手資料，但我們可以看到這兩個組織在蓋達組織眼前所做的表演。

阿布・哈姆扎向輔助者組織的領導人發了一封尋求聯合的手寫信件，其副本在賓・拉登藏身的院落中尋得。信中充滿（不真誠的？）溢美之詞，並承諾：「如果你願意的話，我將成為你的順從的僕人，你的保鏢……我只要求你與我的埃米爾／領袖和你在伊斯蘭國的兄弟們攜手合作，致力於打擊不信者。」阿布・哈姆扎繼續向輔助者組織提出供給他們選擇的人力，「以便你們可以糾正任何你們認為不合法或腐敗的事情。」只有「一個條件」：「就是不要碰伊斯蘭國這個實體或它的埃米爾。」[42]

阿布・哈姆扎是否真的認為，他這封信會導致輔助者組織與伊拉克伊斯蘭國聯合嗎？還是他事先知道結果會是負面的，所以寫了一封信，希望蓋達組織的領導人閱讀並得出以下結論：「伊拉克伊斯蘭國是如此的慷慨，這多好啊，但輔助者組織太苛刻了，真是不幸。」可能是後者。

我們從輔助者組織的領導人阿布．阿布杜拉．沙菲儀（Abu Abdallah al-Shafii）的回應中得知，他認為建國計畫中有很多需要糾正的地方。他指責了伊拉克伊斯蘭國的極端主義行為，輔助者組織戰士和其他遜尼派的流血損失也包括在內。他在聯合的問題上含糊其辭，並堅持認為當務之急是伊拉克伊斯蘭國要改變和緩和其信念。[43]另外，輔助者組織提醒蓋達組織，伊拉克伊斯蘭國一直在「沒收不參加聖戰的遜尼派人們的財產」；「出於一些小小的懷疑就動輒綁架和折磨人」；並且還在有遜尼派對手所在的地方，包括在清真寺裡實行「殉教行動」。[44]伊拉克伊斯蘭國的前首席法官阿布．蘇萊曼．烏泰比（Abu Sulaiman al-Utaibi）也對伊斯蘭國頗有微詞，他曾在北瓦濟里斯坦拜訪過蓋達組織，但似乎沒有興趣向賓．拉登宣誓效忠或是成為其團隊的一員。[45]

蓋達組織認定輔助者組織只是在誇大其詞，並繼續對伊拉克伊斯蘭國抱有好感。阿提亞在聖戰媒體中的一個聯絡人告訴他，輔助者組織正在散布惡意的謠言，比方說「阿布．歐瑪爾只是編造出來的，並沒有這麼一個人存在。這一切都只是阿布．哈姆扎的『遊戲』！」[46]據輔助者組織稱，掌管伊斯蘭國的是埃及人阿布．哈姆扎，而不是伊拉克人阿布．歐瑪爾。換句話說，阿布．哈姆扎只是需要有一個伊拉克領導人作為他的前台。阿提亞的聯絡人還分享說，輔助者組織「非常重視他們的歷史資歷」，並認為有權發揮主導作用。很明顯的是，「他們並不主張這些東西，但每個認識他們並與他們混在一起的人都知道這一點。」[47]

雖然我們不能確定所有關於伊拉克伊斯蘭國的抱怨是否是屬實的，但很明顯的是，從伊斯蘭法律角度看，阿布．歐瑪爾認為自己是伊斯蘭國的合法領導人，因此地位高於所有聖戰組織的領導人。從我們現在的有利位置來看，我們可以得出結論，他是其繼任者在二〇一四年再次提出的全球伊斯蘭國的創始領導人。

伊拉克伊斯蘭國的狂妄自大早在二〇〇六年時就已經顯露出來了。當輔助者組織繼續將阿布．哈姆扎稱為「蓋達組織領導人」，而不是承認他已經成為伊斯蘭國「部長」時，其法律事務部對此非常不滿。[48]伊拉克伊斯蘭國的出版物不厭其煩地強調，其領導人是古萊什（Quraysh）氏族的人，是先知穆罕默德氏族的後裔，這是擔任哈里發職務的七個條件之一。[49]值得注意的是，阿布．歐瑪爾沒有與蓋達組織通信，也沒有與輔助者組織的領導人會面。很有可能的情況是，他認為自己的地位高於他們，並將這些事務委託給他的「部長」阿布．哈姆扎。

到了二〇〇七至二〇〇八年，駐伊拉克美軍已經成功地——即使只是暫時削弱伊拉克伊斯蘭國。在被稱為「喚醒遜尼派」（Sunni Awakening）的政策中，美軍與遜尼派部落的謝赫建立起聯繫，並導致反對伊拉克伊斯蘭國的「部落叛亂」。[50]

我們沒有二〇〇七年底以後來自伊拉克伊斯蘭國的信件。然而，和這個組織有關的通信顯示，人們對其議程和其領導人公開聲明中日益明顯的宗教僵化現象非常關注。[51]艾曼．扎瓦希里在二〇〇八年三月寫給阿布．歐瑪爾的信也沒有得到答覆。也許阿布．歐瑪爾對於艾曼．扎瓦希里在信中沒有以足夠尊重的方式稱呼他而感到不快。艾曼寫的是「親愛的兄弟」而不是「信士的指揮官……」，這相當於用「親愛的祕書」而不是「首席執行長」來稱呼一位首席執行長。

但還有其他因素在起作用，可能解釋了蓋達組織和伊拉克伊斯蘭國之間停止通信的原因。蓋達組織的領導人了解到，「兄弟們的情況非常糟糕，他們不得不不斷轉移地點。」[52]情形如此糟糕，以至於阿提亞已經準備好要給伊拉克伊斯蘭國加油打氣了。他在給奧薩瑪的信中說：「求主饒恕，如果伊拉克伊斯蘭國垮台的話，我們必須要做好準備支持那裡的伊斯蘭教和聖戰。」[53]很顯然，美國人「喚醒遜尼派」的政策正在發生影響，而隨後寄給奧薩瑪的信件除了「我們沒有伊拉克兄弟的消息」之外，幾乎沒有其他的內容了。[54]

二〇一〇年四月，阿布・歐瑪爾和阿布・哈姆扎被擊斃了，如果他們知道自己被世界媒體報導為「伊拉克蓋達組織領導人」時，肯定要氣得在墳墓裡打滾。到此時，奧薩瑪已經認識到「伊拉克伊斯蘭國」畢竟不是一個適當的名字，並決定「我們應該想出一個計畫，悄悄地改變它。」他認為，蓋達組織應該利用該組織領導人被殺的機會，實現伊拉克伊斯蘭國、輔助者組織以及「盡可能多的其他派別」之間的合併。他推斷，這些合併應該成為一個改變名稱的機會：

> 人們會同意在合併之後建立一個具有新名稱的新實體，新的領導人將被稱為這個團體的埃米爾〔即領導人〕，而不是以「信士的指揮官」的稱號來稱呼。使用一個比這個團體的實際情況更宏大的實體名稱是不合適的。在我看來，它最多應該被稱為「伊拉克伊斯蘭大公國」[55]。

但在奧薩瑪對此做出實際行動之前，在阿布・歐瑪爾和阿布・哈姆扎被殺後的一個月內，伊拉克伊斯蘭國的舒拉委員會公開宣布其新領導人阿布・巴克爾・巴格達迪・胡塞尼（Abu Bakr al-Baghdadi al-Husayni）和阿布・阿布杜拉・哈桑尼（Abu Abdallah al-Hasani）。該聲明宣稱這兩位領導人都是古萊什氏族的人，以確保他們有擔任哈里發職務的伊斯蘭法上的資格；該公告的副本也在阿伯塔巴德被找到了。[56]看起來該組織並沒有履行事先通知蓋達組織其決定的禮節。最有可能的是，蓋達組織從主流媒體上了解到新領導人的情況，並從一個聖戰網站上下載聲明的完整副本。

伊拉克伊斯蘭國的命運在新的領導層的帶領下發生變化。該組織受益於美國（到二〇一一年為止）專注於撤軍的政策，也利用了努里・馬利基（Nouri al-Maliki）的伊拉克政府的宗派主義，其政策疏遠遜尼派，破壞「喚醒遜尼派」政策所取得的成果。隨後，對包括教堂在內的基督教社區的攻擊也明顯增加了。[57]

艾曼不贊成該組織的新方向。二〇一一年一月十三日，他顯然已經忍無可忍了，艾曼給賓・拉登寫了一封信敦促他採取更加親力親為的方式。艾曼認為，伊拉克伊斯蘭國不僅以伊拉克的教堂為目標，而且也是二〇一一年一月一日埃及亞歷山卓的一座科普特教堂爆炸案的幕後黑手。他非常煩惱，他的怒火可想而知。「我真不明白，」他寫道，「難道那些兄弟不滿足於目前敵人的數量，如此急於在他們的名單上增加新的敵人嗎？」[58]

艾曼向奧薩瑪建議，他應該確認阿布・巴克爾的任命，但「要讓人知道這一項任命只是臨時性的，直到進行進一步的協商」。艾曼還認為，奧薩瑪應該指示他們「停止對伊拉克和埃及的基督徒的攻擊」，停止「不分青紅皂白地針對什葉派人口」，而是把重點放在「來自美國和伊朗的威脅」上。

比較不尋常的是，艾曼還主動告訴奧薩瑪．賓．拉登不要做什麼：

我希望你在信的結尾不要使用諸如「你更有資格判斷你的情況需要如何應對」，或是「那些親歷事件的人比那些不在場的人更有資格做出決定」這樣的表述。這樣的表達方式可以被理解為廢止之前所有的指導。相反的，應該告訴他們，「我們等待你們的意見，如果你們對我們的建議有任何修正，除非絕對必要，否則一定要在你們自己行動之前把意見送到我們手裡。」[59]

很明顯的，艾曼．扎瓦希里已經不再相信對穆斯林同胞行事出發點持以信任的原則，仍適用在他的這些伊拉克「兄弟們」身上了。

我們不知道阿布．巴克爾．巴格達迪是否能了解艾曼的感受，但我們可以肯定的是，他感覺到這些感受，並且在等待合適的時機讓他的發言人做出回應。在奧薩瑪．賓．拉登被殺後，在扎瓦希里領導的三年裡，阿布．巴克爾的組織讓蓋達組織黯然失色。當艾曼抗議說巴格達迪的組織沒有得到在敘利亞開展活動的授權，而且是單方面行動時，該組織的發言人阿布．穆罕默德．阿德納尼（Abu Muhammad al-Adnani）強調說：「伊斯蘭國不是蓋達組織的一個分支，它從來就不是。」他在聲明中直接針對扎瓦希里，補充說：「如果真主允許你踏上它（蓋達組織）的土地，你將別無選擇，只能向它的埃米爾效忠，在他的軍隊中做一個士兵。」[60]這句話明確無誤地指向二〇〇六年宣布成立的「伊拉克伊斯蘭國」，阿布．哈姆扎解散蓋達組織並向「信士的指揮官」阿布．歐瑪爾效忠。在這件事情上，奧薩瑪錯誤地把他的聖戰夥伴想得太好，因為名字和頭銜並不只是單純的語義問題。

北非

在二〇〇六至二〇〇七年期間，扎瓦希里代表賓．拉登監督三次合併，這讓蓋達組織在其全球版圖上增加了北非。這些合併始於埃及的伊斯蘭集團，隨後是最重要的合併——阿爾及利亞薩拉菲主義者宣教和戰鬥團（Algerian Salafist Group for Preaching and Combat，簡稱GSPC），然後是利比亞伊斯蘭戰鬥團（Libyan Islamic Fighting Group，簡稱LIFG）。

伊斯蘭集團

在二〇〇六年八月，艾曼．扎瓦希里宣布，蓋達組織與「伊斯蘭集團（Islamic Group）的一個重要分支」合併，並表示聖戰媒體《運動》（*al-Sahab*）將會「在條件允許時逐步製作和公布這一喜訊。」[61]結果這場合併只是一場一個人演出的獨角戲，伊斯蘭集團的創始成員穆罕默德．哈利勒．哈凱馬（Muhammad Khalil al-Hakayma）宣布他已經加入蓋達組織。

伊斯蘭集團是一九八一年暗殺埃及總統安瓦爾．薩達特（Anwar al-Sadat）的幕後黑手，該集團的大多數領導人隨後都遭到處決或監禁。一九九七年，在一系列以「停止暴力的倡議」為題出版的書中，他們中的許多人宣布放棄對暴力的使用。扎瓦希里當然對這一「倡議」持批評態度，[62]他可能寄希望的是，透過與該組織的一個創始人聯合，這麼做也許會煽動其餘的「堅定者」加入蓋達組織，即使是以缺席成員的身分加入也可以。但這件事並沒有發生。

穆罕默德．哈凱馬在塔利班垮台後逃到伊朗，當伊朗政府在二〇〇二年底發起逮捕行動時，他「銷聲匿跡了，切斷了所有的通信線路」，以逃避抓捕。[63]在二〇〇四年的某個時候，穆罕默德．哈凱馬給艾曼．扎瓦希里寫了一封信，我們並沒有收到這封信。但賓．拉登文件中的確包括有穆罕默德．哈凱馬在二〇〇八年發給扎瓦希里的一封詳細信件。這封信詳細討論埃及當局如何策劃發布扎瓦希里曾經的導師法德勒博士（Dr. Fadl）寫於二〇〇七年的一篇論文。法德勒博士是在埃及的牢房裡寫這篇論文的，他譴責九一一攻擊事件，並指責他的前門徒和賓．拉登給美國提供入侵阿富汗和伊拉克的藉口，「造成成千上萬的穆斯林死亡。」[64]

穆罕默德．哈凱馬的信對這一事件有更多的補充。雖然廣泛的報導是說法德勒博士的論文得到獄中其他聖戰領袖的認可，但穆罕默德．哈凱馬說，他們中的大多數人甚至沒讀過這篇文章。他們顯然很生氣，事後拒絕與法德勒博士說話，並把他「當做是一條狗」。要說明的是，法德勒博士本人的著作裡也有醒目的宗教極端主義內容，但他也肆意地指責扎瓦希里和賓．拉登曲解自己的著作。[65]

艾曼寫了一篇長篇論文，名為「免罪」（al-Tabria），並得到廣泛宣傳，以回應法德勒博士的反悔。賓．拉登的一封信中的內容顯示，如果扎瓦希里沒有寫文應對的話，他也更樂意這樣做。奧薩瑪在給艾曼的信中說：「整體而言，這本書很好，」但他堅決不同意艾曼．扎瓦希里對伊斯蘭教早期歷史中的一些事件的解釋。賓．拉登還對扎瓦希里公開宣揚法德勒博士的汙點感到不安：「這樣的回應會讓人們反問，〔如果法德勒博士真的那麼壞的話〕你們怎麼能接受讓他做你們的領袖呢。」賓・拉登認為，如果蓋達組織的法律委員會能做出回應，那會是更好的做法。[66]

除了介紹埃及聖戰者的消息外，穆罕默德・哈凱馬加入蓋達組織似乎沒有任何的行動價值——除非我們把他送給艾曼的「護膝和一包止痛藥」計算在內的話。[67]

伊斯蘭馬格里布蓋達組織——原先的薩拉菲主義者宣教和戰鬥團

二〇〇六年八月，艾曼・扎瓦希里在接受聖戰媒體《運動》的採訪時宣布一個「大事件」——與薩拉菲主義者宣教和戰鬥團合併，此後稱為「伊斯蘭馬格里布蓋達組織」（Al-Qaeda in the Islamic Maghreb，簡稱AQIM）。他祈禱這次「受祝福的合併」將成為插入「十字軍咽喉裡的一根針……並讓叛教者的心中流下悲傷的血」。

GSPC是在阿爾及利亞內戰（一九九一—二〇〇二年）的廢墟中崛起的，在內戰中，反政府力量分裂並相互對抗。大量的流血甚至讓阿布・穆薩布・扎卡維都覺得厭惡。但我們在信中見到的GSPC領導人是成熟的聖戰份子，他們在政治上優先考慮戰略和務實的因素，而不是像他們的前輩那樣狂熱。

如上一節中所述，是阿布・穆薩布・扎卡維推動合併工作。有一封落款日期為二〇〇四年二月，由GSPC領導人之一的阿布・海達拉・阿布杜勒・拉扎克（Abu Haidara Abd al-Razzaq，又名El Para）簽署的信在賓・拉登的藏身之處中被發現了。在這封信中，阿布・海達拉・阿布杜勒・拉扎克解釋他的團體的政策，尋求奧薩瑪的「建議」，並提出一個建議——「如果可能的話，我們希望聯手共同打擊真主的敵人。」[68]同年十月，阿布・海達拉被逮捕了。[69]這些信件沒有透露出聯繫是如何重新建立起來的，但在二〇〇六年八月，阿布・穆薩布・阿布杜・瓦杜德（Abu Musab Abd al-Wadud）偽造與蓋達組織的合併。

蓋達組織對GSPC知之甚少。在合併後，蓋達組織向該組織提出關於其能力的問詢，直到二〇〇九年初，現在的伊斯蘭馬格里布蓋達組織的領導人才能夠分享關於他們組織的具體訊息。我們從伊斯蘭馬格里布蓋達組織領導人那裡了解到，該組織曾經在九個地理區域開展活動，但在二〇〇六年，「由於聖戰者人數減少」，這些區域不得不減少到四個。該組織的成員主要是阿爾及利亞人，此外還有利比亞人、茅利塔尼亞人、突尼西亞人、奈及利亞人和馬利人等。伊斯蘭馬格里布蓋達組織努力招募人員，因為其大多數成員不得不逃離城市來到山區裡，在那裡，他們遭到「嚴重的孤立」。伊斯蘭馬格里布蓋達組織還遭受合格幹部和重型武器的「嚴重短缺」。[70]出於安全原因，伊斯蘭馬格里布蓋達組織戰士的人數被留為空白，而且很可能包含在一封未被找到的信中。[71]

在財政方面，伊斯蘭馬格里布蓋達組織的領導人高興地表示，他的組織「在我們的歷史上第一次幾乎能自給自足」。此前，該組織的資金來源主要依靠向中產階級勒索稅金這種不受歡迎的方式，這使得其徵稅人容易遭到政府的逮捕。隨後，伊斯蘭馬格里布蓋達組織將「劫持人質」當成自己的工作方式。劫持人質的目的是「索取贖金」和／或釋放西方和其他地方被囚禁的聖戰份子。據其領導人說，這有「許多好處」：

這是向社會上的大部分人宣揚我們聖戰目標的最佳方法，其中許多人的反應出奇地積極。當我們劫持人質時，我們對他們的待遇特別好，好到讓他們無法相信。在這方面我們有很多有趣的故事可以分享。

瓦杜德說，最初，該組織的目標是當地人，「當然是有錢人。」他繼續說，由於擔心自己的生命，這些人向政府施壓，結果，引入「嚴厲的法律措施」以懲罰綁架者。隨後，AQIM轉而綁架西方人，優先考慮「美國人、英國人、猶太人和所有歐洲國民」。蓋達組織要求將伊朗人列入名單，雖然瓦杜德承諾「如果有機會的話，我們是不會忘記你們的要求的」，但他解釋說，在阿爾及利亞的伊朗人不多，只是散布在其大使館附近的街區。[72]

當瓦杜德在二〇〇九年初寫這封信時，他的組織剛剛結束精心策劃的談判，釋放了兩名奧地利人質。他說：「兄弟們盡最大努力來用這兩名人質做交換，以換取被囚禁的聖戰份子獲得釋放。」但奧地利拒絕滿足他們的要求。雖然奧地利外交部發言人斷言，「贖金絕對不是從奧地利來的。」[73]我們從瓦杜德那裡得知，奧地利實際上支付「兩百萬歐元」來換取這兩名人質，「而且雙方同意對此保密。」

此一合併有何價值？

伊斯蘭馬格里布蓋達組織在以下的兩個主要方面需要蓋達組織的幫助，也就是招募人員和為其決策提供（務實的）伊斯蘭法律保障。如前文所述，AQIM正在遭受人力短缺的困擾，並希望如果它與蓋達組織合併的話，更多的外國戰鬥人員會傾向於加入其隊伍。瓦杜德對蓋達組織領導人在伊拉克支持阿布·穆薩布·扎卡維的做法印象深刻，並希望他的組織能夠得到同樣的支持。但當蓋達組織的公開聲明將美國人占領的國家作為聖戰的優先事項時，瓦杜德感到很生氣，並直截了當地要求給予更多關注。「我們注意到你們對AQIM的政治支持微乎其微，明顯少於你們給謝赫阿布·穆薩布·扎卡維所提供的支持。我們希望我們善良的謝赫們能在這方面給予我們更多的支持。」

蓋達組織法律委員會負責人阿布·葉海亞·利比的反應很迅速。二〇〇九年六月，他發表一份公開聲明，題目叫「阿爾及利亞：在父輩的犧牲和子孫的忠誠之間」。[74]此文顯示的是阿爾及利亞和北非對蓋達組織聖戰的重要性。當然，阿布·葉海亞所表達的團結精神與他的聖戰世界觀是一致的，但這些信件顯示他還需要有人幫他一個忙。據傳，他在利比亞的妻子已經再婚。富有同情心的阿提亞要求伊斯蘭馬格里布蓋達組織核實這一傳聞，如果她沒有再婚的話，他詢問該組織是否可以考慮放棄對一名西方人質的贖金要求，以換取她前往伊朗的便利。在那裡，阿布·葉海亞的妻子將與蓋達組織的遜尼派聯絡人待在一起，直到安排她安全前往北瓦濟里斯坦。[75]我們將再次討論這個故事。

伊斯蘭馬格里布蓋達組織還需要蓋達組織提供法律和學術方面的幫助，以支持其在面對具有挑戰性的情況時做出務實的決定。伊斯蘭馬格里布蓋達組織以伊斯蘭教義為指導，但它缺乏指導其決策的學者——學習《古蘭經》和《聖訓》並致力於法學研究的人。[76]但不僅如此，為了確保組織的生存，瓦杜德迫切希望能夠得到學者的支持，以證明其利用政治機會的合法性，而他的組織中一些僵化的聖戰份子可能認為這麼做是非法的。

當瓦杜德在二〇一〇年面臨重大困境時，伊斯蘭馬格里布蓋達組織與蓋達組織的合作得到回報。茅利塔尼亞政府「透過一些管道」和該組織進行接觸，提議釋放伊斯蘭馬格里布蓋達組織的一些成員，並不對該組織進行攻擊。作為回報，該組織應該不攻擊茅利塔尼亞。瓦杜德抓住這個機會，但他的大多數手下，尤其是那些對茅利塔尼亞政府感到「很憤怒」的茅利塔尼亞人，斷然拒絕這個提議。他們認為，這種與叛教者（muhadanat al-murtaddin）的休戰是非法的。瓦杜德同意這一法律前提，但他認為，「他們的立場並未考慮到他們是處於一種情有可原的狀況下。」他希望蓋達組織能夠介入此事，這聽起來更像是一種個人懇求，而不是正式的法律詢問。[77]

瓦杜德所要求的幾乎是一件不可能的事情。正如他自己所指出的，根據伊斯蘭教中和戰爭有關的法律，穆斯林可以與不信教者達成停戰，[78]但對於叛教者，人們應該要與其作戰，直到他們回歸伊斯蘭教。[79]阿布・葉海亞（失去了他的妻子）起身迎接這一挑戰。他認為，這個問題在伊斯蘭教法中沒有定論，是意味著它「可以進行闡釋」。他在伊斯蘭的古典著作中發現幾個先例，他們可以據此做出瓦杜德所需的解釋。他引用的一個歷史例子是允許穆斯林與在軍事上占有優勢的叛教者通信（shawka），阿布・葉海亞透過類比做出推斷，指出這實際上相當於休戰和推遲敵對行動。[80]從這些信件中可以看出，蓋達組織相當專注於研究這種休戰的合法性，甚至諮詢了沙烏地阿拉伯的宗教學者。他們中的一些人認識到這種闡釋的「好處」，而另一些人則想再考慮一下，但還是對阿布・葉海亞的闡釋留下深刻的印象。[81]

阿布・葉海亞甚至更進一步，對於瓦杜德所持有的立場感到同情：

當然，我們沒有能力一蹴而就地與不信教的國家對抗，那麼，如果我們對其中一些國家採取中立的立場又有什麼壞處呢……？重要的是，我們要準確地考慮這些問題，遠離嚇唬人和思想狹隘的口號。[82]

我們不知道他們是否徵求過扎瓦希里的意見。過去更年輕時，也更為刻板的扎瓦希里（一九八九年）曾提出過相反的觀點。他就同一問題寫過一篇論文，使用的正是惹惱阿布．葉海亞的口號。[83]一些聖戰學者仍在繼續引用艾曼的論文，拒絕與叛教者休戰。[84]

另一個值得注意的法律問題涉及「一場名副其實的聖戰劇」，即伊斯蘭馬格里布蓋達組織的男子由於在山區與世隔絕，從而面臨著性生活被剝奪的問題。我們從信件中得知，大約有百分之九十的戰士是未婚男子，而那些已婚戰士也大多過著近乎獨身的生活，因為他們被指示將他們的妻子搬到城裡去。極少數妻子居住在山區的人對伊斯蘭馬格里布蓋達組織來說是一種負擔：該組織的大部分精力都用於滿足婦女和兒童的需求，這非常具有挑戰性。信中解釋說這是「痛苦的」，尤其是因為「聖戰也受到影響」。有時戰士本應要撤退，但由於擔心如果他們這樣做，其中一個「姊妹」可能會淪為俘虜，因此他們只能選擇無法取勝的軍事對抗。[85]

伊斯蘭馬格里布蓋達組織在回答蓋達組織的詢問時，分享這一「戲劇」的情節。耐人尋味的是，儘管伊斯蘭馬格里布蓋達組織沒有要求提供解決方案，但蓋達組織還是給出一個解決方案。阿提亞的信被視作「高度機密」，只能與伊斯蘭馬格里布蓋達組織的三位最高領導人分享。我們可以想像他在寫下如下這段文字時的猶豫不決和臉紅心跳：

它涉及到可憐的單身兄弟們的問題和他們難以承擔的處境……我就此事寫信給謝赫艾曼，並諮詢謝赫阿布．葉海亞。艾曼博士給我們寫了他的意見。我們都得出結論——仍在探索的基礎上，還遠遠沒有定論——鑑於兄弟們情有可原的情況，我們不反對讓他們知道，自慰是被允許的。

當然，阿提亞對於這個問題也做了一些功課，他發現在伊斯蘭教的早期歷史中，「一些正直的前輩在征服過程中曾被允許自慰。」[86]儘管如此，他還是不厭其煩地對這一建議進行限定：

這種做法不符合習俗，而且相當令人尷尬。伊斯蘭教和聖戰運動的兄弟們不習慣談及這個問題。它可能會被誤解。它可能會產生我們沒有注意到的消極影響……你怎麼看？我們是否應該完全避免提出這個問題，而規定繼續熬人的堅忍和齋戒？[87]

單身「戲劇」是那些在北非山區中離群索居的人們特有的問題，但與此有關的事情顯然也曾在蓋達組織發生。我們從其他信件中得知，蓋達組織在北瓦濟里斯坦的財政緊張，該組織不得不拒絕其成員的結婚要求。最有可能的是，蓋達組織正在測試讓自慰成為「被允許的」行為是否會得到其他「兄弟們」的廣泛支持。

與其他「兄弟們」不同，伊斯蘭馬格里布蓋達組織似乎並沒有成為蓋達組織的累贅。我們可以感覺到，這些組織的領導人的思考方式是相似的，特別是在需要採取務實的政治方法的問題上意見一致。我們還了解到，伊斯蘭馬格里布蓋達組織希望成為北非的其他組織加入蓋達組織的管道，但沒有我們在伊拉克組織中看到的那種競爭。例如，二〇〇七年，茅利塔尼亞一個組織穆拉比特（al-Murabitun）將一個有前途的年輕人優尼斯・茅利塔尼（我們在第六章中討論過他）送到北瓦濟里斯坦，尋求與蓋達組織合併。當艾曼就此事對伊斯蘭馬格里布蓋達組織提出諮詢時，當時對穆拉比特知之甚少的瓦杜德指出：

這個組織似乎已經走上正確的道路……但他們中的大多數人缺乏經驗。據我所知，他們中只有一個人去過阿富汗（即穆拉比特的領導人貝爾穆赫塔爾）……一般來說，我們建議你引導這些兄弟加入我們，作為第一步。我們將為他們提供培訓、支持和戰場經驗……然後，我們將有能力認可那些適合的人。但從另一個角度看，為鮮為人知的小團體加入最初的蓋達組織敞開大門，可能會在未來導致負面後果，特別是因為你為我們選擇了伊斯蘭馬格里布蓋達組織這個名字。只有真主知道一切。[88]

伊斯蘭馬格里布蓋達組織顯然是在保護其在北非的地盤，而蓋達組織似乎接受了瓦杜德的建議，因為它沒有跟著穆拉比特組織走。然而，正如我們之前發現的，該組織的特使優尼斯・茅利塔尼給蓋達組織領導人留下深刻印象，並留在了北瓦濟里斯坦。[89]

在二〇〇九年的某個時候，伊斯蘭馬格里布蓋達組織保護蓋達組織不受設在奈及利亞的一個名為「博科聖地」（Boko Haram）的組織的影響。[90]其領導人阿布・巴克爾・謝考（Abu Bakr Shekau）發來一封信，說他希望合併，但從海豹突擊隊找到的文件中，看不出這封信是寫給伊斯蘭馬格里布蓋達組織還是給蓋達組織。無論如何，謝考沒有聽說過瓦杜德，更令人驚訝的是，他對蓋達組織，甚至是它的九一一恐攻事件都所知甚少。當奧薩瑪和艾曼看到他的信時，不可能會感覺心花怒放。謝考寫道：「我們在錄音帶上聽過你們領導人的講話。」但他接著補充說，有必要「進一步了解蓋達這個組織」。[91]瓦杜德向謝考提供培訓和財政支持，但建議他在其組織準備充分之前不要在奈及利亞宣布聖戰。[92]謝考和伊斯蘭馬格里布蓋達組織之間的關係並不融洽，而蓋達組織則躲過了這場鬧劇。後來謝考的組織出現內部分裂，伊斯蘭馬格里布蓋達組織隨後公開它與其各爭鬥派別的通信聯繫。[93]（在二〇一五年，這位謝考向「伊斯蘭國」效忠，而這件事也以內部分裂而告終。[94]在二〇二一年六月，根據報導，謝考在與一個敵對的聖戰組織作戰後引爆自己身上的炸藥而死亡。）[95]

只要伊斯蘭馬格里布蓋達組織和蓋達組織不踩到對方的地盤，它們之間的關係似乎就不複雜。當他們最終這樣做時，雙方的關係出現動盪。在二〇一〇年九月，伊斯蘭馬格里布蓋達組織綁架了幾名法國人質（四男一女），奧薩瑪急著要領頭進行談判，而沒有事先和伊斯蘭馬格里布蓋達組織把事情說清。他指示阿提亞：

我希望你立即給我們在伊斯蘭馬格里布的兄弟們發一封信，讓他們知道，他們不應該接受法國政府的贖金。相反，談判應該只在政治不滿的基礎上進行。法國軍隊從阿富汗撤出應該是最重要的訴求。他們還應該要求法國政府停止干涉伊斯蘭馬格里布的事務。[96]

奧薩瑪還補充說，「綁架婦女是很微妙而敏感的事情，」希望伊斯蘭馬格里布蓋達組織迅速釋放婦女並索取贖金。他指示要善待人質，最重要的是，要讓人質們知道，他們國家的政府在穆斯林的不滿情緒中起到什麼作用。他希望這名婦女獲釋後，「會發起一場反對法國政府的運動。」[97]但奧薩瑪沒有等待信件到達伊斯蘭馬格里布蓋達組織，而是直接向法國公眾訴苦，他於二〇一〇年十一月發表公開聲明，要求法國軍隊從阿富汗撤出。否則，他威脅說要殺死人質。「你們將被殺死，就像你們一直在殺〔我們〕一樣。」[98]

奧薩瑪的聲明時機很不合適，因為伊斯蘭馬格里布蓋達組織與法國政府的談判已經開始了。事實上，該組織只是透過媒體才了解到賓．拉登的要求，其領導人顯然認為他的要求是不可能的，因為「這裡的兄弟們已經同意提出合理的要求」。

伊斯蘭馬格里布蓋達組織的最高領導人之一薩拉赫（Salah）告訴阿提亞，他的組織的要求，包括贖金，已經得到法國人的同意。根據他的信，伊斯蘭馬格里布蓋達組織還調查了阿布．葉海亞妻子的個人狀況，並確定她仍然是他的妻子，而且法國人甚至同意為她前往伊朗提供便利。但薩拉赫哀嘆說，在賓．拉登的公開介入並提出不同的要求清單後，談判「中斷」了。薩拉赫對奧薩瑪在其公開聲明中只關注政治要求表示關切，他強調「劫持人質的經濟層面對該組織的生存極為重要，」但當然，

「我們聽從並服從我們的領袖謝赫奧薩瑪。」[99]

據報導，女性人質在二〇一一年二月獲釋，但她獲釋的條件並沒有出現在信件中，阿布・葉海亞似乎也沒有與妻子團聚。在奧薩瑪被殺的五天前，他也在私下裡放棄殺死法國人質的威脅。那時，法國已經在北約的指揮下干預利比亞，這是聯合國決議（一九七三號）的一部分，該決議授權「採取一切必要措施保護平民。」在他在阿伯塔巴德寫的最後一批信中，賓・拉登寫下以下段落：

我想指出的是，鑑於法國支持利比亞人民的立場，殺害法國人質已不再合適了。這將產生負面影響，特別是由於大多數〔穆斯林〕公眾支持〔法國總統〕薩科齊（Nicolas Sarkozy）。如果我們需要殺死他們的話，一旦利比亞的事件結束，我們就會這麼做。[100]

賓・拉登的介入顯然給伊斯蘭馬格里布蓋達組織造成負擔，當然也給法國人質造成負擔，他們不得不多被囚禁三年，直到二〇一三年才獲釋。[101]法國政府最終在二〇二〇年六月殺死瓦杜德。從這些信件來看，這位伊斯蘭馬格里布蓋達組織的領導人是受到他在蓋達組織中的同僚的感懷的。

利比亞伊斯蘭戰鬥團

在二〇〇七年十一月，艾曼宣傳說，蓋達組織將在北非增加第三次的合併，這次是與利比亞伊斯蘭戰鬥團的一個「出類拔萃的團體」（kawkaba）合併。利比亞伊斯蘭戰鬥團是由一群曾在阿富汗作戰的利比亞人於一九九五年成立的，他們回到利比亞後，試圖推翻總統穆瑪爾・格達費上校。該組織在一九九〇年代末遭到鎮壓，其許多成員在包括阿富汗在內的其他地方參加聖戰。

這個「出類拔萃的團體」原來指的是阿布・拉伊斯・利比（Abu al-Laith al-Libi）和阿布・葉海亞・利比，可能還有其他一些利比亞人。阿布・拉伊斯曾是一名戰地指揮官，在阿富汗有廣泛的網路。[102]他在二〇〇四年時已經對賓・拉登表示部分效忠，但此事並未公開。按照一封二〇〇四年的信中內容，阿布・拉伊斯對賓・拉登的效忠僅限於在阿富汗和巴基斯坦，而且他想要先詢問利比亞伊斯蘭戰鬥團的意見，然後再給出他的完全效忠。[103]他本來很有前景，但卻沒有認真對待安全行動守則。在他公開和蓋達組織合併的幾個月內，阿布・拉伊斯於二〇〇八年初被殺。根據一封信的內容，「他造訪一個已知〔是屬於中情局的〕房子，當時有無人機正在上空游弋。[104]這些信件暗示出此事對蓋達組織來說是一個巨大的損失。

第二個人不是別人，正是我們已經討論過的天才阿布・葉海亞。阿布・葉海亞後來成為蓋達組織法律委員會的負責人，並在其充滿激情的公開聲明中煽動穆斯林參加聖戰。當聖戰領導人「殉教」時，阿布・葉海亞激情四射的演講尤其能讓聖戰團體感到安慰。在二〇一〇年，當奧薩瑪・賓・拉登想要任命他擔任阿提亞的副手時，阿提亞認為如果「阿布・葉海亞繼續攀登知識的階梯」，「把時間用於學習《古蘭經》和《聖訓》，研究法學，發表權威的法律意見」則是會更有益處。[105]阿提亞的回答中沒有一絲嫉妒，他對阿布・葉海亞作為他的副手的潛力沒有任何懷疑。相反的，他的答覆是對阿布・葉海亞的法律知識和研究能力的讚揚，這些知識和能力對於蓋達組織的政治需要而言是非常寶貴的。

我們從這些信件中了解到，即使在他們的聯盟被公開後，阿布．拉伊斯和阿布．葉海亞也沒有完全與蓋達組織合併。賓．拉登曾呼籲他們兩人完全與蓋達組織合併，就像在伊拉克的阿布．穆薩布和伊斯蘭馬格里布蓋達組織一樣。[106]兩人肯定猶豫過，並提議與伊斯蘭馬格里布蓋達組織合併。扎瓦希里就此寫信給伊斯蘭馬格里布蓋達組織，[107]但當瓦杜德在二〇〇八年三月給出答覆時，合併已經宣布了，而且阿布．拉伊斯已經被殺死了。

根據這些信件，阿布．葉海亞和他的利比亞兄弟們對他們的合併附加了一個「條件」，即「保持他們的財政獨立」。這就需要「將他們的資金留給自己，並進行投資」。據推測，利比亞人一直在接受單獨的捐款或個人／家庭資金。我們從其中一封信中得知，直到二〇一〇年底，「才與我們的兄弟阿布．葉海亞達成協議，與蓋達組織完全合併。」阿布．葉海亞的決定與伊斯蘭馬格里布蓋達組織關於法國人質的談判相吻合。他一定意識到，蓋達組織已經與伊斯蘭馬格里布蓋達組織交涉，將他與妻子的團聚放在首位，而不是收取贖金。他決定將自己的財務狀況與蓋達組織完全合併，給大家帶來「巨大的喜悅」。[108]

阿布．葉海亞在二〇一二年六月被殺，此前他剛剛以極具煽動性的悼詞之一紀念賓．拉登。強大的美國「將其軍事基地遍布世界各地，其情報機構滲透到各國」，他諷刺地說，「他們為殺害一個人而大肆慶祝，就彷彿是經過一場慘烈而重大的戰役後，戰勝一支驍勇善戰的軍隊一樣。」[109]

阿拉伯半島（葉門）蓋達組織

阿拉伯半島蓋達組織（al-Qaeda in the Arabian Peninsula，簡稱AQAP）是唯一一個跳過合併過程的禮節和手續的組織，也就是說，他們在正式加入該組織之前沒有公開向奧薩瑪．賓．拉登宣誓效忠。相反，該組織單方面將蓋達組織的品牌當成自己的品牌。這預示著更糟糕的事情即將發生。

該組織在二〇〇九年一月定名為「阿拉伯半島蓋達組織」之前，就已經在葉門開展活動了。最初，該組織由二〇〇六至二〇〇七年從薩那的監獄裡出逃的聖戰份子組成。一些越獄者首先前往索馬利亞，與衣索比亞占領軍作戰。[110]隨後，他們回到葉門，繼續進行反對葉門政府的聖戰，沙烏地阿拉伯的聖戰者最終也蜂擁而至加入他們的行列。[111]在二〇〇七年底，他們到達葉門的消息肯定已經傳到賓．拉登的耳中，促使他順口說出「阿布．巴希爾」（Abu Basir）比他所說的「另一個不守紀律的人」更有資格。[112]在二〇〇八年五月或六月，阿提亞就尋求讓「那些表示有興趣在葉門開設蓋達組織分部的兄弟」受到奧薩瑪．賓．拉登的指導。看起來他們並沒有請求批准，阿提亞尷尬地補充說，「他們已經自行其是，並公開宣布他們的分支機構。」[113]該組織在其阿拉伯語雜誌《戰場回音》（*Sada al-Malahim*，二〇〇八年一月）的創刊號上，確實將自己描述為「阿拉伯半島蓋達組織」。[114]

阿拉伯半島蓋達組織想從蓋達組織身上獲得什麼呢？

從其領導人的信件來看，該組織的崛起是計劃不周的。可能是在二〇〇九年，該組織的副手阿布．胡萊拉．薩那尼（Abu Hurayra al-Sanaani）向蓋達組織領導人發出一封緊急信函。他需要向他們介紹一件他更希望能「按下不表」的事情：

在真主的幫助下，聖戰在葉門取得進展，遷移者（即外國戰士）和輔助者（當地聖戰者）正在成倍的增加，我們的存在在一些地方是顯而易見的……但情況遠非如此簡單。我想說的是，聖戰的擴張突出我們在領導和管理方面的不足。我們很清楚，在這一方面，我們的能力是不存在的……這威脅著葉門聖戰的徹底毀滅，求主庇護（但我不會對你們隱瞞）。我們迫切需要的是一個成熟的、有根基的領導人，在獲取領土實力的問題上有遠見和知識……（對於一個新生團體的需求，您擁有豐富的經驗）。

阿布·胡萊拉顯然急於在葉門混亂的聖戰中引入一些秩序，並暗示阿布·穆罕默德·米斯里將是領導他們的理想人選。「他是我們需要的領導人的典範，」他說道，「我們了解他，他也了解我們和我們的狀況。」他顯然不知道阿布·穆罕默德已經被拘押在伊朗了；但不管怎麼樣，蓋達組織都沒有外借自己成員去別的地區組織做領導人的習慣。

在當時，可選的人物看起來只限於阿布·胡萊拉本人和阿布·巴希爾。阿布·胡萊拉決定，與蓋達組織分享自己的缺點是他的宗教義務，無論這會讓他感到多麼尷尬：

我很遺憾，我不具備履行這一領導角色的條件。你的兄弟（指他自己）只完成小學和其他一些課程，[115]更重要的是，他既沒有讓他明智地評估事件的經驗，也沒有能力判斷何時、如何、在何處出擊。他的完全無知也延伸到基本治理的問題上……以真主發誓，如果我認為我可以勝任這項工作的話，我就不會要求你指定我以外的人擔任這一職務……現在我們正在支持我們的兄弟阿布．巴希爾和他的弟兄們，但他迫切需要有一位政治家在他身邊。[116]

最終，阿布．巴希爾成為該團體的領導人。但阿布．胡萊拉的信一定讓蓋達組織的領導人感到很不安，尤其是因為蓋達組織正在升級其在葉門的攻擊並策劃跨國恐怖主義。美國駐葉門大使館的攻擊事件（二〇〇八年）造成十名警察和平民死亡，四名韓國遊客在葉門被殺（二〇〇九年），以及在底特律上空炸毀一架客機的陰謀（二〇〇九年），這些只是據報導由AQAP實施或企圖實施的少數攻擊事件。[117]

合併對蓋達組織有什麼好處呢？

蓋達組織在這個問題上沒有發言權。如前所述，AQAP的成立是一個單方面的決定，實際上是強加給蓋達組織的。在奧薩瑪．賓．拉登看來，葉門的「兄弟們」認為自己是在進行聖戰，而實際上，他們只是對越獄後被當局追捕做出回應。奧薩瑪起草幾封關於葉門的信件，這些信件在對其駐地的突襲中被找到，但我們不清楚他是否最終發出任何信件，也許是因為阿布．巴希爾被描述為一個充其量只能被算作是狡猾的人。在他最長的一封信的草稿（三十一頁篇幅）中，奧薩瑪問阿布．巴希爾：

你真的計劃和準備好要進行聖戰嗎？考慮到你與當地、地區和國際敵人之間力量的不相稱，你是否真的在這個具體的時間計劃並準備進行聖戰？還是說，你們的出現只是由於政府的幾次攻擊，而兄弟們對此做出反應；在被動的戰鬥中，你們恰好認為應該要堅持下去，而且心中只是考慮到你們的對手，即葉門政府的弱小陣營？[118]

奧薩瑪認為，葉門的聖戰份子應該避免「陷入軍事對抗」，這是有很多強有力的理由的。他擔心的不是政府軍，而是美軍在海灣鄰國的存在，他們隨時準備著保衛其盟友不受威脅其安全的聖戰實體的影響。

葉門的「兄弟們」有頭沒尾的戰略顯然是對蓋達組織領導人的挑戰。阿拉伯半島蓋達組織由兩個人領導，而且他們兩人都不認為自己適合這份工作。阿布．胡萊拉承認自己無能，而阿布．巴希爾則選擇提名美籍葉門人安瓦爾．阿瓦拉齊（Anwar al-Awlaqi）接替他的位置。安瓦爾的英文著作在西方煽動許多不懂阿拉伯語的人參加聖戰。賓．拉登則拒絕支持此人，主要是因為他缺乏戰場經驗。安瓦爾很可能就是那個賓．拉登在二〇〇七年的信中提到的「另一個不守紀律的人」。

缺乏合適的領導人並沒有阻止AQAP的野心。阿布．巴希爾建議蓋達組織：「如果你想奪取薩那的話，現在就是時候。」他解釋說，不斷惡化的政治局勢為在葉門建立聖戰國家創造了機會之窗。否則，他擔心會被「穆斯林兄弟會和共產主義者所取代」。據阿布．巴希爾稱，阿拉伯半島蓋達組織十分受人歡迎，「在葉門沒有一個地區是缺乏我們的支持者或同情者的。」他還吹噓說，他的組織得到「許多部落」的支持，「部落的長老都效忠於我們。」[119]

二〇一〇年一月，在收到阿布·巴希爾誇耀的評估後，瓦濟里斯坦的同夥向賓·拉登提議：

兄弟們認為，反政府的戰爭基本是強壓在他們身上……我們的觀點是，葉門有許多優勢，尤其是它靠近索馬利亞。擴大對美國人的戰鬥，使得他們筋疲力盡，耗盡他們的資源，這符合我們的利益。但必須要有一個計畫……兄弟們必須要迎接挑戰。他們應該認識到自己的規模和能力。他們絕不能因為偶爾的勝利或媒體上人們對他們的評價而自欺，否則他們會是在對一個不存在的現實自欺欺人！我們必須在政治上全力支持他們。我們必須在政治上、道德上全力支持他們，在法律和法學問題上引導他們，並與他們分享我們的專業知識和經驗。我們建議你明確地支持他們，提到他們的名字和他們部落的名字……我們需要找到與他們每星期溝通的方法和管道，如果可能的話，每天都要進行溝通！我們應該引導兄弟們把攻擊重點放在兩個方面：（一）針對葉門境內的十字軍，對情報機構等安全部隊進行特別行動；（二）對外工作（這與我們對矛頭美國的戰爭有關）……我們有必要向那裡的兄弟們發布坦率而嚴格的指導方針，規定他們必須在所有重要事項上與我們協商和核對；他們不得在遠程擅自行動，此事事關重大或是有可能顯得奇怪，或是偏離我們戰略……葉門和索馬利亞之間的關係必須得到安排、指導和精確的命令，以便雙方能夠形成統一戰線……至於胡塞武裝〔即葉門什葉派的一個分支〕，我們不建議與他們作戰。我們認為，最好是讓胡塞武裝和葉門及沙烏地政權都互相鬥爭。希望他們會這樣做，而當他們這樣做時，我們不應做出干涉。相反的，我們應該利用所有人的弱點來推進我們的崇高計畫。[120]

賓・拉登對於「兄弟們」在葉門的能力沒有他的同僚們那麼抱有希望。他嘲笑阿布・巴希爾關於在葉門建立伊斯蘭國家的建議，因為國家的基本組成部分並不存在。他還對阿布・巴希爾所說的AQAP所受到的歡迎程度表示懷疑。考慮到要獲得部落的支持需要相當大的努力，奧薩瑪要求阿布・巴希爾把事情說得更具體一些：

請告訴我們更多關於效忠於你們組織的部落，那些支持該組織的部落和那些不支持的部落的情況。你不需要提及他們的名字，以保護他們的安全。但舉例來說，你可以說「沙布瓦的一半部落效忠了」，或者說「哈德拉毛的三分之一部落支持了」等等。[121]

奧薩瑪請阿布・巴希爾注意伊拉克聖戰者所犯過的錯誤，他們曾疏遠部落（他所指的是先前伊拉克的「喚醒遜尼派」政策）。他警告阿布・巴希爾「在確保各個部落的忠誠之前……就希望人民與你並肩作戰，發動戰爭建立國家的危險」。[122]

賓・拉登親自對阿布・巴希爾傳授機宜，不僅讓他了解政治和戰略的基本知識，而且讓他了解為什麼「蓋達組織把攻擊外部敵人放在攻擊內部的敵人之前」。儘管「內部敵人的不信教狀態更令人厭惡」，賓．拉登解釋說，但「外部敵人——美國的不信教狀態是更清楚，更有害的」。就像他在進行一對一的輔導一樣，「你有沒有停下來，看得遠一點，看看山丘後面蹲著的軍隊，也就是那些地區和國際上的不信教勢力？」奧薩瑪問阿布．巴希爾，「我們必須把所有這些勢力納入我們的實際考量中，而不僅僅是在理論上的考慮。」[123]需說清楚的是，奧薩瑪．賓．拉登的建議並不表明他的恐怖主義願望隨著年齡的增長而減少。事情遠非如此。但到二〇〇九年時，他開始經歷我們稱之為「兄弟疲勞症」的情況。我們稍後會發現，他為蓋達組織提出一個「新願景」，即完全遏制「兄弟們」的活動。

很有可能的是，奧薩瑪已經決心不把他的長信寄給阿布．巴希爾，也不向阿布．巴希爾透露他對AQAP的真實感受。相反，他與阿提亞分享他的信件草稿，並要求他傳達蓋達組織反對與葉門軍隊進行任何對抗的立場。阿提亞服從命令，並在給阿布．巴希爾的信中強調，奧薩瑪．賓．拉登已經確定「在這時，對叛教政權的戰爭是不合時宜的」。他告訴他，當務之急是「投入我們所有的資源來打擊頭目——美國，而我們是透過專注於外部工作〔即跨國恐怖主義〕來做到這一點的。」[124]

阿布．巴希爾對此並不滿意，他表示AQAP也有自己的「外部工作」。我們發現阿提亞在二〇一〇年七月時抱怨蓋達組織被完全排除在外：

關於你在信中提到的外部行動，如果你能先讓我了解這些行動，那就好了。如果我隨後追問更多細節，那是因為我已被領導層（謝赫奧薩瑪）授權監督所有地區的外部行動。換句話說，我應該被告知此類行動，以便我可以聯絡和組織此類工作。我已經通知你，我希望你也讓謝赫安瓦爾知道。這種

> 事情應該是高度保密的（僅限於領導人）。此外，我們在對外工作（特別是將矛頭對準美國的工作）方面也有組織規程、經驗和專業知識。[125]

阿提亞似乎並沒有對阿布・巴希爾施加多少影響。在他的後續信件中，阿布・巴希爾只是告訴阿提亞，「我們即將有一次涉及毒素（sumum）的行動，如果你願意，我準備分享訊息，但他們說，加密軟體聖戰者的祕密已經被滲透了。」[126]

如果奧薩瑪・賓・拉登沒有被殺的話，他也不太可能成功地遏制住AQAP的恐怖主義。阿布・巴希爾給阿提亞的最後一封信（二〇一一年二月）態度強硬，斷然拒絕蓋達組織提出的結束AQAP對政府的攻擊的建議。他堅持說：「這裡的人不會理解，」因為「他們會認為這是與異教徒合作政權的和解。」阿布・巴希爾還想把教派分歧牌納入到他的聖戰中，他知道這違反蓋達組織的指示：

> 在我們對胡塞武裝開展一些行動後，遜尼派部落，特別是胡塞地區的遜尼派部落，都指望著我們。我知道你對這個問題有不同的看法。但戰爭的現實迫使我們這樣做，這也是軍事上的需要。所有的部落都和我們一起（反對胡塞武裝），他們支持我們。[127]

阿布・巴希爾在信的結尾處談到自己的個人感受，他高興地分享自己最近與副手阿布・胡萊拉的女兒結婚的消息。「她十二歲，」阿布・巴希爾補充道。在聖戰世界中，與女孩結婚被認為是正常的，但阿布・巴希爾在這個場合上聽起來好像是在誇耀此事。阿提亞的回應沒有包括對新郎的良好祝願，而是著重於敦促他在行動中保持節制。他勸告阿布・巴希爾採取「寬鬆」政策，並好好利用阿拉伯之春造成的政治真空。阿提亞建議說，如果阿布・巴希爾能表現出「良好的管理」（husn idara）並「避免陷入外圍衝突」的話，那麼AQAP就能「在葉門建立一個真正的伊斯蘭聖戰當局」。[128]毫無疑問的是，阿提亞知道這是他一廂情願的想法。

阿布・巴希爾在二〇一五年的一次無人機攻擊中被殺，繼任者是自稱「無知」的阿布・胡萊拉，他也在五年後的一次無人機攻擊中被殺。兩人都沒能利用葉門不斷惡化的政治局勢。相反，是胡塞武裝奪取了首都薩那，並挑起沙烏地阿拉伯領導的聯盟在二〇一五年發起的「決心風暴行動」（Operation Decisive Storm），加劇葉門人遭受的持續的災難。

索馬利亞

在二〇一二年二月，艾曼・扎瓦希里宣布，蓋達組織與索馬利亞激進組織青年聖戰組織（al-Shabaab）合併。當然賓・拉登文件並不會把我們帶到二〇一一年五月一日之後，但一些信件讓我們能夠把這次合併的前後背景拼湊起來。在這之前，為蓋達組織在東非的活動提供一些歷史背景是有幫助的，這也包括介紹一下索馬利亞複雜的政治環境。

一九九三年，蓋達組織派其最高領導人到索馬利亞培訓在歐加登地區作戰的部族，[129]當時索馬利亞和衣索比亞陷入了衝突。[130]一九九八年，蓋達組織同時進行針對美國駐肯亞奈洛比和坦尚尼亞達累斯薩拉姆大使館的攻擊。二〇〇二年，蓋達組織人員試圖在蒙巴薩同時進行攻擊。第一次是一枚飛彈險些擊中一架以色列航空公司的飛機，而另一次則是針對一家以色列擁有的酒店，造成十三人死亡。如前所述，實施蒙巴薩攻擊的特工人員在九一一攻擊事件之前就被派往東非並留在當地。二〇〇二年，美國在吉布地建立一個反恐工作隊，以追蹤非洲之角（Horn of Africa）的蓋達組織武裝份子。

二〇〇六年，伊斯蘭法庭聯盟（Islamic Courts Union）控制索馬利亞的首都摩加迪休。[131]他們對違法行為所做的回應是以伊斯蘭法律為指導。他們在建立秩序方面獲得的成功使得他們更有勇氣拒絕民族和解進程，該進程是二〇〇四年在衣索比亞的長期盟友阿布杜拉希．尤瑟夫（Abdullahi Yusuf）的主持下啟動的過渡政府的一部分，並得到聯合國和非洲聯盟的支持。[132]

在邊線的一旁，獨立於伊斯蘭法庭聯盟的伊斯蘭主義者和聖戰組織正在形成。有時聖戰份子會與伊斯蘭法庭聯盟的內部人員進行聯絡。在外界看來，特別是在附近的吉布地的美國反恐特遣部隊看來，這種情況似曾相識——即塔利班窩藏蓋達組織的情況再次出現，另一個九一一事件正在發生。在二〇〇六年七月，在美國的祝福下，衣索比亞軍隊以培訓過渡政府為藉口越過邊境進入索馬利亞，促使伊斯蘭法庭聯盟宣布對衣索比亞發動「聖戰」。當衣索比亞議會授權「採取一切必要和合法的步驟，以避免該國反覆宣布聖戰所帶來的危險」時，[133]它實際上是授權事後措施，因為衣索比亞軍隊此時已經非正式地入侵了索馬利亞。

面對衣索比亞的地面和空中部隊的攻擊，伊斯蘭法庭聯盟被迫解散，並撤出所有城市。但伊斯蘭主義者和聖戰組織的政治暴力仍在索馬利亞繼續。作為回應，非洲聯盟於二〇〇七年三月部署非洲聯盟駐索馬利亞特派團（African Union Mission In Somalia，簡稱AMISOM特派團），開展和平行動以支持過渡政府。二〇〇九年，衣索比亞從索馬利亞撤出其軍隊。

索馬利亞的外展活動

法迪勒．哈倫——策劃一九九八年東非爆炸案和二〇〇二年蒙巴薩攻擊案的蓋達組織特工在其自傳中指出，他在二〇〇六年底向蓋達組織發送一封電子郵件，向「謝赫奧薩瑪」介紹索馬利亞的情況。[134]儘管賓．拉登在他二〇〇四年的一封信中提到哈倫，但從賓．拉登文件中的內容來看，他們之間並沒有建立實際的聯繫，而且哈倫在二〇〇六年的電子郵件也不可能傳到蓋達組織那裡。第一個主動與蓋達組織聯繫的索馬利亞武裝份子是二〇〇七年的困難軍（Jaysh al-'Usra）組織。[135]兩方透過在索馬利亞作戰的葉門武裝份子聯絡，正如前文提及過的，武裝份子隨後回到葉門組建了阿拉伯半島蓋達組織。[136]

根據哈倫的說法，困難軍是由肯亞人薩利赫．納巴漢（Saleh al-Nabhan）於二〇〇四年成立，他曾是蓋達組織在東非的一個小組的成員，後來與該小組的領導人走上不同道路「以推行蓋達組織在該地區的戰略」。[137]該組織的名稱出自西元七世紀的「困難的突襲」，是先知穆罕默德在聽說拜占庭人可能的入侵後，為保衛其新生的伊斯蘭國家而進行的。[138]與七世紀時的「突襲」相呼應，困難軍「致力於打擊十字軍敵人以及他們的跟班——叛教者」。[139]先知穆罕默德避免拜占庭人對麥地那的進軍，困難軍則是打算複製先知的突襲，逼退二〇〇六年七月入侵索馬利亞的衣索比亞軍隊。

據我們所知，困難軍與阿提亞間的通信僅限於與索馬利亞政治局勢有關的法律問題。一位法學家發表一份法律意見（法特瓦），主張（戰敗的）伊斯蘭法庭聯盟應與反對衣索比亞占領索馬利亞的世俗主義者結成聯盟。困難軍將世俗主義者視為其正在打擊的「叛教者」，並希望就這一則法特瓦的法律含金量諮詢蓋達組織。經過仔細研究，阿提亞斷定該法特瓦是在鼓吹非法的聯盟，並對穆斯林法學家竟然會接受它感到失望。他哀嘆「我們蓋達組織兄弟的聖戰和追隨他們道路的人……與另一邊的那些和聖戰或抵抗有關的人，與那些追隨穆斯林兄弟會及其類似組織的人之間的鴻溝是如此巨大！」[140]

在困難軍簽署的信件中沒有提到青年聖戰組織。只是泛泛地提到其他聖戰者在努力「實施伊斯蘭教法，這在這個國家是不容易的」。[141]因此當賓．拉登在二〇〇九年三月發表公開聲明，歡呼「索馬利亞的英雄們繼續戰鬥」時，[142]他也是在回應困難軍提出的關切。他呼籲「索馬利亞的穆斯林兄弟警惕那些披著伊斯蘭外衣，實際上與伊斯蘭教法相牴觸的舉措」。[143]一個月前，艾曼．扎瓦希里曾熱情洋溢地主張在索馬利亞開展聖戰，[144]我們從賓．拉登的一封信中得知，他對此有一些疑慮。他寫信給艾曼說：

> 我很高興提出我關於索馬利亞的聲明，否則就會顯得我們在這個問題上有分歧……如果你在今後的聲明中號召穆斯林參加索馬利亞聖戰時，能考慮到膚色問題，並鼓勵穆斯林在前往索馬利亞之前與當地領導人協調，那就更好了。[145]

賓．拉登看起來是想要避免不同種族的穆斯林前往索馬利亞作戰時可能出現的種族緊張局勢。他希望由當地領導人來決定誰應該加入他們的戰場。

在二〇〇九年初，當所有這些關於索馬利亞的交流都在公開和私下中進行時，奧薩瑪．賓．拉登對於青年聖戰組織知之甚少，甚至將其與伊斯蘭黨相混淆了。艾曼不得不向他解釋，「哈桑．赫爾西（Hasan Hersi）不是青年聖戰組織的領導人，他其實是合併成伊斯蘭黨的三個〔原文如此〕派別之一的領導人。」早在一九九三年，蓋達組織最高領導人在索馬利亞訓練於歐加登地區作戰的部族時，就已會見幾位長老，哈桑是其中之一。[146]

與困難軍為開端的接觸是如何導致青年聖戰組織和蓋達組織在二〇一二年的合併呢？困難軍的領導人薩利赫於二〇〇九年九月被殺。青年聖戰組織的領導人穆赫塔爾．阿布．祖拜爾（Mukhtar Abu al-Zubayr）隨後看到一個機會。在同一個月內，青年聖戰組織發布一段題為「我已經回應你的召喚，奧薩瑪」（labbaika Usama）的影片，儘管奧薩瑪並沒有在召喚，而且無論如何也沒有在召喚青年聖戰組織。很顯然，穆赫塔爾希望將其組織與蓋達組織合併。

為什麼青年聖戰組織如此迫切地想與蓋達組織合併呢？

穆赫塔爾．阿布．祖拜爾很可能是受到伊斯蘭法庭聯盟的啟發，想複製他們在治理方面的做法。當我們第一次聽到他的消息時，我們了解到他的組織正在尋求治理，並同時兼顧幾件事，也就是，「在打擊〔外國〕侵略者和叛教者的同時，獲得領土上的實力並實施伊斯蘭教法。」[147]

穆赫塔爾急需有人指導。與他那些戰略上簡單化的葉門同行不同，他注意到他的組織所面對的地區挑戰（肯亞和衣索比亞）和國際挑戰（AMISOM特派團和美國）。他還渴望在實施伊斯蘭教法的同時贏得穆斯林的支持。但穆赫塔爾正在竭力將索馬利亞的聖戰壟斷在他的領導之下。儘管他聲稱他的組織「成功納入大量的聖戰集團」，但他希望蓋達組織的領導人在公開聲明中會專門提到青年聖戰組織，「因為這將對聖戰者的士氣產生巨大影響。」他想提高的不僅僅是他手下的士氣，穆赫塔爾還想提高自己的地位，鼓勵其他團體支持他。

穆赫塔爾雄心勃勃。他敦促蓋達組織準備「一份連貫的法律和政治研究報告，以澄清我們渴望建立的國家的願景」。[148]在隨後的信件中，他欣然歡迎蓋達組織就如何反擊無人機提出建議，還要求協助與軍火商聯繫，「因為我們很難獲得武器和爆炸材料。」[149]

除此之外，穆赫塔爾還受到蓋達組織的特工法迪勒・哈倫的困擾。如前所述，哈倫在二〇〇二年蒙巴薩攻擊後留在東非。更重要的是，他在二〇〇九年初發布於網路上的自傳中對青年聖戰組織的組建提出批評。阿提亞和艾曼閱讀哈倫的文字，並對其內容感到擔憂。艾曼懷疑，「這位兄弟是否已經淪為俘虜，而書中包含他〔在脅迫下〕的詳細供詞。」[150]我們不知道穆赫塔爾到底要求蓋達組織對哈倫做什麼。阿提亞分享說，哈倫「是我的驕傲，我視他為珍寶」，但他感到失望的是，「他在自傳中免費向敵人提供訊息。」如果穆赫塔爾希望阿提亞會鼓勵他消滅哈倫的話，那麼他失望了。他向穆赫塔爾保證，「我們阻止了這本書在聖戰媒體上的出版，」並希望哈倫「恢復到以前的好狀態」。[151]

為何蓋達組織猶豫不決？

到二〇〇九年時，蓋達組織對於把自己的名字與那些自以為是的組織聯繫在一起這件事變得十分謹慎。在青年聖戰組織發布「我已經回應你的召喚，奧薩瑪」的影片近一年後，我們發現阿提亞試圖說服穆赫塔爾將兩個組織之間的聯繫保密：「你守護對謝赫奧薩瑪的忠誠的祕密一事是明智之舉嗎？在我看來，這確實是有可能和明智的。事實上，我的建議是……無論如何，「我已經回應你的召喚，奧薩瑪」的錄影帶很清楚，其內容基本等同於效忠。」[152]

奧薩瑪・賓・拉登的立場甚至更為化繁為簡。他不僅建議穆赫塔爾對他的效忠加以保密，還建議他根本就不要宣稱擁有政治實體：

我們的傾向是，你的埃米爾國應該是一個現實，人民對它的感情愈來愈深，而不需要宣布……你不會不知道，在索馬利亞宣布成立埃米爾國後，國際壓力會比宣布成立伊拉克伊斯蘭國後的壓力更大。[153]

透過「應該成為一個現實」這句話，賓・拉登希望青年聖戰組織以良好的治理贏得人民的支持，而不需要正式統治他們。我們發現奧薩瑪和阿提亞都在指導穆赫塔爾如何「寬待」人民，[154]奧薩瑪強調，一個好的領導人的特質包括「寬恕、公正、耐心和善待他的公民。」[155]奧薩瑪還專門建議穆赫塔爾應「盡最大努力對蘇菲團體保持中立」，這些蘇菲團體不遵循對伊斯蘭法律的嚴格理解，不要讓他們「成為敵人手中的牌」。[156]

奧薩瑪・賓・拉登似乎希望他的索馬利亞同胞能有更多的經濟投資，並減少聖戰。他顯然對索馬利亞的「嚴重貧困和營養不良」感到擔憂，並擔心與蓋達組織的聯繫會使得情況更糟。他想制定一個計畫，鼓勵海灣地區的富人在索馬利亞投資，減輕他們的穆斯林兄弟的痛苦。他無法親自飛往海灣地區，所以他建議一些「受信任的索馬利亞要人」能夠走一趟這樣的行程，達成一個在索馬利亞進行發展和農業投資計畫的案例。有了這樣的可能性在心中，賓・拉登認定他們公開和蓋達組織合併會阻撓他的計畫。[157]

我們從這些信件中得知，蓋達組織對青年聖戰組織還有其他的擔憂。我們發現阿提亞對於媒體認為是由青年聖戰組織所為的一次攻擊是不贊成的。他所提到的這次攻擊的目標是二〇一〇年六月在摩加迪休觀看世界盃的人們：

如果這次攻擊是由我們的聖戰兄弟們實施的，那麼在我看來，這是錯誤的。它絕不能再發生……伊斯蘭教法不允許因為這種罪過而讓這些人流血，儘管看足球更像是一種最好避免的行為〔makruh〕而不是一種罪過〔maṣiya〕……在政治上，對於一個有經驗的觀察者來說，這種攻擊的危害是顯而易見的。如果兄弟們〔即青年聖戰組織〕是這次攻擊的幕後黑手，我會感到驚訝。這是很不恰當。[158]

阿提亞隨後評論二〇一〇年七月在烏干達坎帕拉發生的類似攻擊，攻擊目標也是觀看世界盃的人們。儘管他認為這次攻擊有其政治意義，但考慮到它針對的是一個「不信教」的國家，他敦促他們保持克制：

我的傾向是，最好避免這種性質的攻擊……〔的確〕我聽說英國廣播公司報導說，烏干達反對派中的一些人正在利用這次攻擊來呼籲他們的政府從索馬利亞撤軍……這很好，而且符合我們的利益。但正如我所說，目前這樣就已經足夠了。[159]

賓・拉登還勸阻青年聖戰組織不要發動攻擊：

關於你們對AMISOM特派團的攻擊，重要的是，你們要認真、妥善地思考，如何最大限度地減少對穆斯林的悲慘攻擊，例如針對巴卡拉市場的攻擊〔造成四十五人死亡〕。你們最好避免攻擊AMISOM特派團的基地，並考慮在他們離開或抵達機場的當下將其作為攻擊目標。或者，你們可以在索馬利亞境內攻擊他們，但前提是你們可以開展大型的特別行動，比如挖掘到達他們營房內部的隧道，同時從外部攻擊他們。無論如何，我們希望你在採取行動之前仔細研究這一問題。[160]

在他的答覆中，穆赫塔爾遵從阿提亞和賓・拉登的意願，以書面形式表示效忠。但我們可以感覺到，他對他們堅持保密合併一事感到不安，他正確地指出：「我們已經被敵人和朋友認為是蓋達組織的一部分了。」[161]二〇一一年一月，穆赫塔爾透過某人給蓋達組織送去「一百萬美元」，這個人認為

「他只是送一筆錢來完成一筆商業交易」。[162]穆赫塔爾還要求阿提亞為他聯繫一個軍火商。遲至二〇一一年的三月份，阿提亞發現連籌錢都已經很困難，更不用說安排武器運輸了——無人機已經在北瓦濟里斯坦壓倒蓋達組織。阿提亞無法透露自己的無望，所以他假裝很熱情。「當然，」他寫道。為了防止穆赫塔爾跟進，阿提亞對他的答覆進行限定，補充道，「如果你能保證透過海路來運輸的話。」從他的信中可以看出，這批貨物很快就會被運走。

我們還從阿提亞那裡了解到，賓．拉登仍然不願意公開合併的消息，但艾曼卻支持將合併的消息公之於眾。[163]在二〇一二年二月，也就是賓．拉登被殺身亡的十個月後，艾曼．扎瓦希里和穆赫塔爾實現他們的願望，宣布青年聖戰組織和蓋達組織的合併。在二〇一四年時，穆赫塔爾在索馬利亞的一次無人機攻擊中被擊斃，但他留下的這個組織並沒有像賓．拉登所提出的建議那樣，透過贏得公眾的支持而得分，而是透過自殺式攻擊繼續發揮其作用。

「新願景」

賓．拉登被關在阿伯塔巴德的院子裡，沒有訪客或電話讓他分心，他有足夠的時間來思考「兄弟們」的行動。在本書的第六章中，我們發現賓．拉登決定在二〇一〇年改變蓋達組織的戰略。在制定新戰略的過程中，他對失去全球聖戰前瞻性的「兄弟們」進行了長時間的考慮。他將他們與那些以地方性的聖戰為標誌、一九六〇至一九九〇年代崛起（或衰落）的聖戰組織加以比較。他寫信給他的夥伴們說：

你們都很清楚，許多堅持對當地敵人開始聖戰的團體，他們的道路受到阻礙，沒有實現他們的目標。例如，當敘利亞的穆斯林兄弟會與哈菲茲．阿薩德（Hafez al-Asad）政權鬥爭近十年後，在哈馬省的起義中（一九八二年），該政權消滅了他們中的數千人，這導致一場大災難。這引起震撼，雖然已經事過境遷近三十年，但其影響仍在延續著。埃及的伊斯蘭集團和聖戰集團，以及利比亞、阿爾及利亞和阿拉伯半島的兄弟們也同樣如此。[164]

賓．拉登擔心在蓋達組織的旗幟下活動的「新一代」聖戰者注定會遭受同樣的命運。由於他們只顧著與「當地的敵人」，即穆斯林占多數的國家的政權作戰，賓．拉登感嘆地認為他們已經成為全球聖戰的「累贅」。

賓．拉登對此打算怎麼做？

賓．拉登的新蓋達組織戰略包括把「兄弟們」馴服的內容，他主要考慮的是阿拉伯半島蓋達組織的「錯誤」。在他生命的最後一年，賓．拉登正在為蓋達組織制定一個「新願景」，使得聖戰主義進入「改革和發展的新階段」。[165]他的首要任務是迅速結束「兄弟們」在穆斯林占多數的國家的不分青紅皂白的攻擊。「只有當全球不信教者的領袖（即美國）的力量被耗盡並接近崩潰時，」奧薩瑪決定，「我們才會與當地政權展開鬥爭。」在那之前，兄弟們只有在受到政權攻擊時才應該訴諸暴力。「這樣一來，」他推斷，在世人眼中，「就會是很明顯的，我們是被壓迫者，而統治者是壓迫者。」[166]

此外，奧薩瑪希望將恐怖主義集中在蓋達組織手中，並將聖戰組織所有的媒體發布集中起來。為此，他責成阿提亞編寫「諒解備忘錄」，規定蓋達組織的指導方針，並要求地區聖戰組織的領導人「把遏制軍事攻擊作為最大關切」：

鑑於所造成的不必要的平民傷亡，他們所進行的一些攻擊應該停止……你們得知道穆斯林的鮮血是神聖的，更不用說，穆斯林公眾對這種攻擊感到厭惡……有必要向所有的兄弟們強調透明、真誠和履行承諾的重要性，並對背叛自己的誓言的行為加以警惕。[167]

奧薩瑪還希望阿提亞在他的備忘錄中加入有關聖戰份子媒體發布的準則。在這方面，他對「兄弟們」和聖戰媒體都感到失望：

我請求你要求「兄弟們」避免接受聖戰媒體的採訪。我以前曾指出，這種採訪沒有適當的生動性，缺乏受過新聞訓練的人的專業精神。這可能會給人們帶來錯誤的印象，比如說聖戰份子是落後的等等。此外，主持採訪的兄弟往往不合格，難以選擇恰當的問題。[168]

為了解決這個問題，奧薩瑪建議設立一個新的總負責人職位，負責監督所有的媒體新聞發布。總監將「有權阻止任何不符合蓋達組織戰略的媒體新聞發布」，或者是說「如果它分散對聖戰組織主要目標的注意力，如對巴勒斯坦事業的專注的話」。比如說，奧薩瑪不敢相信阿布·杜賈納·呼羅珊尼殺死七名中央情報局官員的行動被描述成「對殺死梅赫蘇德（TTP領導人）的報復」。聖戰媒體「應該要首先談論巴勒斯坦問題」，奧薩瑪怒斥道。[169]

奧薩瑪·賓·拉登計劃在九一一攻擊事件十週年之際宣布他的「新願景」。但他想首先確保「兄弟們」能夠同意蓋達組織的指導方針：

> 我們想聽聽「兄弟們」對我們的提議的反應。因為我計劃發布一份聲明，宣布我們正在開始一個新的階段，以糾正我們所犯的錯誤，真主意願的話，能讓我們重新獲得一大部分對聖戰組織失去信任的人。我們希望在聖戰份子和他們的烏瑪之間建立持續的溝通，以安撫公眾。這就要求我們的戰略能夠被所有的「兄弟們」理解並轉化為現實。我們不希望我們的行動與我們的言論相矛盾。[170]

奧薩瑪相信，各家媒體都會爭相競逐他的十週年聲明的獨家報導權。他對於與聖戰媒體的合作並沒有興趣。儘管他和他的同夥對於半島電視台關於蓋達組織的報導感到失望，但奧薩瑪仍然向阿提亞給出指示，要求他檢查半島頻道是否準備報導他的十週年紀念活動。他的設想是，蓋達組織和半島電視台商定出一組問題，奧薩瑪將會對這些問題的答覆進行錄音，並以問答的形式播出。他希望能與半島電視台當時駐巴基斯坦的記者阿赫邁德·扎伊丹（Ahmed Zaidan）一起安排此事。[171]這些信件顯示，阿赫邁德．扎伊丹向蓋達組織領導人提供的媒體建議超出他的新聞職責範圍；但鑑於蓋達組織對半島電視台的報導感到失望，扎伊丹很可能是獨立於他的上司而這樣做的。

奧薩瑪．賓．拉登提出向半島電視台提供幾份聲明的可能性，但條件是他們將提前開始報導，也就是在二〇一一年九月一日就開始。[172]賓．拉登還考慮與「一個公正和專業的美國電視頻道，如哥倫比亞廣播公司（CBS）聯繫」；「我們將向他們提供我們希望在這一週年紀念日向美國公眾傳播的材料。」[173]

但海豹部隊的突襲終結了奧薩瑪的大計畫和他興奮宣布的「新願景」。要說清楚的是，即使賓．拉登沒有被殺，那些「兄弟們」也不可能同意他的「新願景」。我們發現，蓋達組織早些時候與伊拉克伊斯蘭國的聯繫在二〇〇七年底就停止了，而當伊斯蘭國的前任領導人被殺後，該組織在沒有與蓋達組織協商的情況下，單方面宣布他們的替代者。我們還發現，葉門的阿布．巴希爾斷然拒絕結束針對葉門政權的政治暴力活動。另一方面，伊斯蘭馬格里布蓋達組織可能會遵從奧薩瑪的「新願景」，前提是該組織能夠維持其劫持人質的行為以資助自己。奧薩瑪可能也在指望著這一點，並希望AQIM能拿出二十萬歐元來資助他的海上攻擊，相關內容我們已經在上一章討論過。[174]青年聖戰組織本就可能已經簽署奧薩瑪的「新願景」，但人們不禁要問，該組織是否會遵守蓋達組織的指導方針呢？

接替奧薩瑪的艾曼．扎瓦希里幾乎沒有機會洞悉奧薩瑪．賓．拉登的設想。賓．拉登文件很可能給中情局提供許多訊息，幫助他們追殺賓・拉登最信任的伙伴阿提亞（於二〇一一年八月被殺）和蓋達組織的主要法律學者阿布・葉海亞（於二〇一二年六月被殺）。艾曼・扎瓦希里不僅失去他的最高層級的同伴，還不得不眼睜睜地看著伊拉克伊斯蘭國的崛起，它讓蓋達組織黯然失色，而且伊斯蘭國的領導人還公開羞辱他。儘管阿拉伯半島蓋達組織、伊斯蘭馬格里布蓋達組織和青年聖戰者組織的領導人保持著對蓋達組織的忠誠，但在任何時候都沒有任何跡象表明，奧薩瑪・賓・拉登提出的願景正在向前推進。

在二〇一九年時，聖戰雜誌《統一社群》（*Umma Wahida*）的創刊號上，艾曼・扎瓦希里引用賓・拉登在二〇一〇年寫給阿提亞的一封信中的以下幾句話。「我計劃發布一份聲明，宣布我們正在開始一個新的階段，以糾正我們所犯的錯誤，真主意願的話，能讓我們重新獲得一大部分對聖戰組織失去信任的人。」但我們發現艾曼並沒有證明他正在按照奧薩瑪的設想向前邁進，而是在思索，「我們是否有這種勇氣，使得我們能夠成為烏瑪（全球穆斯林社群）的榜樣，從而獲得其信任和支持呢？」

第三部

家庭

第八章 第一位「殉道者」

我們的家族已經流血，
現在海迪嘉也在殉道者之列，
祝福她的家人，
為了這個恩賜，讚頌歸於真主……

哦，失去我的海迪嘉的悲傷，
我願為我的海迪嘉再經歷一次分娩的痛[1]

——賓·拉登的第三任妻子希哈姆寫給她的女婿達吾德，二〇〇七年[2]

至少從二〇〇三年開始，奧薩瑪可能就和他的第四任妻子阿瑪爾、以及他們的兩個孩子薩菲婭（Safiyya）和阿西婭住在一起。二〇〇四年賓·拉登恢復與他的同夥的聯繫後，他在二〇〇四年底與他的第三任妻子希哈姆、他們的兒子哈立德（一九八九—二〇一一）以及他們的兩個女兒瑪麗亞姆（一九九〇年出生）和蘇梅亞（一九九二年出生）會合。[3]當時他們的大女兒海迪嘉、她的丈夫和他們的三個孩子可能住在北瓦濟里斯坦。這些信件沒有透露希哈姆和她的孩子們在與賓・拉登團聚之前的藏身之處，但很明顯，他們沒有與海迪嘉和她的家人住在一起。當海豹部隊突擊該院落時，賓・拉登家共有十六人，其中的九個人是年僅二至十一歲的兒童。七個成年人中有五個是女性。

女性並非蓋達組織的公眾形象中的一部分。儘管聖戰文書會讚揚女性聖戰者或女性遷移者的作用，但將她們的貢獻限制在作為母親、姊妹和女兒的支持性角色上，並排除她們在戰場上與男性並肩作戰的可能性。聖戰組織的思想家們反覆強調，聖戰者母親的祝福是刺激他們的兒子渴望殉道的「最有力的激勵」，並指望聖戰者的妻子透過培養孩子熱愛聖戰來支持他們的丈夫。一般來說，女性應該要煽動她們的男性親屬參加聖戰，如果他們畏縮不前，就會讓她們感到羞恥。[4]

奧薩瑪・賓・拉登的妻子和女兒們都是這樣，甚至所做的更多。我們在信中讀到，希哈姆經常「和〔她的丈夫〕一起忙於準備（我們在這些年中聽到過的）公開聲明」。賓・拉登和希哈姆的女兒蘇梅亞和瑪麗亞姆幾乎沒有時間寫信，因為她們也「忙著」和父親一起起草公開聲明。雖然海迪嘉不在北瓦濟里斯坦，但她可能創作過詩歌，她的父親會朗誦這些詩歌，並以詩歌來豐富他的公開聲明。有時，希哈姆的兒子哈立德也忙於幫助他的父親「處理重要事務」。

透過希哈姆和她的孩子們的視角，我們了解到奧薩瑪・賓・拉登既是一個顧家的男人，也是一個領導者，他對穆斯林同胞的關心「在他的腦海中占有很大比重」。在希哈姆眼中，她所看到的是一個

「以仁慈和熱情」撫養孩子的丈夫，同時還在努力地改善穆斯林同胞的困境。他們都認為自己走在真主的道路上，而那些選擇這條道路的負擔的人「注定會進入天堂」。二〇〇七年，我們發現希哈姆心情悲慟地紀念她家的「第一位殉道者」，當時十九歲的海迪嘉在生下第四個孩子時死亡。在希哈姆的詩歌中，我們聽到的是一位痛苦的母親，她權衡了得失，讚美她的主送給她的「禮物」，也讓她受到「失去我的海迪嘉的悲傷」的折磨。

賓・拉登夫婦在阿伯塔巴德過著什麼樣的家庭生活呢？他們是如何在這個藏身之處養育九個孩子，同時維持他們的安全掩護措施呢？這九個孩子又是如何度過院門深鎖的日子呢？在對賓・拉登藏身地的突擊行動中發現的一百多封家庭信件顯示，賓・拉登夫婦努力地在一個極不正常的環境中為院內的九個孩子提供正常的家庭生活。

「聖戰的桃金孃」

在賓・拉登文件中，這對夫婦第一次登場是在一九九九年的阿富汗坎達哈，那天是海迪嘉訂婚的日子。在那一天裡，我們發現希哈姆創作了詩歌，「當時海迪嘉的未婚夫來看她，她十二歲。」[5] 海迪嘉的未婚夫達吾德出生於沙烏地阿拉伯的麥地那。[6] 當時他快三十歲了，有成熟的聖戰資歷，有資格進入奧薩瑪・賓・拉登的圈子。

希哈姆的詩是手寫在一張從筆記本上撕下來的紙上，在她顛沛流離的這些年裡，海迪嘉一直小心翼翼地保護著它們。儘管她做了很多努力，但有些句子還是被打翻的水弄得漫漶不清無法辨認了，當時可能正值他們全家匆忙逃離阿富汗時。其中一首詩最初的標題是「破曉時分的茉莉」，但希哈姆一定認為這個標題太平淡了，她把它劃掉，換成「聖戰的桃金孃」：[7]

我的小姑娘……
我的茉莉花，你長得多快啊……
我向世界宣布，你是最好的女兒，
你的美德是父母的虔誠的明證。
你是我療癒的香脂。
我的小女兒，你的美麗是調養眾世界的真主的偉大禮物。
你燦爛的笑容，你迷人的眼眸，是我今後愛的史詩。
站起來吧，承擔起崇高的責任，讓歷史記錄下你所屬的親情。
歷史見證你的父親是一隻阿拉伯半島的雄獅，
他抖去奴性，從獅巢中一躍而出，
獲得輝煌、崇高和美德，
他騎著伊斯蘭的尊嚴和〔……〕的座騎，
扛起真主審判的大旗，

振臂高呼穆斯林青年起身聖戰。
喔穆斯林啊，起身吧，趕走十字架的人們。

水漬洗掉了大部分的墨汁，造成最後一節的文字無法辨認。[8]但人們從剩下的可辨認的文字——「從最純潔的地方」——來推測，希哈姆的詩在這裡達到高潮，煽動穆斯林起身加入，將美國軍隊從沙烏地阿拉伯驅逐出去，那裡有伊斯蘭教的兩個最神聖的城市。

在阿拉伯文化中，當詩歌被朗誦時，聽眾往往會記住它，然後將其口頭傳遞給其他人。在這些信件中，希哈姆經常用詩歌表達她的情感，我們可以假設她在海迪嘉的訂婚儀式上朗誦她的詩作，她對聖戰的煽動很可能在只有女賓客的聚會上得到回應。在另一首較短的詩中，希哈姆向她未來的女婿達吾德宣布「喜訊」，慶賀海迪嘉成為「她的時代的一顆珍珠」。她以麥地那的「獅子」這一崇高稱號來讚美他（未婚夫的出生地是麥地那）——但不如她賦予她丈夫的阿拉伯半島的雄獅的崇高地位。希哈姆讚揚她的「珍珠」的「批判精神」，將海迪嘉描述為「一朵盛開的小花，出自優秀的身教傳統」，她美妙的「馨香」充盈了整個國家。「好好守護海迪嘉，」希哈姆對達吾德說，為了防止他沒有意識到這一點，她還在詩中寫道「與海迪嘉生活的幸福是來自於主的禮物。」[9]

我們可從其他復原的信件中推測，海迪嘉是由她的母親在家裡教育的，她在婚後完成《古蘭經》語法學的博士學位。據說，希哈姆是以海迪嘉可以繼續接受教育為條件才接受賓・拉登的婚姻牽線。[10]為了好好利用自己的學業知識，希哈姆帶頭讓賓・拉登的孩子們接受嚴格的伊斯蘭教育課程。

在復原的賓・拉登文件中，有一份她所設計的二〇〇一至二〇〇二年的課程，包括有二十七門課。[11]第一節課於二〇〇一年二月三日開始，內容包括對《儀禮之書》（*Kitab al-Manasik*）的介紹，這是一本專門研究伊斯蘭禮儀和禮拜方式的書。最後一堂課預定在二〇〇二年一月二十日。二〇〇一年十月，課程肯定是因為美國入侵阿富汗而中斷了。像她的兄弟姊妹們一樣，海迪嘉的教育也使用這個課程大綱和其他的強化課程。

梳理家庭信件，就會發現達吾德很愛海迪嘉。在將近六年裡，他們夫妻和他們的孩子「共用一個房間，偶爾也有兩個相連的房間」。[12]達吾德無法想像還有哪對夫妻能比他們「更加恩愛」。「我是會吃醋的類型，」海迪嘉這樣警告她的丈夫。「你讓我改變了擁有更多妻子的念頭，」達吾德向她保證，因為「只要我的視線裡有你，我就不再想別的，也不會再想其他女人」。[13]他們外出購物時，海迪嘉經常尋找讓她丈夫滿意的做衣服的布料。「我應該買哪種布料呢？」她會這樣問達吾德，因為她眼前有不同的質地的布料。「讓一切變得美麗的是你。」他常常這樣回答，這會讓她的臉上泛起微笑。

與賓・拉登夫婦在家

根據美國官員的說法，阿伯塔巴德的院子是在二〇〇五年建造的，[14]賓・拉登夫婦有可能在當年八月份時就已經搬到那裡。這些信件沒有討論這次搬遷，但奧薩瑪描述他的藏身之處是由「兩座獨立的房子組成，包括獨立的庭院」。在另一棟房子裡住著兩個巴基斯坦兄弟，「阿布・哈立德（Abu

Khaled）和阿布・穆罕默德，」他們為賓・拉登一家提供「安全掩護，他們的活動很明顯，會讓人覺得房子裡住的就是當地人」。[15]信中沒有提到這對巴基斯坦兄弟的家庭生活。但在突擊之後，透過媒體洩露出來的消息得知，這兩兄弟一直與他們的妻子和孩子住在隔壁，他們甚至對各自的家人也隱瞞賓・拉登的身分。

二〇〇四年底，奧薩瑪・賓・拉登與阿瑪爾生了第三個孩子，他們給這個男孩取名為易布拉欣（亞伯拉罕）。當他們在二〇〇五年搬到阿伯塔巴德時，奧薩瑪的家庭包括他的兩個妻子（希哈姆和阿瑪爾）、他與希哈姆的三個孩子（十六歲的哈立德、十五歲的瑪麗亞姆和十三歲的蘇梅亞）以及他與阿瑪爾的三個孩子（四歲的薩菲婭、兩歲的阿西婭和剛剛出生的易布拉欣）。[16]

賓・拉登夫婦很努力地讓自己的生活可以自給自足。他們飼養山羊、[17]雞、[18]乳牛和小牛，[19]而且很克制地依賴安保人員購買他們的其他基本需求。賓・拉登解釋說：

> 我們自己烤麵包，並一次就購買大量的穀物。我們定期購買的需求品包括水果和蔬菜。至於醫生，我們的醫療需求非常有限。我們堅持用久經考驗的辦法，也就是預防勝於治療。我們知道需要哪些藥來治療小孩子的普通疾病，比如著涼感冒等等。我們把藥品放在家裡，以備不時之需。一般來說，孩子們不需要看醫生，除非是牙痛或是骨折。成人的情況也是如此。看醫生的情況很少，平均每年一次，因為我們把治療大多數疾病的藥品存放在家裡。[20]

賓・拉登夫婦堅持如此極端的安全措施，如果沒有「一個能控制他們音量的成年人在場的話」，孩子們「不允許在院子裡玩」。就在他被殺之前，賓・拉登還在敦促他的同夥也如法炮製，他們在北瓦濟里斯坦受到間諜的監視和中央情報局無人機的追捕，他說：「我們已經成功地採用了九年的這些措施。」[21]

也許最為嚴格的安全措施是賓・拉登夫婦不能使用網路或電話。所有的通信都是透過送信人在遠離藏身之處的地方發出的電子郵件。哈立德和希哈姆正在學習普什圖語和烏爾都語，他們兩人可能只在滿足重要需求時才離開院子，例如帶孩子看醫生。[22]

奧薩瑪的最年輕的妻子阿瑪爾幾乎沒有出現在賓・拉登文件中。除了海迪嘉在二〇〇五年寫給她的一封簡訊外，沒有找到其他由阿瑪爾寫的或是關於她的文字。[23]她沒有像其他妻子那樣受過高等教育。雖然我們無法推斷出妻子們之間的互動情況，但阿瑪爾的孩子們似乎都很受寵。她的大女兒薩菲婭即使在十一歲時也仍然很受寵，因為奧薩瑪用「烏姆・薩菲婭」（即薩菲婭的母親）的稱呼來叫阿瑪爾，[24]而不是按照阿拉伯人的習俗，用大兒子易布拉欣的名字。這很可能是賓・拉登對薩菲婭的喜愛和尊重的表現，在後文中，我們還會看到薩菲婭會幫助她的繼侄（可能與她同齡）做課後作業。

遠離瓦濟里斯坦的家人

我們讀到的第一封海迪嘉的信是在二〇〇五年八月底寫的，那是她最後一次見到家人的五年後。[25]當時海迪嘉十七歲，已經是三個孩子的母親了，他們是阿布杜拉，然後是他的妹妹阿依莎和弟弟奧薩瑪。「我們都喜歡聽你的語音訊息，」她在給父親的信中說。當她寫到她的長子想給他的祖父留下深刻印象時，她可能指的是他們在新聞中看到賓．拉登。「阿布杜拉特別渴望見到你，並且正在努力學寫字，以便能自己給你寫信。」

與賓．拉登的同夥們一樣，自從二〇〇一年底她的父親「銷聲匿跡」在托拉博拉的群山中後，海迪嘉也再沒有聽到過賓．拉登的消息。直到二〇〇五年，她才得知「真主賜予我們一個新的妹妹和弟弟，阿西婭和易布拉欣。」這是在說賓．拉登和阿瑪爾在二〇〇三至二〇〇五年間生下的兩個孩子。當海迪嘉寫這封信時，距離齋月——伊斯蘭曆中的禁食月還有不到六個星期。她渴望在父母和兄弟姊妹的陪伴下度過這個神聖的月份，她寫道：「父親，我有一個請求：請不要錯過任何可以讓我們拜訪您的機會。我希望我的請求不會對你的安全造成影響或侵犯。您的安全是最重要的。」[26]

曾有好幾次，賓．拉登討論過讓海迪嘉和她的家人在阿伯塔巴德與其他人團聚的計畫，但「安全條件不允許這樣做」。具體而言，賓．拉登的警衛不想要承受保護更多的人的負擔。信上只是傳達全家人給海迪嘉的愛和支持，包括她母親表達思念的詩句。十五歲的瑪麗亞姆也寫道，她「強烈地渴望」來自姊姊的消息，樂觀地認為他們的困難「只是一朵流動的烏雲」，並祈禱他們「很快就能團聚」。我們發現瑪麗亞姆詢問海迪嘉用來教育她的大兒子阿布杜拉的書籍，並承諾會給她姊姊寄去「其他的教育書籍」。[27]

二〇〇五年，賓．拉登和希哈姆十三歲的女兒蘇梅亞用她的伊斯蘭知識來堅定渴望與家人團聚的海迪嘉。她把今天的聖戰者和拒絕宣揚反伊斯蘭「謬誤」的穆斯林歷史人物相提並論。「今天的穆罕默德的追隨者，」蘇梅亞提醒她的姊姊，「正在為真主的道路而戰，」並且「同樣地受到迫害，在阿拉伯和西方暴君的監獄中忍受各種形式的酷刑」。儘管有種種的困難，「聖戰者們」，蘇梅亞評論說，「他們都十分堅忍，並對他們事業的正義性充滿信心，並堅定不移地致力於主道。」她希望她的姊姊能從聖戰份子的毅力中得到啟發，並認識到與聖戰份子的磨難相比，她們分離的悲痛「是微不足道的」，「我的姊姊，我們的困難只不過是真主道路上的一個微不足道的犧牲。」她祈禱海迪嘉的兒子們也能夠成長為聖戰者，因為「沒有比先知和使者走過的道路更好、更崇高的道路了」。[28]

鑑於蘇梅亞將伊斯蘭歷史與當代政治交織在一起的能力，不難看出她對父親的聲明所做出貢獻的印記。在一份文件中，記錄了「蘇梅亞共同撰寫」的聲明，而希哈姆也在一首詩作裡反映她對女兒的尊敬。「真主賜予你驕傲，你是修復了兩大聖地的人的後代。」[29]希哈姆所表達的是，蘇梅亞就是那個值得稱讚的人的後代，這個人就是奧薩瑪．賓．拉登的父親，他的建築公司修復了麥加和麥地那的伊斯蘭聖地。[30]這首詩繼續描繪蘇梅亞對於主道的堅守，相當於「在伊斯蘭教中樹立起一座持續到世界末日的豐碑」。[31]

在希哈姆寫給海迪嘉的信中充滿母愛的氣息。她很擔心她女兒的健康，她的女兒在一次流產後接受「子宮擴張刮除術」，還患有「傷寒和瘧疾」。[32]她敦促海迪嘉要「吃得好一些，尤其是牛奶和肉」。希哈姆叮囑海迪嘉不要靠打孩子的屁股來管教他們，而是要「按照你父親說的，用仁慈和溫暖的態度來撫養他們」。[33]很顯然，這位九一一恐攻事件的始作俑者並不贊成體罰。

希哈姆並不總是有時間與她的女兒進行長時間的溝通，我們發現她寫「這封信時很匆忙，因為我正忙著和你父親一起起草公開聲明」。賓．拉登夫婦經常在很短的時間內得知送信人要來取信。在這種情況下，奧薩瑪的公開聲明和寫給他在瓦濟里斯坦的同夥的信會被放在最優先的位置。我們在信中看到，瑪麗亞姆和蘇梅亞密切參與「與父親一起準備要進行的研究和主題」，當世界媒體報導賓．拉登的公開聲明時，「他們的作品就會在電視上播出。」[34]哈立德也做出「一些貢獻」，主要是幫助他父親給公開聲明進行錄影和錄音。[35]希哈姆也參與了她丈夫的聲明的起草工作，在找到的文件上發現的紅色編輯筆跡很可能是她對最終稿件的潤色。[36]即使身在很遙遠的地方，海迪嘉也可能為她父親的公開聲明貢獻詩歌。希哈姆在一封信中稱讚她的女兒說：「你父親感謝你給他的貢獻。」她還補充說：「這很合適，他把它納入了他的聲明中。」而且，「這些聲明可能會在未來幾天內公布。」[37]

在瓦濟里斯坦，海迪嘉的任務是為她的弟弟哈立德找到一個合適的妻子。賓．拉登在這項工作中並不成功，儘管在他恢復與同夥的聯絡後，這項工作已經是在他的待辦事項清單上名列前茅。二〇〇四年，賓．拉登曾寫信給他的副手艾曼．扎瓦希里，詢問由艾曼擔任監護人的女孩哈賈爾（Hajar）是否是合適的人選。[38]我們不知道為什麼這個安排沒有成功。因此希哈姆和奧薩瑪將為哈立德尋找妻子的「全部權力」交給海迪嘉，並且要考慮到「宗教信仰、性格和美貌對哈立德來說十分重要」。[39]

同樣的緊迫性並沒有延伸到為瑪麗亞姆和蘇梅亞尋找配偶這件事上，依照她們父母的標準，她們也到適婚年齡了。這兩個女孩很可能比她們的哥哥更容易適應躲藏的生活。從信中我們可以看出，她們的研究能力比哈立德強，而且很可能發現，她們的研究在父親的公開聲明中起到核心作用，這讓她們很有成就感。在不幫助父親時，希哈姆的孩子們閱讀的書籍包括一本關於伊斯蘭道德和習俗的百科全書（十二卷）；伊本．赫勒敦關於歷史的鴻篇巨著《歷史緒論》（*Muqaddima*），以及埃及詩人阿赫邁德．紹琦（Ahmed Shawqi）的作品集。[40]

哈立德可能並不認為自己做出多大的貢獻。他記錄父親的公開講話，他寫給聖戰媒體社《運動》的一封信表明他正在努力工作，並歡迎大家就如何提高他的技能提出建議。他提到自己製作的「質量不怎麼樣的影片」，[41]也許他是在說錄製於二〇〇七年的一段影片，其中奧薩瑪的臉看起來像一幅糟糕扭曲的畫，[42]並且引起關於該影片是偽造的報導。[43]除此之外，他還經常與《運動》通信，要求購買電子設備，例如照相機和移動存儲設備，並要求從網路上下載資料來供他的父親閱讀。他們在阿伯塔巴德定居下來後，哈立德會照顧他們的山羊和雞。[44]後來，我們了解到，「除了對養雞感興趣外，他還養了一頭牛，還有一頭一個月大的小牛犢。」[45]（海豹部隊從賓．拉登藏身的院落裡找到了哈立德錄製的小牛吸奶的影片。）[46]

當海迪嘉負責為哈立德尋找妻子時，他的命運發生了變化。北瓦濟里斯坦一名埃及戰士的女兒曾被許配給另一名「兄弟」，[47]但當海迪嘉向這個女兒的父母提到哈立德的名字時，他們便準備改變主意。這讓奧薩瑪十分開心。他在給海迪嘉的信中說：「如果這個女孩合適，就〔代表我們〕向她父母求婚。」他還說：「如果他們接受的話，你會得到我們的祝福，如果他們拒絕，就繼續尋找更多的人，這樣我們就可以有一個選擇了。」[48]準新娘的母親烏姆．阿布杜．拉赫曼（Umm Abd al-Rahman）同意了這一求婚，條件是她的女兒在結婚的前四年要留在娘家父母的身邊。我們不知道她堅持這樣做是否因為她的女兒還是個孩子。她還認為，哈立德會參加聖戰，就像聖戰圈子裡的其他人一樣。希哈姆同意了，但委婉地建議推遲婚期，直到奧薩瑪的安全狀況得到改善。我們將看到，哈立德的婚姻推遲時間大大超過人們的預期。

在為哈立德成功安排一個妻子之後，海迪嘉還有其他好消息要與她的母親分享。希哈姆的哥哥薩阿德給他妹妹寄來了錢，並且正在訪問「聖戰之地」，很可能是北瓦濟里斯坦。希哈姆對於有機會給她的哥哥寫信感到很高興，事實上，正是薩阿德把她介紹給奧薩瑪。

我正享受在聖戰前線（al-ribat）的幸福中，我被耐心的綢緞包裹著……我的兄弟，這確是主的恩典。我最親愛的兄弟，光是聽說你來信就對我已經足夠喜悅，更不用提能夠親眼讀到它了。[49]

然而，希哈姆有一個迫切的要求。「願主回賜你，因為你送給我的那筆錢。這真是及時雨。如果你可以的話，送得愈多愈好。」[50]為了避免薩阿德不理解她請求的緊迫性，希哈姆讓海迪嘉「用你自己的筆跡」給她叔叔寫信，讓他知道「我急切需要他為我保管的那十萬歐元」。（她曾建議海迪嘉「在一般情況下不要使用電話」，如果必須要用的話，她「不應該在電話中討論錢的問題」。）[51]據報導，希哈姆已經將她的嫁妝指定用於阿富汗的聖戰，[52]我們從她的信中得知，她想從阿伯塔巴德資助蓋達組織的聖戰。

哀悼

在二〇〇五年齋月開齋節的第二天（西曆的同年十一月四日），希哈姆有一種「奇怪的感覺」。她告訴瑪麗亞姆，當她想到海迪嘉時，她感覺到一種「發自心底的不安」。「我所能做的，」她給海迪嘉寫道，「就是祈禱真主能保護你。」[53]她把自己的感受用詩句抒發出來，她寫道：

你的形象一直在我的視線，
我祈禱我的眼睛能真正看到你。

希哈姆可能經歷了某種預感。二〇〇七年，來自瓦濟里斯坦的信件帶來海迪嘉已經去世的消息，這讓希哈姆為失去女兒而且沒能參加她的葬禮而傷心欲絕。賓．拉登也很傷心。在他的一封信中，哈立德描述說，奧薩瑪在得知海迪嘉去世後「非常的激動」，「他的臉部表情發生巨大的變化。」[54]

烏姆．阿布杜．拉赫曼，也就是哈立德未來的岳母，在海迪嘉去世時就在她的身邊，她給希哈姆寫了一封詳細的信，講述所發生的一切。我們了解到，海迪嘉在懷孕前和懷孕期間經歷了幾次感染，並在分娩時經受嚴重的大出血。她在分娩第四個孩子後的幾分鐘內告訴烏姆．阿布杜．拉赫曼，「我感覺全身麻木了。」海迪嘉的丈夫達吾德立即安排「兩個血型相同的兄弟來捐血」。但在他們捐血的幾分鐘內，海迪嘉已經「變成枯黃的顏色」。當她嚥下最後一口氣時，她口中重複著「清真言」

（Shahada，穆斯林的信仰證詞）：「萬物非主，唯有真主，穆罕默德，主之使者。」[55]烏姆・阿布杜・拉赫曼把新生的女孩送到她自己的家裡，並囑咐她「要餵食蜂蜜」。然後她陪著兒子和達吾德，達吾德把他妻子的屍體抬到車上，他們一起去了「領袖的家」。這裡可能指的是哈吉・奧斯曼，他是蓋達組織在阿富汗—巴基斯坦地區的領導人，當時正躲在北瓦濟里斯坦。第二天早上，烏姆・阿布杜・拉赫曼發現自己不得不首次操辦葬禮流程：

這對我來說非常困難。這是我第一次給亡人洗屍體和穿衣服，所以我帶了一本〔關於葬禮儀式的書，在準備處理屍體時查閱。誰的屍體呢？不是別人，正是我親愛的海迪嘉……如果你能看到海迪嘉臉上那驚人的笑容就好了。就彷彿她還活著。在我洗完她的屍體後，我看到她的臉上有光在閃耀。以真主起誓，她的食指豎起來了，就好像她在說「清真言」一樣。[56]

當埋葬海迪嘉時，她的鰥夫「感覺自己幾乎癱瘓了，幾乎寸步難行」。[57]後來達吾德告訴一些巴基斯坦「兄弟」，「我的愛人被埋葬在馬蘇德的土地上，」兄弟們非常善意地告訴他，她已經成為他們中的一員了，也就是說，她是瓦濟里斯坦的「馬蘇德部落」的一份子。[58]他無法抑制自己的悲痛。「最愛的人就是我的一切，」他在給岳母的信中說。[59]他在給賓・拉登的信中以一種相當不尋常的悲傷表達方式說：「如果不是我的宗教不允許的話，我會穿上海迪嘉的衣服，戴上她的首飾，並告訴世人我穿著我愛人的衣服。」達吾德用一些跡象來安慰自己，讓自己相信海迪嘉在天堂。

> 一位輔士〔ansar，也就是巴基斯坦當地的支持者〕看到一束光從最愛的人的埋葬地點照出來。當他朝著克爾白〔Ka'ba，即朝向麥加的祈禱方向〕的方向挖掘她的墳墓時，一股芬芳的涼氣從一個開口處飄了出來。按照慣例，安薩爾兄弟最多可以打開墳墓三次。傳出來的涼爽空氣使得我的心平靜下來。她微笑著，彷彿睡著了。哦，希哈姆，最親愛的海迪嘉肯定是在天堂中，若真主意願的話。[60]

在現存的殉道者文獻中，有幾個關於殉道者屍體的「微笑」和「芬芳氣味」的例子。[61]在此案例中，從達吾德的信中並不清楚他是在夢中還是在現實生活中經歷這些跡象。無論如何，希哈姆被他的敘述感動了，想知道「墳墓的地址」。她還要求達吾德，如果他在宰牲節去他妻子的墳墓走墳的話，他要「告訴最親愛的人，我會不停地為她祈禱，直到我也高興地加入到她的殉道者的行列，若真主意願的話」。[62]

儘管悲痛欲絕，達吾德還是感到迫切需要確保他四個孩子未來的幸福。在海迪嘉去世後的幾天內，他向一個有三個孩子的寡婦求婚了。「讓我必須要這麼做的原因是，」他在寫給他的岳父母的信中說，「是孩子們的狀況，他們是我心疼的人。」[63]那時，賓・拉登夫婦可能覺得他們的藏身之處已經安全了，我們發現悲傷的希哈姆懇求她的女婿把她的孫子送到阿伯塔巴德。「真主為我作證，我無意阻止你和你的孩子們在一起，」她向他保證說，「我在心底裡祈禱真主能用堅忍來讓你變得強大。」[64]為了安慰他，希哈姆向他分享一絲她自己的悲痛：

> 〔流亡的〕悲劇使我無法謳歌我的海迪嘉，

請告訴我，有誰能代替我〔即母愛〕呢？
我為歷史譜寫了一些詩篇，
講述我的流亡和悲痛的故事。
六十個月來我一直在追尋她的身影，
我的淚水低聲訴說著我的渴望，
我對你的最後記憶，我的女兒，
是你彎腰親吻我的額頭，然後是我的手，
海迪嘉已經在她的墳墓裡，
這五十五個日夜，
我祈禱，把我帶到她身邊，
這是我對海迪嘉的傾訴，
現在我應該和誰分享我的悲傷和痛楚？

海迪嘉就像我的姊妹，我的朋友，我的夥伴。
她是第一個對我說出那個最親愛的詞〔即母親〕的人。
哦，失去我的海迪嘉的悲傷，
若能為我的海迪嘉再經歷一次分娩的痛。[65]

希哈姆不得不將她的痛苦與對聖戰事業的承諾堅守相協調，她的女兒被奪走了。根據伊斯蘭傳統，死於分娩的女子是被算作殉道者的，[66]而在她的家人看來，海迪嘉是賓．拉登家族的「第一位殉道者」。[67]殉教是一種信念，即那些在真主的道路上奮鬥的人們會更快速地通往天堂，其餘的人則必須在墳墓中等待，直到復活日來臨。在希哈姆傾訴悲痛的同一封信中，她讓她的女婿寫信給她在希賈茲（沙烏地阿拉伯）的親戚，告知他們海迪嘉的去世，並「把我的以下的話帶給他們」：

我們的家族已經流血，
現在海迪嘉也在殉道者之列，
祝福她的家人，
為了這個恩賜，讚頌歸於真主……

這首詩還對她家裡沒有參加聖戰的男人們進行羞辱：

我們的女人和孩子正在面臨著〔戰場的〕動盪，而一些男人卻膽小怕事，唯唯諾諾。[68]

達吾德向其求婚的那位寡婦拒絕了他的求婚，而且他也認命了，他的孩子和他們在阿伯塔巴德的祖父母一起生活會更好。對達吾德來說，把自己的孩子送到世界頭號通緝犯那裡過日子並不容易。但當時，北瓦濟里斯坦上空的無人機戰役愈演愈烈，[69]以至於他的孩子們無法得到他們需要的醫療照顧。[70]達吾德的大兒子阿布杜拉大概六、七歲，「因為失去母親而受到創傷，一提到她的名字就會哭。」他還患有胸痛，正在用蜂蜜和草藥治療。[71]達吾德的女兒阿伊莎（五、六歲）「經常在夜裡哭醒」，她的耳朵痛，會用幾滴熱橄欖油治療。他的兒子，四、五歲的奧薩瑪，情況相對較好。[72]

然而，達吾德認為，小嬰兒法蒂瑪還太小，不能和她的哥哥姊姊們一起遠行，他希望在把她送到阿伯塔巴德之前先留下來母乳餵養。一位值得信賴的敘利亞「兄弟」的巴基斯坦妻子主動提出在頭八天為她哺乳，然後希哈姆的一位朋友為小法蒂瑪哺乳了幾個月。[73]使用奶媽是在伊斯蘭之前就已經存在的習俗。根據歷史學家馬丁．靈斯的說法，「所有阿拉伯城鎮的大戶人家都會在兒子出生後不久將其送到沙漠中去，請遊牧的貝都因人（bedouin）奶媽為其哺乳和斷奶，並在某個貝都因部落中度過童年的一部分時間。[74]這一習俗在沙漠中的貝都因人和城鎮之間建立了聯繫紐帶。一些穆斯林至今仍保持著這種做法。就聖戰者而言，這樣的習俗也在家庭中產生一種持久的聯繫。當男孩和女孩是由同一個女人哺乳餵養，他們就會像兄弟姊妹一樣，他們將來是不能彼此通婚的。當小法蒂瑪到達阿伯塔巴德時，為她哺乳的婦女送來一份她哺乳過所有的嬰兒的名單，以便希哈姆能夠掌握情況。

達吾德的孩子們被一個值得信賴的中間人從北瓦濟里斯坦送了過來，並被送到一個未公開的地點，然後哈立德在那裡接走他們。這是哈立德難得的一次離開院落的機會，因為「必須要有家人來把孩子們接回去」。

孩子們搬到阿伯塔巴德之前，他們的家庭教育包括與父親一起背誦《古蘭經》，與母親一起學習基本的寫作和拼寫課程。[75]阿布杜拉在寫作技巧上一直很吃力。[76]在阿伯塔巴德，孩子們接受的教育更加嚴格。海豹部隊在那裡發現一張標題為「每日課程表」的文件。第一節早課是在六點十五，第二節是在七點。他們在七點半休息和吃早餐，然後在早上八點繼續學習第三課。第四堂課是在十點。然後他們在中午休息和做禮拜，而且可能已經吃過午餐。第五節課，也可能是一天中的最後一節課，是在下午兩點半，是數學課。[77]

孩子們的教育是按照沙烏地阿拉伯的課綱形成的，但希哈姆敦促她的女婿尋找葉門和卡達使用的課程——她認為後者的設計更能吸引和開發學生的智力潛能。最有可能的是，奧薩瑪與阿瑪爾的孩子們遵循的是與海迪嘉的孩子們相同的「每日課程表」。根據一封信中的內容，海迪嘉的長子阿布杜拉喜歡和「他的姨媽薩菲婭」，也就是阿瑪爾的大女兒一起學習。薩菲婭可能與他同齡或最多大一歲，顯然對她的繼侄很有好感。二〇〇六年十月或十一月，奧薩瑪和阿瑪爾有了第四個孩子，他們給這個女孩取名叫載奈布，到了二〇〇八年中期，他們有了第五個孩子，他們給男孩取名胡塞因。

奧薩瑪・賓・拉登的孫子們很喜歡阿伯塔巴德的環境。他們喜歡待在舅舅哈立德身邊，很大程度上是因為他們喜歡和那幾隻總是在叔叔身邊閒逛的貓玩。[78]他們聽歌曲，按照伊斯蘭教法，這些歌曲是在沒有樂器伴奏的情況下吟唱的。有些歌曲無疑是為了鼓勵孩子們吃健康的食物。其中一首是關於吃番茄的快樂，之後「我的臉頰變得紅撲撲」。[79]另一首——「我變胖了，媽媽！」——這是一首是關於吃「山羊和米飯」和「變得更強壯和健康」。同一首歌曲中談到「在餐館裡和我的朋友們見面」，[80]這是賓・拉登的孩子們只能夢想的事情。他們還聆聽和觀看學習字母表的兒童聲樂演唱

（anashid，伊斯蘭無伴奏合唱），[81]還有一些這樣的演唱是表達齋月即將到來的喜悅。[82]他們也觀看兒童教育影片，其中一個影片中兩個女孩可愛地談論著她們的貓，並說先知穆罕默德的聖門弟子（阿布・胡萊拉）也有一隻貓。[83]另一個學習內容是一首關於一週七天的英文歌，表明英文也是阿伯塔巴德的孩子們所受教育的一部分。[84]像希哈姆和哈立德一樣，他們還學了烏爾都語和普什圖語，這將使他們最終能夠融入阿富汗—巴基斯坦地區的當地人。

賓・拉登會在吃過晚餐後給孩子們唸故事聽。在早上，孩子們會去找哈立德聽更多的故事。[85]至少有一次，在標誌著齋月結束的開齋節上，孩子們朗誦《古蘭經》和詩歌，之後賓・拉登為他們分發獎品。[86]在海豹突擊隊找到的錄音中，我們可以聽到他們的表演。[87]當輪到小法蒂瑪時，我們聽到房間裡的成年女子們的笑聲，因為小法蒂瑪自信地背誦了詩中的幾個字——省略大部分的其他音節。[88]

我們可以知道，二〇一〇年八月，達吾德的四個孩子中的三個，他們給仍在瓦濟里斯坦的父親寫了簡短的信。阿布杜拉說，除了背誦《古蘭經》第十七和十八章外，他還「每天學習」，並「做五次禮拜」，這是伊斯蘭信仰的五門功課之一。阿伊莎渴望「我們所有人都能再次見面」，並希望在那一年的齋月裡第一次封齋。她高興地告訴大家，他們為開齋節準備新衣服，她的小妹妹法蒂瑪「長大了，頭髮長了，我們玩在一起」。達吾德的兒子奧薩瑪寫道，他已經背誦到《古蘭經》的第一〇一章（Sura al-Qari'a）。大約一個月後，他補充說，「我將開始和我的祖父一起禮拜。」他也渴望著能夠和父親團聚，「當局勢緩和時，」他寫道，「我們會一起禮拜。」[89]

可能是在二〇〇八年，達吾德在本人未到場的情況下與海迪嘉的妹妹瑪麗亞姆再婚，瑪麗亞姆把他的孩子們當成自己的孩子撫養。他問岳母，他給瑪麗亞姆寫信是否合適，[90]因為蓋達組織遵守嚴格的男女隔離制度，這意味著婦女只能與丈夫和作為其血親（彼此間不能通婚的血親，如兒子、父親或兄弟）的男子交往和通信。[91]我們不知道希哈姆是否給予許可，而且達吾德和瑪麗亞姆似乎也沒有過信件往來。

達吾德最終娶了另一個妻子薩拉，她對一夫多妻制的安排沒有意見，因為「這對孩子來說是最好的」。[92]他們有一個兒子，薩阿德，當二〇一〇年九月達吾德在一次無人機攻擊中被殺時，薩拉已經懷孕。瑪麗亞姆則是在婚姻圓滿之前就成了寡婦。[93]

希哈姆在她的詩歌中哀嘆，她不能再為她心愛的海迪嘉「再經歷一次分娩的痛」。二〇一〇年十二月，薩拉寫信給希哈姆說她已經懷孕七個月，如果她生下的是一個女孩的話，她打算給她取名叫海迪嘉。[94]

第九章　逃亡

「六個月前，（當我們仍被拘押在德黑蘭時，）我開始認真地尋找逃跑的方法……在午夜時，我會跳出窗戶，到方形的圍欄前，監視安保人員的行動，而我的妹妹則在窗邊等我。」

——薩阿德·賓·拉登給他父親奧薩瑪·賓·拉登的信，二〇〇八年八月五日[1]

奧薩瑪·賓·拉登的第二任妻子海麗亞、他們的兒子哈姆扎，以及他與第一任妻子娜芝娃所生的六個孩子，都是二〇〇二年初逃往伊朗的人。他們非法越過邊界，在二〇〇二年十二月時，伊朗當局追蹤到他們。二〇〇四年，當奧薩瑪·賓·拉登恢復同他同夥的聯繫時，他才得知他的家人被拘押了。當時賓·拉登的同夥對他們的真實情況知之甚少，但他們得到的印象是他們被「軟禁」了。奧薩瑪將此事視為蓋達組織要如何應對被拘押者這一更廣泛問題的一部分。這些信件表明，伊朗在那一年試圖與他建立聯繫，但賓·拉登堅持認為，任何聯繫都是以釋放蓋達組織的一名最高領導人為「先決條件」的，「這樣我們就可以對情況和他們關押的人有一些了解。」[2]在二〇〇七年時，賓·拉登心中的父愛占了上風。在得知女兒海迪嘉的去世後，「非常情緒化」的賓·拉登改變方向，開始將他的妻子和孩子的被拘押看作是一場家庭的磨難。

二〇〇七年底，在安排將達吾德和海迪嘉的孩子帶到阿伯塔巴德時，奧薩瑪給他同父異母的大哥巴克爾寫了一封信，懇求他能幫忙確保他的家人在伊朗獲釋。巴克爾住在沙烏地阿拉伯，主持賓・拉登家族的生意，他在一九九四年公開譴責奧薩瑪所進行的活動，據說切斷了與他所有的聯絡。然而，這並沒有阻止奧薩瑪至少嘗試聯絡他的家人。希哈姆的孩子不在伊朗，她調集自己家族在沙烏地阿拉伯的人脈，「努力讓孩子們從伊朗得到釋放。」

但直到二〇一〇年，蓋達組織才公開承認伊朗扣留其領導人和奧薩瑪的家人。人們有理由問，為什麼奧薩瑪和他的同夥沒有更早地公開談論被拘押者的問題？如果有的話，蓋達組織做了什麼，迫使伊朗在二〇〇九年開始釋放他們？以及為什麼伊朗最終在二〇一〇年釋放奧薩瑪的大部分家人？

正如我們將看到的，賓・拉登文件涉及所有這些問題。

奧薩瑪夢中的伊朗

奧薩瑪相當重視對夢的解釋。在伊斯蘭傳統中，夢（ru'ya）可以是作為一個真主的工具，用來引導他的信徒。[3]在奧薩瑪・賓・拉登於二〇〇七年寫給他的哥哥巴克爾的信中透露，早在他的家人逃到伊朗之前，他就已經反覆做了關於伊朗的惡夢。我們了解到，一九八七年奧薩瑪就曾做過這樣的預知夢。

我夢見我在吉達（Jedda）南部的布魯德（al-Burud），向東眺望著法蒂瑪谷，我看到一片飛揚的沙塵。後來我發現那是一個高高的波浪，像海嘯一樣，從東方湧來。然後我看到波浪在山谷中留下的破壞，並注意到駱駝牧民的殘破汽車，他們對自己的遭遇毫不在意。當我還在夢中時，我對自己說，「這就是貝都因人，他們是不在意的。」[4]

奧薩瑪在二〇〇七年給巴克爾的信中敘述了這一情況。早在一九八七年，奧薩瑪就把這個夢解釋為「波浪來自東方，這表明，拉菲達（什葉派）是敵人」。[5]

一九九〇年，奧薩瑪又做了一個夢，這個夢裡充滿預感，促使他公開警告「拉菲達（即什葉派）霍梅尼（Khomeini）的威脅」和伊拉克的（世俗的）薩達姆．海珊構成的威脅。[6]這件事是以講座的形式，被錄製在一個錄音帶上，奧薩瑪將其拷貝給了巴克爾。奧薩瑪預言復興黨的「薩達姆即將入侵該地區」，而巴克爾反駁說，「你只是想嚇唬我們。」奧薩瑪可能認為，巴克爾就像他在早先的夢中看到的貝都因人一樣「不在意」。六個月後，薩達姆．海珊入侵科威特，導致海灣戰爭（一九九〇至一九九一年）爆發。奧薩瑪迎來了他的「我早告訴你了吧」的時刻。他曾在一九九〇年對貝克爾說：「在今天，薩達姆和他的政黨的威脅與拉菲達的威脅相比只是微不足道的。」[7]

除了在二〇〇七年的信中提醒巴克爾這些夢境之外，奧薩瑪還有一些實際的苦難要告知巴克爾，這些苦難離家很近——太近了。「我們父親的一些孫子和孫女在伊朗被軟禁了，」奧薩瑪傷心地寫道：

〔我的妻子〕烏姆．哈姆扎、我的女兒法蒂瑪和伊曼（八歲）[8]，以及我的兒子——薩阿德、奧斯曼、穆罕默德、哈姆扎和拉登——都被拘押在伊朗……

當美國對阿富汗發動不公正的軍事行動時，它一再把阿拉伯聖戰者的家庭作為目標，包括他們的婦女和兒童……其中一些倖存的人在沒有與德黑蘭當局協調的情況下前往了伊朗……後來當局逮捕並監禁他們。有人告訴我，我的家人被軟禁了。

奧薩瑪說他的家人「已經被拘押多年了」，而且「我們已經多次借助巴基斯坦方面要求釋放他們，但伊朗沒有回應」。

如前所述，巴克爾曾在一九九四年公開譴責奧薩瑪的活動，因為他的兄弟拒絕「與沙烏地政府和解，並放棄政治反對和在外流亡的道路」。[9]如果說巴克爾真的與他的弟弟斷絕所有聯繫的話，奧薩瑪也沒有理會這件事。他在二〇〇七年的信中充滿對「所有的家人」的熱情問候，特別是對「我親愛的母親……願她對我滿意」。但奧薩瑪也批評沙烏地阿拉伯的賓．拉登家族成員，因為他們「忽視了對宗教的捍衛」：

忽視對伊拉克聖戰者的支持是一大罪。如果聖戰者不保護穆斯林男女免受基督徒和拉菲達（即什葉派）在伊拉克的侵略的話，那麼阿拉伯半島的哈拉爾〔harāir，即未被奴役的高貴的穆斯林婦女〕還怎麼保護她們不被拉菲達玷汙？你們遲遲不鎮壓拉菲達的暴力煽動，任由他們的威脅增長和擴大，實在是令人不齒。

但二〇〇七年這封信的最終目的是為了爭取巴克爾的幫助。奧薩瑪認為，巴克爾的姊夫有必要的人脈關係來確保他的家人在伊朗獲釋。[10]巴克爾的妻子海法・納布盧西（Haifa Nabulsi）是來自敘利亞的巴勒斯坦人，[11]奧薩瑪可能認為，她的兄弟可以利用他們與敘利亞政權的聯繫，代表他的家人與伊朗進行交涉，因為敘利亞和伊朗保持著密切的關係。奧薩瑪懇求說：「也許，你可以幫助確保他們被釋放到巴基斯坦的瓦濟里斯坦地區。」一旦「我知道他們在部落裡是安全的」，他補充說，「我就可以放心了。」[12]預料到巴克爾不願意參與此事，奧薩瑪故意提起他們對父親的記憶。他懇求道：「你可以替你已故的父親做一件善功。」

為了確保她丈夫的信不會被置之不理，希哈姆給海迪嘉的丈夫達吾德另寫了一封信，達吾德似乎有能力向沙烏地阿拉伯寄信。希哈姆在信中附上奧薩瑪母親的電話號碼，因為他知道母親會遊說巴克爾以確保她的孫子得到釋放。[13]希哈姆還指示達吾德給自己的家人寫信，要求他們調動自己的網路，幫助「孩子們從伊朗釋放出來」。

原本要把奧薩瑪和達吾德的信送往沙烏地阿拉伯的送信人在巴基斯坦被捕獲了，我們可以假定，巴克爾沒有必要在確保他的侄女和侄子得到釋放與無視他們的困境之間做出選擇。[14]而奧薩瑪的「拉菲達」惡夢仍在繼續著。

蓋達組織的伊朗難題

正如我們在第二章中發現的，毛拉・奧馬爾曾在二〇〇一年十二月命令阿拉伯人撤離阿富汗。逃往巴基斯坦的人被逮捕了，除了向西逃到伊朗以外，阿拉伯聖戰者及其家人們已經別無他處了。在毛拉・奧馬爾發布命令之前，奧薩瑪本人已經「銷聲匿跡」。根據奧薩瑪的兒子薩阿德在二〇〇八年寫的一封信中的內容，是哈立德・謝赫・穆罕默德命令蓋達組織的最高領導人和奧薩瑪的家庭成員逃往伊朗，「因為當時的局勢非常危險。」[15]結果，他們發現自己是才出狼巢，又入虎穴。

奧薩瑪和他的同夥從來不會放過任何一個強調穆斯林受害的機會，但他們一直等到二〇一〇年才公開伊朗拘押蓋達組織的領導層及其家人的事情。如何解釋這種一反常態的拖延呢？

這對蓋達組織領導人來說顯然是個問題，尤其是因為他們的許多的「敵人」不斷地指責他們與伊朗合謀。二〇〇三年五月，沙烏地贊助的報紙《中東報》（*al-Sharq al-Awsat*）報導稱奧薩瑪的兒子薩阿德和賽義夫・阿德勒「在二〇〇三年五月的利雅得攻擊後離開了伊朗」。文章稱，這兩人在伊朗得到穆罕默德・伊斯蘭布利（Muhammad al-Islambuli）的庇護，後者「與伊朗革命衛隊的關係密切」。[16]穆罕默德是哈立德・伊斯蘭布利的兄弟，後者正是那名在一九八一年刺殺埃及總統安瓦爾・薩達特的凶手。儘管該文章的細節令人印象深刻，但完全不準確。賓・拉登文件顯示，在利雅得攻擊事件發生時，薩阿德正在絕食，抗議他在「德黑蘭機場附近的地下祕密監獄」裡難以忍受的條件。當時賽義夫也可能在同一個監獄裡。

儘管其高層領導人被拘押了，但蓋達組織還對公開批評伊朗的行為做出限制。二〇〇六年，當奧薩瑪的同夥阿提亞在網路上與聖戰團體接觸時，他擺出一副無懼的樣子，「我們已經談了很多關於伊朗的問題了，但讓我告訴你。真主意願的話，如果聖戰組織——蓋達組織和支持它的人對伊朗下手的話，他們會大大地惹怒伊朗，透過恐怖的洪流改變其和平的存在方式。」[17]

是什麼阻礙了蓋達組織把它的威脅化為現實呢？阿提亞沒有告訴他的聽眾，伊朗關押著蓋達組織的領導層和奧薩瑪的家人。此外，他還不能透露蓋達組織「正在經受折磨」，其成員被奧薩瑪指示要「隱藏」，而且該組織的「外部工作」，即跨國恐怖主義，已經不存在了。阿提亞只能假裝蓋達組織仍全面控制著局面，他提出一個以實利政治計算的立場。「今天，聖戰份子是謹慎的。他們有自己的考慮，這些考慮總是在變化，情況也是如此。不要以為你們（即伊朗人）是安全的，你們知道這些話是什麼意思！」[18]

在幕後，阿提亞頗感煩惱。蓋達組織不僅無法攻擊伊朗，而且由於擔心被拘押者的安全，他和其他領導人不得不在公開聲明中淡化對伊朗的敵意。對於蓋達組織是否應該公開拒絕指責其與伊朗共謀的報告，阿提亞需要得到建議，這些報告中的許多內容來自於沙烏地阿拉伯。透過中間人，他向沙烏地阿拉伯的神職人員比什爾・比什爾尋求建議。比什爾仍在被軟禁中，但阿提亞「可信賴的中間人」能夠拜訪他，並與該神職人員詳細討論蓋達組織的事務。比什爾建議蓋達組織完全無視有關其與伊朗聯繫的謠言：

> 對這種謊言的回應只會愈描愈黑……提出這種指責的文章只不過是歷史上的區區一粒塵埃，不要為它們擔心。我很驚訝人們怎麼不會看到這些文章明顯的虛假。就像把火和水混在一起，蓋達組織和伊朗到底要如何一起工作呢！……不要去關心已經很明擺著的事情……如果有人聲稱謝赫奧薩瑪是以色列和美國的代理人，我們是否也要賞臉給個回應呢？[19]

這讓阿提亞比較放心了。但他仍然對這個問題感到困惑，我們發現他在二〇〇七年給奧薩瑪・賓・拉登和艾曼・扎瓦希里的信中闡述了蓋達組織的難題：「關於我們在媒體聲明中如何對待伊朗，這無疑與我們在政治上如何處理伊朗問題是糾纏在一起的。我對此思考了很久，我不會對你們隱瞞，我在這方面有點進退兩難。」

阿提亞考慮到，蓋達組織需要認識到「伊朗扣押著我們的兄弟」。而且伊朗也是一個與美國沒有邦交關係的國家，這意味著中央情報局在那裡的存在（如果有的話）比在巴基斯坦要有限得多。這使得蓋達組織能夠利用伊朗作為「一個通道……來當做我們行動的後勤出口」。那些被委託透過伊朗轉移資金和偷渡人員的人被指示做好準備，如果他們被抓，就自行了斷，以免他們在脅迫下洩露蓋達組織的機密。[20]在他寫信的前幾天，阿提亞自己的妻子和孩子在北瓦濟里斯坦與他會合了，很可能是透過伊朗偷渡到那裡。然而，在他的內部溝通中，阿提亞遠遠沒有保持沉默：

> 這個邪惡的異端國家無疑是我們的敵人，是對伊斯蘭烏瑪的一個迫在眉睫的威脅。這包括伊朗的

犯罪和有害政策，以及它站在我們的敵人一邊——某種程度上反對我們的事實。我不想說，我們的沉默使得人們懷疑我們的誠意。這一點，我不相信，因為烏瑪裡的好人……了解我們沉默背後的原因……但我必須說，那些有偏見和偏頗的敵人，那些正在尋找任何可以指責我們的東西的人，正在利用它！更令人不安的是，只要有機會被媒體報導，我們同國籍的夥伴們（min bani jildatina）也毫不懷疑地宣傳這種觀點。[21]

正如他在給奧薩瑪的信中所說的，阿提亞不相信蓋達組織「可以無休止地等待伊朗人釋放我們的兄弟」。他確信，伊朗人「永遠不會釋放被拘押者」，扣押他們是「為了向我們施壓，因為他們知道，他們正在打擊我們的痛處」。他甚至祈禱「美國對伊朗進行打擊」，為蓋達組織提供破壞伊朗穩定的機會。但他推斷，伊朗和美國很可能「最終透過某種形式的妥協來解決他們的問題」。

阿提亞建議發起一場「政治運動」，包括「改變我們對伊朗的語言，循序漸進地揭露其對伊斯蘭和穆斯林的虛偽和敵意」。他的計畫要求他們「循序漸進地」進行。否則，他擔心「敵人」會認為蓋達組織和伊朗「過去是彼此相親相愛的，就像奶油和蜂蜜一樣」，而且「最近的爭吵一定導致了這種關係的逆轉」。

阿提亞認為，蓋達組織有必要準備好在其政治運動中對伊朗境內進行「攻擊」，或「採取嚴肅措施綁架一些重量級伊朗人」。也許那時，阿提亞計算，「罪犯會感到震驚和恐懼，並會試圖與我們聯繫。」如果發生這種情況，他一廂情願地補充說，「我們將有機會與他們就被拘押者進行談判。」阿提亞考慮與「我們的庫德族兄弟」接觸，計劃在伊朗境內進行攻擊。他可能想到阿里夫．阿布．沙迪亞（Arif Abu Shadia），他在當年早些時候曾與蓋達組織聯繫，介紹他的庫德組織並向奧薩瑪效忠。根據阿里夫二〇〇七年的信中內容，他的組織對伊朗與伊拉克接壤的領土非常熟悉。他的手下在其組織的基地「被美國人在伊拉克庫德斯坦攻擊」之後「祕密地進入了伊朗」。儘管伊朗捕獲了他的許多成員並將他們送回到伊拉克，但阿里夫高興地報告說，「他們中的一些人設法穿越山區回到伊朗。」[22]

奧薩瑪不需要太多的說服，但他很可能想要在對伊朗發起「政治運動」之前確保其家人獲釋。他給哥哥巴克爾的信是在收到阿提亞的建議一個月後動筆的。二〇〇八年，蓋達組織開始「培訓庫德兄弟」，以便將他們送往伊朗。我們還了解到，伊朗遜尼派組織人民抵抗運動的領導人阿布杜．馬利克．俾路支（Abd al-Malik al-Balochi）在瓦濟里斯坦與蓋達組織領導人見面，「討論了我們被拘押的兄弟的問題。」阿布杜．馬利克告訴他們，「伊朗政府極其軟弱，」如果蓋達組織「威脅說如果伊朗不釋放兄弟們就發動攻擊」，他們很可能會默默接受。另外，他自願與蓋達組織分享「四名在伊朗為美國從事間諜活動的俾路支人的名字」，並建議蓋達組織給伊朗人發信，表示願意提供他們的名字以換取被拘押者的釋放。[23]

賓．拉登的信件並沒有顯示蓋達組織成功地攻擊了伊朗，也沒有任何跡象表明與伊朗就「為美國從事間諜活動」的俾路支人進行接觸。然而，蓋達組織的領導人繼續升級他們的「政治運動」，艾曼．扎瓦希里公開指責「伊朗與美國合謀」反對聖戰者。媒體運動是一個優先事項，為了有效協調，艾曼在二〇〇八年兩次（二月和八月）冒著前所未有的風險，親自與哈吉．奧斯曼和阿提亞見面。這封信並沒有透露出見面的地點。[24]然而，令人起疑的是蓋達組織的反伊朗修辭言論會給伊朗的戰略決定帶來什麼影響。但隨後令人意想不到的事情發生了。

第一次逃亡

當蓋達組織漫無目的地想出一個針對伊朗的有效策略時，薩阿德——奧薩瑪和娜芝娃所生的兒子——正在計劃從伊朗亞茲德（Yazd）的拘押中心逃跑。當時，正如我們將發現的那樣，一些被拘押者仍在德黑蘭，而另一些則被轉移到亞茲德。我們能從薩阿德於二〇〇八年八月五日寫給他父親的長信中了解到很多訊息，那封信是在他逃跑後不久寫的：

六個月前，〔當我們仍被拘押在德黑蘭時〕我開始認真地尋找逃跑的方法……然後，伊朗當局把我、我的兄弟、我們的家人和賽義夫・阿德勒的家人，轉移到伊朗中部城市亞茲德的另一個拘押所。這個地方被兩道圍牆包圍著，一道圍牆有三點五公尺高，另一道圍牆則高得多，但正在建設中。我們在亞茲德待了兩個星期，我妹妹伊曼在心理上遭受困擾的跡象已經逐漸顯現出來。我向她保證，我會找到一個解決方案。

晚上時，安保人員鎖上我們住處的門，並用一個額外的方形臨時圍欄把房子圍起來……我用螺絲起子鬆開其中一個窗戶的螺栓。在午夜時，我會跳出窗戶，到方形的圍欄前，監視安保人員的行動，而我的妹妹則在窗邊等我。

薩阿德在圍欄上開了一個小口以監視安全門，過了一會，他觀察到一個輪班模式。在晚上，安保人員會每兩小時輪班。薩阿德注意到，「在第一個小時裡，警衛通常很警覺，一動不動，但在第二個小時裡，他就會坐立不安，不停地走動，」毫無疑問是為了不讓自己睡著。

二〇〇八年六月七日，也就是他逃跑的那個晚上，薩阿德提到他的兄弟哈姆扎和拉登提供的幫助。[25]拉登監視著大門，當他向哈姆扎和薩阿德示意不安分的警衛已經移動時，兩兄弟就跑向大門。接下來，薩阿德迅速踏上哈姆扎緊握的手，然後踏上他的肩膀。然後，哈姆扎把他的兄弟舉得很高，足以跳過大門（很可能是三點五公尺高的大門）。薩阿德不得不在沒有他哥哥的幫助下爬過第二道門，這道門「由伊朗情報部門監控」，但「由於真主的恩典，守衛睡著了」。

據薩阿德的兄弟歐瑪爾回憶，薩阿德小時候總是「遠遠地跑在大家前面」。[26]同樣的習慣使得他在逃離伊朗的那個決定性夜晚裡上演了一齣《阿甘正傳》（*Forrest Gump*）的故事。他從拘押所逃出後，跑得愈遠愈好，最終跑到一個公車站。他「買了一張去克曼（Kerman）的巴士票」。為了防止被追捕，他採取了預防措施。「在路途中，我在拉夫桑占（Rafsanjan）下車，然後坐上前往克曼的私家車。在那裡我換車到巴木（Bam），然後再換車到札赫丹（Zahedan）。」[27]

札赫丹是阿拉伯聖戰者在二〇〇一至二〇〇二年逃離阿富汗後首次定居的城市之一。因此薩阿德能夠與伊朗的遜尼派支持者網路建立起聯繫：

我去了其中一個俾路支兄弟的家。我告訴他這個故事，並告訴他們我必須在伊朗情報部門發現之前盡早離開伊朗。第二天，這位俾路支兄弟安排我與你們那邊〔即蓋達組織的支持者或成員〕的一位阿拉伯兄弟會面，他立即給我安排行程。我花了十五天跋涉，現在我在瓦濟里斯坦的兄弟們這裡。[28]

抵達北瓦濟里斯坦後，薩阿德給他的父親寫了一封詳細的信，記錄了被拘押者在伊朗的悲慘處境。如前所述，在此之前，奧薩瑪一直以為蓋達組織成員和他的家人在伊朗是被「軟禁」的。在讀完薩阿德的信後，他第一次了解到他的家人和其他被拘押者在伊朗遭受的狀況。

我們從薩阿德那裡得知，伊朗當局是在二〇〇二年十二月追蹤到了蓋達組織成員及其家人的。起初，他們只監禁了其中的男子，允許婦女和兒童偶爾探視。這種情況持續了大約十八個月，然後男子們被轉移到德黑蘭的「堡壘式拘押中心」，由伊朗情報部門看守，與他們的婦女和兒童一起生活。他們的待遇與普通囚犯不同。[29]當局可能希望這能安撫這些人，因為他們一直在發起絕食來抗議他們的監獄條件。在拘押中心裡，這些人可以結婚，生（更多）孩子，與蓋達組織的高級領導人交往和學習。監獄當局也不必組織配偶探視，而根據法律，普通囚犯是可以探視的。從伊朗的安全角度來看，這些探視是具有挑戰性的，特別是因為它必須遵守男女隔離的規定。一些被拘押者在男性安保被女性安保取代時趁亂逃脫，而女性經常將手機和筆記型電腦偷運給她們的丈夫。[30]因此透過將他們關在一個屋簷下，當局減少了蓋達組織的存在被公眾所知的可能性。

儘管有這些「拘押特權」，薩阿德說，監獄當局對被拘押者的待遇是不人道的。經過四年和「不

薩阿德・賓・拉登逃離伊朗的路線地圖

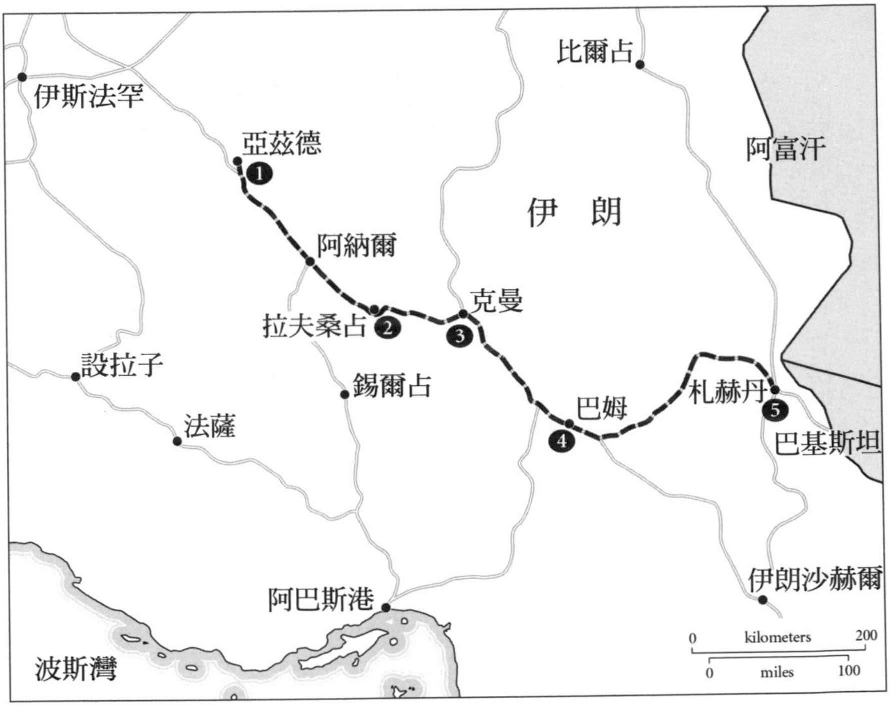

斷的請求」，他們才同意提供教育資源，讓孩子們能夠受教育。薩阿德說，最「悲慘」的虐待是對被拘押者的醫療需求的忽視。每當他們生病時，就會被帶到一家「名聲不好」的醫院，在那裡「每個人都會遭受巨大的痛苦」。所有的疾病，無論其嚴重程度如何，都用「止痛藥」來治療。穆罕默德・伊斯蘭布利的妻子烏姆・賈法爾生病了，她曾兩次被送到這家「壞」醫院。這兩次，醫生都堅持說她「沒有什麼問題」，但她在第二次就診的幾天後就死去了。

薩阿德報告說，在被拘押幾年後，「災難堆積如山，心理問題增多了。」我們了解到，賓・拉登的兩個女兒，伊曼和法蒂瑪，都遭受著心理上的困擾。伊曼的情況表現為皮膚問題。法蒂瑪患有嚴重的心理問題。[31]薩阿德透露，她完全把自己與其他人隔離開來。在二〇〇六年或二〇〇七年，當伊曼和法蒂瑪的病情惡化後，監獄當局允許她們打電話給母親娜芝娃——她在九一一攻擊的幾天前離開了阿富汗，前往敘利亞。為了防止電話訊號被監控導致他們在伊朗的存在被美國中央情報局知道，她們被帶到阿富汗邊境去打電話。奧薩瑪的第二任妻子海麗亞要求給她在沙烏地阿拉伯的家人打電話，但伊朗當局拒絕了她的請求。二〇〇九年，娜芝娃與兒子歐瑪爾合寫了一本書，她沒有提及到她的六個孩子的命運，無疑是為了他們的安全著想。[32]

法蒂瑪的病情繼續惡化著。薩阿德透露，「她變得像活人中的死人一樣。」蘇萊曼・阿布・蓋伊斯（Sulaiman Abu Ghaith）在九一一事件後曾一度擔任蓋達組織的發言人，他也曾被關押在伊朗，他提出要與法蒂瑪結婚。薩阿德和他的兄弟們「猶豫了很久」，但最終同意蘇萊曼的提議，希望這能改善法蒂瑪的狀況。他們於二〇〇七年底結婚。

蘇萊曼自己也有一連串麻煩，我們很難想像他如何能讓法蒂瑪高興起來。我們發現，當他第一次被拘押時，伊朗當局一再拒絕他與他在科威特的妻子的聯絡請求。在伊朗，蘇萊曼娶了第二個妻子，即阿布・哈夫斯・米斯里的遺孀，他們有一對雙胞胎——一個男孩和一個女孩。其中的男孩生病了，監獄當局沒有把他送到醫院，直到為時已晚，導致蘇萊曼「眼睜睜地看著他的兒子在他面前死去」。

在被拒絕與他的第一任妻子聯繫的四年後，蘇萊曼開始發起絕食抗議。二十一天後，監獄當局終於把他帶到阿富汗邊境，給他的妻子打了電話。蘇萊曼可能很後悔，希望他根本沒打過這通電話。他得知，在被告知蘇萊曼已經死亡之後，她已經再婚了。這個消息導致「他的身體和心理健康的惡化」，他開始患有嚴重的頭痛，持續了幾個月。考慮到蘇萊曼面對的麻煩，令人奇怪的是，薩阿德和他的兄弟們卻同意讓他與他們的妹妹結婚。

據薩阿德說，「監獄有它的好處，」因為它是「一所生活的學校，男子氣概在這裡誕生」。他講述的好處之一是男子能夠與蓋達組織的領導人一起學習。阿布・哈夫斯・茅利塔尼是蓋達組織法律委員會在九一一事件之前的領導人，他向奧薩瑪・賓・拉登的兒子們傳授法學知識，而蘇萊曼則向他們傳授演說的藝術。他們似乎很勤奮地學習，以至於蘇萊曼、薩阿德、奧斯曼和穆罕默德輪流在星期五講道。薩德說，最終，「由於被拘押者的心理狀況不斷惡化，所有教育活動都停止了。」他講述了被拘押者與伊朗情報部門的一些談判情況：

我們經常告訴他們，「我們想知道伊朗國家情報委員會對我們要求離開伊朗有何反應。」他們告訴我們：「你們不可能離開，但我們會在拘押期間給你們更多特權。」然後他們的領導人，我知道他的真名〔即很可能是一個公眾人物〕，說：「只有在兩種情況下才允許你們離開伊朗，即美國轟炸伊朗，或者美國被從地圖上抹去時。」接著他補充說：「謝赫〔即奧薩瑪．賓．拉登〕要求我們保護你們，我們向他保證了。」當然，兄弟們都不相信他。我輕蔑地回答說，「你們保護我們的方式真好，趁我們的女人睡著了，粗暴地闖入我們的家；把我們關起來；用各種新的疾病折磨我們。」

當談判顯然是徒勞時，「我們再也忍不住了，失去了耐心。」大約在二〇〇八年三月或四月，薩阿德敘述如下：

大多數兄弟、婦女和兒童衝出房間，大膽地超越警衛，越過圍繞大院的三道門中的兩道門，然後在那裡坐了一天，我們當中的一些人則透過一名司法代表開始與伊朗情報部門談判。

可能是因為薩阿德的呼聲最高，司法代表提出釋放他和其他幾個人，但薩阿德斷然拒絕了「雙重標準」。薩阿德目睹當局「對我們動用特種部隊」，一場血腥的對抗——後來被拘押者稱之為「血腥星期天」——開始了：

五十名安全部隊成員身穿防彈背心和頭盔，手持手杖、催淚瓦斯和胡椒噴霧衝進了拘押中心。最初兄弟們用波斯語告訴他們：「冷靜下來。」（Aram bash）但特種部隊開始毆打我們。我看到的被毆打者包括阿布．海爾，他很生氣，拿起身邊的一根菸斗砸向打他的軍官的頭。幾名特種部隊成員轉向他，毫不留情地毆打他，並對他的臉噴射胡椒噴霧。當他們中的一個人攻擊我時，我用錘子砸他。然後我看到謝赫蘇萊曼〔即阿布．蓋伊斯〕手裡拿起一個鐵做的東西，開始戰鬥，像一個不怕死的人……他打斷一些人的手，打傷了另一些人，但他們的人數超過他，並用力打他的頭，直到他倒下。他們往他臉上噴胡椒粉，繼續打他，直到他失去知覺。然後他醒了過來，喃喃地說著模糊不清的話，然後再次失去知覺。

法蒂瑪在遠處目睹了這場戰鬥，她趕忙去照顧她的丈夫。當伊朗女兵隊未能阻止她時，男兵隊進行了干預，用手杖打她的肩膀。隨後，這些人被圍起來，戴上手銬，並被送上一輛巴士。薩阿德說：

大多數兄弟都受傷了。阿布．賈法爾〔即穆罕默德．伊斯蘭布利〕大聲地重複著hasbuna Allah wa-ni'ma al-wakil〔大致意思是：我們相信真主，祂將讓我們的事務得到公正的安排〕，這激怒了一名特種部隊成員，他用藤條在阿布．賈法爾的頭上和臉上打了許多下。之後，他們把謝赫蘇萊曼和阿布．哈夫斯帶到醫院，並強行把哈姆扎和我帶下車。

伊朗當局監禁了參加打鬥的人。但這也沒有阻止其餘的那些「無限期絕食的男人和女人們」。薩阿德則「向伊朗人假裝我懺悔了，因為我想讓他們覺得〔我的服從〕可以放心地繼續我的逃跑計畫，而他們確實這樣做了」。監獄當局決定採取措施，防止再次發生「血腥星期天」。其中一名官員來到薩阿德身邊並且告訴他：

「我們將你們分開四個月，之後再次把你們一起轉移到更好的住房。如果你拒絕的話，我們是不會釋放囚犯的。」我同意了，因為我的妹妹法蒂瑪（她的丈夫被帶走並被單獨監禁），但我堅持要求他們透過協議（ahd）承諾，把我們轉移到亞茲德市後立即釋放囚犯。他們遵守了他們的承諾。

除法蒂瑪外，奧薩瑪的家人和賽義夫·阿德勒的家人就這樣被轉移到亞茲德的另一個拘押中心。在「血腥星期天」之後，監獄當局「開始在一定的程度上改變我們的生活條件」。他們給每個被拘押者每月發放津貼，這通常是發給有經濟需求的普通伊朗囚犯的。[33]在德黑蘭和亞茲德的新生活條件包括「一些外出活動，如購物和一些公共花園的遊覽」，這些活動由安保人員監督，並對被拘押者的醫療需求作出「改進」。儘管有了這些升級，薩阿德還是決心一定要逃出去，並找到一個解決辦法。在「血腥星期天」之後不久，在轉移到亞茲德的兩個星期後，他成功地掙脫了束縛。

薩阿德的詳細信件很可能是導致蓋達組織對伊朗採取激進措施的催化劑。二〇〇八年十一月，在薩阿德逃跑後的幾個月內，蓋達組織又綁架了一名「重量級人物」——伊朗駐白沙瓦領事館的商務參贊赫斯馬圖拉·阿塔扎德（Hesmatollah Atharzadeh）。[34]那時，蓋達組織已經從北非伊斯蘭馬格里布蓋達組織的信件中了解到一些關於劫持人質的情況。在二〇〇九年底，伊朗開始逐步釋放被拘押者。根據阿提亞的說法：

我們認為是我們的努力——我們加強政治和媒體運動、我們發出的威脅、他們的商務參贊在白沙瓦領事館被綁架，以及其他他們所看到和擔心的其他事情——可能促成了被拘押者的加速釋放。[35]

阿提亞的評估遠不能說是準確的，尤其是因為伊朗在其商務參贊於二〇一〇年三月獲得釋放之前就已經開始釋放被拘押者了。很可能的狀況是，當阿提亞寫到伊朗「看到並且害怕」他們所做的努力時，他自己也不相信，因為他接著承認，「罪犯們〔即伊朗人〕甚至沒有給我們寄信，也沒有向他們釋放的兄弟傳達任何訊息……！」相反的，他承認伊朗人把被拘押者送到扎黑丹，交給一個「俾路支兄弟，然後他把他們轉交給我們」。[36]從薩阿德逃跑後的被釋放者的信件來看，很可能是被拘押者的行動，而不是蓋達組織的「努力」導致伊朗的政策變化。

第二次逃亡

我們從艾曼的姊夫，曾在二〇一〇年初在伊朗獲釋的阿布・薩赫爾・米斯里（Abu Sahl al-Misri）那裡得知，為了防止被拘押者再次逃跑，賓・拉登的家人受到嚴格的安全措施管控。當局最終允許賓・

拉登夫婦在安保人員的護送下偶爾探望法蒂瑪，而法蒂瑪仍與她的丈夫一起被關押在德黑蘭。據阿布・薩赫爾說，在二〇〇九年初，伊朗人承諾釋放奧薩瑪的妻子海麗亞和薩阿德的妻子，但他們一直「拖延了幾個月」。他還繼續說道，在二〇〇九年六月或七月的某個時候，「伊朗人甚至確定了海麗亞、拉登、伊曼和薩阿德的妻子及其孩子前往瓦濟里斯坦的日期和時間。」被拘押者們相信，伊朗人這次會真的做到。在海麗亞正在做準備時，她唯一的孩子哈姆扎寫了第一封也是唯一一封從伊朗寄給他父親的信，和他母親的信一起寄出。哈姆扎最後一次見到他的父親是在他十三歲時：

真沒有想到我們的分離會是這樣。自從我的兄弟哈立德、巴克爾〔即拉登〕和我在山腳下的橄欖樹林中向你告別後，我們的分離會如此的漫長和痛苦。已經過去八年了，我仍然記得，當時你站在橄欖樹下，遞給我們每個人一串唸珠（subha），以便我們能時刻記念真主。[37]然後你說了再見，當我們分道揚鑣時，我們感覺好似窒息一樣。[38]

哈姆扎繼續與他的父親分享說，「真主賜予我一個好妻子，並賜予我兩個孩子，一個兒子，我以你的名字命名，一個女兒，我以我媽媽的名字命名。」他還談到「我所經歷的苦難情況，很想見到你，哪怕是一分鐘，和你商量如何更好地處理這些情況」，但他安慰父親，同樣的磨難讓他學會如何「做一個男子漢」。[39]為了讓他的父親高興，哈姆扎列舉了他在獄中在蓋達組織謝赫的指導下所學習的大量經典伊斯蘭文獻。

哈姆扎表達了他「為宗教服務」的強烈願望，並擔心自己在有機會走上聖戰組織的戰場之前就會死在拘押所裡。在哈姆扎渴望成為一名聖戰者和他自稱的男子氣概之下，他的恐懼是顯而易見的。他不知道自己何時會被釋放，如果有的話，他懇求他的父親，「我有一個請求。嘗試所有適當的手段，確保我們從伊朗人的控制下安全獲釋。」[40]

在海麗亞和其他人即將獲釋的幾小時前，伊朗人「突然無限期地延遲其行程」。我們不知道為何伊朗人一再做出他們未兌現的承諾，我們也不能確定是否如薩阿德所寫，這些「讓我們喪失勇氣的大師……以折磨我們的心理為樂」。無論如何，海麗亞沒能在二〇〇九年把哈姆扎的信交給他的父親。

當他們得到釋放的希望破滅後，伊曼決定她也要逃跑。二〇〇九年十一月宰牲節的大約一個禮拜前，伊曼、海麗亞、拉登和薩阿德的妻子被允許外出購物，有三名安保人員陪同。監獄當局指派兩名男子看守拉登，但他們低估了婦女的能力，只是派了一名女性安保人員看守所有的三位女性。阿布·薩赫爾介紹寫道：

伊曼設法從女警衛手中逃脫。她跑到與沙烏地大使館相鄰的一家商店，並從那裡進入大使館……伊曼預計拉登會跟著她，但他沒辦法脫身，因為他周圍的安保很嚴密……沙烏地大使館給了伊曼一部手機，她用它來聯繫她在敘利亞的母親。她告訴她，她正試圖透過她的兄弟阿布杜拉（住在沙烏地阿拉伯），先去沙烏地阿拉伯，然後再去敘利亞。[41]

阿布．薩赫爾在寫給賓．拉登的信中可能沒有完全說明伊曼逃跑的情況。他可能不忍心告訴賓．拉登，他的女兒在沒有「血親陪伴」的情況下不應該和男人混在一起，而且自己逃跑了。據與伊曼的母親娜芝娃聯繫的讓．薩森（Jean Sasson）說，伊曼的計畫一直是自己逃跑，因為她「是個年輕女孩，可能會得到更多的幫助」。根據薩森的報告，當她逃脫了她的安保後：

伊曼以最快的速度……在德黑蘭的街道上奔跑，直到她看到一個她覺得舉止和善的男人。她走到這個男人面前，告訴他她是一個沙烏地人，她必須去沙烏地大使館。這個人把她帶到他的妻子和孩子那裡，在伊曼被送到沙烏地大使館之前，他們聽到這個故事。[42]

無論如何，在伊曼逃到沙烏地大使館後，伊朗人再也無法否認他們扣留了奧薩瑪．賓．拉登的家人了。她的哥哥阿布杜拉住在沙烏地阿拉伯，似乎與他的家族政治保持距離，但他毫不猶豫地幫助了他的妹妹。沙烏地大使館提交了伊曼的文件，以方便她離開該國前往沙烏地阿拉伯，但伊朗當局拒絕了。他們顯然更願意把伊曼送到她在敘利亞的母親那裡，因為敘利亞的政權與伊朗關係密切。

伊曼的旅行計畫隨後陷入停滯，她在沙烏地大使館裡被扣留了好幾個月。二〇一〇年初，她的哥哥，也就是那位「以遠離媒體而聞名」，在九一一事件發生的幾天前和母親一起離開阿富汗的阿布杜．拉赫曼，他接受了半島電視台的採訪，公開他妹妹的遭遇和他父親的家人在伊朗被拘押的情況。伊曼的兄弟歐瑪爾住在卡達，他也發起釋放她的呼籲。[43]

在阿伯塔巴德的賓・拉登被搞得焦頭爛額，他也不想再遮掩他家人被拘押的消息了。他曾考慮把薩阿德的信公布在網際網路上，以揭露伊朗對被拘押者的虐待行為，但他沒有這麼做。他可能不想洩露他女兒們的私人訊息。相反的，他讓他的女兒瑪麗亞姆起草一封寫給伊朗最高領袖哈梅內伊的信：

這封信是為了呼籲您釋放我在伊朗被拘押的家人。

您應該已經知道，我的兄弟阿布杜・拉赫曼和歐瑪爾曾大聲疾呼我的姨媽、我的兩個姊妹、我的四個兄弟和他們的妻子和孩子都被拘押在伊朗，他們呼籲您能釋放他們。我在此要加強他們的呼籲，並確認我的家人是在〔二〇〇一年〕十字軍的空襲行動，特別針對阿富汗的阿拉伯家庭之後，非正式地進入伊朗的。

他們在伊朗待了一年後，安全部隊逮捕了他們。當這件事傳到我們耳中時，我們多次寫信給德黑蘭政府，呼籲官員釋放他們，並承諾他們永遠不會返回伊朗，但都石沉大海，沒有結果。

在我哥哥薩阿德逃脫後，我們再次提出請求。他告訴我們，他們在伊朗監獄裡所承受的悲劇，導致多人死亡，而且皮膚病和心理疾病在婦女和兒童中蔓延……在〔薩阿德越獄前的〕六年裡，政府一直推遲釋放他們，利用被拘押者向我父親施壓，要求他停止在伊拉克的蓋達組織對忠於德黑蘭的政治力量和民兵展開的攻擊。我父親在他對伊拉克人民的一次公開聲明中明確地給出回應，每一個站在美國戰壕裡同流合汙的人，都是我們正當的攻擊目標，無論他的種族或信仰如何。

當被囚禁的女兒和孩子遭到威脅，以此來脅迫一個人做某個事情時，勇敢而冷靜的人們會拒絕，也確實對此感到厭惡和反感……為什麼要把受壓迫的婦女和兒童作為男人之間分歧的籌碼呢？如果我的父親被迫在犧牲他的六個孩子和他在伊朗的十一個〔原文如此〕孫子、孫女[44]——即使他不得不眼看著他們一個個被砍頭，和支持、幫助阿拉伯人或非阿拉伯領導人來反對穆斯林之間做出選擇的話，可以肯定的是，他會選擇他的宗教，他會犧牲自己和孩子，以避免穆斯林受到傷害。

這封信最初的落款者是瑪麗亞姆，但它在聖戰網站上發布之前，[45]賓拉登決定由哈立德來落款。[46]即使哈立德的信真的送到哈梅內伊手上，也很難讓伊曼從伊朗獲得釋放。

但在二〇一〇年三月，伊朗可能「許諾」會釋放伊曼和賓・拉登的其他家人，以換取被蓋達組織綁架的伊朗外交官。[47]我們不知道伊朗這一次是否直接與蓋達組織進行談判，我們也不知道為什麼伊朗沒有威脅要對被拘押者採取更惡劣的待遇以確保其外交官獲釋。這些信件顯示，伊朗曾希望對其拘押蓋達組織領導人一事保密，估計是認為這會迫使蓋達組織不對其進行攻擊。但伊曼逃到沙烏地大使館以及隨後的宣傳迫使伊朗改變政策。一名伊朗情報官員告訴賓・拉登的兒子們，隨著伊曼的逃跑被公開，「他們的價值已經不再重要了，」伊朗將「開始處理他們離開伊朗的行程」。更重要的是，伊朗當局告訴被拘押者，他們必須被轉移到其他地方，「因為伊曼知道拘押所的確切位置。」由於這一切，一位情報官員告訴監獄裡的「兄弟」，「蓋達組織的檔案現在必須關起來。」[48]

到了這時，被拘押者們已經受夠了。二〇一〇年六月底或七月初，在被轉移到一個新的院落後不久，「爆發了一場巨大的騷亂。」監獄當局顯然也受夠了。他們派出「身穿黑衣、戴著面具的特種部隊」

並且「逮捕了這些人」。被拘押者們明白，他們在這些抓捕者面前，正面臨著「不成功便成仁」的局面，當然，「真主羞辱了他們，鞏固了我們（即被拘押者）的決心。」被捕者被和家人隔離，並被關押了「一百零一天」。[49]

仰賴伊曼的越獄行為，伊朗拘押蓋達組織成員及其家人一事已經公之於眾，伊朗加快了釋放除最高領導人以外的大多數被拘押者的步伐。在伊曼被允許離開沙烏地大使館並前往敘利亞後不久，伊朗釋放了她的兄弟拉登，後者也去了敘利亞。二〇一〇年八月，伊朗釋放了她的兄弟穆罕默德和奧斯曼，以及賓・拉登的妻子海麗亞和他們的兒子哈姆扎。出於奧薩瑪所不知道的原因，只有海麗亞和哈姆扎被允許前往瓦濟里斯坦，而娜芝娃的兒子們則被送去敘利亞。法蒂瑪和她的丈夫蘇萊曼於二〇一三年獲釋。同年，蘇萊曼在約旦再次被捕並被送去美國。[50]二〇一五年，他被判處終身監禁。[51]

關於薩阿德的說明

薩阿德在九一一恐攻之前就已經是蓋達組織的成員了，在二〇〇八年的信中，他重申對其父親的「再一次」效忠。在二〇〇八年逃到北瓦濟里斯坦後，他得知他同父異母的妹妹海迪嘉的去世，並祈禱他們能「在天堂裡」團圓。他還在給父親的信中說，他渴望「親吻你的頭，跪下來親吻你的手」。

薩阿德有成為領導人的野心，並表現出他的兄弟哈立德和哈姆扎都無法比擬的領袖氣質。儘管他準備以父親決定的任何身分為伊斯蘭服務，但他建議，他應該幫助蓋達組織努力讓仍在伊朗的被拘押者獲得釋放。他告訴他的父親，他一直「渴望」公開向烏瑪（全球穆斯林社群）講話，並認為他有能力以一種獨特的方式這樣做。但他擔心公開的講話會妨礙他「與兄弟們合作」，因為出於安全原因，北瓦濟里斯坦很少有人知道他的真實身分。在他逃跑後的大約一年內，薩阿德在中央情報局的無人機攻擊中被殺。[52]他可能對於行動安全措施的遵守有所鬆懈，比方說，他要求從他父親的帳戶中提取多達五千歐元來買汽車。至於他的父親是否允許他這樣做，則是很值得懷疑的。

薩阿德留下兩份手寫的遺囑，一份交給他的妻子，另一份則是給他的父親。第一份遺囑是寫給「我最親愛和最忠誠的妻子」的，這封遺囑讀起來就像一封情書。在遺囑裡，他認識到他的妻子已經遭受過的許多「心理壓力」，並且表達對她在「拘禁期間所做的一切」的感恩。[53]薩阿德向她確定「你讓我的心充滿愛和美好的回憶」，而且「我不會再娶別的妻子，因為我再也找不到像你這樣的女人了」。[54]他希望能繼續活在「聖戰的土地上，直到真主讓我們在這個世界上團聚，並讓我能夠親眼看到你和我的孩子」。[55]但如果「真主的旨意是讓我死去」，薩阿德指出，「如果你想再婚的話，我不反對。」他友好地補充說：「但我強烈希望你在天堂時會選擇作我的妻子。」在伊斯蘭信仰中，如果一名女性在一生中嫁給一個以上的男人，那麼她在進入天堂後，可以選擇後世婚嫁的人。薩阿德敦促他的妻子在女兒阿斯瑪和杜哈成年後努力將她們嫁給聖戰者，[56]並將他們的兒子奧薩瑪送到戰場上去，與他的祖父一起為主道而戰。[57]

在薩阿德的另一份遺囑裡，他充滿了對父親的感激之情，尤其是「將聖戰的重要性澆灌在我們的心中」。遺囑裡還包括他需要償還的今世經濟債務的明細帳，從而讓他可以（在不虧欠任何債務的狀態下」[58]確保後世生活：薩阿德告訴他的父親，自從一九八〇年代就進入到奧薩瑪圈子的阿布・包爾汗・蘇里（Abu Burhan al-Suri），曾借錢給他來支付他的婚禮開銷。薩阿德想確定，如果這筆錢不是來自他父親的帳戶的話，「請把它還清，這樣我的靈魂就不會被鎖在墳墓裡。」[59]在[60]伊斯蘭信仰裡，未償債務的穆斯林的靈魂會被鎖在墳墓裡，直到債務還清後才能進入天堂。薩阿德還要求他的父親照顧他的妻子和孩子，並以他的名義建立一個長期慈善信託（sadaqat jariya），「因為如果我到達永恆的居所的話，我最需要的就是靈魂的給養。」

蓋達組織與伊朗的真實關係

二〇一二年二月十六日，美國國家情報局局長小詹姆斯・R・克拉珀（James R. Clapper Jr.）在軍事委員會作證時說，伊朗和蓋達組織有「一種獵槍式婚姻或便利婚姻」。他談到蓋達組織與伊朗的「對峙安排」，「允許他們在那裡存在，但不能直接從伊朗煽動任何行動，因為他們對於〔我們的反應〕很敏感，嘿，我們也會追到他們頭上去。」[61]在那時，美國情報界已經有十個多月來探討本書所涉及的文件了，他們應該已經推斷出蓋達組織沒有與伊朗建立任何關係，更不用說有什麼「便利婚姻」的存在了。六年後，在二〇一八年五月八日，川普總統宣布《聯合全面行動計畫》（JCPOA），即歐巴馬政府達成的伊朗核協議，「必須重新談判或終止。」他說伊朗「支持恐怖主義代理人和民兵，例如……蓋達組織。」[62]在邁克・蓬佩奧（Mike Pompeo）卸任國務卿的前幾天，他斷言伊朗已成為蓋達組織「新的活動基地」，該組織與德黑蘭的關係已「持續了近三十年」。[63]

這種說法反映出的是情報工作不力、反伊朗的遊說、無能，還是對賓・拉登文件的誤讀呢？聖戰教士比什爾・比什爾曾建議阿提亞不要理會這種「公然的謊言」，因為它們屬於「歷史的垃圾堆」。但很顯然的，這個「垃圾桶」對於被清空是有牴觸的。

也許這些虛假的謠言並不只是來自美國政府和反伊朗遊說團體。這些信件表明，伊朗可能自己散布了謠言，也許是為了在聖戰組織中挑撥離間。我們從賓・拉登的兒子哈姆扎那裡得知，伊朗政府正在散布「謠言，說在伊朗的兄弟們滿足於他們在那裡的處境，或者說他們不希望離開伊朗，或者說他們擔心瓦濟里斯坦的〔危險〕局勢。」他向父親保證，「這些傳言與監獄內的〔嚴酷〕現實毫無關係。」事實上，在他和他的母親被釋放的九天前，蓋達組織的高層謝赫們還曾在拘押所裡會面。在出席者中還包括穆罕默德・伊斯蘭布利、阿赫邁德・哈桑・阿布・海爾、阿布・穆罕默德・米斯里・扎亞特、賽義夫・阿德勒、蘇萊曼・阿布・蓋伊斯，以及阿布・哈夫斯・茅利塔尼。他們指示哈姆扎向奧薩瑪・賓・拉登轉達以下的訊息：

從壓迫的伊朗情報機構監獄裡的兄弟們，到我們在呼羅珊的兄弟……多年來，我們一直在等待真主透過你們這些真主的鬥士、信仰的衛士來解放我們。根據我們與這些人七年半的經驗，我們提出以下建議。那些人，「那些伊朗人，」除非是透過武力，否則不會做出回應。真主知道，除非聖戰者訴諸武力，否則我們將無法獲得自由。我們希望你們做的是綁架伊朗官員，然後在不公開的情況下與他們的政府進行談判。

其中的一位「謝赫」甚至要求哈姆扎告訴賓．拉登，「如果瓦濟里斯坦很危險，而且受到過度的轟炸的話，我們〔寧願〕去那裡實現殉道；至於這種被拘押的生活，這是一種被奴役的生活，只有真主知道它的苦澀滋味。」[64]

如果詹姆斯．克拉珀所說的是由衷之言的話，這一定是有史以來最不便的「便利婚姻了」。伊朗可能還散布了蓋達組織與美國合作的謠言。我們已經在第一章中簡單介紹阿布．瓦利德．米斯里（即穆斯塔法．哈米德）。在九一一事件之前，他曾是奧薩瑪的親密顧問，一九八〇年代和一九九〇年代，他經常在蓋達組織在阿富汗的訓練營中講授政治。

我們從信中得知，阿布．瓦利德是塔利班垮台後逃往伊朗的人之一，但他沒有和其他人一起被拘押。在伊朗那幾年中，阿布．瓦利德寫了許多關於阿富汗聖戰史的書。蓋達組織確信他在散布「假消息」以取悅伊朗政權。早在二〇〇二年，奧薩瑪．賓．拉登的私人筆記就顯示阿布．瓦利德用化名對媒體說了關於他的「一些非常難聽的話」，「讓人覺得我們（蓋達組織）是美國的合作者。」[65]

二〇〇九年，伊朗監獄的管事者們肯定與蓋達組織的被拘押者分享了阿布．瓦利德的一些著作以激怒他們。隨後，前面提到的備受信任的阿布．海爾給阿布．瓦利德寫了一封長信。在信中，他指責阿布．瓦利德寫的是「與現實或真相無關的事情！」他震怒地寫道：

我與〔被拘押的〕兄弟們一起討論了你的著作。你清楚得很，他們中的大多數人是蓋達組織舒拉（諮商）委員會的成員，他們都經歷了你在書中描述的事件。更令人吃驚的是，你曾和我們一起經歷這些事件！兄弟們無法相信，你會為了採納伊朗的說法而不惜編造假話，扭曲事實。[66]

我們不知道監獄當局是否將阿布·海爾的信轉給阿布·瓦利德，如果他們這樣做了，也沒有任何跡象表明阿布·瓦利德對此做出回應。在哈姆扎從伊朗獲釋之前，阿布·海爾肯定已經把他的信的副本交給哈姆扎了。

在二〇一一年，阿布·瓦利德回到埃及，在二〇一五年，他與利亞·法拉爾（Leah Farrall）合寫一本書《阿富汗戰爭中的阿拉伯人》（*The Arabs at War in Afghanistan*），這讓他的觀點得到更廣闊的平台，將自己從奧薩瑪的悲劇決定中開脫出來。[67]阿布·瓦利德在書中責備奧薩瑪·賓·拉登的一切恐怖主義行為，包括他發布的一九九六年《聖戰宣言》（*Declaration of Jihad*），但阿布·瓦利德沒有預料到他的老朋友會因為自己在全球聖戰中的作用而對他表示親切的讚揚。[68]賓·拉登在他二〇〇二年的私人筆記中寫道，阿布·瓦利德是「我們在政治上的謝赫，我們從他身上學到很多東西」。[69]賓·拉登在筆記裡還稱是阿布·瓦利德起草一九九六年的《聖戰宣言》，並「堅持公開地發布宣言」。[70]

在阿布·瓦利德的網站上，他指出，他「於二〇一六年離開埃及，先去卡達，然後去了伊朗，」「他和他的家人目前居住在伊朗接受醫療治療。」[71]

據報導，在二〇一五年時，伊朗同意釋放六名蓋達組織被拘押者，包括蓋達組織高層領導人，以換取一名被蓋達組織捕獲的伊朗外交官。其中四名被拘押者被允許前往敘利亞，但根據該協議，蓋達組織的兩名高層領導人被限制在伊朗。[72]他們是賽義夫·阿德勒——蓋達組織軍事委員會的領導人，直至他被拘押前，他一直是奧薩瑪的兒子奧斯曼的岳父；以及阿布·穆罕默德·米斯里——蓋達組織在九一一事件之前的「外部工作」的領導人，他是奧薩瑪的兒子哈姆扎的岳父。雖然他們不能離開伊朗，但他們似乎得到在伊朗境內自由行動的許可。據報導，在二〇二〇年時，阿布·穆罕默德·米斯里在伊朗被以色列人的一次行動所殺。[73]

由於顯而易見的原因，賓·拉登文件並沒有為我們提供關於美國和伊朗官員如何收集好的情報和壞的情報的深入見解。然而，它們至少揭示了三個相關的事實：（一）蓋達組織能夠透過人民抵抗運動或「俾路支兄弟」（反對伊朗政權的遜尼派武裝份子）在伊朗保持祕密存在。這使得蓋達組織能夠利用伊朗，正如一封信中所說的，成為一條「通道……作為我們行動的後勤出口」；（二）儘管被拘押者的條件很差，但他們迫使伊朗改變政策的能力比蓋達組織所有的「努力」加起來還要大；（三）在維持邊境治安和追蹤其境內的「非法移民」方面，伊朗的能力並不比美國更好。

第十章　終曲

「我已經用盡了我所有的努力，只有真主知道我是多麼努力地試圖說服〔我的安保人員〕允許你來〔阿伯塔巴德〕和我們團聚。儘管是這樣，我感到悲哀又遺憾的是，我已經清楚地看到，由於他們已經不堪重負，他們對任何討論都是完全拒絕的。他們甚至威脅說要完全拋棄我們所有人。」

——奧薩瑪．賓．拉登寫給他的妻子海麗亞的信，二〇一一年一月三日[1]

當奧薩瑪．賓．拉登在二〇一〇年三月下令釋放伊朗外交官時，他曾得到承諾，作為交換，他的家人們將會被釋放。因此，他希望他的家人從伊朗獲釋的日子已經是指日可待的了。為此，奧薩瑪準備不同的方案和安全措施，一旦他的家人被帶入巴基斯坦，就應該要實行這些措施。

人們可能會認為，一旦賓．拉登的妻子和孩子被釋放，只要能安排好他們的安全通道，他們就會在阿伯塔巴德團聚。然而，這樣的團聚是想都不能想的。除了來自中情局無人機攻擊和巴基斯坦情報部門的危險外，賓．拉登自己的警衛人員也否決了團聚的可能性。這位能用公開聲明來恐嚇世界的蓋達組織領導人自己也生活在恐懼之中。他的警衛們被他們必須遵守的安全措施弄得「筋疲力盡」，他們還威脅說，如果賓・拉登有更多的家人來到院子裡，他們就將甩手離開。

我們發現，奧薩瑪所抱持的希望和計畫很少（即使有的話）能實現。但這一次，與海麗亞不完全的、短暫的團聚最終發生了。奧薩瑪如何設想他的家人被轉移出伊朗呢？他是如何策劃與海麗亞的團聚呢？奧薩瑪又是如何度過他生命的最後一章的呢？這些問題的答案可以在賓・拉登文件中找到。

希望和期待

奧薩瑪的女兒伊曼逃脫後，她在沙烏地阿拉伯駐伊朗德黑蘭的大使館裡滯留了好幾個月。但在蓋達組織於二〇一〇年三月釋放伊朗外交官後，伊朗允許了伊曼前往敘利亞。不久之後，她的弟弟拉登也得到釋放，並前往敘利亞。奧薩瑪・賓・拉登明白，這些都是伊朗的「承諾」的一部分，意在向其他被拘押者表明，俘虜他們的人對於「之後釋放他們」是認真的。如果伊朗確實做出這個「承諾」的話，我們仍然無法得知它是直接傳達給蓋達組織還是透過「俾路支兄弟們」傳達的。在二〇一〇年賓・拉登的一廂情願狀態正在最高點時，他的期望是「我所有的家人」都能獲得釋放。如果這是真的，算上他的孫子、女兒和女婿，將會有二十一名家庭成員獲得自由。[2]

奧薩瑪希望在他的家人獲釋後能有更多的安全措施來保障他們的安全。他認為，已經獲釋的兒子拉登已經給敘利亞和／或沙烏地阿拉伯的「家人」打了電話，讓他們知道他已經出來了，其他人也會很快出來。為此，奧薩瑪寫信給阿提亞說：「逃不掉的，電話是被監控的，敵人會知道我的家人已經從伊朗釋放出來的消息。如果情報官員很警覺的話，他將意識到我的家庭成員將與我會合，並將追蹤他們的行動以設法找到我。」[3]在這件事情上，奧薩瑪心中最可能想到的是美國中央情報局或巴基斯坦的情報官員。在其他信件中，他想到的是伊朗很可能透過巴基斯坦的情報機構——三軍情報局來與美國進行協調。[4]儘管阿提亞的前任向奧薩瑪保證，伊朗是在「巴基斯坦人不知情的情況下」釋放被拘留者的，[5]但阿提亞和奧薩瑪都注意到一個令人擔心的循環模式。[6]有幾個從伊朗獲釋的人隨即被三軍情報局逮捕了。[7]

奧薩瑪預料到家人的行動會受到監視，他便制定一系列精心策劃的方案，從而能甩掉巴基斯坦當局的追查。他建議負責去接他家人的「兄弟」在「科哈特和白沙瓦之間的隧道裡」換車。然後將他的家人帶到「白沙瓦的一個有頂市場，然後再次換車」，再把他們帶到一個安全的地方。[8]

奧薩瑪十分小心，不留任何差池，他寫了一些信，確保在他的家人到達瓦濟里斯坦後，這些信已經先送到那裡，信中指示他們把從伊朗帶來的一切都扔掉。「伊朗人是不可信的，」他警告說，而且「他們有可能在你們帶來的物品中安裝了追蹤裝置」。[9]

正如經常發生的情況一樣，並非所有事情都能按照奧薩瑪・賓・拉登的計畫進行。他的大部分家人於二〇一〇年八月獲釋，儘管賓・拉登希望他們都能被帶入瓦濟里斯坦，但伊朗只允許海麗亞和哈姆扎的家人前往那裡。[10]伊朗堅持將賓・拉登的兒子奧斯曼和穆罕默德，以及他們各自的家人送到敘利亞。[11]賓・拉登女兒法蒂瑪是最後被釋放的家庭成員。伊朗堅持認定蓋達組織的高層領導人會是最晚得到釋放的，[12]而法蒂瑪是其中一位的妻子。她和她的丈夫蘇萊曼要到二〇一三年才會被釋放。[13]

奧薩瑪對與妻子海麗亞和他們的兒子哈姆扎及其家人團聚的前景感到很高興。除了家人重聚的喜悅，奧薩瑪還期待著妻子能對他的公開聲明提出意見。他還指望哈姆扎能在他身邊，並能為哈立德解圍，因為哈立德急著去瓦濟里斯坦與他姊姊海迪嘉為他包辦安排的女子結婚。

哈立德無法抑制自己的興奮之情。當事情似乎終於朝著婚事完滿結成的方向發展時，他開始急匆匆地安排行程。二〇一〇年十月，他的熱情讓他給兩個人寫了一封包含過多訊息的信，其中的一個人是阿提亞認為不應該對其吐露敏感問題的人。哈立德向他們要了一張假身分證，並告訴他們，當他到達白沙瓦時，他會從那裡給他們打電話。[14]警惕的阿提亞很可能檢查了所有的通信內容，他修改了哈立德的信，並指出信件只能交給「值得信賴的中間人」。[15]

「安保人員」

二〇一〇年十二月初，當海麗亞被安排前往阿伯塔巴德時，她可能已經在北瓦濟里斯坦待了好幾個月。[16]阿提亞認為，哈姆扎和家人一同去接她的行程並不安全。[17]賓·拉登和阿提亞對海麗亞前往阿伯塔巴德一事十分小心。賓·拉登當然擔心伊朗會追蹤他的妻子，以便找到他的藏身之處，並指示她「應該更換所有東西，包括可以放入針眼的小物品，因為微小的追蹤裝置已經開發出來，甚至可以被注射到藥片裡」。[18]另外，在得知他的妻子在伊朗補過牙後，他要求阿提亞調查此事，以免伊朗人在補牙的過程中植入跟蹤裝置。在海麗亞從北瓦濟里斯坦前往阿伯塔巴德的秘密行程中，她曾在一個值得信賴的「中間人」穆罕默德・阿斯拉姆（Muhammad Aslam）的家裡停留過。阿斯拉姆的住處未被披露；他可能是居住在白沙瓦。[19]

儘管阿提亞努力地為她安排出一條安全通道，但奧薩瑪・賓・拉登的「安保人員」卻拒絕讓海麗亞前往阿伯塔巴德。正如我們在前文中敘述過的，他們對於多年來一直要遵循的嚴格安保措施已經「筋疲力盡」了，不想讓奧薩瑪的家人再來增加他們的負擔。他們向奧薩瑪表明自己的立場。在海麗亞來到穆罕默德・阿斯拉姆家的住所後不久，奧薩瑪就承擔了一項艱巨的任務，也就是給「耐心地在伊朗忍受多年拘押歲月」的妻子寫一封信，讓她知道，他們的團聚是不可行的：

> 自從我聽說你到達〔北瓦濟里斯坦〕的那一刻起，我就一直試圖安排你〔去阿伯塔巴德〕，但這件事很複雜。多年來，我一直與一些當地兄弟為伴，由於他們必須遵守的安全措施，我的存在已經讓他們感到疲憊不堪了。他們也很難滿足我的一些要求，尤其是當我要求讓我的家人來訪。[20]

我們從其他信件內容中得知，所謂的「當地兄弟」就是指賓・拉登的「安保人員」，阿布・哈立德和阿布・穆罕默德。他們的工作內容是無法按常規描述的。他們負責保護的貴賓並不需要車輛護送服務或是人群控制和監視。相反的，八年多來，他們是一直在為奧薩瑪和他的家人們提供「安全的掩護」，營造一種是巴基斯坦人住在大院裡的印象。鑑於奧薩瑪・賓・拉登世界頭號通緝犯的身分，他們的「筋疲力盡」以及想要與他分開也就不足為奇了。他們不得不放棄正常的生活，遵守不斷變得嚴格的安全守則，以躲避巴基斯坦當局和中央情報局的追查。

對奧薩瑪來說，告訴海麗亞不能來和他一起生活是一件很困難的事，他想讓他的妻子知道：

我已經用盡我所有的努力，只有真主知道我是多麼努力地試圖說服〔我的安保人員〕允許你來〔阿伯塔巴德〕和我們團聚。儘管是這樣，我感到悲哀又遺憾的是，我已經清楚地看到，由於他們已經的疲勞已經不堪重負，他們對任何討論都是完全拒絕的。他們甚至威脅說要完全拋棄我們所有人。[21]

當他寫這封落款日期為二〇一一年一月三日的信時，他們的團聚似乎要等到奧薩瑪找到新的安保人員和／或者搬離阿伯塔巴德時才能做到了。他所能做的就是「祈禱」他妻子所做的犧牲能夠被「計入你的善功並得享於後世」。[22]與此同時，儘管他們之間的距離很遠，但海麗亞可以做很多事情來為他們提供幫助。在同一封信的另一稿中，我們發現，奧薩瑪徵求他妻子關於他的公開聲明的意見：

在這段時期裡，我想讓你參與到我的一些事務中。我們距離紐約和華盛頓受祝福的攻擊十週年紀念的日子還有九個月，至關重要的是，我們要利用這件事的媒體價值來回顧穆斯林所取得的勝利，並向公眾傳達我們的觀點……因此，我已將我電腦上所有的資料傳送給你，以便你可以為我們準備在這個非常重要的十週年紀念日發表的公開聲明作出貢獻。[23]

為此，在「全能的真主為我們帶來喜悅，當我們有你陪伴左右，並從你的支持和對我們公開聲明的投入中受益之前」，奧薩瑪要確保他的妻子能夠獲得她所需要的一切。他給「你那邊的兄弟寄了錢，給你買了一台筆記型電腦、配件和存儲設備」，並敦促他的妻子「給我寄信，包括你給我的其他文章和建議，比如我應該在公開聲明中加入什麼內容的想法」。[24]

奧薩瑪的信顯示出他對海麗亞的關心。他想知道她的住處是否舒適，暖氣是否充足，並「附上一些小禮物讓你取暖」。他還向妻子確認，在阿伯塔巴德的其他家人，「包括孩子們」都很想見到她。為了不讓她懷疑丈夫對他們婚姻的承諾，奧薩瑪發誓說：「我急切地希望與你定居下來，成為我的妻子，」「如果在未來幾週內無法完成你的行程的話，我將親自去看你，若真主意願的話。」[25]自從奧薩瑪・賓・拉登抵達阿伯塔巴德後，他就寸步未離開過這個院落，但他顯然有意要去探望海麗亞。[26]可能是在同一天，他給他的一個聯絡人寫了一封信，詢問避開檢查站的最佳時間和路線。他打算帶著他最小的妻子阿瑪爾和他們的孩子一起去，很可能是為了裝扮成普通的一家人的樣子。[27]

安保人員的強硬態度也意味著哈立德的替代者哈姆扎不得不暫時留在北瓦濟里斯坦。哈立德對他的婚禮不得不再次推遲感到非常沮喪。在幾個月前，他的母親希哈姆曾寫信給他未來的岳母烏姆・阿布杜・拉赫曼，要求推遲哈立德的行程，並要求「再等四個月」，之後就不會再耽擱了。希哈姆為自己一再推遲兒子的婚期而感到「尷尬」，她意識到自己已經耗盡哈立德未來岳父母的耐心。哈立德痛苦地得出結論，他的包辦婚姻已經不可能完成了，並決定自己開始尋找另一個妻子。他給蓋達組織的一名成員寫了一封信，詢求「一個好妻子，是處女，性格好，虔誠，順從，年齡在二十歲上下」。[28]

對奧薩瑪來說，能有一個兒子在藏身地陪在他的身邊，是很有必要的一件事。二〇一一年一月初，哈姆扎顯然已經是不會來了，哈立德感到十分絕望。與安保人員一樣，他已經被阿伯塔巴德的生活條件搞得精神過度疲勞了。可能是在二〇一一年一月六日，哈立德「極度悲傷地」上床睡覺。他在夜裡醒來後就再也睡不著了。他決定以書面形式正式確定自己的蓋達組織成員身分。在鍵盤上打了「效忠」的標題後，哈立德把自己的絕望傾斜在電腦螢幕上：

我對我們現有的狀況感到非常疲憊。我覺得我沒有按照我的要求行事，就像我被凍住一樣。我還感到，由於你〔即奧薩瑪〕的安全狀況的持續壓力，我的能力已經縮減了超過百分之五十，而這一狀況籠罩著我們的生活。我相信我可以做得更多，但沒有人願意讓我離開，擔心這個，擔心那個。就這樣，我們被困住了。

我們無法停止擔心，甚至一分鐘都不行，日日夜夜都在擔心。我們百分之九十的心思都放在安全措施上，其餘的心思都花在〔和安保人員〕分離和我的婚事上。

我們在一個真正的監獄裡，被剝奪了人類固有的最基本的權利……

你〔即我父親〕已經上年紀了，願真主延長你的生命。我不能看到你處於這種極端困難的境地而袖手旁觀。我無法忍受，這不是我的性格。

當務之急是我獨自離開，為你找到一個更舒適的環境。我必須找到一個辦法，盡快找到。[29]

在哈立德打完這些筆記後，他專注地祈禱他們的安全條件能夠得到改善，並懇求真主為他的婚姻提供便利。當他睡著時，在夢中……先知穆罕默德敲了他的門。

一個美夢

我們從希哈姆的一封信中得知，哈立德夢到：

我在一個就像是我們現在的房子一樣的房子裡，當我正在向真主祈禱，以寬裕我們的境況，讓我快點結婚時，我聽到有人在敲門。當我去開門時，我發現真主的使者穆罕默德在門口。他微笑著走進房間。然後他問我。「你為什麼急著送信〔這裡是指關於推遲他的婚姻四個月的那封信〕？要有耐心，所有的問題都會逐一解決的。」然後他拍了拍我的肩膀，說，「不要難過。」然後他就離開了。[30]

第二天早上，也就是二〇一一年一月七日，當哈立德醒來時，他感到欣喜若狂。他急忙去查閱一本關於解夢的百科全書，《夢的解釋》（*Tafsir al-Ahlam*）。他在那裡發現，當「真主的任何一位先知出現在夢中時」，一個人的苦難就會得到紓解，並且／或者勝利會取代失敗。[31]

很自然地，哈立德與家人分享了他所做的這個夢。我們在上一章中提到奧薩瑪．賓．拉登對於夢的重視，以及夢是如何幫助他解釋國際事務的。對於他在阿伯塔巴德的其他家人來說也是如此。每個人都把哈立德的夢解釋為一個神聖跡象，即哈立德與烏姆．阿布杜．拉赫曼的女兒的婚姻回到正軌上，這也意味著與海麗亞和哈姆扎的團聚即將到來。希哈姆立即給烏姆・阿布杜・拉赫曼寫了一封信，講述這一重大消息，請她不要理會她之前提出的將婚姻推遲四個月的要求。她自信地講述了哈立德的夢，這足以說明她的理由，並繼續補充說：「哈立德總是告訴我說：『我有遠大的志向，我感謝真主幫助我找到一位善良、耐心和虔誠的妻子，她將支持我進行聖戰，直到我們收復從約旦河到地中海的整個巴勒斯坦。』」[32]

我們不能確定哈立德是否真的向他的母親傳達了這樣的志向，還是希哈姆只是即興發揮。後者在寫這封信時，顯然心情很好，心中充滿希望。她甚至還為她的兒子寫了一段情話，引用了一首浪漫詩歌中的句子，這首詩講述真主在詩歌主人公已經心灰意冷，放棄再次見面的念頭之後，仍然讓他們重聚，因為他們注定要在一起。這首詩的作者被認為是一位七世紀時的詩人，被人們稱為Majnun Layla，按照字面的意思，是一位瘋狂地（譯者註：Majnun的字面意思為「瘋狂」）愛戀一位叫「萊拉」的女子的人。[33]

二〇一一年一月七日，哈立德高興地給他的「親愛的海麗亞」寫了一封愉快的信。他的口吻就像是一位利用大氣物理學來預測天氣的氣象學家一樣，哈立德轉述了他的夢，向他的姨媽保證他們的團聚即將到來。[34]

然後是「書面協議」

幾天前，奧薩瑪還曾通知他的妻子，他們的團聚是不可能的，現在他卻在著手將哈立德的夢變成現實。儘管安保人員向奧薩瑪明確地表示，海麗亞和哈姆扎不能在阿伯塔巴德與他會合，但奧薩瑪還是找到安保人員向他們舊事重提。然而，他們又一次表現得十分堅決。奧薩瑪的堅持到底導致了一月十二日和十三日的連續兩次爭吵。安保人員肯定對他大吼大叫了。在十四日這天，奧薩瑪決定以書面形式繼續談判：

我寫這封信是我們昨晚和前晚談話的延續，也是為了按照我們的約定，平靜地解決我們的分歧。昨晚的談話明顯導致我們的神經太緊張，為了每個人的健康，我們需要就我們尋求解決的問題進行冷靜的對話……

我們一起踏上這條偉大的道路〔即在主道上〕已經超過八年了。我祈求真主將我們一同走過的路算作我們的善功，在後世得到報償。我們將永遠不會忘記你為我們所做的一切。

我過去曾請求你為海麗亞的到來提供便利，但你拒絕了，因為我們的人數已經太多，你的負擔太重。我們確實理解我們的存在給你帶來的巨大負擔，以及紓解壓力的重要性。[35]

奧薩瑪提出兩個解決方案。他準備：（一）如果安保人員允許他把海麗亞帶到阿伯塔巴德的話，他就把他的家庭成員送到另一個地方；或者，（二）如果安保人員允許他把海麗亞，然後是哈姆扎和他的家人帶來，就在「九個月後，也就是九一一事件十週年後」解除安保人員們對他的義務。

奧薩瑪．賓．拉登知道，安保人員們並沒有什麼好害怕他的，但他希望他們是敬畏真主的人。他在信中強調，伊斯蘭教中的兄弟情誼將他們聯繫在一起，這比雙方的憤怒言語要重要得多，並提醒他們注意《古蘭經》中勸誡穆斯林相互幫助的經文。同一節經文警告穆斯林，如果他們不這樣做，真主的懲罰是嚴厲的。[36]他在信的最後落款是：「你的兄弟，對你的恩惠心存感激，找不到合適的詞來感謝你，祈求真主為你準備最好報償的兄弟。」[37]在阿拉伯語中，懇求和感謝有時是可以互換的。

奧薩瑪的信沒有得到很好的回應。其中一名安保人員阿布．哈立德的健康狀況不佳，情緒很低落。奧薩瑪不得不接著寫了一封後續的信：

> 阿米爾（Amer）兄弟告訴我，你誤解了我在我們最近的會議上說的一些話。真主至知，這些話並不是你所理解的那樣，我將在你的健康狀況好轉時——求主應允，盡早向你做出說明。如果還有其他〔我說的並使你惱火的〕問題，而阿米爾兄弟沒有讓我知道的話，我懇請你讓我知道。如果我有錯，我會道歉，如果你誤解了我的意圖，我會澄清。[38]

我們無法看到安保人員的說法，無從得知他們一直在忍受的是什麼，以及他們必須權衡什麼樣的考慮。幾年來，奧薩瑪一直在努力尋找至少一個「值得信賴的兄弟」來替代他們，我們透過奧薩瑪在其中一封信中列出的工作描述，可以窺見這些兄弟的生活。這樣一個「兄弟」必須表現出的素質：

——他必須致力於我們的志業，絕對不能讓人懷疑他的忠誠度。

——他必須不在通緝名單上，他的安全記錄必須一清二楚。他還應該有一個正式的身分證。如果它是舊的，他應該更新它。

——他應該有購買的能力，可以租房子和進行其他的採購。

——他必須能夠保守秘密，甚至對他的家人和最親近的人也能保守秘密。

——他必須有良好的性格，冷靜、忍耐、寬容、思維敏捷，並精通敵人的陰謀。

——他必須遵守紀律，如果有安全之虞的話，他願意不去探望家人。[39]

我們可以相信，這兩兄弟一直致力於這項事業。他們在二〇〇一年底第一次陪伴奧薩瑪時，很可能是耐心和冷靜的，當時他「在托拉博拉的群山中銷聲匿跡」。但是，到二〇一〇年時，他們已經堅持不下去了，這並不令人驚訝。在任何情況下，向所有人保守秘密，不探望家人，都會給他們帶來壓力。在知道世界上最強大的國家正在追捕他們的情況下，這樣做一定是令人緊張的。

無論如何，我們從這些信件中得知，在與安保人員進行「一個月的疲憊討論」之後，賓．拉登夫婦認為哈立德的夢境即將成真了。二〇一一年二月三日，奧薩瑪與安保人員達成一項「書面協議」。他承諾在九一一事件十週年之前或之後不久，就會找到替代的安全安排。作為回報，安保人員同意讓海麗亞，然後是哈姆扎和他的家人，來阿伯塔巴德生活。[40]穆斯林在宗教上有兌現諾言的要求，安保人員們知道奧薩瑪是會兌現他的承諾的。[41]

與此同時，仍與阿斯拉姆家住在一起的海麗亞正在經受「極其嚴重的頭暈」。[42]想到要無限期地與兒子分開，並被阻止與丈夫團聚，她經受的壓力巨大。二〇一一年二月三日，也就是與安保人員「解決障礙」的那一天，奧薩瑪給妻子寫信宣布這一「喜訊」。但海麗亞頭暈症狀的消息讓他很焦慮，在同一封信中，奧薩瑪緊張地詢問道，「你的頭暈是什麼時候開始的？它持續多長時間？請提供更多關於其症狀的細節。還包括診斷和治療的日期。」[43]他超越了常規的關懷問題。比起平時表示關懷的問題，奧薩瑪更進一步地追問，「關於許多醫療方面的事情，日期的重要性是必須的。」他意識到自己在催促她提供更多的訊息，這可能會冒犯到他的妻子，於是他補充說：「請原諒我的堅持，也許我對更多細節的要求有點讓你筋疲力盡了。」

奧薩瑪心裡有什麼樣的擔憂呢？我們可以有把握地認定他不是在指責他的妻子不忠。他所說的「日期的重要性」與「醫療方面的事情」是什麼意思？他的想像力是不是太天馬行空了？讓他擔心他六十歲的妻子被伊朗的一位醫生人工受孕，以達到某種邪惡的目的？奧薩瑪敦促他的妻子在前往阿伯塔巴德之前去看醫生。具體來說，他希望她做個X光或超音波檢查，「如果沒有發現外來物體，我們就會有把握（和安心）來克服我們的疑慮了。」[44]無論奧薩瑪指的是什麼外來物體——無論是胎兒、腫瘤還是微晶片，他顯然都很擔心。

在達成「書面協議」的那天，希哈姆還急忙給烏姆．阿布杜．拉赫曼寫了信。她講述了安排的細節，「這讓我們非常高興，」因為現在他們可以著手確定結婚日期了。希哈姆相信，「我們將能夠在九一一攻擊事件十週年和美國從阿富汗撤軍之後與你見面。」[45]希哈姆所不知道的是，她的兒子在後世與七十二位處女見面的機會（在天堂裡等待殉道者的幾種褒賞之一）都要比他在這個世界上娶一個人的機會更大。

阿拉伯之春

當海麗亞被困在她沒有被揭露出來的地點時，阿拉伯之春——一股政治變革的旋風正席捲整個阿拉伯世界。二〇一〇年十二月十八日，突尼西亞爆發和平抗議活動，推翻了總統阿里（Zain al-Din bin Ali），抗議活動隨即蔓延到埃及，接著是葉門、利比亞、巴林和敘利亞。海麗亞完成了她的最後一段旅程，於二〇一一年二月十一日抵達阿伯塔巴德，這一天是「最糟糕的獨裁者胡斯尼·穆巴拉克（Husni Mubarak，埃及總統）被推翻的日子，」她在給仍在北瓦濟里斯坦的哈姆扎的信中這樣說道。她補充說：「願其餘的獨裁者也能被推翻。」[46]

與全世界的其他地區一樣，蓋達組織也沒有預料到或準備好迎接「阿拉伯之春」。賓·拉登夫婦很興奮，但「革命」（thawrat）是一個前所未有的政治事件，鑑於每天都在發生的快速和不可預測的變化，奧薩瑪面臨著需要應對的諸多挑戰。阿伯塔巴德的一家人關注著新聞中的事件，他們每天在「樓上」開會討論，為奧薩瑪的公開回應做準備。

由於海豹部隊找到一本兩百二十頁的手寫筆記本，我們從中得知這些腦力激盪的會議。海豹部隊擔心可能會有一場迫在眉睫的攻擊，而且這本筆記本可能包含了「揭示蓋達組織正在進行的陰謀的線索」，因此「在突襲後的幾個小時內」對這些頁面拍照，並將其發送給中央情報局的分析人員立即開始調查。[47]中情局在解密該筆記本時，不準確地將其描述為「賓・拉登的日記」。[48]事實證明，它是奧薩瑪生命的最後兩個月在「樓上」進行的家庭討論記錄。這些條目按日期排列（二〇一一年三月六日至五月一日）。[49]

我們可以從這本筆記本的封面頁、內容和其他一些信件內容把故事重構起來。在二〇一〇年的某個時候，負責監督蓋達組織媒體發布工作的阿布杜・拉赫曼・馬格里比正在準備以問答形式製作一本奧薩瑪・賓・拉登傳記。[50]該書旨在對蓋達組織領導人的生活和聖戰生涯進行權威性的描述。為此，他給奧薩瑪發了一份長長的問題清單，寫滿了四十五頁紙。二〇一一年二月初，奧薩瑪和他的一個女兒，可能是瑪麗亞姆，開始回答阿布杜・拉赫曼・馬格里比所提出的問題。在筆記本的封面頁中間，瑪麗亞姆用紅筆寫道：「阿布・阿布杜拉〔即奧薩瑪・賓・拉登〕的回憶錄。」但當時他們兩人對於阿拉伯之春的事件進展太過關注了，並沒有花太多精力在問答上。他們只花了一次時間來寫回憶錄，寫滿了筆記本的不到四頁紙。

與此同時，從二〇一〇年十二月或二〇一一年一月開始，身在阿伯塔巴德的大多數成年家庭成員，每天都會聚集在大院的某個頂樓上，有時一天兩次，共同討論阿拉伯之春的事件近況。他們的策略包括準備一篇賓・拉登對於「革命」的公開聲明，他們把這個事件表述為「革命」。這些早期的家庭討論狀況被記錄在另一本筆記本上，該筆記本沒有被海豹部隊找到（或沒有被公開解密）。到二〇一一年三月五日為止，第一本家庭筆記本已經寫滿了，瑪麗亞姆決定將隨後的家庭討論記錄在本子上，本子是用來記錄她父親的問答題的，其中大部分仍是空白。為了避免混淆，瑪麗亞姆在封面上加了一個新的標題，這次是用藍筆寫的。「最新發展——第一卷的延續——關於阿拉伯世界的革命，二〇一一年三月初。」後來又有人用黑色的筆加了一句：「歷史事件和謝赫阿布杜拉〔即奧薩瑪・賓・拉登〕的觀點。」

儘管找到的筆記本具有獨特性，但要理解其中所有的內容幾乎是不可能的。首先，它的字跡並不總是容易辨認的，因為抄寫人必須要快速書寫才能跟上所說的內容，而且有時句子會不完整。最有可能的情形是，記錄人對於她所遺漏的訊息非常熟諳於心，並且相信她以後能夠很容易地回憶起這些內容。有的時候，筆記本會被用來抄寫他們在電視上看到的阿拉伯之春新聞。而且，有幾次，同一本筆記本被用來記錄抄寫者的想法，以及起草奧薩瑪寫給他的同夥的信。

從筆記本中，我們可以知道奧薩瑪・賓・拉登是在多大程度上要依靠他的家人，尤其是依靠他的女兒瑪麗亞姆和蘇梅亞的幫助。在其中的一頁中，我們發現他在徵求她們的意見，要求她們「開始構思公開聲明」，並「整理出應該包括的想法」。考慮到「阿拉伯之春」的事件是在好幾個國家裡同時展開的，我們也看到奧薩瑪可以理解的困惑。我們看到，有一次，奧薩瑪說：「我們的講話必須要靈活，因為當利比亞政權倒台後，該地區其他政權將隨之產生恐懼。」幾天後，我們發現他對「除了加強祈禱，我們什麼都做不了」的前景感到很無奈。

隨著「阿拉伯之春」的事態發展，奧薩瑪擔心那些「需要時間來把自己組織起來的年輕革命者們」。他一度不再確信「革命」是一種積極的發展。「這些革命，怎麼說呢，就像是早產兒，」他感嘆道，「這就是為什麼它們被困惑和混亂攪合在一起。」最終，奧薩瑪確定，「我們要保護這些革命，使它們能夠沿著正確的道路前進。」他並不想報仇：

> 重要的是，革命者不是要復仇，因為這將產生大量的問題……「下台」（即對獨裁者）的口號就足夠了。協商會議將會確保革命者被說服不要尋求報復。睿智的人們明白，革命中包括了那些想要尋仇的人。他們會提醒人們從先知那句idhhabu fa-antum al-tulaqa'學到什麼。

這句話的大致意思是「去吧，我放你們走」，這句話被認為是先知穆罕默德在凱旋進入麥加時說的，反映了穆罕默德對麥加人的政治寬容，他選擇不奴役麥加人，儘管他們是他的合法戰利品。[51]奧薩瑪對阿拉伯之春的公開回應至少經歷了十六個不同的草案。[52]從保存的檔案名稱來看，蘇梅亞和瑪麗亞姆在起草他們父親的公開回應時承擔了大量的工作。

筆記本中的內容顯示出奧薩瑪和他女兒之間的動態關係。當時十九歲的蘇梅亞表現得很意志堅定。她催促她抱持試探性態度的父親表明立場。「人們正等待著你對西方干預利比亞的立場，」她逼問道。奧薩瑪對此並不確定，他慨嘆道：「利比亞人對批評很敏感。」奧薩瑪從一個同夥的信中得知，有幾個利比亞伊斯蘭戰鬥團的成員已經迫不及待地要離開北瓦濟里斯坦去利比亞作戰了。他們的

兩百二十頁家庭筆記本中的一頁

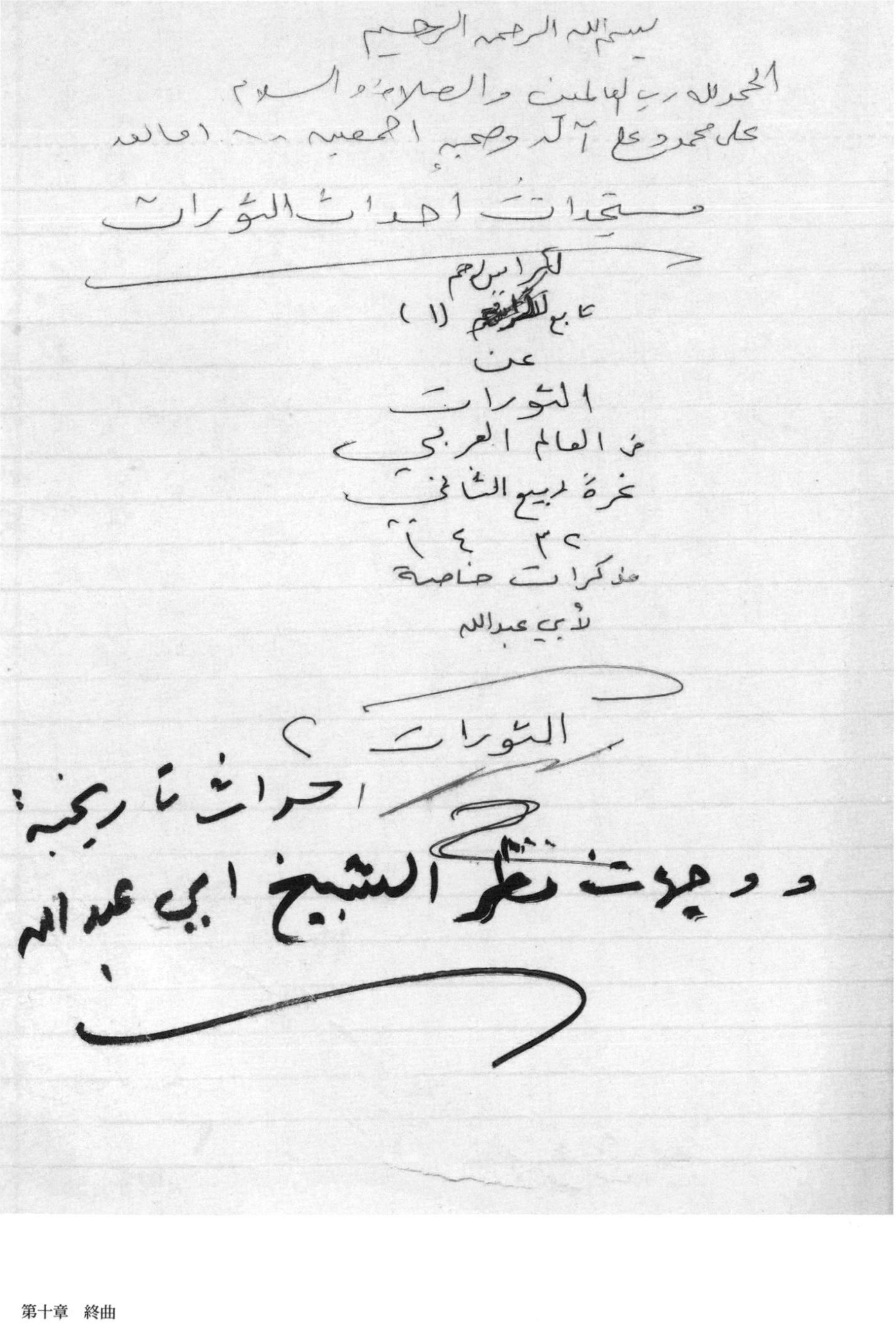
بسم الله الرحمن الرحيم
الحمد لله رب العالمين والصلاة والسلام
على محمد وعلى آله وصحبه أجمعين ... أما بعد
مستجدات أحداث الثورات
الكراس رقم
تابع للكراس (1)
عن
الثورات
في العالم العربي
غرة ربيع الثاني
١٤٣٢
مذكرات خاصة
لأبي عبدالله
الثورات
أحداث تاريخية
ووجهة نظر الشيخ أبي عبدالله

領導人烏斯．利比（Uns al-Libi）曾抱怨，阿提亞沒有「承擔起責任」，因為他沒有批准他們離開。他們決定不經他同意就去，並認為如果他們發生什麼狀況的話，阿提亞要「在真主御前為此負責」。[53]阿提亞向奧薩瑪解釋說，「脾氣一直不好」而且「曾在伊朗被拘押過」的烏斯．利比，「情況很糟糕，在拘留期間精神狀態嚴重倒退。」[54]當奧薩瑪告訴蘇梅亞，利比亞人的「黨派關係類似於部落之間的關係——東部的利比亞人是一回事，而西部的利比亞人則是另一回事」時，他可能想到烏斯和他的「兄弟們」的不受控。奧薩瑪還接著強調說，「我之前從來沒有見過這樣的事情，我們在與利比亞兄弟的討論中應該小心謹慎。」

蘇梅亞清楚，「革命」給聖戰主義帶來了更廣泛的挑戰。「這些革命對聖戰份子有什麼消極和積極的影響？」她問道。「很有可能的是，」她警告說，「新生代中的一些人可能會認為沒有聖戰也能實現政治變革。」蘇梅亞已經指出「阿拉伯之春」已經給聖戰主義帶來的深刻挑戰。聖戰組織領導人一直指出，西方支持穆斯林獨裁者反對他們的人民，這一事實支持了聖戰事業。然而，在利比亞，西方國家進行了干預，支持人民反對獨裁者穆安瑪爾．格達費（Muammar al-Qadhafi）。當聯合國透過第一九七三號決議，授權「採取一切必要措施保護平民」時，賓．拉登夫婦正在看新聞。[55]法國總統尼古拉．薩科齊成功地確保了在北約指揮下的軍事行動，該行動於二〇一一年三月三十一日啟動。蘇梅亞意識到西方的干預與聖戰份子的訊息是相衝突的，並堅持認為父親的回應中「有些地方需要解決」。

奧薩瑪同意了。「這是一個非常困難的立場，」他向蘇梅亞承認，並指出「人民對西方的干預感到高興」。聖戰者們，他痛苦地表示，「除了保持沉默之外，別無其他選擇。」另外，奧薩瑪給綁架法國人質的北非聖戰組織AQIM的領導人寫了一封信。奧薩瑪建議說，「殺害法國人質已經不合適了，」因為「大多數〔穆斯林〕公眾都支持薩科齊。」[56]在這時，我們看到奧薩瑪已經沉浸在阻礙蓋達組織參與的政治和行動上的無能為力中。「我們現在的行動有些受阻，」他感嘆道，「我們的能力有限，而且我們有普通成員的問題，還有兄弟們大量死亡的問題。」

瑪麗亞姆此時二十一歲，與她的妹妹相比，她可能更喜歡默不作聲地把事情做好。在上一章中，我們透過她寫給伊朗最高領袖的信了解到她對聖戰主義的承諾，信中責備他扣留聖戰份子的婦女和兒童。最有可能的是，瑪麗亞姆就是那個記錄家庭談話的人，因為我們在材料中並不經常聽到她的聲音。在筆記本的最初幾頁，我們看到瑪麗亞姆溫和地勸說家庭其他成員要「冷靜思考」。在一次家庭談話中，奧薩瑪建議將他發表於二〇〇四年一月的公開聲明與阿拉伯之春之間建立起因果關係。在二〇〇四年的聲明中，奧薩瑪宣稱「應該讓統治者承擔責任」，穆斯林社群「有權選擇其統治者」，並且應該成立一個由獨立學者和神職人員組成的委員會，「以填補這些宗教上無效的政權的真空。」[57]海麗亞喜歡這個想法，有人起草一個段落，確立了這種聯繫。然而，瑪麗亞姆對這一想法並不以為然，這一段沒有被納入（接近於完稿的）最終草案。瑪麗亞姆很可能把它刪掉了，可能是擔心推翻突尼西亞、埃及和葉門獨裁者的抗議者們會嘲笑她父親為他們的行動邀功。在一份單獨的「待辦事項」文件中，瑪麗亞姆指出，在阿拉伯之春之後，應該在幕後成立一個獨立的學者委員會。為此，她建議向蓋達組織的「兄弟們」發出指示，讓他們透過科威特學者哈米德．阿里的網頁就此事進行聯絡，但

「不要明確指出這封信是來自父親的」。[58]

在他們進行最後的編輯時，蘇梅亞強調，她父親的聲明的語氣應該既有風格又有內涵，「因為人們樂於看到恰當的語句與激昂的聲音相互結合。」[59]奧薩瑪的語音聲明是在四月二十七日凌晨錄製的，這時候距離五月一日的突擊行動只有幾天了。他們聽完錄音後決定，如果能有更多的「與烏瑪的團結」，並需要更明確地闡述「蓋達組織關於革命的政治」。其中一人認為，最好避免在深夜錄音，「因為疲累在聲音中表露無遺。」

海豹突擊隊在賓．拉登家族有機會做出修改之前就突擊他們的駐地。不久之後，美國政府公布奧薩瑪在四月二十七日錄製的語音聲明。這樣做可能是為了證明海豹部隊的突擊行動是成功的，破壞了陰謀論者們提出的相反主張。

關於兒子和女兒

對於奧薩瑪．賓．拉登出身的海灣地區的統治家族來說，指定一個「最喜歡的」兒子作為「繼承人」，其他的兒子作為後備人選是很常見的。相比之下，賓．拉登文件顯示，奧薩瑪在蓋達組織內部崇尚的是任人唯賢，並堅持在批准成員晉升之前審查他們的履歷。因此，許多報告聲稱奧薩瑪．賓．拉登正在培養他的兒子哈姆扎作為蓋達組織的繼承人，這一說法在賓．拉登文件中找不到依據。

事實上，這些信件揭示了關於哈姆扎的潛力或缺乏潛力的看法完全不同的內情。當哈姆扎即將從伊朗獲釋時，他的父親提議將他和「其他即將加入的兄弟」送到卡達去從事宗教研究，並最終煽動穆斯林加入聖戰。此事並不涉及任人唯親和偏袒。阿提亞說，「兄弟們」留在伊朗是比較安全的，他擔心如果他們去到北瓦濟里斯坦的話，就會喪命，因為中情局的無人機行動正在這裡成功地消滅武裝份子。[60]奧薩瑪無法等待被拘押者從伊朗獲釋，並傾向於如果事實證明前往北瓦濟里斯坦是困難的話，就將哈姆扎送到卡達去。他的理由是，哈姆扎在「被監禁時還是個孩子，不可能在卡達以恐怖主義罪名被起訴」。[61]但無論如何，奧薩瑪．賓．拉登在這件事上都是沒有發言權的，而且伊朗最終決定把哈姆扎和他的母親送到瓦濟里斯坦去。

在這本二百二十頁的筆記本中，所記錄下來的最後一次討論發生在當地時間二〇一一年五月一日凌晨一點，也就是大院在遭到突擊前的幾個小時。在那次會議上，奧薩瑪對他的家人說。「我告訴哈立德，我也會對哈姆扎說同樣的話，除非是非常小心地執行，否則不宜公開露面。」如果他的兒子們要承擔公共角色，他們的聲明需要「準確而有意義」，並且應該「作為他們尋求建立的未來願景的一個路標」。他堅定地認為，「除非我們做好能持續下去並且維持高標準的充分準備，否則我們不應該為哈姆扎或者哈立德發布公開聲明。」奧薩瑪非常喜歡用打比方的辦法來說明他的觀點，他解釋說，就好比一家新的電視台，除非它有足夠的內容「可以供一整年的播出，而且擁有支持其日常製作的工作人員」，否則這個電視台就不應該開張。同樣的情形也應適用於他的兒子哈姆扎和哈立德可能承擔任何公共角色一事。

奧薩瑪的妻子和女兒們多年以來一直是他可靠的「工作人員」，而且人們可能也會認定她們也能為哈立德和哈姆扎做出同樣的事情。會不會是因為奧薩瑪不鼓勵他的兒子們扮演公開角色呢？

二〇一一年五月一日，哈姆扎還沒做好巔峰時刻的準備，這一點在他母親的眼中甚至很明顯。在海麗亞抵達阿伯塔巴德，並親眼觀察到哈姆扎同父異母的姊妹們出色的文筆後，她立即意識到她的兒子還需要追趕一下才行。「令人振奮的是，」她在給哈姆扎的信中寫道，瑪麗亞姆和蘇梅亞「一同參與父親對研究和課題的準備工作中」，而且「她們的文章在電視上播放。」[62]她囑咐兒子說：「你最需要關注的問題是閱讀和聆聽你父親所有的公開聲明。這樣，當真主促成我們團聚時，你就會和這裡的團體站在同一起跑線上。」

奧薩瑪．賓．拉登也可能感覺到了，哈姆扎還遠遠沒有準備好。他的兒子不僅缺乏戰場經驗，而且他的信中有一些段落令人痛苦地長於感性表達，而缺乏遠見和戰略。奧薩瑪可能從阿提亞那裡得到線索，他將哈姆扎描述為一個「善良和正派，當然，他是一個在監獄中度過多年的年輕人」。阿提亞指出，由於中情局的無人機在瓦濟里斯坦上空進行監視，「這個可憐的小伙子現在生活在監獄般的環境中。」儘管哈姆扎渴望「在某個軍營中接受訓練」，並不打算「接受任何特殊待遇」，但阿提亞還是輕易地收斂住他的熱情美言，因為「他沒有他兄弟薩阿德那麼能堅持。」[63]奧薩瑪的兒子薩阿德戲劇性地逃離了伊朗，後來在二〇〇九年被一架無人機炸死，他在信中不僅表現出對蓋達組織的忠誠，還表現出自信、獨立思考和領導潛力。在同一封信中，阿提亞列出蓋達組織中應被提拔到負責人崗位的「兄弟」的名字，而哈姆扎和哈立德都沒有入選。可以肯定的是，他們並不在競爭者之列。阿提亞仍在尋求賓．拉登的許可能允許哈姆扎「有限度地活動」，以參加關於準備爆炸物的特別培訓課程。

奧薩瑪對此猶豫不決，並建議對哈姆扎的訓練加以限制。

在突擊賓．拉登藏身之處的幾年以後，哈姆扎於二〇一五年以全球聖戰代言人之姿首次公開亮相。奧薩瑪．賓．拉登的繼任者艾曼．扎瓦希里大張旗鼓地引出他的亮相演說。「我要向大家介紹，」他興奮地宣稱，「獅子，獅子的兒子；聖戰者，聖戰者的兒子。」艾曼並沒有表示哈姆扎注定是要扮演他父親的角色，但他祈禱他在聖戰領域的出現將成為「讓真主的敵人們如芒刺在背的存在」。

蓋達組織很可能認為，奧薩瑪．賓．拉登的兒子是他們能和伊斯蘭國較量一番的最大勝算了，在當時，伊斯蘭國已經讓蓋達組織黯然失色。最有可能的是，他們希望像他的父親一樣，哈姆扎會煽動穆斯林採取行動，並透過使用標誌性的「我們聽從你的召喚，哈姆扎」來激發聖戰攻擊。他呼籲聖戰份子自行行動，效仿二〇〇九年實施胡德堡（Fort Hood）槍擊案的美軍陸軍少校尼達爾．哈桑（Nidal Hasan）和二〇一三年實施波士頓馬拉松爆炸案的察爾納耶夫（Tsarnev）兄弟。然而，哈姆扎的一系列演講沒有產生明顯的影響。

哈姆扎的聲音聽起來很像他父親的聲音。但他的公開聲明在風格上更容易讓人想起艾曼．扎瓦希里，而不是他的父親。他們就像呆板的大學生演講一樣，如果希哈姆和他同父異母姊妹瑪麗亞姆和蘇梅亞能提供意見的話，他是會受益匪淺的。據報導，哈姆扎於二〇一九年七月被殺，兩個月後川普總統確認了這一事實。[64]

與一些人的報導相反的是，哈姆扎並沒有抵達阿伯塔巴德。在二〇一一年五月一日時，他要麼是正在準備前往阿伯塔巴德，要麼是已經在途中，因為當時阿提亞已經為他和他的家人安排了安全通道。在海豹部隊突擊賓．拉登的駐地時，哈立德是他身邊唯一的成年兒子。根據開槍射殺了奧薩瑪．賓．拉登的海豹突擊隊隊員的說法，從事奧薩瑪檔案工作多年的中情局分析師在突擊行動前告訴他們，他們應該要對賓．拉登的兒子哈立德「武裝完畢，準備就緒，作為他父親的最後一道防線」有所準備。[65]然而，她只是說對了一部分。哈立德的確在院子裡，但他沒有武器，也顯然沒有做好準備。海豹突擊隊要找到他並不難。行動小組中的一個人只是輕聲叫了一下他的名字，哈立德就回應了一聲「什麼？」他在海豹部隊找到奧薩瑪之前就被射殺了。[66]

在突擊行動之後，沙烏地阿拉伯允許院落裡的倖存者回國，據說，奧薩瑪的妻子希哈姆、海麗亞和阿瑪爾定居在吉達。據推測，奧薩瑪與阿瑪爾所生的孩子瑪麗亞姆和蘇梅亞以及他的孫輩們也在那裡。他們的行動可能受到政府的嚴密監控，借用海麗亞的一封信中的一句話，瑪麗亞姆和蘇梅亞的著作現在不太可能被「放在電視上播出」。

第十一章　真正的送信人

「大多數的災難都是不可靠的送信人致使的。」

——阿赫邁德・尼沙布里（Ahmad al-Naysaburi），十世紀末伊斯瑪儀派（七伊瑪目派）的作者[1]

巴拉克・歐巴馬於二〇一一年五月二日對外宣布，「今晚，我可以向美國人民和全世界報告，美國已經開展一項行動，擊斃了蓋達組織領導人奧薩瑪・賓・拉登。」[2]美國總統的公告是在阿伯塔巴德展開突擊行動，威廉・H・麥克雷文上將對賓・拉登的屍體進行正面識別（PID）之後的數小時內做出的。[3]

在阿伯塔巴德突擊行動之後的政府簡報中，美國情報官員指出，奧薩瑪的「送信人」——他的名字沒有被提及，對於這次任務的成功起到非常重要的作用。這裡所指的「送信人」不是別人，正是阿布・阿赫邁德・科威提，他是我們在前幾章中已經提到過的安保人員之一，住在阿伯塔巴德大院的一個鄰近房子裡。因此阿布・阿赫邁德擔任奧薩瑪的送信人是合理的，對此有更多猜測的必要性很小。

當我開始寫這本書時，我並沒有想到能在賓・拉登文件中找到線索，從而了解中情局是如何發現奧薩瑪・賓・拉登的藏身之處。但在閱讀這些信件的過程中，有兩個方面讓我對中情局提及的「送信人」的說法進行思索。首先，奧薩瑪非常詳細地記錄了他和他的家人對阿布・阿赫邁德及其兄弟的依賴程度。在奧薩瑪列舉所有的任務中，擔任他的送信人並不是兄弟倆工作內容的一部分。其次，真正引起我注意的是信中提到的一個由兩個中間人和一個送信人組成的「封閉圈子」。我對這些暗示性的說法思考得愈久，我就愈清楚，正是這個祕密的三人組充當阿伯塔巴德的奧薩瑪和他在北瓦濟里斯坦的同夥之間的管道。

當然，對賓・拉登的追捕是隨著阿伯塔巴德突擊行動而結束的一個章節。但為什麼美國情報部門不在他們的簡報中透露有關賓・拉登的「封閉圈子」的真實情況呢？在本章結束時，我們將會看到「送信人」敘述中的許多缺失部分，並將其拼湊起來。送信人的確是故事的核心，但阿布・阿赫邁德只是一個切入點。我們還將發現，為什麼在賓・拉登被殺後的情報通報中沒有提及真正的送信人身分。明確地說，我們並不知道中情局手裡的第一手資料，但我們可以從信件中重構出奧薩瑪・賓・拉登所犯下的錯誤之處。

那麼，如果不是阿布・阿赫邁德的話，誰才是真正的送信人呢？首先，讓我們來解構一下官方的敘述。

「送信人」的論述

重述通往阿伯塔巴德藏身處的「情報軌跡」的官員強調了賓・拉登的送信人的重要性：「有一個送信人受到我們特別的持續關注……被拘押者還確認此人是獲得賓・拉登信任的少數幾個蓋達組織的送信人之一。他們表示，此人可能與賓・拉登住在一起，並負責保護他。[4]他指的是阿布・阿赫邁德・科威提，在九一一事件後，一些遭到中央情報局「強化審訊技術」審訊的被關押者提到他的名字，[5]這是中情局的「酷刑計畫」的委婉的說法。[6]但在九一一之後的幾年裡，這位官員承認，中情局一直無法確定這位送信人的真實姓名或藏身地點。

在二〇〇一年底賓・拉登逃離阿富汗後，人們推測他是隱藏在巴基斯坦或阿富汗的部落地區，我們可以假設中情局是在那裡尋找他的。但在二〇一〇年八月，中央情報局確定了阿布・阿赫邁德和他的兄弟的住所位於「巴基斯坦阿伯塔巴德的一個大院子裡，這個城鎮位於伊斯蘭瑪巴德以北約三十五英里處」。[7]根據一份解密的中情局備忘錄中的內容，情報機構透過電話訊號攔截找到阿布・阿赫邁德是在巴基斯坦的白沙瓦。然後他們跟蹤到「他的白色吉普車，安裝在車尾的備用輪胎上有一個獨特的犀牛圖像。阿布・阿赫邁德・科威提在不知情的情形下，把他們帶到位於巴基斯坦阿伯塔巴德的一個大院中。」[8]

中情局注意到，這兩兄弟一直在遵守「鉅細靡遺的行動安全」指令，而且「非常小心謹慎」。這樣的行為更加強了中情局的確信度，認定他們就是中情局要追蹤的正確的人。[9]到二〇一一年三月時，中情局正在逼近奧薩瑪，而歐巴馬總統「主持了不少於五次的國家安全委員會會議，以討論這個問題」。在四月二十九日，總統向海豹突擊隊下達執行阿伯塔巴德突擊行動的命令。

另一套說法

出色的記者西莫・赫許（Seymour M. Hersh）在他二〇一五年刊登在《倫敦書評》（*London Review of Books*）上的文章〈擊斃奧薩瑪・賓・拉登〉（The Killing of Osama bin Laden）中對中情局給出的說法提出質疑。赫許的主要論點之一是，巴基斯坦三軍情報局已經找到賓・拉登，並且自從二〇〇六年起就一直將他作為「人質」關押在阿伯塔巴德，作為對抗蓋達組織的籌碼。據赫許的說法，一名前三軍情報局高級官員在二〇一〇年八月向中情局駐伊斯蘭馬巴德的負責人出賣了巴基斯坦的祕密。這名心懷不軌的官員想要獲得美國根據其正義獎賞計畫（Rewards for Justice program）提供的兩千五百萬美元的賞金，以獲得有關於賓・拉登的訊息。赫許所說的賓・拉登曾被當成「人質」的論點是錯的。

即使隨意讀賓・拉登文件中的內容，也能充分說明奧薩瑪和他的同夥為躲避巴基斯坦當局的追捕而費盡心思、絞盡腦汁。說他已被扣為人質，但他自己卻不知道的說法，實在是令人難以置信。[10]

從表面上看，中情局給出的「送信人」說法似乎令人信服，尤其是因為阿布・阿赫邁德和他的兄弟就住在奧薩瑪的隔壁。但賓・拉登文件顯示，在追捕奧薩瑪・賓・拉登的過程中，存在著一個複雜得多的行動。

封閉的圈子

為了能夠了解中情局敘述中所缺失的部分，了解「安保人員」、「送信人」和「中間人」在賓・拉登的「封閉的圈子」中所扮演的不同角色會是有所幫助的。然而，在我們研究這些問題之前，值得重申的是，這些信件被保存在SIM卡上，似乎被放在一個「信封」裡的，需要被「提取」出來。因此參與這個祕密行動的人都未攜帶一疊實際的信件。

安保人員

就如同我們在前文中討論過的，我們從信件中得知，賓・拉登夫婦的隔壁住著兩個被賓・拉登稱為「阿布・穆罕默德和阿布・哈立德」的兄弟，他稱這兩個人是他的「安保人員」。賓・拉登夫婦和他們的安保人員住在「同一個大院裡的兩座獨立的房子裡，這座房子也有各自獨立的庭院。」[11]他們對賓・拉登夫婦最重要的貢獻是提供「安全掩護」，給外人留下一種住在院子裡的是當地人的印象。他們還定期為賓・拉登夫婦「購買雜貨，主要是水果和蔬菜」。[12]為了盡量減少兩兄弟的負擔，賓・拉登夫婦也盡量做到自給自足。奧薩瑪在一封信中寫道「我們自己烤麵包」，並「大量購買穀物／豆類」。雖然住在院子裡的十六個人中有九個是孩子，但賓・拉登夫婦看醫生的次數「很少，平均一年一次」。奧薩瑪對此的解釋是，「我們遵循的是歷久不衰的方法，即預防勝於治療，」而且「我們在家裡存放了治療大多數疾病的藥品」。[13]

可以理解的是，為世界頭號通緝犯提供安全保護，讓阿布·阿赫邁德和他的兄弟付出了代價——在海豹部隊突擊他們的駐地時，他們和賓·拉登在一起將近九年了。自從二〇〇五年他們搬到阿伯塔巴德後，安保人員們便決定誰可以留在院子裡。當賓·拉登提出要求允許更多的家庭成員與他一起生活時，他們經常拒絕，當他堅持要這麼做時，他們則是會威脅要拋棄他。[14]至少從二〇〇九年開始，他們就向賓·拉登明確表示，他們想要離開。他們已經「筋疲力盡」，已經無法再忍受必須遵守的嚴格安全措施了。

在二〇〇九年時，哈吉·奧斯曼提議由兩名身為蓋達組織成員的巴基斯坦兄弟來取代阿布·阿赫邁德和他的兄弟，但這些候選人並不符合奧薩瑪嚴格的安全要求。僅僅對蓋達組織忠誠是不夠的，奧薩瑪需要的是那些經濟條件允許他們購買和他自己的大院一樣大的大院的人，而且他們的「安全記錄必須清白乾淨」。很自然的，期望蓋達組織中的任何人都能滿足這些標準都是不合情理的。[15]

在二〇一〇年底，阿提亞正在調查另一個巴基斯坦「兄弟」是否合適，他的特徵似乎符合賓·拉登心目中的工作描述。這個「兄弟在拉合爾擁有一家或幾家雜貨店；他知識淵博，值得信賴，了解房地產，對過平民生活了如指掌」。阿提亞還打算讓值得信賴的巴基斯坦特工伊利亞斯·克什米里為奧薩瑪尋找合適的安保人員。[16]

在中情局逼近賓·拉登的同時，尋找新的安保人員的工作也正逐步有了進展。找到新人只是一個時間問題。與此同時，奧薩瑪也在設法說服他的安保人員能夠再多做一陣子。二〇一一年二月三日，他與兩兄弟簽下一份「書面協議」，承諾「在九一一攻擊事件十週年前或之後不久」就解除他們對他的義務。因此在突擊檢查時，這兩名兄弟仍在執勤。

送信人和兩個中間人

在二〇〇四年時，當奧薩瑪重新與他的同夥建立起聯繫時，他指示他們，通信「應遵循封閉圈子模式」。[17]在隨後的幾年裡，信件中所提到的送信人都是訊息模糊的。賓・拉登夫婦經常說，他們的信寫得很匆忙，因為他們常常會在很短的時間內才接到送信人要來取信的通知。很顯然，送信人不可能是就住在隔壁的那個人。

但由於幾封寫於二〇一〇至二〇一一年的珍貴信件，我們可以重建中情局敘事中的一些缺失部分。在二〇一〇年時，很可能是在七月，奧薩瑪想要加強他和他的同夥所採取的安全措施，並在一封為了引起阿提亞注意的長信草稿中寫道：

——這兩個兄弟——你這邊的中間人和我這邊的另一個——應該改變他們的行事常規。他們應該只在一個封閉的市場，如商業中心／商場裡見面交換信件。

——從瓦濟里斯坦取信的兄弟應該在每次出行後準備一份報告，向你通報安全形勢。他應該讓你知道，安全形勢在他看來是否正常，或者最近是否出現一些新情況，例如：額外的控制程序；審訊；對通勤者的拍照。如果有明顯的變化，他應該評估是否每個人都是目標，還是選定的群體。或者說，他所觀察到的變化是因為有其他更警惕、細心的人取代了之前的檢查人員造成的。[18]

奧薩瑪的筆記內容揭示出，為他的通信提供便利的「封閉圈子」包括一名送信人，即「從瓦濟里斯坦取信的兄弟」，以及兩名「中間人」（wasit）：一名是來自阿提亞的一邊，另一名是來自奧薩瑪的一邊。

二〇一〇年，奧薩瑪詢問了將他的公開聲明直接發送給聖戰媒體《運動》以加快發布速度的事宜。對我們而言幸運的是，出於極其謹慎的考慮，阿提亞在一封充滿對「封閉圈子」的信心的信中拒絕了這個提議：

> 我想了很久，得出的結論是這是不可取的。此事沒有任何附加價值。事實上，這樣做會使中間人有更多的動作，而且不必要地使我們的通信暴露在更多人面前。
>
> 目前，我們與你們的溝通是透過我們最信任的一個安薩爾兄弟〔即巴基斯坦當地的支持者〕。事實上，他是蓋達組織極為熱心的支持者之一。我們堅信他是如此。在這一點上，只有阿布·葉海亞〔即阿提亞的副手〕和我自己知道這個中間人的情況。最近，在謝赫·賽義德〔即哈吉·奧斯曼，阿提亞的前任〕被殺後，我才與阿布·葉海

亞分享此事，這也是一種預防措施。

送信人是這位值得信賴的安薩里／巴基斯坦當地兄弟的姊夫。因此當送信人收集信件時，他把它們交給他的姊夫，也就是我剛才提到的那位值得信賴的兄弟〔當地巴基斯坦人〕，而他又在方便時把它們轉交給我。（他不知道這些信的來源，也不知道誰在背後操縱，但他知道這些信很重要。）他有可能會感覺到這些信件是來自我們的兩個謝赫〔即賓・拉登或扎瓦希里〕，因為他已經做很長時間了。他目前正在和我打交道，在我之前，他和謝赫・賽義德也是這樣做的。在更之前，和哈立德・哈比布也是如此。他很聰明，我們認為他是值得信賴的，而且他已經向你效忠了。大約一年前，謝赫・賽義德當著我的面接受這位安薩里〔當地支持者〕的效忠。謝赫・賽義德曾就此事諮詢過我。與受信任的安薩里建立牢固的聯繫很重要，因為宣誓效忠（bayʻa）對普什圖人而言是非常重要的。他自己也希望透過宣誓效忠與我們結合。

簡而言之，最好是所有的信只送到一個人手裡（這個人就是我），然後我再把它們送到它們的目的地，例如，送到阿布・葉海亞、媒體處等等。這將是最好和最安全的。否則，安薩里兄弟將不得不親自把信送到各個目的地。也就是說，他要打開信封，取出SIM卡等等。[19]而現在是我自己來處理這些……我們目前面臨的最大的問題之一就是和交接轉移相關的問題……受信任的安薩里知道，如果我出了什麼事，他將把信交給阿布・葉海亞。[20]

由於賓・拉登不知道組成「封閉圈子」所有的人員的身分，我們可以有把握地假設，他不認識，

阿提亞的中間人是一位受信任的巴基斯坦人，並且是送信人的姊夫

送信人，阿提亞一邊的中間人的姊夫

賓．拉登一邊的中間人？

更不用說能見到真正的送信人。無論如何，阿提亞的詳細解釋，結合賓．拉登先前的筆記，描繪了實際送信人和組成「封閉圈子」的中間人之間的互動方式。在北瓦濟里斯坦的中間人與阿提亞會面，最多只是懷疑他的姊夫交給他的信可能是來自兩位謝赫之一。

當然，警惕性很高的阿提亞並沒有在同一封信中寫上信任的中間人和送信人的名字。但由於賓．拉登的兒子哈立德在其中一封信中的安全漏洞，我們對他們有了更多了解。我們已經發現，哈立德急於結婚，阿提亞截獲／編輯了他的一封信，裡面包含了「過多的資訊」。哈立德將他的信寄給「阿布杜拉．信迪（Abdallah al-Sindi）和阿布．哈利斯．信迪（Abu al-Harith al-Sindi），要求提供一個假身分證以方便他出行。這兩個人的名字在信中出現了，他們是為阿提亞和其他聖戰份子偶爾跑跑腿的可信人士。但當哈立德試圖直接給阿布．哈利斯寫信時，細心的阿提亞刪去這個名字，並在後來向賓．拉登解釋為什麼他要干涉：

我為第一次干涉信件而道歉，但我認為這是必要的。這是我出於

安全方面的顧慮所做的干預。我審查了哈立德的信並修改其內容……

修正內容涉及以下方面：需要讓阿布．哈利斯遠離所有敏感事項，並只寫信給阿布杜拉。我還刪去了關於哈立德身分證的段落，因為我已經要求阿布杜拉直接寄給我。

不讓品德優秀的兄弟阿布．哈利斯參與到此事之中的原因是與他的工作性質相關的。他有行政職責，包括籌集資金和照顧一些住在卡拉奇的家庭。他還負責監督一個由幾位弟兄組成的團隊，這些弟兄與他密切合作，並擁有廣泛的關係和網路。與他通信或讓他參與這樣的敏感事務是不合適的。[21]

很顯然，阿布杜拉和阿布．哈利斯在為蓋達組織辦一些敏感的差事，阿提亞給賓．拉登的一封信中明確指名「阿布．哈利斯．信迪〔為〕阿布杜拉．信迪的姊夫。」由於阿布杜拉與阿提亞「直接」互動，他顯然就是那個「受信任的安薩里」，即阿提亞一方的中間人，而阿布．哈利斯是他的姊夫，他不是別人，正是可能將中央情報局引向賓．拉登藏身地的那個送信人。

奧薩瑪．賓．拉登一方的中間人的角色並沒有詳細的說明，但寫給穆罕默德．阿斯拉姆的信是以wasit（即中間人）的名義歸檔的，這表明他是賓．拉登一方的中間人。鑑於阿斯拉姆和他的家人在賓．拉登的第二任妻子海麗亞到達阿伯塔巴德之前接待了她幾個月，因此阿斯拉姆擁有扮演如此敏感的受信賴角色也就不足為奇了。[22]更重要的是，賓．拉登信任阿斯拉姆為他的安保人員尋找替代者，[23]並希望他能保管蓋達組織的十萬歐元的預算。[24]

賓·拉登的中間人
穆罕默德·阿斯拉姆

送信人（阿提亞的中間人的姊夫）
阿布·哈利斯·信迪

阿提亞的中間人（送信人的姊夫）
阿布杜拉·信迪

我們無法從這些信件中了解到，阿斯拉姆是否會親自在阿伯塔巴德之間送信或取信。最有可能的是，送信人阿布·哈利斯會把信交給阿斯拉姆，然後由他在公共場所將信交給賓·拉登的護衛（阿布·阿赫邁德或他的兄弟）。這些交換可能發生在白沙瓦，中央情報局於二〇一〇年在那裡找到阿布·阿赫邁德·科威提。無論如何，賓·拉登的護衛從未在阿伯塔巴德和北瓦濟里斯坦之間來回送信和取信。他們只是一個非常複雜的行動的最後一環，用於接收信件，而在發信環節上扮演同樣次要的角色。

送信人阿布·哈利斯無從知曉原來自己就是世界頭號通緝犯的消息通道。從阿提亞的信件來看，阿布·哈利斯是個商人。雖然他不算富有，但在經濟上是寬裕的。[25]他的「人脈關係網」中包括聖戰者的家庭，他會以商業身分證為這些家庭提供服務（例如，為哈立德提供假身分證），這件事毫無疑問是要付錢的。[26]據他所知，他為阿斯拉姆提供的商品與他為其他聖戰家庭提供的普通商品沒有什麼不同。因此從阿提亞的角度來看，阿布·哈利斯對他的客戶了解得愈少愈好，這就是為什麼他不希望哈立德與他有直接接觸。

奧薩瑪的「封閉圈子」是如何出漏洞的？

賓・拉登文件指出兩種可能有或可能沒有聯繫的情形。

第一種情形

二〇一〇年八月，當中央情報局追查賓・拉登的工作終於正朝著正確的方向發展時，伊朗釋放了賓・拉登的妻子海麗亞、他們的兒子哈姆扎及其家人，這些人都被送到北瓦濟里斯坦。賓・拉登想要讓蓋達組織能夠採取額外的安全措施，因為伊朗知道「我的家人會來找我，而且伊朗會追蹤他們的行動以找到我」。[27]海麗亞本以為伊朗會像對待賓・拉登的其他家人那樣，會把她和哈姆扎釋放在敘利亞。當她和她的兒子被帶到北瓦濟里斯坦時，她感到很驚訝。當她與奧薩瑪分享這件事時，奧薩瑪心中的警鐘響起了。「在你獲釋後，你是否聽說過有任何可能導致或迫使伊朗首先釋放你，尤其是向瓦濟里斯坦方向」的事情呢？奧薩瑪這樣問道。[28]

二〇一〇年十一月，賓・拉登和阿提亞開始對伊朗和巴基斯坦情報機構——三軍情報局——密謀對付蓋達組織，特別是針對在伊朗的被拘留者感到愈發擔憂了。我們從阿提亞那裡得知，「到目前為止，伊朗還沒有釋放任何蓋達組織的高層重要領導人。但首次發生了一個悲慘的事件。三位兄弟和他們的家人在從伊朗獲釋後立即被巴基斯坦人扣留在奎達附近。」[29]我們不知道伊朗是否曾與三軍情報局協調。我們也不知道中情局與三軍情報局有什麼樣的關係。但如果中情局在八月份得知海麗亞已經被釋放，無論是透過與三軍情報局共享情報還是依靠自己的手段，這都是一份可以帶來更多好處的禮物。中情局本來以為海麗亞最終會加入她丈夫的行列。

但我們在上一章的內容中知道，賓・拉登的安保人員拒絕了讓海麗亞留在阿伯塔巴德的提議。儘管存在著這樣的機會，但到了二〇一一年二月初時，追蹤海麗亞的行蹤的情報價值似乎已經走到盡頭了。幾個月來，海麗亞都是和賓・拉登一邊的中間人阿斯拉姆的家人待在一起。不過，儘管海麗亞沒有把中情局引到她丈夫的門前，但中情局仍在朝著正確的方向前進。這樣的方向將會打開「封閉的圈子」的一部分，也就是奧薩瑪的中間人，穆罕默德・阿斯拉姆。

第二種情形

賓・拉登的一份筆記顯示，他已經知道阿提亞那邊的中間人阿布杜拉・信迪曾被三軍情報局短暫拘留了一段時間。我們不知道他被捕的確切日期，不過可能是在二〇一〇年八月之前，當時中情局聲稱獲得一條熱門線索。儘管阿布杜拉・信迪「不知道這些信件的來源」，但他知道這些信件「十分重要」，並可能為了豐厚的賞金而自願提供這些訊息。也有可能是審訊他的三軍情報局官員懷疑與他有值得懷疑的聯繫人，並在他獲釋後跟蹤他。令人驚訝的是，阿布杜拉的短暫被拘似乎並沒有在阿提亞的心目中占據重要地位。他認為阿布杜拉・信迪是「值得信賴的安薩里」，是「蓋達組織最熱心的支持者之一」，所以沒有什麼可擔心的。

另一個轉折點發生在二〇一一年一月，當時實際的送信人已經被三軍情報局捕獲，中央情報局對奧薩瑪・賓・拉登的偵蒐也很可能獲得了動力。在二〇一一年四月五日的一封信中，阿提亞感嘆道，「我很遺憾地通知你，兄弟阿布・哈利斯・信迪（阿布杜拉・信迪的姊夫）被巴基斯坦情報部門拘留在卡拉奇。這件事發生在兩個多月前……我們為他的獲釋祈禱。」我們不知道在阿布・哈利斯被捕後，這些來自北瓦濟里斯坦的信件是如何隨即送達的。也許阿提亞承擔了額外的風險，以確保賓・拉登知道這一重大事態進展。

奧薩瑪怎麼可能會放過這件事呢？他沒有。但在二〇一〇至二〇一一年時，他有很多事情要做。他正在為蓋達組織制定「新願景」，以便在九一一恐怖攻擊事件十週年紀念時宣布出來，這需要馴服那些葉門、伊拉克、索馬利亞和北非的不守規矩的「**兄弟們**」。他還計劃發動一次「其影響將會遠遠超過九一一事件」的新攻擊。阿拉伯之春的事件不僅耗費了他的大量時間，而且還破壞他的聖戰世界觀的一些核心原則。如果這一切還不夠的話，奧薩瑪還得聽從其安保人員的擺布，「只有真主知道這件事有多難，」他不得不懇求能與他的妻子海麗亞團聚。另外，哈立德的包辦婚姻已經徘徊了好幾年，這取決於讓哈姆扎安全抵達阿伯塔巴德的計畫。我們可以感到慶幸的是，奧薩瑪是一個顧家的人，而這很可能是他最終被殺的原因。

在海麗亞終於抵達阿伯塔巴德之後，賓・拉登想加快哈姆扎的安全到來。阿提亞則拒絕了賓・拉登讓他更早送哈姆扎到來的指示，堅持要格外小心警惕。他告誡賓・拉登，此事不僅關係到哈姆扎的安危，也關係到中間人的安危。[30]阿提亞還向他明確地表示，「讓哈姆扎來這裡和我們在一起（即來到北瓦濟里斯坦」的決定有可能讓他死在主道上，即使這樣也比冒著他被捕的風險要好，那將是我們所有人的災難！」[31]然而，到了四月時，阿提亞已經準備好要送哈姆扎走了，而且還提出三個不同方案，其中最可行的是經俾路支斯坦（Baluchistan）送他到信德（Sind）。

在四月二十日，奧薩瑪・賓・拉登與他的一個女兒坐下來，準備給阿提亞寫一封信，這封信的筆記被記錄在我們在上一章討論過的兩百二十頁手寫筆記本上。奧薩瑪的女兒記下幾個要點，其中一個要點如下：

> 需要研究阿布・哈利斯被俘的影響及其對信德部落地區兄弟的影響，特別是與派哈姆扎去那裡相關的影響。另外，要記得單獨接觸阿布杜拉・信迪。他有可能受到監視，因為他以前被抓過，而且與阿布・哈利斯有關。[32]

他們在寫二〇一一年四月二十六日的信時，勾選了筆記本上所有的要點，只留下了關於阿布・哈利斯被俘的那一項。儘管此事顯然是在奧薩瑪的腦海中占有重要地位的，但人們認為他應該要開始收拾行李。當時有很多其他事情發生，他很可能選擇淡化這些事情，以加快哈姆扎前往阿伯塔巴德的步伐。在四月二十九日這一天，歐巴馬總統批准了那項任務，兩天後，海豹部隊突擊奧薩瑪的駐地。

當然，賓・拉登文件無法透露送信人阿布・哈利斯與三軍情報局分享了什麼。我們也不知道他和他的姊夫阿布杜拉是否都曾密謀反對蓋達組織。雖然我們可以確信阿布杜拉是阿提亞和真正的送信人阿布．哈利斯之間的通道，但值得重申的是，他們都不知道這些信件的背後是誰。中情局也不能確定大院裡的人就是奧薩瑪．賓．拉登，而歐巴馬總統授權對阿伯塔巴德發動突擊是基於有擊斃賓．拉登這個可能性的考量。

同樣的，信中透露的關於阿布杜拉和阿布．哈利斯的訊息太重要了，是不能忽視的。信中的內容有沒有可能並不相關，僅僅是巧合呢？或者說，阿布杜拉懷疑這些信是「來自我們兩位謝赫中的一位」，在他應該是被短暫「拘留」時，他是否自願去找了三軍情報局？如果是這樣的話，三軍情報局是否與中情局分享了它從這兩個人那裡收集的情報？還是中情局在監視三軍情報局？

對中情局而言，有一齣阿布．阿赫邁德．科威提主演的「送信人」戲碼是很方便的。如果中情局是透過「封閉的圈子」追蹤到奧薩瑪．賓．拉登的位置的話，在突擊後的情報通報會上，中情局便有充分的理由不透露這三人的名字了。誠然，奧薩瑪．賓．拉登已經被擊斃，但中情局仍有一條雖然比賓．拉登小，但仍然算得上是大魚的魚要釣。中情局希望在追蹤阿提亞的過程中對送信人的身分保持沉默。二〇一一年八月二十二日，在奧薩瑪被殺的四個月內，阿提亞被報告在一次無人機攻擊中身亡。如果阿布．哈利斯的名字被公布出來的話，擊斃阿提亞的任務可能就不可能成功了。

至今為與阿布．阿赫邁德．科威提不同，阿布．哈利斯．信迪仍然是一個沒有說清楚的名字。

尾聲

「地獄裡充滿好意，而天堂裡則充滿的是善行。」——諺語

「你的父親，願真主保護他，對烏瑪事務的了解已經達到一個很高的水準，」這是奧薩瑪．賓．拉登的第三任妻子希哈姆在二〇一一年的一封信中寫給哈姆扎的，哈姆扎是賓．拉登與他的第二個妻子海麗亞的兒子。希哈姆主動向在伊朗被拘押近九年之後才剛剛獲釋的哈姆扎提供一張他父親的快照。「烏瑪的領袖」——指的是她的丈夫，總是說：

烏瑪的危機不是因為缺少背誦《古蘭經》的宗教學者。相反的，它是由於缺乏宗教和當代事務方面的專家……你父親最關心的是如何在穆斯林中傳播知識和學習，並透過建立研究和戰略研究中心來傳播少數有識之士的知識。他還全神貫注地尋找使烏瑪擺脫貧困、飢餓和疾病的方法……他總是說，穆斯林需要有健康的身體和頭腦，因為營養不良會滋生幾代智力低下的人。[1]

當希哈姆在阿拉伯之春爆發之際寫信時，在與家人的交談中，奧薩瑪・賓・拉登讚美「美國擁有超過一萬個研究中心」，並對阿拉伯世界缺乏這樣的中心感到惋惜。[2]然而，具有諷刺意味的是，這位如此關心在穆斯林同胞中推廣知識的人，卻沒有建立自己的學校或研究中心。

在二〇一〇年時，奧薩瑪估計他的財富——至少有四千九百萬美元，但他在撰寫手寫遺囑（wasiyya）時，甚至沒有想到要留下一筆錢來創辦一所學校。奧薩瑪要求將他的三分之一遺產中的大部分花在「為主道戰鬥」上。（根據遜尼派伊斯蘭教法，遺贈不應超過遺產總價值的三分之一。）[3]奧薩瑪謹慎地選擇他的措辭。他希望他的錢是用在qital（戰鬥）上，而不是jihad（努力、奮鬥、克制）上，以免他的遺囑執行人決定將這筆錢用在精神奮鬥的中心上——jihad一詞的意涵也包括「精神上的努力和奮鬥」。

一次又一次地，《賓・拉登文件》的讀者總是會看到奧薩瑪・賓・拉登的目標和他的行為之間的脫節。最引人注目的是他的全球願景與缺乏實現該願景的手段之間的巨大鴻溝。

要說明白的是，賓・拉登並不認為自己只是一個破壞者。他認為，他的組織所進行的恐怖攻擊將實現具體的政治目標。首先，賓・拉登試圖超越國界，將全球穆斯林社區團結起來，重新創建歷史上曾經被一個共同的政治權威維繫在一起的烏瑪。在二〇〇〇年末蓋達組織對美國海軍科爾號的攻擊之後，他認為他的目標已經實現了。賓・拉登告訴記者，攻擊事件代表「烏瑪向更高層次邁進的歷史中的一個關鍵轉折點」。他以炫耀的口吻繼續說道，美國非常清楚是誰「攻擊它的驅逐艦，但由於它的軟弱，它避免直接承認這一點。」[4]根據奧薩瑪的邏輯，九一一恐攻應該把烏瑪大門的鑰匙交給蓋達組織。他們本應提供「決定性的一擊」，迫使美國從穆斯林占多數的國家撤出其軍隊，讓聖戰者在公平競爭的環境中與「叛教政權」（即專制統治者）作戰。

奧薩瑪失算了。儘管他並不後悔，但在二〇一〇年時，他向他的同夥承認，他「勝利的」九一一事件並沒有產生他預期中的「決定性打擊」，他還在這一年制定出一項新戰略，以實現與美國的「恐怖平衡」。他的計畫包括詳細研究如何炸毀和擊沉「大量的原油油輪」，從而摧毀「百分之三十的美國經濟」並對「每個美國人的收入」產生不利影響。根據賓·拉登的設想，這種攻擊將使「權力的原始來源」——美國民眾「感受到我們的民眾所受的痛苦」。他認為，美國人反過來會像在越南戰爭期間那樣走上街頭，呼籲他們的政府改變其外交政策。[5]

至少可以說，奧薩瑪在自己連自家的大院大門都無法安全無虞地跨出時，仍在認真地決心追求他的跨國目標，這讓人感到困惑。他在北瓦濟里斯坦的同夥也無法靈活活動，塔利班政權垮台後，「隱藏」已經成為他們的行動方式。當奧薩瑪在制定他的「恐怖平衡」戰略時，他的同夥的信件顯示，他們的主要目標只是為了能生存下去。

中情局的無人機行動在國際法上引起質疑，[6]但它為聯邦直轄部落地區的武裝份子造成破壞性的影響，賓·拉登的高級助手曾預言：「我們將不可避免地承受巨大的痛苦，我們當中許多人將被殺害。」

也許，奧薩瑪是指望著他的「兄弟們」——即以蓋達組織的名義在伊拉克、葉門、北非和索馬利亞活動的地區聖戰組織？事情與此恰恰相反。他的信件顯示，他不認為他們是可靠的夥伴。我們發現他哀嘆他們已經成為全球聖戰的「負擔」。賓・拉登有充分的理由抱怨。他們自己的信揭露了這樣一個事實，即在他們的效忠誓言之下，「兄弟們」並不願意為一個共同的目標採取一致的行動。二〇〇四年，奧薩瑪曾歡迎伊斯蘭國加入蓋達組織，伊斯蘭國的母體組織於二〇〇六年宣布在伊拉克建國，但沒有經過協商，也沒有領土，並且在二〇〇七年之後就完全不再回覆蓋達組織的信件了。以葉門為基地的阿拉伯半島蓋達組織在二〇〇九年單方面將蓋達組織的品牌當作自己的品牌，並繼續拒絕蓋達組織的指示，停止其宗派主義和對當地政府的攻擊。而位於索馬利亞的青年聖戰組織對奧薩瑪而言野心太大。其領導人穆赫塔爾・祖拜爾希望能與蓋達組織公開合併，而奧薩瑪並不同意，穆赫塔爾・祖拜爾還希望宣布建立一個奧薩瑪並不贊成的國家。

那麼，奧薩瑪是在指望誰來召集穆斯林進入所承諾的烏瑪呢？

在一個由現代的國家與國界線構成的世界裡，恐怖主義破壞了國家穩定，在某些情況下，甚至造成去殖民化。但是，它從未接近於促成一個帝國般的烏瑪。因此，對於奧薩瑪・賓・拉登來說，透過恐嚇「敵人」，聖戰份子能夠以某種方式創造和建立一個烏瑪的可能性——不，是確定性，是需要極大想像力的。考慮到聖戰組織的各種躲藏狀態、無能、不守規矩、極端主義和不團結，奧薩瑪・賓・拉登的樂觀主義近乎於精神錯亂。

對一個想改變世界的人來說，賓・拉登並不入世。這個有條不紊地制定了美國炸毀運油輪船和在美國製造火車脫軌計畫的人，對於國際關係只有膚淺的了解。

從賓・拉登的信件內容中可以看出，他對於早期伊斯蘭教的記載非常熟悉。我們經常發現他會引述先知穆罕默德的勝利的策略，並學習先知把追隨者轉變為集體（jamāʿa）並最終發展為烏瑪的過程中面臨過的挑戰。

但他對於伊斯蘭歷史以外的知識了解不多。他欣賞一些對本國政府的外交政策持批評態度的西方非穆斯林思想家，並稱他們是「賢明」（ʿuqalāʾ）的。然而，賓・拉登對於這些思想家的了解充其量也只能說是很膚淺的，而且很可能只是基於阿拉伯媒體中的報導。從他的駐地找到一本諾姆・杭士基（Noam Chomsky）的《霸權或生存：美國對全球主導地位的追求》（*Hegemony or Survival: America's Quest for Global Dominance*），以及其他關於國際關係的英文書籍，但信件中沒有一處內容能顯示出他真的花心思讀過這些書。而且賓・拉登的英語水平可能並不高。儘管他在信中強調對「敵人」有所了解的重要性，但他對美國歷史的了解並沒有超出瀏覽有關這一主題的平庸文章的範圍。在他的一些信件中，賓・拉登對於越戰期間的反戰抗議活動對美國外交政策的影響表現出合理的評估，但他對於美國總統及其政策的描述卻有許多不準確之處。

對於一個想與世界上最強大的國家對抗的人來說，奧薩瑪・賓・拉登對於美國政治的無知可能貽笑大方。鑑於蓋達組織在行動上的無能為力，以及無力控制以其名義行事的聖戰組織，他所述的政治目標令人震驚地顯得詭異。最後，他的反覆誤判意味著，他在九一一事件後的目標並沒有超出空洞的威脅、未執行的計畫和更多的一廂情願的範圍。

但是，如果蓋達組織的支持者們翻閱《賓・拉登文件》的話，他們很可能會糾纏於這些文件所提供出的證據，指出奧薩瑪・賓・拉登是一個真誠的、廉潔的人。這些信件從未表明甚至暗示出，他曾試圖以犧牲蓋達組織的利益為代價來促進他的個人利益，或者他曾經考慮過會損害其聖戰原則的政治交易。因此，賓・拉登的支持者會認識到，他們的領袖在私人通信中與在公開聲明中一樣對自己的理想保持一致。

在非聖戰者的世界裡，對奧薩瑪的廉潔個性的任何讚美都不可能讓他的恐怖主義資格一筆勾銷。但政治機構最好能夠認真地對待奧薩瑪・賓・拉登所表達出的政治上的不滿。大多數穆斯林並不像奧薩瑪所希望的那樣渴望成為自殺式炸彈攻擊者，但他們也不希望遭受那些奧薩瑪試圖推翻，但沒能推翻的專制統治者的胡作非為。這就是為什麼奧薩瑪・賓・拉登對於那些支持穆斯林國家裡的獨裁者的西方民主國家抱持敵意，而且在他死後很長時間之內仍然能引起一些人的共鳴。

如果《賓・拉登文件》這本書的讀者在閱讀中沒有注意到真實的、在很多事情上無能為力的賓・拉登和蓋達組織，與九一一事件後的十年時間裡他們在權力走廊上投下的巨大陰影之間的脫節，那就是沒有看到這本書的精髓。可以肯定的是，這些信件揭示了一些反恐努力，特別是中央情報局在聯邦直轄部落地區的無人機行動在壓制聖戰主義方面發揮了關鍵作用。但這些信件同樣顯示，過度關注蓋達組織的情報評估，將寶貴的資源從其他更具威脅性的聖戰組織中分散出來。對蓋達組織品牌的癡迷，分散了反恐界對於聖戰主義內部分歧的辨別力。儘管有明確的跡象表明聖戰組織內部存在分歧，但反恐當局仍將注意力集中在賓・拉登對全球聖戰的指揮權上，這是令人質疑的。在二〇一四年，他們的錯誤評估允許了伊斯蘭國的威脅遠超過蓋達組織。

這些錯誤的情報結論與冷戰時期得出的結論和採取的行動是相類似的。儘管冷戰時期的兩個超級大國與全球恐怖主義的非國家行為者之間的差異是不言而喻的，但兩者間的一些相似之處還是值得人們注意的。正如格雷格・蒂爾曼（Greg Thielman）所說的，在冷戰期間，美國一心想要彌補「被認為是蘇聯打開的戰略缺口」。但很久以後，檔案資料顯示出「莫斯科一直在竭力地追趕美國的技術的領先和優勢資源」。[7]同樣的，在全球「反恐戰爭」中，人們認為蓋達組織在塔利班倒台後變得日漸強大。然而，正如我們所發現的，蓋達組織遠非一個不斷增長的威脅，它在二〇〇一年十月七日發動的持久自由行動後的幾個月內就被削弱了，而且在奧薩瑪・賓・拉登的有生之年裡都從未恢復其行動能力。

恐怖主義的持續威脅絕不應該被輕視，值得重申的是，九一一攻擊是迄今為止對美國本土最致命的外來攻擊。當前的挑戰是政府要如何來應對和預防恐怖主義，同時又不提高恐怖份子的地位和增強恐怖份子追隨者的存在基礎。儘管九一一恐攻對蓋達組織來說是不折不扣的巔峰時刻，但賓・拉登在這之後仍然改變世界，並在此後近十年中繼續影響全球政治。現在我們從賓・拉登文件中了解到，這個在九一一事件後的公開聲明中充滿威脅的人實際上是無能為力的，他被禁錮在他的院子裡，監督著一個「受折磨的」蓋達組織。

致謝

我要對那些曾幫助過我，使我能夠完成這項工作的個人和機構表達深深的感謝。根據近六千頁篇幅的蓋達組織內部通訊資料來寫一本關於蓋達組織在九一一事件後的歷史的書，這是一件很有挑戰性的事情，但這麼做是可行的。然而，為了能夠起步，需要翻閱近十萬份阿拉伯文的文件資料，這是一項非常艱巨的任務。但是在二〇一八年，我在貝魯特一個會議上與彼得・伯根（Peter Bergen）偶然會面，讓這本書的付梓成為可能。在我聽到蓋達組織領導人的名字之前，彼得就早已採訪過奧薩瑪・賓・拉登了，他鼓勵我對賓・拉登文件做出完整的研究。彼得和新美國機構（New America）的支持使我能夠與兩位能幹的研究助理，拉娜・喬伊里（Rana Choueiry）和穆罕默德・烏貝迪（Muhammad al-Ubaydi）合作並翻閱近十萬份文件，以確定出六千頁的相關材料。在完成這本書的整個過程中，彼得的指導，包括他的反饋在內，都是非常寶貴的；他慷慨地利用他的人脈，利用一切機會推動和促進這項研究的完成。

在寫作本書的過程中，我非常幸運地得到傑出的伊斯蘭歷史學家麥可・庫克（Michael Cook）的支持。麥可閱讀並評論了所有章節的草稿和衍生的文章。由於他的意見，我獲得對一些模糊的歷史元素的掌握，使得我對這些信件有了更豐富的理解。麥可還閱讀了幾封信，幫助我追蹤一些技術性的參考資料。這位最博學的，也令人高山仰止的學者的反饋，給這本書的內容和風格帶來不可估量的改善。我希望這份終稿能讓他感到滿意。

我也很幸運，我的朋友蓋瑞・艾普（Gary Apple）熱情而耐心地閱讀了完整的手稿和附帶的文章。蓋瑞從一個一般讀者的角度閱讀了這些材料，但這位出色的劇作家的反饋遠遠超出一般範圍。在許多情況下，我反覆閱讀這些信件，以應對蓋瑞提出的深入問題，由於他在結構、風格等方面提出許多有見地的建議，這本書變得更好、更清晰了。

我很感謝一路上給我提供幫助的美國軍隊成員和前成員。我曾多次向退役的連恩・柯林斯（Liam Collins）上校提出詢問、建議和要求，他的支持對於推動我的寫作而言至關重要。正是由於連恩和更廣泛的西點軍校大家庭，在二〇一二年第一批十七份文件解密時，我才首度有機會參與到對賓・拉登文件的研究中。寇特・阿爾博（Kurt Albaugh）中校幫助我瀏覽和分析一些需要海洋領域技術知識的主題。約瑟夫・沃特爾（Joseph Votel）將軍也抽出時間，闡明賓・拉登計劃的海上攻擊潛在行動的影響，以及可能引起的軍事反應。威廉・H・麥克雷文（William H. McRaven）上將善意地說明了海豹部隊在阿伯塔巴德的基地裡為恢復保存賓・拉登文件的電子設備所花費的額外時間。

我還要感謝一些朋友和同事的投入，我與他們討論或分享初稿的部分內容。他們是：Mia Bloom, Stuart Caudill, Cliff Chanin, Thomas Hegghammer, Monica Khouri, Katrina Lee Koo, Stephen Menn, Debra Morgan, Ragnhild Nordas, Beryl Radin, Roland Rich, William (Bill) Roebuck, David Sterman, Marin Strmecki, Rebecca Stringer, 和Heba Taha。

我所有的學術努力都是我從我的博士指導教授那裡學到的東西之延伸，他們是巴瑞・辛德斯（Barry Hindess，2018年去世）、安東尼・瓊斯（Anthony H. Johns）和托尼・史崔特（Tony Street）。我永遠是他們的學生。

我最為感謝的，是耶魯大學出版社的支持團隊，尤其是我的編輯喬安娜・高福瑞（Joanna Godfrey）。我不僅受益於喬安娜的嚴格編輯和對細節的一絲不苟，而且她的專業精神和對這一出版項目各方面工作的奉獻精神也是超乎尋常的。

我還要感謝兩位同行評審人，他們的反饋是最有價值的。後來我才知道其中的一位居然是研究蓋達組織的一流學者安・利庫斯基（Anne Likuski），她的評審報告極大地改善了本應是最終定稿的內容。

當然，這本書所有的缺點都要由我自己來負責。

最後但同樣重要的是，我很幸運地享受到來自幾大洲的家人和朋友們的愛與支持。我要特別感謝的是他們當中那些對我的研究完全不感興趣的人。

附錄一　奧薩瑪・賓・拉登的遺囑

賓・拉登家族是沙烏地阿拉伯的一個富有家族，這主要是奧薩瑪・賓・拉登的父親穆罕默德・賓・拉登（Muhammad bin Laden）所積累起來的財富。[1]但從一九九六年（或是更早的時候）起，當奧薩瑪被迫離開蘇丹時，他就很難得到他的遺產了，其中有大部分是家族企業——沙烏地賓・拉登集團（Saudi Bin Laden Group）的股份。[2]在蓋達組織實施一九九八年的東非爆炸案之後，整個家族企業都受到密切關注。

史蒂夫・柯爾（Steve Coll）在其詳細的研究報告《賓・拉登：美國世紀的阿拉伯家族》（*The Bin Ladens: An Arabian Family in the American Century*）中指出，在奧薩瑪於一九九一年離開沙烏地阿拉伯前往蘇丹之後，沙烏地賓・拉登集團仍繼續向他的瑞士銀行帳戶匯款。[3]柯爾進一步報告說，在二〇〇〇年為回應美國財政部的要求而寫的一封信中，沙烏地賓・拉登集團披露，在奧薩瑪・賓・拉登的一生中，他「總共收到大約兩千七百萬美元，但不是一次性收到的」。他「從一九七〇年代初開始，到一九九〇年代初，定期地收到紅利和薪水」，平均「每年略高於一百萬美元」。奧薩瑪還很有可能從另一次家族財富分配中獲得另外的八百萬美元，他要麼是以現金形式取了出來，要麼是進行了再投資。[4]

賓・拉登文件顯示，在寫完二〇〇〇年的那封信後，奧薩瑪就繼續收到了指定給他的錢。[5]目前還不清楚這些資金是來自他在家族企業中的股份，還是來自以他的名義為聖戰提供的捐款。[6]但是，奧薩瑪・賓・拉登的資金並不充裕。在二〇〇四年底時，他試圖借入一百萬歐元，然後到二〇一〇年時，他的個人帳戶裡幾乎已經一乾二淨了。這個帳戶是奧薩瑪用來支付家庭開支的，有時也用這裡面的錢來資助蓋達組織。在蓋達組織收到五百萬美元以換取其在二〇〇八年綁架的一名阿富汗外交官後，阿提亞將一份「小禮物」存入奧薩瑪的帳戶。[7]奧薩瑪接受了這筆錢，但堅持說他認為這是一筆「貸款」。[8]在二〇一一年一月，也就是他被殺的幾個月前，奧薩瑪欠了蓋達組織三萬歐元。[9]

奧薩瑪的手寫遺囑很可能是在二〇一〇年底寫的，它揭示了他的財務狀況。我們從其中了解到：

> 在蘇丹的錢將近兩千九百萬美元，其中我在蘇丹收到一百二十萬美元；在賈拉拉巴德收到八十萬美元；按照中間人的說法，還有一百二十五萬美元在坎達哈；來自我兄弟巴克爾・賓・穆罕默德・賓・拉登那邊的一千二百萬美元是代表賓・拉登集團在蘇丹投資的。[10]

雖然兩千九百萬美元是一個令人印象深刻的數字，但我們有理由相信，奧薩瑪所擁有的財富遠不止這些。

根據伊斯蘭教法，遺產應按照有系統的繼承順序在最近的親屬之間分配，男性親屬享有優先權。[11]以遺囑形式的遺贈是受到限制的，伊斯蘭教學者魯道夫・彼得斯（Rudolph Peters）解釋說，這部分遺贈「不得超過遺產價值的三分之一」，而且「除非得到繼承人們的批准書（idjaza），否則是無效的」。[12]因此，我們可以推斷，在奧薩瑪的遺囑中指定的金額最多只是他財產的三分之一，而且有可能不足三分之一。

考慮到除非親屬們都同意，否則他的遺囑就會是無效的，奧薩瑪要求：「我的兄弟、姊妹、姑姑和繼承人們批准（an yujayyizu）我的遺囑，以便我在蘇丹所有的流動資產〔即現金〕都將用於為真主的道路而戰。」[13]奧薩瑪・賓・拉登的遺囑顯示他已達成協議，從蘇丹收回剩餘的流動資產，並向阿布・哈夫斯・茅利塔尼和阿布・易卜拉欣・伊拉奇（Abu Ibrahim al-Iraqi）承諾，他們管理下的「從蘇丹政府脫身」的數額中，他們兩人各取百分之一的數額。遵照伊斯蘭教法，賓・拉登還要求從他在蘇丹的流動資產中扣除百分之二用於償還任何可能存在的債務。

奧薩瑪很可能想要把錢遺贈給他家裡的那些根據伊斯蘭法可能得不到份額的人。他希望在蘇丹的現金中共有六十萬沙烏地里亞爾（十六萬美元），替他的姊姊和妹妹瑪麗亞姆、伊曼和伊蒂達平均投資。在蘇丹以外的財產中，奧薩瑪希望將一些現金——三十萬沙烏地里亞爾（八萬美元），以及黃金分給他的姑姑、叔叔和表兄弟們。[14]

在奧薩瑪寫下他的遺囑時，他的女兒海迪嘉已經去世（二〇〇七年），她的丈夫也已去世（二〇一〇年），夫妻留下了四個孩子。奧薩瑪的兒子薩阿德也已經死亡（二〇〇九年），留下了一個妻子和三個孩子。奧薩瑪・賓・拉登希望薩阿德的妻子和她的孩子們能得到根據伊斯蘭法通常分配給兒子的一半份額，而海迪嘉的孩子們則得到分配給女兒的一半份額。如果不這樣安排的話，根據遜尼派的繼承制度，他成為孤兒的孫輩是有可能拿不到遺產的。

由於賓・拉登的遺贈不能超過其遺產總價值的三分之一，他可能估計自己的財產在二〇一〇至二〇一一年時至少有四千九百萬美元。[15]

附錄二　人物介紹

為了便於讀者的閱讀，本書中出現的主要人物的名字是有所縮短的。在通常（但並不總是）的情形下，他們都是用自己的名字（例如，「奧薩瑪」代表「奧薩瑪．賓．拉登」；「艾曼」代表「艾曼．扎瓦希里」）或其化名的第一部分（例如，「阿提亞」代表「阿提亞圖拉．利比」）或其kunya（即他們採用的尊稱）的首部分，例如，「阿布．穆薩布」代表「阿布．穆薩布．扎卡維」）。因此，下面的名單是根據他們在書中被提到的名字以英文字母表的順序排列的。應該指出的是，為了遵守嚴格的安全措施，本書所引述的大多數人在寫信時都使用他們會定期更換的化名。有時他們甚至不在信上簽名，並認定收信人會輕易地從內容中猜出他們的身分。

阿布杜拉．汗（Abdallah Khan）

在塔利班政權倒台和賓．拉登失蹤後，他負責蓋達組織的工作，直到二〇〇四年為止。賓．拉登文件中的一封信顯示，「塔利班是任命阿布杜拉．汗為軍事指揮官的人」。使用這個名字的阿富汗人在「關塔那摩文件」中被稱為「坎達哈機場的前塔利班指揮官」。根據維基解密的檔案，關塔那摩的一名被拘留者被誤認為是阿布杜拉，並在二〇〇三年一月二十九日「離開查瓦查克村，前往坎達哈〔原文如此〕在市場上賣東西」後被抓。另一種更有可能的情況是，阿布杜拉・汗是阿布杜・哈迪（Abd al-Hadi）的化名，他是外國戰鬥人員部隊協助軍（liwa' al-ansar）的阿拉伯領導人，該部隊是毛拉・奧馬爾於二〇〇一年六月成立的。當奧薩瑪恢復與他的組織的聯繫時，他把阿布杜拉・汗從他的位置上撤了下來。

阿布杜・馬利克・俾路支（Abd al-Malik al-Baluchi）
在伊朗活動的遜尼派武裝組織「真主軍」（Jundallah，人民聖戰組織）的領導人。在二〇〇八年的一封信中，他在北瓦濟里斯坦會見蓋達組織的領導人，並曾在信中被提及。

阿布杜拉・信迪（Abdallah al-Sindi）
由兩名中間人和一名送信人組成的「封閉圈子」中的一員。這個秘密的三人組是在阿伯塔巴德的賓・拉登和他在北瓦濟里斯坦的同夥之間的通道。阿布杜拉是阿提亞在北瓦濟里斯坦的中間人。另見阿布・哈利斯・信迪（Abu al-Harith al-Sindi）和穆罕默德・阿斯拉姆（Muhammad Aslam）。

阿布・阿赫邁德・科威提（Abu Ahmed al-Kuwaiti）
易布拉欣・賽義德・阿赫邁德（Ibrahim Saeed Ahmed）的化名。他是巴基斯坦人，而並不像他的化名所暗示出的那樣是一個科威特人。他和他的兄弟與奧薩瑪・賓・拉登住在同一個院子裡。他們的主要作用是提供「安全掩護」，也就是給人一種住在院子裡的是當地人的感覺。他們還負責滿足賓・拉登一家的基本需求（例如，買菜），並在少數情況下護送他們去看醫生。在信中，賓・拉登把阿布・阿赫邁德和他的兄弟稱為「阿布・哈立德和阿布・穆罕默德」。在突擊之後的媒體報導中得知，這兩兄弟一直與他們的妻子和孩子住在隔壁，他們甚至對各自的家人隱瞞賓・拉登的身分。

阿布・巴克爾・巴格達迪（Abu Bakr al-Baghdadi）

易布拉欣・阿瓦德・易布拉欣・巴德利・薩馬拉伊（Ibrahim Awad Ibrahim al-Badri al-Samarrai）的化名。他於二〇一〇年接替阿布・歐瑪爾・巴格達迪成為伊拉克伊斯蘭國的領導人。在他的領導下，該組織於二〇一三年改名為伊拉克和黎凡特／敘利亞伊斯蘭國（ISIL/ISIS），並於二〇一四年宣布改名為伊斯蘭國，於二〇一九年被擊斃。

阿布・巴希爾（Abu Basir）

納斯爾・阿布杜・卡里姆・阿布杜拉・烏海什（Nasir Abd al-Karim Abdallah al-Wuhayshi）的化名，他是總部設在葉門的阿拉伯半島蓋達組織（AQAP）的領導人，於二〇一五年被擊斃。

阿布・哈夫斯・茅利塔尼（Abu Hafs al-Mauritani）

馬赫福茲・烏爾德・瓦利德（Mahfouz Ould al-Walid）的化名。他是非法越境進入伊朗的蓋達組織領導人之一，在伊朗被關押至二〇一二年。在被關押之前，他是蓋達組織法律委員會的負責人。

阿布・哈夫斯・米斯里（Abu Hafs al-Misri）

蘇布希・穆罕默德・阿布・西塔・久哈里（Subhi Muhammad Abu Sitta al-Jawhari，也叫Muhammad Atef）的化名。一九九六年他成為賓・拉登的副手，從而成為蓋達組織的二號人物。他的職責包括監督蓋達組織的軍事委員會。他於二〇〇一年十一月被殺。他的女兒法蒂瑪（Fatima）嫁給賓・拉登的兒子穆罕默德。

阿布・胡萊拉・薩那尼（Abu Hurayra al-Sanaani）

卡西姆・葉海亞・馬赫迪・雷米（Qasim Yahya Mahdi al-Raymi）的化名。他是阿拉伯半島蓋達組織領導人阿布・巴希爾的副手，並在二〇一五年接替他的位子，於二〇二〇年被殺。

阿布・哈利斯・信迪（Abu al-Harith al-Sindi）

為奧薩瑪・賓・拉登和他在北瓦濟里斯坦的同夥之間的通信提供便利的實際送信人。他是賓・拉登一方的中間人和北瓦濟里斯坦一方的中間人之間的通道。他於二〇一一年初被巴基斯坦安全機構三軍情報局抓獲。另見阿布杜拉・信迪和穆罕默德・阿斯拉姆。

阿布・海爾（Abu al-Khair）

阿赫邁德・哈桑・阿布・海爾・米斯里（Ahmad Hasan Abu al-Khair al-Misri）是阿布杜拉・穆罕默德・萊賈布・阿布杜・拉赫曼（Abdallah Muhammad Rajab Abd al-Rahman）的化名。他是奧薩瑪・賓・拉登核心圈子的一員。他是二〇〇二年逃離阿富汗並非法越境進入伊朗的人之一。他於二〇一五年獲釋，於二〇一七年在敘利亞被殺。

阿布・拉伊斯・利比（Abu al-Laith al-Libi）

利比亞伊斯蘭戰鬥團（Libyan Islamic Fighting Group，簡稱LIFG）成員，也曾是阿富汗—巴基斯坦地區的戰地指揮官。在二〇〇四年時，他向奧薩瑪・賓・拉登宣示「部分」效忠，同意在阿富汗和巴基斯坦打著蓋達組織的旗號作戰。這件事一直沒有公開。儘管他和阿布・葉海亞・利比（Abu Yahya al-Libi）在二〇〇七年公開與蓋達組織合併，但這些信件顯示，他們仍然只是在部分效忠的基礎上這樣做，而且他們的財務狀況是分開的。阿布・拉伊斯・利比於二〇〇八年被殺。

阿布・塔伊布（Abu al-Tayyib）

蓋達組織的支持者，也是駐紮在沙烏地阿拉伯的線人。他的真實身分不明。

阿布・穆罕默德・阿德納尼（Abu Muhammad al-Adnani）

塔哈・蘇赫比・法拉哈（Taha Subhi Falaha）的化名，他是伊斯蘭國的官方發言人。他因熱中於捍衛伊斯蘭國的神聖正當性，並且大聲批評包括蓋達組織在內的不向「哈里發」阿布・巴克爾・巴格達迪效忠的聖戰組織而聞名，於二〇一六年被擊斃。

阿布・穆罕默德・米斯里（Abu Muhammad al-Misri）

阿布杜拉・阿赫邁德・阿布杜拉（Abdallah Ahmad Abdallah）的化名，是蓋達組織的最高軍事領導人之一。在二〇〇二年初，他是非法越境進入伊朗的人之一；在同一年的十二月，他在伊朗遭到拘押。據報導，他於二〇一五年獲釋，但被禁止出境離開伊朗。在二〇二〇年時，有報導稱他在德黑蘭被暗殺。

阿布・穆薩布・蘇里（Abu Musab al-Suri）

穆斯塔法・西特瑪麗亞姆・納薩爾（Mustafa Sit-Mariam Nassar）的化名，是著名的、著作豐厚的聖戰戰略家。在二〇〇〇年，他在阿富汗建立虔誠營（Majmu‘at Mu‘askar al-Ghuraba’）組織，於二〇〇一年四月九日向毛拉・奧馬爾效忠。據報導，他於二〇〇五年被俘。

阿布・穆薩布・扎卡維（Abu Musab al-Zarqawi）

阿赫邁德・法迪勒・納扎爾（Ahmad Fadil al-Nazzal）的化名。他是二〇〇三年美國入侵後在伊拉克開展活動的認主獨一聖戰組織（al-Tawhid wa-al-Jihad）的領導人。在二〇〇四年十二月，奧薩瑪・賓・拉登公開承認他加入蓋達組織，並任命他為「美索不達米亞蓋達組織領導人」。他於二〇〇六年六月被擊斃。在信件中，他也被稱為「阿茲拉克」（al-Azraq）。

阿布・塔爾哈・阿爾曼尼（Abu Talha al-Almani）

一名德國皈依者，二〇〇六年或二〇〇七年加入蓋達組織，他加入的條件是要被指派執行「殉道行動」。在二〇一〇年，他在塔利班的塞拉祝丁・哈卡尼（Sirajuddin Haqqani）領導的對美國巴格蘭空軍基地的行動中被擊斃。

阿布・塔爾哈・蘇丹尼（Abu Talha al-Sudani）

塔里克・阿布杜拉（Tariq Abdallah）的一個化名。他是蓋達組織的一名特工，最終在東非組建自己的組織。他實施的恐怖活動包括策劃二〇〇二年的蒙巴薩攻擊。在信件中，他被稱為道薩里（al-Dawsari）。

阿布・歐瑪爾・巴格達迪（Abu Omar al-Baghdadi）

哈米德・達烏德・穆罕默德・哈利勒・扎維（Hamid Daoud Muhmmad Khalil al-Zawi）的一個化名。他是伊拉克伊斯蘭國的領導人（二〇〇六至二〇一〇年），並給自己冠上了「信士的指揮官」（Amir al-

Mu'minin）的稱號。二〇一四年宣布成立伊斯蘭國的人認為他是其國家／哈里發國的創始人。

阿布・葉海亞・利比（Abu Yahya al-Libi）

穆罕默德・哈桑・卡伊德（Muhammad Hasan Qa'id）的一個化名。他曾是利比亞伊斯蘭戰鬥團的成員，在二〇〇七年時，他和阿布・拉伊斯・利比在部分效忠的基礎上加入蓋達組織。阿布・葉海亞成為蓋達組織法律委員會的負責人，可以說是其最熱情的發言人，於二〇一二年被殺。

亞當（葉海亞）・加丹（Adam [Yahya] Gadahn）

又名阿扎姆・阿美里基（Azzam al-Amriki）或美國人阿扎姆（The American Azzam），歸信伊斯蘭教並加入蓋達組織的美國人。他精通阿拉伯語，在公開場合發表的講話已經接近於母語水平發音。蓋達組織和媒體相關的事務會諮詢他的意見，賓・拉登文件中包括他為九一一攻擊事件十週年撰寫的一封關於蓋達組織媒體戰略的長信。有時，他還翻譯英文內容供賓・拉登閱讀。在這些信件中，他被稱為阿扎姆和阿布・**努爾**（Abu al-Nur）。

阿赫邁德・沙・馬蘇德（Ahmed Shah Masoud）

反對塔利班的武裝組織聯盟——北方聯盟的領導人。他於二〇〇一年九月九日被殺。他的暗殺事件被認為是蓋達組織所為。

阿里夫・阿布・沙迪亞（Arif Abu Shadia）

一個伊拉克庫爾德聖戰組織的領導人。他在二〇〇七年與蓋達組織有聯繫，但關於他的其他報導很少。

穆罕默德・阿斯拉姆（Muhammad Aslam）

由兩名中間人和一名信使組成的「封閉圈子」中的一員。這個秘密的三人組是身在阿伯塔巴德的奧薩瑪・賓・拉登和他在北瓦濟里斯坦的同夥之間的通道。阿斯拉姆是賓・拉登一方的中間人。他得到賓・拉登的高度信任，以至於他在賓・拉登的第三任妻子海麗亞（Khairiah）從伊朗獲釋後接待了她幾個月。另見阿布杜拉・信迪和阿布・哈利斯・信迪。

阿提亞（Atiya）

阿提亞圖拉（Atiyatullah）的簡稱。這是賈馬爾・易布拉欣・伊什提維・米斯拉提（Jamal Ibrahim Ishtiwi al-Misrati）的別名。他可以說是蓋達組織極為重要的領導人之一。他的職責包括監督蓋達組織的對外關係——即作為與阿富汗和巴基斯坦以外的聖戰組織和同夥的聯繫點。他自二〇〇五年起開始發布公開聲明。在二〇〇七年十二月，奧薩瑪・賓・拉登責成阿提亞作為蓋達組織的官方發言人之一。二〇一〇年，阿提亞接替哈吉・奧斯曼／穆斯塔法・阿布・亞齊德（二〇一〇年五月被殺），成為阿富汗和巴基斯坦蓋達組織的領導人。他於二〇一一年八月被殺。在信中，阿提亞也被稱為阿提亞圖拉和馬赫穆德。他有可能與拉賈（Raja'）和瓦濟里・汗（Wakil Khan）是同一個人。

艾曼・扎瓦希里（Ayman al-Zawahiri）

奧薩瑪・賓・拉登的繼任者。在二〇〇〇年，他的組織——聖戰組織（Jama'at al-Jihad）和蓋達組織合併。他在九一一事件後嶄露頭角，透過許多公開聲明和大量的著作成為蓋達組織的頭面人物。可能是在阿布・哈夫斯・米斯里於二〇〇一年十一月被殺之後，扎瓦希里成為賓・拉登的副手。但賓・拉登只是在二〇〇四年的一封信中才正式地指定扎瓦希里是他的副手。二〇一一年時，艾曼・扎瓦希里接替了賓・拉登成為蓋達組織的領導人。在信中，艾曼・扎瓦希里被稱為醫生／阿布・法蒂瑪／阿布・穆罕默德／兩個酋長之一／卡利姆。

貝伊圖拉・梅赫蘇德（Baitullah Mehsud）

巴基斯坦塔利班（TTP）的領導人，於二〇〇九年被殺。

貝爾穆赫塔爾（Belmokhtar）

北非聖戰組織穆拉比特（al-Murabitun）領導人哈立德・阿布・阿巴斯（Khaled Abu al-Abbas）的化名。在二〇〇七年左右，他試圖將其組織與蓋達組織合併，為此，他派特使優尼斯・茅利塔尼（Younis al-Mauritani）前往北瓦濟里斯坦與蓋達組織領導人會面。此次的聯合並沒有實現。

比什爾・比什爾（Bishr al-Bishr）
沙烏地神職人員，普遍同情蓋達組織和聖戰主義。他在二〇〇七年初遭到軟禁，當時他會透過匿名中間人與阿提亞通信。

達吾德（Daoud）
阿布杜拉（Abdallah）的化名之一，一九九九年與賓・拉登的女兒海迪嘉（Khadija）結婚。賓・拉登委託他監督其財務和其他蓋達組織的事務。他的其他別名包括阿布杜・拉提夫（Abd al-Latif）和阿布・阿布杜拉・哈拉比（Abu Abdallah al-Halabi）。他於二〇一〇年被殺。

帕拉（El Para）
阿布・海達拉・阿布杜・拉扎克（Abu Haidara Abd al-Razzaq）的化名，薩拉菲主義者宣教和戰鬥團（Salafist Group for Preaching and Combat，簡稱GSPC）的領導人之一。他在二〇〇四年時給賓・拉登送去一封信，尋求與蓋達組織合併。據報導，他於二〇〇五年被俘。

法迪勒・哈倫（Fadil Harun）
蓋達組織特工，曾擔任一九九八年東非爆炸案的主要策劃者。二〇〇〇年，他被從阿富汗派去東非，策劃二〇〇二年的蒙巴薩攻擊。他於二〇一一年被殺害。在信件中，他被稱為扎爾／尤瑟夫・庫馬里

／雅古布／阿布・法迪勒。

哈菲茲（Hafiz）

見哈吉・奧斯曼（Hajji Uthman）。

哈吉・奧斯曼（Hajji Uthman）

穆斯塔法・阿布・亞齊德（Mustafa Abu al-Yazid）的化名之一，他於二〇〇六年成為阿富汗和巴基斯坦蓋達組織的領導人。他的主要職責包括監督蓋達組織的財務狀況。在賓・拉登信中還用謝赫・賽義德（Sheikh Saeed）和哈菲茲・蘇丹（Hafiz Sultan）等化名提到他。他於二〇一〇年五月被殺。

哈基姆拉・梅赫蘇德（Hakimullah Mehsud）

二〇〇九年接替貝伊圖拉・梅赫蘇德成為巴基斯坦塔利班的領導人，於二〇一三年被殺。

哈姆扎・賓・拉登（Hamza Bin Laden）

奧薩瑪・賓・拉登和海麗亞所生的兒子。他是在二〇〇二年初逃往伊朗的人之一，隨後被扣押在伊朗。他於二〇一〇年和他的母親一起被釋放，並被送去北瓦濟里斯坦。他在信中也被稱為阿布・穆阿德（Abu Mu'adh）。

哈姆扎・拉比亞（Hamza al-Rabia）

二〇〇四年被奧薩瑪・賓・拉登任命為蓋達組織的「外部工作」，即跨國恐怖主義事務的領導人。據報導，他於二〇〇五年被殺。

伊利亞斯・克什米里（Ilyas Kashmiri）

全名是穆罕默德・伊利亞斯・克什米爾（Muhammad Ilyas Kashmiri）。是一個與蓋達組織密切合作的巴基斯坦聖戰組織的領導人。

賈法爾（Jaafar）

阿布・穆薩布・扎卡維（Abu Musab al-Zarqawi）的特使，在二〇〇三年底或二〇〇四年與蓋達組織的領導人會面。

海迪嘉（Khadija）

奧薩瑪・賓・拉登和希哈姆所生的女兒。二〇〇七年在生下第四個孩子時去世，年僅十九歲。在信件中，海迪嘉被描述為賓・拉登家族的「第一位殉道者」。

海麗亞（Khairiah）

奧薩瑪・賓・拉登於一九八五年與他的第二任妻子海麗亞・薩巴爾（Khairiah Sabar）結婚。她比賓・拉登年長七歲。她在一九八九年生下他們唯一的孩子，名叫哈姆扎的兒子。在二〇〇二年初，海麗亞、哈姆扎和娜芝娃（Najwa）的六個孩子非法越過邊境進入伊朗。在大約一年後，他們遭到逮捕並拘押在伊朗。二〇一〇年八月，海麗亞和哈姆扎被釋放，並被送去瓦濟里斯坦。在二〇一一年二月，海麗亞與她的丈夫團聚。賓・拉登文件中包括關於海麗亞和哈姆扎的信件，以及出自他們之手的信件。

哈立德・哈比布（Khaled al-Habib）

二〇〇四年被賓・拉登任命為蓋達組織的軍事指揮官，直接向阿富汗和巴基斯坦的蓋達組織領導人陶菲克（Tawfiq）匯報情況。哈立德可能在二〇〇五至二〇〇六年擔任過阿富汗和巴基斯坦蓋達組織的領導人。他於二〇〇九年被殺。

哈立德・賓・拉登（Khaled Bin Laden）

奧薩瑪・賓・拉登的兒子。他在二〇〇四年年底與父親團聚，在阿伯塔巴德的突擊中被殺。在信件中，他也被稱為阿布・蘇萊曼（Abu Sulaiman）。

哈立德・米達（Khaled al-Mihdar）

九一一事件中的劫機者之一。

瑪麗亞姆（Mariam）

奧薩瑪・賓・拉登和希哈姆所生的女兒。在二〇〇四年底時與父親團聚，並與他密切合作，起草他的信件和公開聲明。

穆赫塔爾・阿布・祖拜爾（Mukhtar Abu al-Zubayr）

青年聖戰者組織領導人阿赫邁德・阿布迪・戈達內（Ahmed Abdi Godane）的化名。在二〇〇九年時，他試圖與蓋達組織合併，但是在賓・拉登執掌期間沒有達成這一目的。其組織最終於二〇一二年與蓋達組織合併，穆赫塔爾於二〇一四年被殺。

毛拉・達杜拉（Mullah Dadullah）

一名塔利班軍事指揮官，於二〇〇七年被暗殺。他的支持者們，包括蓋達組織領導人，認為是（那些正在尋求與美國進行和平談判）的塔利班高層是他被暗殺的幕後推手。

毛拉・曼蘇爾・達杜拉（Mullah Mansur Dadullah）

毛拉・達杜拉同父異母的兄弟，也是他的繼任者。他堅信那些「不真誠的」塔利班是暗殺他同父異母兄弟的幕後黑手。據報導，他於二〇一五年被殺害。

毛拉·奧馬爾（Mullah Omar）

阿富汗伊斯蘭大公國的領導人（一九九六至二〇〇一年）。在聖戰世界中，他被認為是「信士的指揮官」——即全球穆斯林社區的領袖。他於二〇一三年去世，但塔利班直到二〇一五年才公布這一事實。在信中，毛拉·奧馬爾也被稱為：我們的朋友／哈吉·賽里姆·汗／信士的指揮官。

娜芝娃·嘎尼（Najwa Ghanem）

奧薩瑪·賓·拉登的母系表親，於一九七四年與之結婚。他們共有十一個孩子。表親間的聯姻在中東地區是很常見的。在九一一恐攻的前幾天，娜芝娃離開了阿富汗前往敘利亞，隨行的還有她的兒子阿布杜·拉赫曼和她最小的女兒魯蓋婭（Ruqayya）和努爾（Nour）。在二〇〇九年，她與二〇〇一年四月最後一次離開阿富汗的兒子歐瑪爾合寫了一本書。歐瑪爾希望「賓·拉登的名字能與和平而不是恐怖主義聯繫在一起」，據說他患有精神疾病。娜芝娃在書中敘述她與「我的表哥」、「我的新郎」和「我孩子的父親」奧薩瑪·賓·拉登的生活，並指出，當她離開阿富汗時，她「沒有尋求離婚」。儘管如此，她很高興她「拯救」了被她帶走的孩子，但她的「心已經成了碎片」，因為她留下了另外的六個孩子，後來他們逃去伊朗並遭到關押（法蒂瑪、拉登、薩阿德、奧斯曼、穆罕默德和伊曼／阿斯瑪）。當時她的大兒子阿布杜拉住在沙烏地阿拉伯。

拉比亞・納瓦夫・哈茲米（Rabia Nawwaf al-Hazmi）
九一一事件的劫機者之一。

薩阿德・賓・拉登（Saad Bin Laden）
奧薩瑪・賓・拉登與妻子娜芝娃的兒子。他是二〇〇二年初非法越境進入伊朗的人之一，並在那裡遭到關押。薩阿德於二〇〇八年從拘留所逃走，前往北瓦濟里斯坦，於二〇〇九年被殺。

賽義夫・阿德勒（Saif al-Adl）
蓋達組織的最高軍事領導人之一。二〇〇二年初，他是非法越境進入伊朗的人之一。他於當年十二月被拘押，據說在二〇一五年時得到釋放，但被阻止離開伊朗。

薩利赫・納巴漢（Saleh Al-Nabhan）
蓋達組織在東非的一名特工。也被稱為尤瑟夫・坦尚尼（Yousef al-Tanzani），於二〇〇九年被殺。

希哈姆（Siham）
希哈姆・賓特・阿布杜拉・賓・胡塞因（Siham bint Abdallah bin Hussein），奧薩瑪・賓・拉登的第三個妻子。據報導，她接受了他的求婚，條件是她可以繼續接受教育。賓・拉登接受了這一條件，在他們婚後她完成《古蘭經》語法學的博士學位。他們有三個女兒和一個兒子。海迪嘉（一九八八至二〇〇七年）、哈立德（一九八九至二〇一一年）、瑪麗亞姆（一九九〇年生）和蘇梅亞（一九九二年生）。海迪嘉和她的家人躲在北瓦濟里斯坦。希哈姆和她的另外三個孩子於二〇〇四年底與賓·拉登團聚。賓·拉登文件中的信件沒有透露為什麼希哈姆和其他三個孩子沒有逃去伊朗，也沒有透露他們在與賓·拉登團聚之前的避難地點。據美國官員稱，阿伯塔巴德大院建於二〇〇五年，賓·拉登和他的兩個家庭很可能是在那一年搬到那裡。他們討論了讓海迪嘉和她的家人也加入到他們中間的安排，但賓·拉登的安保人員不允許這樣做。當二〇〇七年海迪嘉去世後，他的警衛允許她的孩子與他們的祖父母住在阿伯塔巴德。賓·拉登文件顯示，希哈姆、瑪麗亞姆和蘇梅亞為賓·拉登發表的公開聲明做出貢獻，而哈立德則負責收錄這些聲明。

蘇巴伊（Al-Subay’i）

聖戰者之一，他是利比亞伊斯蘭戰鬥團的成員，曾在伊朗被拘留。阿布·阿布杜·拉赫曼·烏斯·蘇巴伊（Abu Abd al-Rahman Uns al-Subay’i）於二〇一〇年獲釋並被送去北瓦濟里斯坦。在二〇一一年，他和其他幾個人未經蓋達組織授權便前往利比亞作戰。在信中，他也被稱為阿布·烏斯（Abu Uns）和阿布杜·凱尤姆（Abd al-Qayyum）。

蘇萊曼·阿布·蓋伊斯（Sulaiman Abu Ghaith）

蓋達組織高級領導人，是二〇〇二年非法越境進入伊朗的人之一。他被拘留在那裡，直到二〇一三年獲釋，隨後他在約旦被抓獲並被帶到美國。在二〇一四年，他被判處終身監禁。二〇〇七年他在伊朗被拘押期間，與奧薩瑪・賓・拉登的女兒法蒂瑪結婚。

蘇梅亞（Sumayya）

奧薩瑪・賓・拉登的女兒之一，為希哈姆所生。她在二〇〇四年底與父親團聚，並與父親密切合作，撰寫信件和公開聲明。

陶菲克（Tawfiq）

二〇〇四年，奧薩瑪・賓・拉登任命了陶菲克擔任阿富汗和巴基斯坦的「蓋達組織總領導人」。這是一個新的高級職位，由陶菲克直接向奧薩瑪匯報情況。當無法及時與奧薩瑪進行協商時，陶菲克被授權在與他信任的夥伴和下屬協商後做決定。在信中，他也被稱為賈爾格・丁（Jargh al-Din）。陶菲克很可能是被稱為阿布・哈桑・薩伊迪／阿布・烏拜達・米斯里／阿布杜・哈米德的同一個人。他可能是瓦濟里・汗。如果是這樣的話，他是在二〇〇七年被殺的。

瓦杜德（Al-Wadud）

阿布・穆薩布・阿布杜・瓦杜德（Abu Musab Abd al-Wadud）是北非薩拉菲主義者宣教和戰鬥團的領導

人。2006年，GSPC與蓋達組織合併，被稱為伊斯蘭馬格里布蓋達組織（al-Qaeda in the Islamic Maghreb，AQIM）。他在二〇二〇年被殺。

瓦濟里·汗（Wakil Khan）

在二〇〇四年開始負責蓋達組織的對外關係。「瓦濟里·汗」這個名字很可能是阿提亞或陶菲克的一個化名。

優尼斯·茅利塔尼（Younis al-Mauritani）

優尼斯·茅利塔尼是貝爾穆赫塔爾派往蓋達組織的特使，可能在二〇〇七年。雖然貝爾穆赫塔爾的組織與蓋達組織的合併沒有實現，但優尼斯給蓋達組織的領導人留下好印象，並留在北瓦濟里斯坦。他成為阿布·葉海亞在蓋達組織法律委員會的副手。在二〇一〇年，賓·拉登委託他策劃大規模恐怖行動（炸毀油輪）。在二〇一一年九月，他被巴基斯坦三軍情報局逮捕，隨後被美國移交給茅利塔尼亞當局。據報導，他在二〇一五年因恐怖活動被判處二十年監禁。在信件中，他被稱為謝赫·優尼斯／優尼斯·茅利塔尼／（阿布）薩利赫·茅利塔尼。

奧薩瑪·賓·拉登（Usama Bin Laden）

蓋達組織的領導人。在信件中，他被稱為阿布·阿布杜拉／阿茲馬萊伊（Azmarai）／毛拉維·扎馬萊伊（Mawlawi Zamarai）／首領／老師／父親／謝赫。

謝赫・阿扎姆（Sheikh Azzam）

阿布杜拉・阿扎姆（Abdallah Azzam）是奧薩瑪・賓・拉登的導師。一九八四年，他建立服務局來接待希望支持阿富汗事業的阿拉伯人。他於一九八九年被殺。

阿布杜・拉赫曼・馬格里比（Abd al-Rahman al-Maghrebi）

他負責監管聖戰媒體，至少是從二〇〇四年就開始擔任這一職務。有時他還翻譯相關的英文文獻供賓・拉登閱讀。到二〇一一年初時，大多數的重大事項都徵求他的意見。阿提亞是依靠阿布・葉海亞・利比和阿布杜・拉赫曼・馬格里比的。在信件中，他也被稱為穆尼爾（Munir）。

名詞解釋　阿拉伯文術語

’Ahd：協議（其履行是有法律約束力的）。

Aman：安全承諾。

Al-’amal al-khariji：字面意思是「外部工作」，在蓋達組織的使用中，這個詞指的是跨國恐怖主義。

Amir al-Mu’minin：信士的指揮官，即烏瑪（全球穆斯林社群）的領袖。

Ansar, muhajirun：兩個詞的字面意思分別為「提供輔助者」和「遷徙者」。在伊斯蘭歷史的語境中指代的是「輔士」和「遷士」：六二二年，先知穆罕默德和他的追隨者，包括男人、女人和兒童，為躲避宗教迫害而開始了「遷徙」（hijra），從今日沙烏地阿拉伯的麥加遷徙到了雅斯里布（Yathrib）。為了捍衛信仰，這些遷士們離開了自己原來的家園並拋下了自己的資產。來到雅斯里布之後，他們得到了輔士們的歡迎和照顧。這些輔士是在雅斯里布接受了這個新宗教的人們。先知穆罕默德在這座城市裡建立了第一個伊斯蘭社群，從此之後這座城市被人們稱為麥地那，也就是阿拉伯文「城市」的意思。在蓋達組織的語境中，奧薩瑪・賓・拉登號稱他和他的同夥們是遷士，巴基斯坦和阿富汗當地的支持者是輔士。但是因為「遷士」在伊斯蘭中是非常受到敬重的（例如先知穆罕默德和他的同伴們），因此阿富汗人則是把阿拉伯人稱作ansar，輔士或幫助者。

Asiya：受折磨的。《古蘭經》的註釋者們以這個名字來稱呼法老的妻子，即收養了摩西（穆薩）的人。

Bayʿa：向一位領袖宣誓效忠，從此承諾遵從其命令。

Istanfara：呼籲拿起武器。

Jamaʿa：社群。

Jihad：吉哈德，努力。

Jihad al-dafʿ：防衛性質的吉哈德／戰爭。

Fard ʿayn 或 al-jihad al-mutaʿayyin：個人義務。在防禦性戰爭上，這個詞意味著伊斯蘭的領土主權正在受到侵略，呼籲人們拿起武器，所有的穆斯林都有義務加入到趕走侵略者的吉哈德中。

Jihad al-talab：攻擊性質的吉哈德／戰爭。

Fard kifaya：社群義務。在攻擊性質的吉哈德上，這意味著一部分穆斯林可以替其他的穆斯林代為履行此義務。

Kumun：隱藏。

Mahram：不能與之結婚的男性血親，例如兒子、父親或兄弟。

Muhajirun：見上文ansar詞條。

Murafiq：保鏢或安保人員。

Qital：戰鬥。

Shahid/Shahida：女性殉道者／男性殉道者。

Shura/ Majlis al-Shura：諮商／諮商委員會。

Al-shura mulzima：領導人有義務接受諮商委員會所給出的諮商意見。

Al-shura mu'lima：諮商委員會向領導人提出的諮商意見，領導人以這個意見為資訊，來做出他的決定。

Tafsir al-Ahlam：解夢，夢境的解析。

Tthuwwar（單數形式tha'ir）：革命。

Umma：烏瑪（溫麥），全球穆斯林社群。

Wasit：中間人。

註釋

導讀

1 「伊斯蘭主義」（Islamism）是一個相對中性的字眼，用來取代恐怖主義、伊斯蘭極端/狂熱分子、政治伊斯蘭主義……。「伊斯蘭主義」是一個以宗教進行動員的政治運動，與「伊斯蘭宗教」信仰沒有直接的關聯，需要切割，避免造成對一般信仰伊斯蘭教的穆斯林信徒進行負面標籤化。

2 佔領麥加聖地行動與基地組織興起的關聯，參考 Yaroslav Trofimov, *The Siege of Mecca: The Forgotten Uprising in Islam's Holiest Shrine and the Birth of al-Qaeda*, Doubleday, 2007.

3 基地組織與後來出現的伊斯蘭國組織的確吸引一大批已經入籍歐美西方國家的第二、三代穆斯林，事實上九一一恐襲也在他們的參與下得以成功發動。阿富汗戰爭與後來基地組織引領出全球聖戰的描述，可參考 Olivier Roy, *The Rise of Globalised Islam: The Search for a New Ummah* Columbia University Press, 2004.

4 基地組織出現的背景可參考 Peter Bergen and Paul Cruickshank 'Revisiting the Early Al Qa'ida: Updated Account of Its Formative Years,' *Studies in Conflict and Terrorism*, 35:1, pp.1–36.

5 關於基地組織結構的討論汗牛充棟，例如可參考 David Ronfeldt, *Al-Qa'ida and Its Affiliates: A Global Tribe Waging Segmental Warfare*. Rand Corporation, 2007，或Marc Sageman, *Understanding Terror Networks*. University of Pennsylvania Press, 2004。Sageman表明地緣上基地組織形成四個「群集」（clusters）；分別是為於阿富汗與巴基斯坦的中央領導人員（Central Staff），阿拉伯穆斯林核心（Core Arab），北非阿拉伯（Maghreb Arab），以及東南亞穆斯林群體。「群集」由重要的基地組織樞紐聯繫人（hubs）來溝通串連，

換句話說，消滅基地組織並不可能，但是可以透過減除樞紐聯繫人來降低威脅。

6 基地組織相關附屬與結盟組織的關係與發展，一般的介紹可參考 Jarret Brachman, *Global Jihadism: Theory and Practice*, Routledge, 2008，或Bruce Hoffman, *Inside Terrorism* (Revised and Expanded Edition), Columbia University Press, 2017.

7 基地組織與伊斯蘭國組織的關係，以及不同的主張與策略，可參考 Daniel Byman, *Al Qaeda, the Islamic State, and the Global Jihadist Movement*, Oxford University Press, 2015.

8 關於「遠敵」與「近敵」的重要性，以及如何從伊斯蘭歷史來理解，可參考 Fawaz Gerges, *The Far Enemy: Why Jihad Went Global* (2nd Edition), Cambridge University Press, 2009.

9 英裔Richard Reid皈依伊斯蘭教，曾在巴基斯坦和阿富汗受訓並成為基地組織成員。2001 年 12 月 22 日，穿著裝滿化學炸藥的鞋子登上由巴黎前往邁阿密的美國航空公司航班，他試圖引爆炸藥但沒有成功，最後機上乘客合力制服了他。2002 年美國聯邦法院將他判處三個無期徒刑，並加上 110 年不得假釋的決定。Avraham Jager, "The "Shoe Bomber" Richard Reid – His Radicalization Explained," *International Institute for Counter-Terrorism*, February 2018, https://www.ict.org.il/images/Richard%20Reid%20-%20His%20Radicalization%20Explained.pdf.

10 關於基地組織與東南亞相關伊斯蘭主義組織的互動關係，當時的描繪可參考 Kumar Ramakrishna ed. *After Bali: The Threat of Terrorism in Southeast Asia*, World Scientific, 2003.

11 這是本書作者拉胡德早期的研究成果，參考 Nelly Lahoud et al, *Letters from Abbottabad: Bin Ladin Sidelined?* West Point, Combating Terrorism Centre, May 2012.

序幕

1 麥克雷文（退役）上將在二〇一九年九月舉行的新美國特別行動政策論壇（Special Operations Policy Forum, New America）的報告與此有關。他是在回應提問時談到此事的，他的回應可以在以下連接中的07:54:00左右處看到，見：https://www.newamerica.org/conference/ special-ops-2019/

2 Admiral William H. McRaven, *Sea Stories: My Life in Special Operations*, New York/Boston: Grand Central Publishing, 2019, p. 310.

3 William H. McRaven, *Spec Ops: Case Studies in Special Operations Warfare: Theory and Practice*, New York: Presidio Press, 1996, p. 20.

4 出處同上，p. 4.

5 出處同上，p. 19.

6 http://www.navy.com/seals

7 McRaven, *Sea Stories*, p. 296.

8 出處同上，pp. 296, 315.

9 出處同上，p. 313.

10 McRaven, *Spec Ops*, p. 20.

11 McRaven, *Sea Stories*, p. 321.

12 出處同上，pp. 320-1.

13 出處同上，p. 321.

14 與特種部隊的連恩·柯林斯（Liam Collins）上校（退役）的對話。

15 McRaven, *Sea Stories*, p. 321.

16 和麥克雷文上將的電子郵件通信。另見McRaven, *Sea Stories*, p. 321。

前言

1 McRaven, *Sea Stories*, p. 321.

2 Nelly Lahoud, Stuart Caudill, Liam Collins, Gabriel Koehler-Derrick, Don Rassler, and Muhammad al-'Ubadydi, "Letters from Abbottabad: Bin Laden Sidelined," CTC, May 3, 2012, https://ctc.usma.edu/letters-from-abbottabad-bin-ladin-sidelined/ 請特別注意第一部分"From Abbottabad to the CTC: The 17 Declassified Documents."

3 https://valor.militarytimes.com/hero/5554

4 更多關於血幅的內容，請參考：https://www.airforcemag.com/article/1098chit/

5 https://www.911memorial.org/visit/museum/exhibitions/in-memoriam.

6 這個文獻學的定義要歸於俄裔美國語言學家和文學理論家羅曼·雅克布森（Roman Jakobson, 1896-1982），見Helge Jordheim,

"Philology and the Problem of Culture," Harry Lonnroth (ed.), *Philology Matters!: Essays on the Art of Reading Slowly*, Leiden: Brill, 2017, p. 15.

7 為了保持一致性，本書的每個作者都只用一個化名。關於他們的身分，讀者可以查閱本書末尾的「劇中人」部分以了解更多的細節。

8 https://www.ctc.usma.edu/letters-from-abbottabad-bin-ladin-sidelined/ 這一套文件和在CTC網站上的文件相同，每份文件都是以SOCOM-2012開頭。

9 ODNI, "Bin Laden's Bookshelf," https://www.dni.gov/index.php/features/bin-laden-s-bookshelf. 這幾套文件的參考文獻和ODNI的文件相同。引用的文件是根據ODNI網站上給出的文件英文標題，而對內容的分析和翻譯依照阿拉伯文原文。

10 https://www.cia.gov/library/abbottabad-compound/index.html

11 https://www.cia.gov/library/abbottabad-compound/index_audio.html

12 https://www.cia.gov/library/abbottabad-compound/index_converted_documents.html

13 https://www.cia.gov/library/abbottabad-compound/index_images.html

14 https://www.cia.gov/library/abbottabad-compound/index_video.html

15 對這些文件的引用遵循中央情報局網站上的引用，包括文件類型（即PDF、IMG、VID、AUD）和相應的編號。

16 CIA, "Bin Ladin's Journal," https://www.cia.gov/library/abbottabad-compound/index.html

17 https://www.cia.gov/library/abbottabad-compound/index.html

18 比方說，可以參考Douglas Frantz, "U.S.-Based Charity Is Under Scrutiny," *The New York Times*, June 14, 2002.

19 "CIA Releases Nearly 470,000 Additional Files Recovered in May 2011 Raid on Usama Bin Ladin's Compound," CIA, November 1, 2017, https://www.cia.gov/stories/story/cia-releases-nearly470000-additional-files-recovered-in-may-2011-raid-on-usama-bin-ladins-compound/

第一章

1 IMG-030337, Tawfiq/Abu al-Hasan al-Saidi, September 8, 2004.

2 IMG-058732 (1), Khaled al-Habib to Usama bin Laden, 2004.

3 IMG-040538, Usama bin Laden's notes, September 2002.

4 Eric Malnic, William C. Rempel, and Ricardo Alonso-Zaldivar, "EgyptAir Co-Pilot Caused '99 Jet Crash, NTSB to Say," Los Angeles Times, March 15, 2002, https://web.archive.org/ web/20160404110130/http://articles.latimes.com/2002/mar/15/news/mn-32955.

5 葉門聖戰組織領導人阿布・巴希爾・烏海希（Abu Basir al-Wuhayshi）在聖戰雜誌《al-Masra》上提到巴圖提所說的「使用飛機的想法」：part 1, issue 3, January 30, 2016, 以及part 2, issue 4, February 9, 2016, 可參考https://jihadology.net/wp-content/uploads/_pda/2016/01/al-masracc84-newspaper-3.pdf (login required). 根據九一一事件委員會的報告，哈立德・謝赫・穆罕默德（KSM）在一九九六年時首次向奧薩瑪提出這個想法，https://www. govinfo.gov/content/pkg/GPO-911REPORT/pdf/GPO-911REPORT-23.pdf, pp. 147–9. 值得注意的是，哈立德・謝赫・穆罕默德在二〇〇三年被捕後提到這一點，但沒有與二〇〇二年四月在巴基斯坦採訪他的記者優斯里・福達（Yosri Fouda）分享。見Yosri Fouda, *Fi Tariq al-Adha: Min Ma'aqil al-Qa 'ida ila Hawadini Da'ish*, Cairo: Dar al-Shuruq, 2015, pp. 67–8.

6 阿布・哈夫斯於二〇〇一年十一月在美國領導的阿富汗戰爭中被殺，阿布・海爾在二〇〇二年逃到伊朗並遭到拘押。

7 在二〇一〇年時，賓・拉登寫信要求「提供十九個兄弟所有的遺囑」，PDF-002730, October 11, 2010

8 Usama bin Laden, "Among a Band of Knights," trans. James Howarth, in Bruce Lawrence (ed.), *Messages to the World: The Statements of Osama bin Laden*, New York: Verso, 2005, pp. 194–5.

9 PDF-004225，奧薩瑪・賓・拉登給哈吉・奧斯曼（Hajj Uthman）和阿提亞（Atiya）的信稿，二〇一〇年初。

10 第五頁已丟失，很明顯，這幾頁是他口述的：IMG-052993; IMG-046353; IMG-007097; IMG-038618; IMG-025138; IMG-053149.

11 關於奧薩瑪在一九九六年之前的政治生活，見Steve Coll, *The Bin Ladens: An Arabian Family in the American Century*, New York: The Penguin Press, 2008. 尤其是第三部分。

12 關於離開蘇丹前往阿富汗的壓力，請見Fadil Harun, *al-Harb 'ala al-Islam*, vol. 1, p. 250. 另見Peter Bergen, *The Osama bin Laden I Know: An Oral History*, New York: Free Press, 2008, p. 158.

13 Anne Stenersen, *Al-Qaida in Afghanistan*, Cambridge: Cambridge University Press, 2017, pp. 56–62. 關於塔利班之前的階段，請參考Thomas J. Barfield, "Problems in Establishing Legitimacy in Afghanistan," *Iranian Studies*, vol. 37, no. 2, June 2004, pp. 263–93.

14 Thomas Barfield, *Afghanistan: A Cultural and Political History*, Princeton: Princeton University Press, 2012, p. 260.

15 奧薩瑪・賓・拉登曾讚揚優尼斯・哈里斯（Younis Khalis），後者曾經幫他從蘇丹去阿富汗，他也讚揚了賈拉魯丁・哈卡尼（Jalal al-Din al-Haqqani）。

16 PDF-003928，奧薩瑪・賓・拉登筆記。

17 見"Declaration of Jihad" (1996), Lawrence, *Messages to the World*.

18 John Miller, "Greetings, America. My Name Is Osama Bin Laden . . .," Esquire, 一九九九年二月一日訪問：https://www.pbs.org/wgbh/pages/frontline/shows/binladen/who/miller.html

19 https://www.fbi.gov/history/famous-cases/east-african-embassy-bombings

20 Fadil Harun, *al-Harb ʻala al-Islam*, vol. 1, p. 378. 該傳記在二〇〇九年初被放在網路上。

21 Steven Strasser (ed.), *The 9/11 Investigations*, New York: Public Affairs, 2004, p. 156.

22 例如，可參考利比亞伊斯蘭戰鬥團（Libyan Islamic Fighting Group，簡稱LIFG）的前指揮官，諾曼・貝諾特曼（Noman Benotman），"An Open Letter to Osama bin Laden," *Foreign Policy*, September 10, 2010; Peter Bergen 和 Paul Cruickshank也報導他的觀點，見"The Unraveling," *The New Republic*, June 11, 2008. 另請參考艾曼・扎瓦希里曾經的導師Dr. Fadl, *al-Taʻriya* (part 1), *al-Masri al-Yawm*, November 18, 2008, https://www.almasryalyoum.com/news/details/1930360

23 Mustafa Hamid and Leah Farrall, *The Arabs at War in Afghanistan*, London: Hurst, 2015, pp. 238–9.

24 引用自Cathy Scott-Clark和Adrian Levy, *The Exile: The Stunning Inside Story of Osama bin Laden and Al Qaeda in Flight*, New York: Bloomsbury, 2017, p. 47.

25 同上註，頁四八。

26 "Letter to Shaykh Abu Muhammad 17 August 2007," ODNI, 2016.

27 PDF-004225，奧薩瑪・賓・拉登給哈吉・奧斯曼和阿提亞的信稿，二〇一〇年初。這封信的內容表明，賓・拉登只知道一次攻擊的行動細節，這次攻擊很可能是九一一恐攻。

28 我要感謝麥可・庫克，他閱讀關於此問題的若干內部文件和相關的文本，並幫助我理解到這是一個新詞彙。

29 Abu Musab al-Suri, *Daʻwat al-Muqawama al-Islamiyya*, p. 727. 阿布・穆薩布・蘇里是著名的聖戰戰略家，也是一位多產作家。他在二〇〇〇年成立與塔利班有聯繫的組織（Majmuʻat Muʻaskar al-Ghurabaʼ），他於二〇〇一年四月九日向毛拉・奧馬爾宣示效忠：出處同上註，頁七二九、七三四。他在二〇〇四年九月完成一本篇幅有一千六百頁之多的書。另可參考Brynjar Lia, *The Architect of Global Jihad*, London/New York: Hurst/Columbia University Press, 2008.

30 PDF-023945，艾曼・扎瓦希里至奧薩瑪・賓・拉登，二〇一一年一月。

31 IMG-052993，奧薩瑪・賓・拉登的筆記，二〇〇二年九月（很可能是他口述的）。

32 見"Muslim Bomb," interview with *Al Jazeera* in 1998, in Lawrence, *Messages to the World*.

33 首先採用這個頭銜的是伊斯蘭歷史上的第二位哈里發，歐瑪爾（Umar，六四四—六五六年在位），此後「信士的指揮官」一詞就成為哈里發的同義詞，見Patricia Crone, *God's Rule: Government and Islam*, Columbia: Columbia University Press, 2004, p. 18.

34 https://www.dia.mil/News/Articles/Article-View/article/567026/attacks-on-uss-cole-spurreddias-counterterrorism-mission/

35 他面對著除了艾曼・扎瓦希里以外所有的人的反對，當時艾曼是埃及聖戰組織的領導人。

36 IMG-052993，奧薩瑪・賓・拉登筆記，二〇〇二年九月。

37 Al-Sahab, *Qanadil min Nur* (8)，包括有二〇〇一年初奧薩瑪・賓・拉登的新聞發布會。這一定是發生在二〇〇一年二月底或是這個時候左右，因為奧薩瑪回應了二〇〇一年二月十七日美國和英國在伊拉克進行的空襲。此機會的錄像於二〇二一年五月發布，使用先前沒有的錄像：https:// archive.gnews.bz/index.php/s/kg2NbAXaf6kGSbx

38 IMG-025138，奧薩瑪・賓・拉登筆記，二〇〇二年九月。

39 IMG-052993

40 IMG-007097，奧薩瑪・賓・拉登筆記，二〇〇二年九月。

41 Paul L. Heck, "Jihad Revisited," *Journal of Religious Ethics*, vol. 32, no. 1, 2004, pp. 95–128; 關於聖戰者們所採取的古典文獻中的表述，見Nelly Lahoud, "The Evolution of Modern Jihadism," *Oxford Research Encyclopedia, Religion*, August 2016.

42 IMG-007097

43 IMG-038618.

44 按照聯合國教科文組織的說法，這兩座大佛是巴米揚谷地在西元一至十三世紀期間形成的文化和考古景觀的一部分：https://whc. unesco.org/en/list/208/

45 我要謝謝麥可・庫克的這一敏銳觀察。

46 PDF-023388. 這是二〇一七年十一月一日中央情報局解密阿伯塔巴德檔案後引人注目的「十九頁的信」。這封信是阿提亞寫給他在沙烏地阿拉伯的中間人，並交給當時被軟禁的聖戰教士比什爾（Bishr al-Bishr）。

47 「決定性的打擊」會以各種形式出現在賓・拉登的信件裡。比方說，在PDF-003181中，它是hasm al-harb，在PDF-004225中，它是ijbar al-'avuw 'ala inha'i i'tida'ihi...bi-quwwa wa-sur'a（迫使敵人受迫、快速地結束他們的侵略）。

48 IMG-038618

49 同上註。

50 這相當於告訴那些人：「閉嘴，別廢話了！」

51 IMG-053149，奧薩瑪・賓・拉登筆記，二〇〇二年九月。

52 同上註。

53 Stenersen, *Al-Qaida in Afghanistan*, p. 92; Bergen, *The Osama bin Laden I know*, pp. 296–7.

54 關於痛苦和英雄主義行為的細節被記錄在九一一委員會報告中，Commission Report, pp. 11–13, https:// govinfo.library.unt.edu/911/report/911Report.pdf; 關於對準白宮或美國國會大廈，見第一五五頁和優斯里・福達對KSM的採訪，*Fi Tariq al-Adha*, pp. 67–8.

55 九一一紀念館和博物館，https://www.911memorial.org/911

56 見帕勒維茲・穆沙拉夫接受的採訪，"Frontline," *PBS*, https://www.pbs.org/wgbh/pages/ frontline/shows/campaign/interviews/musharraf.html

57 Abdul Salam Zaeef, *My Life with the Taliban*, ed. Alex Strick van Linschoten and Felix Kuehn, London: Hurst & Company, 2010, pp. 135–7.

58 Pervez Musharraf, "Frontline," PBS.

59 "Presidential Address to the Nation," The White House, October 7, 2001, https://georgewbush-whitehouse.archives.gov/news/releases/2001/10/20011007-8.html

60 PDF-023388，阿提亞寫給一個在沙烏地阿拉伯的「可靠的中間人」。

61 同上註。

62 IMG-030337，Tawfiq/Abu al-Hasan al-Saidi, September 8, 2004.

63 Abu Musab al-Suri, *Da'wat al-Muqawama*, p. 729.

64 IMG-030337

65 PDF-023388

66 PDF-010240, Abu 'Abd al-Rahman Uns al-Subay'i, October 13, 2010.

67 IMG-030337 (1/4), September 8, 2004.

68 PDF-023388

69 同上註。
70 同上註。
71 PDF-003594，奧薩瑪・賓・拉登寫給阿布・穆罕默德（Abu Muhammad）和阿布・哈立德（Abu Khaled），二〇一一年一月十四日。
72 這一採訪是在二〇〇一年十月七日和記者拉希姆拉・尤素夫扎伊（Rahimullah Yusufzai）完成的，這一天正是「持久自由行動」開始的當天。引用自 Peter Bergen, "The Man Who Wouldn't Hand Over Bin Laden to the U.S.," CNN, July 29. 2015, https://peterbergen.com/the-man-who-wouldnthand-over-bin-laden-to-the-u-s-cnn-com/
73 同上註。
74 《古蘭經》四十九章十節，「信士們皆為教胞，故你們應當排除教胞中的紛爭，你們應敬畏真主，以便你們蒙主的憐恤。」
75 Abu Musab al-Suri, Afghanistan wa-al-Taliban wa-Ma 'rakatu al-Islami al-Yawm, 1998, p. 36.
76 Michael Cook, *Muhammad*, Oxford: Oxford University Press, 1983, pp. 18–19.
77 例如，見毛拉・奧馬爾在二〇〇一年六月設立的幫助者／輔士旅（Liwa' al-Ansar）的討論，見Abu Musab al-Suri, *Da'wat al-Muqawama al-Islamiyya*, pp. 787-788.
78 PDF-003213，阿提亞和阿布・葉海亞・利比（Abu Yahya al-Libi）寫給哈基姆拉・梅赫蘇德（Hakimullah Mahsud），二〇一〇年十二月三日。
79 聯合國安全理事會一二六七號決議（一九九九年）。另見一一八九號決議（一九九八年）、一一九三號決議（一九九八年）和一三三三號決議（二〇〇〇年），https://www.un.org/securitycouncil/sanctions/1267/ resolutions
80 安理會-3-媒體發布 SC/6567 392，第一次會議（AM），一九九八年八月二十八日。
81 "U.S. Tells Taliban to Close New York Office," *The New York Times*, February 10, 2001.
82 Gilles Dorronsoro, "The World Isolates the Taliban," *Le Monde Diplomatique*, June 2001, https:// www.globalpolicy.org/the-dark-side-of-natural-resources-st/water-in-conflict/41438.html
83 AFGP-2002-600321, "Letter to Mullah Muhammed 'Umar from Bin Laden," CTC, https://ctc.usma.edu/harmony-program/letter-to-mullah-muhammed-umar-from-bin-ladenoriginal-language-2/

84 Abu Musab al-Suri, *Afghanistan wa-al-Taliban wa-Ma 'rakatu al-Islami al-Yawm*, p. 36.
85 Yusuf al-Shawli, interview with Abu Hafs al-Mauritani, "Mahfouz wuld al-Walid. al-Qaeda wa-harakat Taliban," *Al Jazeera*, November 30, 2021.
86 PDF-023405，哈吉・奧斯曼寫給賓・拉登，二〇〇七年十月；另見PDF-023447，阿提亞寫給賓・拉登，二〇〇八年五月至六月。
87 PDF-017045，奧薩瑪・賓・拉登寫給哈吉・奧斯曼，二〇〇七年十二月十七日。"AQ Accounting Ledger," ODNI, 2017 表明蓋達組織資助／補貼「達杜拉的預算」。
88 PDF-023405， 見 "US-Taliban Talks: Who Is Mullah Baradar?" *Al Jazeera*, May 1, 2019, https://www.aljazeera.com/news/2019/05/us-taliban-talks-mullah-baradar-190501184035063.html
89 "Senior Afghan Taliban Leader, Mullah Obaidullah, Is Dead," BBC, February 13, 2012, https:// www.bbc.com/news/world-asia-17011844
90 "Senior Afghan Taliban Leader, Mullah Obaidullah, Is Dead," BBC, February 13, 2012, https:// www.bbc.com/news/world-asia-17011844
91 PDF-023900, 艾曼・扎瓦希里寫給奧薩瑪・賓・拉登，二〇一〇年五月十六日。
92 《古蘭經》十六章九十一節，「當你們低階盟約的時候，你們應當履行。你們既以安拉為你們的保證者，就不要在締結盟約後違約。安拉是確知你們行為的。」
93 出現的一系列類似問題包括條約、誓言和效忠。
94 塔利班於二〇一五年宣布他的死亡。見Bergen, "The Man Who Wouldn't Hand Over Bin Laden to the U.S."
95 "Agreement for Bringing Peace to Afghanistan between the Islamic Emirate of Afghanistan which is not recognized by the United States as a state and is known as the Taliban and the United States of America,"February 29, 2020. 可查閱於 https://www.state.gov/wp-content/ uploads/2020/02/Agreement-For-Bringing-Peace-to-Afghanistan-02.29.20.pdf
96 同上註。

第二章

1 PDF-023388，阿提亞透過一個「可靠的中間人」向比什爾・比什爾匯款。
2 賓・拉登在二〇〇九年底撰寫的信稿中順便提到他曾進入「托拉博拉山區和其他地方」。PDF-00387。

3 先鋒隊當然是指非阿富汗人，包括一九八〇年代曾經為反對蘇聯占領阿富汗而戰的阿拉伯人。

4 Abu Musab al-Suri, *Da'wat al-Muqawama*, pp. 724–5.

5 同上註。

6 PDF023388，阿提亞寫給一個在沙烏地阿拉伯的「可靠的中間人」。

7 PDF-023388

8 Anne Stenersen, *Al-Qaida in Afghanistan*, Cambridge: Cambridge University Press, 2017, pp. 134–41.

9 Abu Musab al-Suri, *Da'wat al-Muqawama*, p. 787.

10 Abu Saad, "To Abu al-Faraj and 'Abd al-Hadi," November 19, 2002, ODNI, 2016.

11 PDF-003732，艾曼・扎瓦希里寫給奧薩瑪・賓・拉登，二〇〇四年十月二十日。

12 Fadil Harun, *al-Harb 'ala al-Islam*, vol. 1, pp. 56–7.

13 James Howarth翻譯：Usama bin Laden, "A Muslim Bomb," Lawrence (ed.), *Messages to the World*, pp. 71–2.

14 出處同上註，頁七二。據報道，三軍情報局（巴基斯坦情報機構）的哈米德・古爾（Hamid Gul）將軍警告奧薩瑪，美國將會對他發動攻擊，以報復一九九八年的東非爆炸案。如果這是真的話，這裡指的就是一九九八年八月底對蘇丹和阿富汗軍事打擊的「無限延伸行動」。見Lutfi Flissi, "al-Wasit al-Tijari li-Bin Ladin fi Qabdat al-Amn al-Jaza'iri," October 16, 2007；另見Declan Walsh, "Pakistan's Spymaster Hamid Gul: Angel of Jihad or Windbag Provocateur," *Guardian*, May 31, 2011.

15 Steve Coll, "The Unblinking Stare: The Drone War in Pakistan," *The New Yorker*, November 17, 2014, https://www.newyorker.com/magazine/2014/11/24/unblinking-stare

16 PDF-010240，阿布・阿布杜・拉赫曼・蘇巴伊（Abu Abd al-Rahman al-Subay'i）寫給奧薩瑪・賓・拉登，二〇一〇年十月十三日。

17 IMG-058732 (1/5), IMG-065081 (2/5), Khaled al-Habib, 2004.

18 "Guantanamo Inmates Say They Were 'Sold,'" *Associated Press*, May 31, 2005, http://www.nbcnews.com/id/8049868/ns/world_news/t/guantanamo-inmates-say-they-were-sold/

19 這是艾曼・扎瓦希里第一次接受聖戰媒體機構《運動》（*al-Sahab*）的採訪，由聖戰媒體於二〇〇二年十月十一日轉錄。

20 PDF-003604，瓦濟里・汗（Wakil Khan），二〇〇四年十月十八日。

21 113th Congress, 2nd Session, Senate Report 113-288, Report of the Senate Select Committee on Intelligence Committee Study of the Central Intelligence Agency's Detention and Interrogation Program, December 9, 2014, https://www.intelligence.senate.gov/sites/default/files/publica tions/CRPT-113srpt288.pdf

22 關於此衝突的背景，請參考：A. N. Yamskov, "Ethnic Conflict in the Transcaucasus: The Case of Nagorno-Karabakh," *Theory and Society*, vol. 20, no. 5, October 1991, pp. 631–60.

23 Fadil Harun, *al-Harb 'ala al-Islam*, vol. 1, p. 116. 我們可以從哈倫的自傳中得知，聖戰份子最初考慮土庫曼是因為那裡更近，他們可以透過土庫曼穿越裡海，到達亞塞拜然然後提供支持。另見Abu Musab al-Suri, *Da'wat al-Muqawama*, p. 501。他指出，土庫曼總統禁止建造新的清真寺和印刷更多的《古蘭經》。

24 Fadil Harun, *al-Harb 'ala al-Islam*, vol. 1, p. 116. 當時，在阿富汗作戰的聖戰者們透過伊拉克庫德人了解到伊朗的情形，這些庫德人逃離薩達姆・海珊政權，在伊朗的營地裡接受訓練。具有諷刺意味的是，遜尼派武裝份子正是從這些訓練營裡走出來反對什葉派政權的。聖戰者在阿富汗與蘇軍作戰的消息傳到他們耳中後，他們的聖戰傾向得到進一步發展。關於這件事，請參考Hani al-Siba'i, "al-Harakat al-Islamiyya al-Jihadiyya," http://www.albasrah.net/moqawama/maqalat/sba3iansar_140304.htm

25 我要感謝安・利庫斯基（Anne Likuski, Stenersen）指出北方聯盟控制著北方邊境一事。

26 PDF-000770、PDF-000852、PDF-017029（很可能最後一封是他發出的最終信函），奧薩瑪・賓・拉登寫給他的兄弟巴克爾・賓・拉登（Bakr bin Laden），二〇〇七年十二月。在討論到教派問題的上下文背景中，「拉菲達」是指那些拒絕承認先知穆罕默德身後的前三位哈里發的正當性的人們，遜尼派認為他們是四個「正統哈里發」。關於這個詞的起源和用法，見E. Kohlberg, "al-Rafida," *Encyclopaedia of Islam* (2)。關於前四位哈里發是如何在九世紀時被看作是正統哈里發的，見Patricia Crone, *God's Rule: Government and Islam*, New York: Columbia University Press, 2004, pp. 27–8.

27 PDF-023388

28 同上註。

29 同上註。PDF-010240。

30 Hamid Dabashi, "Who Is the 'Great Satan'?", *Al Jazeera*, September 20, 2015, https://www.aljazeera.com/indepth/opinion/2015/09/great-satan-150920072643884.html

31 "President Delivers State of the Union Address," January 29, 2002, https://georgewbush-whitehouse.archives.gov/news/

releases/2002/01/20020129-11.html

32 IMG-063213、IMG-020402，阿布・哈瑪姆・嘎里布（Abu Hammam al-Gharib）寫給奧薩瑪・賓・拉登，已更新，最可能是寫於二〇〇九年前後。

33 PDF-010240

34 PDF-023388

35 PDF-010240

36 PDF-023388

37 同上註。

38 同上註。

39 PDF-010240

40 根據媒體報導，真主軍成立於二〇〇二年。因此，支持蓋達組織的「俾路支兄弟」有可能在成立組織之前就在某種程度上活躍起來。

41 PDF-023513

42 PDF-023388

43 PDF-010240. 這封信可能是在被拘留之前與伊朗的蓋達組織領導人的交流。「寫給莫拉維・阿布杜・阿齊茲（Mawlawi 'Abd al-'Aziz），」ODNI, 二〇一六年。

44 PDF-004992，薩阿德・賓・拉登，二〇〇八年八月五日。在同一個監獄裡有穆罕默德・紹基・伊斯蘭布利（Muhammad Shawqi al-Islambuli）和阿布・吉哈德（Abu Jihad）的兒子。

45 PDF-004992，薩阿德・賓・拉登，二〇〇八年八月五日。

46 PDF-010240

47 同上註。

48 見麥可・庫克的英譯《古蘭經》，*The Koran: A Very Short Introduction,* Oxford: Oxford University Press, 2000, p. 14。這些類別最好是在庫克的書中第二章的大背景下閱讀。

49 PDF-010240

50 同上註。

51 PDF-023388

52 同上註。

53 "Deadly Attacks Rock Baghdad, Karbala," CNN, March 2, 2004, http://edition.cnn.com/2004/WORLD/meast/03/02/sprj.nirq.main/

54 關於我如何對信中的密碼詞進行標註和聯繫，請參考我的研究報告，*Al-Qa'ida's Contested Relationship with Iran: The View from Abbottabad*, New America, September 2018.

55 這份只有兩頁的文件可以作為兩個獨立文件來訪問："My Generous Brother Tawfiq," 二〇一六年三月解密。https://www.dni.gov/files/documents/ubl2016/arabic/Arabic%20My%20Generous%20Brother%20Tawfiq.pdf; 和"Letter from Hafiz," 二〇一五年三月二十日解密，https://www.dni.gov/files/documents/ubl/arabic2/Letter%20 from%20Hafiz%20-%20Arabic.pdf

56 同上註。

57 同上註。

58 PDF-003874，奧薩瑪．賓．拉登，二〇〇四年。

59 這裡提到的論文的作者是'Abd al-'Aziz al-Jarbu'，可以粗魯翻譯為「關於允許害怕洩密而自殺的法律研究選集」。

第三章

1 PDF-023392，一個在沙烏地阿拉伯的「可靠的中間人」寫給阿提亞，二〇〇七年二月十九日。

2 PDF-001673，海麗亞寫給哈姆扎，二〇一一年。海麗亞是賓．拉登的第三個妻子，在二〇一一年，當時阿西婭八歲。

3 見A. J. Wensinck, "Asiya," *Encyclopaedia of Islam* (2). 根據聖經故事的說法（出埃及記2:5-10），是法老的女兒收養了摩西。

4 見Lawrence, *Messages to the World*一書中對奧薩瑪．賓．拉登公開聲明的介紹。

5 PDF-003874，奧薩瑪．賓．拉登的筆記。

6 Usama bin Laden, "To the Allies of America," Lawrence, *Messages to the World.* 蓋達組織中的一些人對於這種自吹自擂感到不滿，二〇〇二年的一封信敦促謝赫承認「我們很弱」和受到壓迫。「寫給我們可敬的謝赫，」ODNI，二〇一六年。

7 見上文第一章。最初他可能與艾曼一起「消失了」，兩人在「托拉博拉山區」過了一段時間（正如賓．拉登在二〇〇九年的信件草稿PDF-003871中暗示的那樣）。但當他們在二〇〇四年恢復通信時，他們的信件表明他們自從二〇〇二年以來就沒有見過對方了。二〇〇八年二月，艾曼成功見到哈吉．奧斯曼，阿提亞和阿比布（PDF-023454）。二〇〇八年八月，他見到哈吉．奧斯曼和阿提亞。"Letter to Shaykh Azmarai," ODNI, 2016. 關於奧薩瑪在二〇〇九年時對伊朗的態度，見「寫給哈吉．奧斯曼的信，」ODNI，二〇一七年。

8 PDF-003874，奧薩瑪．賓．拉登的筆記，二〇〇四年底。我要感謝托馬斯．赫格海默（Thomas Hegghammer），我們就這些事件進行有益的討論。

9 IMG-030337，陶菲克寫給奧薩瑪．賓．拉登和艾曼．扎瓦希里，二〇〇四年九月八日。

10 IMG-058732，哈立德．哈比布（Khaled al-Habib）寫給奧薩瑪．賓．拉登，二〇〇四年。

11 PDF-003732，艾曼．扎瓦希里寫給奧薩瑪．賓．拉登，二〇〇四年十月二十日。鑑於二〇〇四年的信件表明奧薩瑪曾被隔離監禁，二〇〇二年的信件（"Dear Brother Abu-alFaraj and 'Abd-al-Hadi," ODNI, 2016）不太可能是出自他的手。這封信的內容設計分配金錢，我的直覺是它是監督蓋達組織財務事務的哈吉．奧斯曼所寫的。

12 PDF-003967，奧薩瑪．賓．拉登寫給他的兒子奧斯曼和穆罕默德，二〇一一年一月七日。

13 根據報導，哈姆扎．拉比亞（Hamza al-Rabia）於二〇〇五年被殺。CNN報導，二〇〇五年十二月四日，http://www.cnn.com/2005/WORLD/asiapcf/12/03/pakistan.rabia/

14 PDF-004000，奧薩瑪．賓．拉登寫給哈姆扎．拉比亞；另見PDF-003874，寫給陶菲克的信稿。

15 PDF-004000.

16 同上註。

17 PDF-023883，阿提亞寫給穆赫塔爾．阿布．祖拜爾（Mukhtar Abu al-Zubayr），二〇一〇年七月十五日。

18 我們知道這兩個化名分別是指哈倫和塔爾哈，這件事要多虧了法迪勒．哈倫，見Fadil Harun, al-Harb 'ala al-Islam, vol. 1, pp. 402, 474. 關於這部傳記的研究，見 Nelly Lahoud, "Beware of Imitators: Al-Qa'ida Through the Lens of Its Confidential Secretary," CTC, 2012.

19 Fadil Harun, *al-Harb 'ala al-Islam*, vol. 1, pp. 422–3.

20 PDF-004000，奧薩瑪．賓．拉登寫給哈姆扎．拉比亞，二〇〇四年。

21 我要感謝安．利庫斯基向我解釋Zikuyak（俄語的зикояк）是阿富汗人對蘇製高射炮（ZGU-1）的戲稱，在達里語中為Ziku-yak。

22 PDF-004000

23 同上註。

24 同上註。

25 同上註。

26 同上註。

27 PDF-003592，奧薩瑪·賓·拉登寫給陶菲克，二〇〇四年底。

28 "The Guantanamo Files—Abdullah Khan," WikiLeaks, https://wikileaks.org/gitmo/prisoner/950.html

29 這部分內容在安·史特納森（Anne Stenersen）的著作中都有設計，見Anne Stenersen, Al-Qaida in Afghanistan, Cambridge: Cambridge University Press, 2017, pp. 134–41.簡明而言，陶菲克的信實在抱怨阿布杜拉·汗沒有提到這個旅（liwa'），反而提到了蓋達組織（Tanzim）。

30 PDF-003592，奧薩瑪·賓·拉登，二〇〇四年底。此事在信中有清晰的陳述。

31 直譯為「獨立判斷」，但在這個語境中是表達負面意義，意為單方面決定。

32 IMG-058732 (1/5)，哈立德·哈比布寫給奧薩瑪·賓·拉登，二〇〇四年。

33 IMG-065081 (2/5)，哈立德·哈比布寫給奧薩瑪·賓·拉登，二〇〇四年。

34 PDF-003604，瓦濟里·汗，二〇〇四年十月十八日。

35 在寫作本書時，齊亞·拉赫曼·瑪達尼是在聯合國的制裁名單上的，名單上說他「自二〇〇三年以來代表塔利班在海灣地區協助籌集資金」：https://www.un.org/securitycouncil/sanctions/1988/materials/summaries/individual/zia-ur-rahman-madani

36 瓦濟里·汗有可能與後來化名為阿提亞和馬赫穆德的人是同一人。

37 PDF-003732，艾曼·扎瓦希里寫給奧薩瑪·賓·拉登，二〇〇四年十月二十日。

38 見前文第一章的內容，尤其是賓·拉登在二〇〇二年的筆記。

39 見BBC的馬德里攻擊時間表：http://news.bbc.co.uk/2/shared/spl/hi/ guides/457000/457031/html/

40 IMG-000667 (3/5)，哈立德·哈比布，二〇〇四年。

41 所交換的短訊息很可能在被轉錄到信件中之前就被錄音。我提出的時間順序如下：一、阿布·穆薩布派賈法爾去和蓋達組織會面；二、賈法爾帶回PDF-004648（蓋達組織的回應）；三、阿布·穆薩布回應：PDF-003600；四、蓋達組織回應：

PDF-004505：五、阿布・穆薩布回應：PDF-004325。如果我的時間先後是正確的話，那就是阿布・穆薩布發起了和蓋達組織的聯繫。這並不是蓋棺定論的判斷。
42 二〇〇四年四月，阿布・穆薩布・扎卡維簽署的聲明被發布出來，一同發布的還有阿布・阿納斯・沙米（Abu Anas al-Shami）出鏡的影片，題目為Riyah al-Nasr。
43 PDF-004325，阿布・穆薩布・扎卡維，二〇〇四年。
44 PDF-003600，阿布・穆薩布・扎卡維，二〇〇四年。
45 同上註。
46 PDF-003592，奧薩瑪・賓・拉登（很可能是給陶菲克），二〇〇四年底。
47 PDF-002879，奧薩瑪・賓・拉登寫給阿布・法蒂瑪／艾曼・扎瓦希里和陶菲克，二〇〇四年十二月九日。
48 PDF-003874，奧薩瑪・賓・拉登的筆記，二〇〇四年底。關於卡爾達，見https://www.reuters.com/article/us-afghanistan-currency/afghans-slow-to-warm-to-their-stable-currencyidUSBRE85J0BZ20120620。
49 PDF-002879.
50 同上註。
51 PDF-002653，奧薩瑪・賓・拉登，增編，二〇〇四年十二月。
52 Usama bin Laden, "The Towers of Lebanon," trans. James Howarth, in Lawrence, *Messages to the World*, p. 244.
53 PDF-002879，奧薩瑪・賓・拉登寫給陶菲克，二〇〇四年十二月九日。
54 PDF-003128，阿提亞寫給賓・拉登，二〇一〇年六月十九日。
55 比方說，可參考Philip Smucker, "How Bin Laden Got Away," *Christian Science Monitor*, March 4, 2002; "Tora Bora Revisited: How We Failed to Get Bin Laden," A Report to Members of the Committee of Foreign Relations, United States Senate, November 30, 2009, https://www.govinfo.gov/content/pkg/CPRT-111SPRT53709/html/CPRT-111SPRT53709.htm。
56 Muhamad al-Shafi'i, "Muhamad Shawqi al-Islambuli (Abu Khaled) shaqiq qatil al-Sadat waffara li-A'da' "al-Qaeda" maladhan aminan fi janubi Iran," *al-Sharq al-Awsat*, issue 8942 May 23, 2003, https://archive.aawsat.com/details.asp?article=172395&issueno=8942#.X-DKUeTsElQ.
57 AFGP-2002-003251，阿布・胡載法寫給阿布・阿布杜拉（即賓・拉登），二〇〇〇年六月二十一日, CTC, https://ctc.usma.edu/wp-content/uploads/2013/09/A-Memo-to-Sheikh-Abu-Abdullah-Original1.pdf.

58 PDF-023388，阿提亞經過「可信賴的中間人」寫給比什爾・比什爾。

59 Muhammad al-'Ubaydi, Khattab (Jihadi Bios Project, ed. Nelly Lahoud), CTC, March 2015.

60 透過archive.org獲得的內政部聲明。

61 "Timeline: Saudi Attacks," BBC News, http://news.bbc.co.uk/2/hi/middle_east/3760099.stm.

62 PDF-023392, February 2007. 比什爾・比什爾的傳記可見：http://www.tarhuni.org/i3teqal/olama/beshr.htm, and some of his writings may be accessed on http://www.ilmway.com/site/maqdis/MS_5647.html。

63 PDF-023514，阿拉伯半島／沙烏地阿拉伯的阿布・塔伊布寫給奧薩瑪・賓・拉登，二月二十五日，二〇〇八年。

64 PDF-023392，來自沙烏地阿拉伯的「可靠的中間人」。

65 PDF-023514，阿布・塔伊布，二〇〇八年二月二十八日。

66 Robert W. Jordan with Steve Fiffer, *Desert Diplomat: Inside Saudi Arabia Following 9/11*, Sterling, VA: Potomac Books, 2015, p. 40.

67 請參考 Report of the Senate Select Committee on Intelligence Committee Study of the Central Intelligence Agency's Detention and Interrogation Program, p. 193, ft. 1136; and also p. 205, ft. 118。

68 FBI關於賓・拉登的家人在九一一事件後身在美國的回應，見Steve Coll, *The Bin Ladens*, in particular chs. 36–7.

69 關於「先決條件」和「先決因素」是如何導致恐怖主義的，請參考Martha Crenshaw極為精彩的文章 "The Causes of Terrorism," *Comparative Politics*, vol. 13, no. 4, July, 1981, pp. 379–99。

70 Usama bin Laden, "Depose the Tyrants," in Lawrence, *Messages to the World*.

71 PDF-002879，奧薩瑪・賓・拉登寫給阿布・法蒂瑪和陶菲克，二〇〇四年十二月九日。

72 見馬丁・靈斯翻譯和引用的內容：*Muhammad: His Life Based on the Earliest Sources*, p. 171. 感謝麥可・庫克強調這個人物的重要性。

73 SOCOM-2012-0000016，奧薩瑪・賓・拉登的筆記。

74 "US Judge: Saudi Royals Must Answer Question in 9/11 Lawsuit," Associated Press, September 11, 2020, https://apnews.com/article/lawsuits-archive-courts-ac77fbfb343c5133019153eb864a820d

75 PDF-023392，「可靠的中間人」。

76 PDF-023514，阿拉伯半島的阿布・塔伊布。

77 PDF-023392，「可靠的中間人。」

78 同上註。我把阿拉伯文abdannahum解讀為動詞形式IV abdana的複數，意思是「把一頭肥牛或母駱駝作為祭品」。見almaany.com
79 PDF-023514，阿拉伯半島的阿布・塔伊布。

第四章

1 PDF-003874，奧薩瑪・賓・拉登筆記，二〇〇四年底。
2 同上註。
3 PDF-003592，奧薩瑪・賓・拉登寫給陶菲克的信稿，二〇〇四年底。
4 PDF-003874，奧薩瑪・賓・拉登的信稿，二〇〇四年底。
5 PDF-002879，奧薩瑪・賓・拉登寫給阿布・法蒂瑪和陶菲克的信，二〇〇四年十二月四日。
6 同上註。
7 PDF-003592，奧薩瑪・賓・拉登寫給陶菲克的信稿，二〇〇四年底。
8 AFGP-2002-000112：見第六條，阿拉伯語版本，CTC。
9 PDF-003592
10 同上註。
11 同上註。見"Firasa," *Encyclopaedia of Islam* (2).「指一種歸納占卜術，它允許從外部跡象和身體狀態預示道德狀況和心理行為。」我並不認為奧薩瑪這番話是由衷的。
12 PDF-003592，奧薩瑪・賓・拉登寫給陶菲克的信稿，二〇〇四年底。
13 同上註。
14 關於成立服務局的想法究竟是來自何人的爭論，見Thomas Hegghammer, *The Caravan: Abdallah Azzam and the Rise of Global Jihad*, Cambridge: Cambridge University Press, 2020, 尤其是pp. 206–13。
15 出處同上註，頁三四一。
16 Tarikh al-Ma'sada, CTC. 關於這些文件的各種解釋，見Hegghammer, *The Caravan*, pp. 352–6. 另請參考Mustafa Hamid和Leah Farrall, *The*

Arabs at War in Afghanistan, London: Hurst, 2015, pp. 107–12.

17 *Tarikh al-Ma'sada*, CTC.

18 令人有些不解的是，它也被稱為Ma'sadat al-Ansar，而不是Ma'sadat al-Muhajirun（見上文第一章）。也許這個名字是出自阿富汗人對於遷士的尊重，或者是它只是表示字面上的「幫助者」的意思，而不存在遷士或輔士的含義？

19 *Tarikh al-Ma'sada*, CTC.

20 PDF-003592，奧薩瑪・賓・拉登寫給陶菲克的信稿，二〇〇四年底。

21 我與麥可・庫克就這個問題的多次討論讓我受益匪淺。

22 我們是從PDF-023945，扎瓦希里於二〇一一年一月寫給賓・拉登的信中得知這一點的。

23 關於反對仁愛國際基金會的案例，見https://www.treasury.gov/resource-center/terrorist-illicitfinance/Pages/protecting-charities_execorder_13224-b.aspx

24 PDF-003592，奧薩瑪・賓・拉登寫給陶菲克的信稿，二〇〇四年底。

25 PDF-023950，阿布・葉海亞・利比，很有可能是寫給北非團體，二〇〇九年。

26 PDF-003592，奧薩瑪・賓・拉登寫給陶菲克的信稿，二〇〇四年底。

27 PDF-003874，奧薩瑪的筆記，二〇〇四年。

28 PDF-004119，賈爾格・丁寫給阿布杜・拉赫曼・馬格里比的信，最可能是寫於二〇〇五年初。

29 同上註。

30 阿提亞二〇一〇年的一封信暗示出這件事，但是我們並不能確定。

31 PDF-023429，阿布・阿布杜拉・哈拉比／達吾德寫給阿布・蘇萊曼／哈立德（奧薩瑪的兒子），約二〇〇七年十二月十八日。陶菲克在這裡被叫作阿布・伍拜達・米斯里。

32 Craig Whitlock and Karen DeYoung, "Senior Al-Qaeda Commander Believed to Be Dead," *Washington Post*, April 10, 2008, https://www.washingtonpost.com/wp-dyn/content/article/ 2008/04/09/AR2008040901793.html?hpid=moreheadlines

33 PDF-017949，很可能是阿提亞寫給賓・拉登和哈吉・奧斯曼。哈吉・奧斯曼即穆斯塔法・阿布・亞茲德（Mustafa Abu al-Yazid），他也嘗試用各種其他的化名，例如謝赫・賽義德和哈菲茲・蘇丹。

34 PDF-023566，內部報告，二〇〇八年七至八月前後。

35 IMG-031090 (1/5)

36 Brian Glyn Williams, *Predators: The CIA's Drone War on al Qaeda*, Washington, D.C.: Potomac Books, 2013, p. 12.

37 出處同上註，頁一一一一二。

38 Abubakar Siddique, 摘錄於Coll, "The Unblinking Stare."

39 見Williams, *Predators*, p. 44。

40 Coll, "The Unblinking Stare."

41 Craig Whitlock and Kamran Khan, "Blast in Pakistan Kills Al Qaeda Commander: Figure Reportedly Hit by U.S. Missile Strike," *Washington Post*, December 4, 2005, https://www.washingtonpost.com/wp-dyn/content/article/2005/12/03/AR2005120301473_pf.html

42 聖戰媒體《運動》的影片，二〇〇五年九月。在*The Al Qaeda Factor: Plots Against the West*, University of Pennsylvania Press, 2012一書中，作者Mitchell D. Silber指出：「英國政府的官方調查報告指出，聲稱對於此事件負責的錄影帶是在攻擊發生之後編輯的，爆炸者並沒有得到蓋達組織的直接支持」，頁一二四頁。

43 PDF-018260，哈吉・奧斯曼寫給奧薩瑪・賓・拉登，二〇一六年三月一日。

44 http://news.bbc.co.uk/2/hi/uk_news/8243799.stm

45 PDF-017949，很有可能是阿提亞寫給賓・拉登和哈吉・奧斯曼的。

46 阿提亞寫給奧薩瑪・賓・拉登，二〇〇九年八月二十二日，ODNI，二〇一六年三月。

47 PDF-004588、PDF-003627、PDF-023584，奧薩瑪・賓・拉登寫給阿提亞和阿布・葉海亞・利比，二〇一〇年十二月五日。和麥可・庫克就這些信件的討論是受益良多的。

48 PDF-023945，艾曼・扎瓦希里寫給奧薩瑪・賓・拉登，二〇一一年一月。

49 PDF-023405，哈吉・奧斯曼寫給奧薩瑪・賓・拉登，二〇〇七年十月；另見PDF-023447，阿提亞寫給賓・拉登，二〇〇八年三至六月。

50 PDF-023405

51 PDF-017045，奧薩瑪・賓・拉登寫給哈吉・奧斯曼，二〇〇七年十二月十七日。

52 PDF-023447，阿提亞寫給奧薩瑪・賓・拉登，二〇〇八年三月至六月。

53 PDF-003774，賓・拉登寫給扎瓦希里，二〇〇八年五月七日。扎瓦希里希望就是否給毛拉・奧馬爾發去一封詳盡的信一事尋求賓・拉登的建議，因為他知道那些不喜歡蓋達組織的人會看到這封信。見PDF-023454，扎瓦希里寫給賓・拉登，二〇〇八年三月五日。
54 同上註。
55 PDF-023900，艾曼・扎瓦希里寫給賓・拉登，二〇一〇年五月十六日。二〇一一年三月的一封信中報導了阿富汗塔利班內部因為金錢問題產生的不同分歧。「請給我你的消息，」ODNI，二〇一六年。
56 PDF-004029，阿提亞寫給奧薩瑪・賓・拉登，二〇一〇年七月八日。
57 PDF-004835，奧薩瑪・賓・拉登寫給毛拉・奧馬爾，二〇一〇年九月二十四日。
58 https://www.state.gov/wp-content/uploads/2020/02/Agreement-ForBringing-Peace-to-Afghanistan-02.29.20.pdf
59 Eleventh Report of the Analytical Support and Sanctions Monitoring Team, United Nations Security Council, May 27, 2020.
60 "Tahni'at al-Umma al-Islamiyya 'ala Nasri Allah fi Afghanistan al-Abiyya," *al-Sahab*, August 2021.
61 Ayman al-Zawahiri, "Nasihat al-Umma al-Muwahhida bi-Haqiqat al-Umam al-Muttahida," November 23, 2021; Michelle Nichols, "Taliban names Afghan U.N. envoy, asks to speak to world leaders," *Reuters*, September 21, 2021, https://www.reuters.com/world/asia-pacific/ exclusive-taliban-names-afghan-un-envoy-asks-speak-world-leaders-2021-09-21/

第五章

1 PDF-004402, Security Committee Report, May 17, 2010.
2 Peter Bergen, David Sterman, and Melissa Salyk-Virk, "America's Counterterrorism Wars: Tracking the United States' Drone Strikes and Other Operations in Pakistan, Yemen, Somalia, and Libya," *New America*, https://www.newamerica.org/international-security/reports/americascounterterrorism-wars/
3 Bob Woodward, *Obama's Wars*, New York: Simon & Schuster, 2010, p. 5.
4 PDF-003128，阿提亞寫給奧薩瑪・賓・拉登，二〇一〇年六月十九日。另見PDF-023767，哈吉・奧斯曼寫給賓・拉登，二〇一〇年三月八日。
5 「針對哈菲茲・阿布・塔爾哈・阿爾曼尼的講話的一些回應，」ODNI，二〇一六年。

6 PDF-003128，阿提亞寫給奧薩瑪・賓・拉登，二〇一〇年六月十九日。
7 PDF-023844，伊麗莎白・安娜・溫迪施曼寫給奧薩瑪・賓・拉登。
8 Williams, *Predators*, p. 12.
9 PDF-003128
10 PDF-010898，達吾德寫給賓・拉登，二〇一〇年中。當奧薩瑪的家人從伊朗獲釋的消息被證實後，達吾德問奧薩瑪是否應該「為他們在卡拉奇或俾路支斯坦安排住房」。
11 PDF-003874，賓・拉登的筆記，二〇〇四年。
12 Syed Shoaib Hasan, "Islamabad's Red Mosque," *BBC News*, July 27, 2007.
13 Usama bin Laden, "Hayya 'ala al-Jihad—Kalima ila Ahli Pakistan," August 2007.
14 PDF-023447，阿提亞寫給奧薩瑪・賓・拉登，二〇〇八年五月至六月。
15 同上註。
16 PDF-023513，哈吉・奧斯曼寫給奧薩瑪・賓・拉登，二〇〇八年四月十六日。
17 同上註。
18 Bruce Riedel, "Al Qaeda's Latest Loss," *Brookings*, June 4, 2011, https://www.brookings.edu/ opinions/al-qaedas-latest-loss/
19 同上註。關於孟買攻擊，請參考 Soutik Biswas, "Mumbai 26/11 Attacks: Six Corpses, a Mobile Phone Call and One Survivor," *BBC*, November 26, 2018, https://www.bbc.com/news/ world-asia-india-46314555
20 PDF-003776，穆罕默德・伊利亞斯・克什米里寫給奧薩瑪・賓・拉登，二〇一〇年五月三十一日。
21 PDF-023513，哈吉・奧斯曼寫給奧薩瑪・賓・拉登，二〇〇八年四月十六日。
22 「在巴基斯坦的吉哈德，」ODNI，二〇一六年。
23 "Key Afghanistan Taliban Commander Killed in US Air Strike," *BBC*, December 2, 2018, https://www.bbc.com/news/world-asia-46418776
24 PDF-023566，內部報告，二〇〇八年六月。
25 PDF-023568，與PDF-023566一併閱讀的名字清單。
26 "Obituary: Hakimullah Mehsud," *BBC*, November 1, 2013, https://www.bbc.co.uk/news/ world-asia-24464506
27 PDF-023566.

28 Steve Coll, "The Unblinking Stare: The Drone War in Pakistan," *The New Yorker*, November 17, 2014, https://www.newyorker.com/magazine/2014/11/24/unblinking-stare.

29 Bergen, Sterman, and Salyk-Virk, "America's Counterterrorism Wars." CIA drone attacks were used as early as October 7, 2001 in Afghanistan, see Audrey Kurth Cronin, "The Future of America's Drone Campaign: Time for a Clean Break With a Failed Approach," *Foreign Affairs*, October 14, 2021, https://www.foreignaffairs.com/articles/afghanistan/2021-10-14/futureamericas-drone-campaign

30 Zahid Ali Khan, "Military Operations in FATA and PATA: Implications for Pakistan," ISSIIslamabad, 2014, http://www.issi.org.pk/wp-content/uploads/2014/06/1339999992_58398784.pdf

31 Woodward, *Obama's Wars*, p. 5.

32 PDF-023750，哈吉・奧斯曼寫給賓・拉登，二〇〇九年十月十八日。

33 PDF-023767，哈吉・奧斯曼寫給奧薩瑪・賓・拉登，二〇一〇年三月八日。馬格里比的名字出現在SOCOM-2012-0000012中，該文件裡包括那些從伊朗獲得釋放的人，https://ctc.usma.edu/app/uploads/2013/09/Letter-from-Atiyahtullah-Al-Libi-Original.pdf

34 PDF-004402, Security Committee Report, May 17, 2010.

35 PDF-004413，哈吉・奧斯曼寫給奧薩瑪・賓・拉登，二〇一〇年四月十四日。

36 PDF-023765，哈吉・奧斯曼寫給奧薩瑪・賓・拉登，二〇一〇年三月至四月。

37 Matthew Rosenberg, "C.I.A. Cash Ended Up in Coffers of Al Qaeda," *The New York Times*, March 14, 2015, https://www.nytimes.com/2015/03/15/world/asia/cia-funds-found-their-wayinto-al-qaeda-coffers.html

38 Usama bin Laden, "Risala ila Ikhwanina fi Pakistan—wa-Qatiluhum," May 2009. 請注意，他避免使用「巴基斯坦的聖戰」的說法，這很可能是聽從阿提亞的建議。

39 Ayman al-Zawahiri, "Ikhwani wa-Akhawati al-Muslimin fi Pakistan," June 2009.

40 PDF-004555，阿提亞寫給奧薩瑪・賓・拉登，二〇一〇年十月六日。

41 PDF-003128，阿提亞寫給奧薩瑪・賓・拉登，二〇一〇年六月十九日。

42 PDF-002659，阿提亞寫給奧薩瑪・賓・拉登，二〇一〇年七月十七日。

43 同上註。

44 Lutfi Flissi, "al-Wasit al-Tijari li-Bin Ladin fi Qabdat al-Aman al-Jaza'iri," *al-Shuruq Online*, October 16, 2007; Declan Walsh, "Pakistan's

Spymaster Hamid Gul: Angel of Jihad or Windbag Provocateur," *Guardian*, May 31, 2011.

45 PDF-002659，阿提亞寫給奧薩瑪・賓・拉登，二〇一〇年七月十七日。

46 同上註。

47 同上註。

48 SOCOM-2012-0000004，亞當・加丹寫給蓋達組織的領導層，二〇一一年一月。

49 SOCOM-2012-0000015，賓・拉登寫給阿提亞，二〇一〇年十月二十一日。兩個月之後，賓拉登寫信給毛拉・奧馬爾，催促他發布公開聲明，譴責注入巴基斯坦塔利班所發動的不分對象的無差別攻擊。「寫給信士的長官，」ODNI，二〇一六年。

50 SOCOM-2012-0000007，阿提亞和阿布・葉海亞寫給哈基姆拉・梅赫蘇德，二〇一〇年十二月三日。

51 PDF-003213，阿提亞和阿布・葉海亞・利比寫給哈基姆拉・梅赫蘇德，二〇一〇年十二月三日。

52 同上註。

53 PDF-004402，安全委員會報告。

54 關於無人機行動在葉門和索馬利亞的時間軸，見Bergen, Sterman, and Salyk-Virk, "America's CounterterrorismWars." Yemen: https://www.newamerica.org/in-depth/americas-counterterrorismwars/us-targeted-killing-program-yemen/; Somalia: https://www.newamerica.org/in-depth/ americas-counterterrorism-wars/somalia/

55 PDF-004345，阿提亞寫給葉門、索馬利亞等地的聖戰者介紹如何躲避無人機，二〇一〇年六月至七月。我要感謝Stuart Caudill，他曾在美軍服役並閱讀本章節的早期版本。儘管他不能與我分享機密訊息，但和他討論蓋達組織的發現令我受益匪淺。

56 請參考 Air Combat Command, "RQ-1/MQ-1 Predator Unmanned Aerial Vehicle," November 5, 2008, https://www.acc.af.mil/About-Us/Fact-Sheets/Display/Article/199130/rq-1mq-1-predatorunmanned-aerial-vehicle/; Air Force Technology, "Predator RQ-1/MQ-1/MQ-9 Reaper UAV," https://www.airforce-technology.com/projects/predator-uav/; U.S. Air Force, "MQ-1B Predator," September 23, 2015, https://www.af.mil/About-Us/Fact-Sheets/Display/Article/104469/mq-1bpredator/; Air Force Technology, "Predator RQ-1/MQ-1/MQ-9 Reaper UAV," https://www.airforce-technology.com/projects/predator-uav/; U.S. Air Force, "MQ-9 Reaper," https://www.af. mil/About-Us/Fact-Sheets/Display/Article/104470/mq-9-reaper/

57 Coll, "The Unblinking Stare."
58 PDF-003157，奧薩瑪・賓・拉登寫給艾曼・扎瓦希里，二〇一〇年十月十六日。
59 PDF-002730，阿提亞寫給奧薩瑪・賓・拉登（括號內為阿提亞的回應），二〇一〇年十月十一日。
60 PDF-002730，阿提亞寫給奧薩瑪・賓・拉登（括號內為阿提亞的回應），二〇一〇年十月十一日。
61 PDF-002730,，阿提亞寫給奧薩瑪・賓・拉登（括號內為阿提亞的回應），二〇一〇年十月十一日。
62 PDF-002730，阿提亞寫給奧薩瑪・賓・拉登（括號內為阿提亞的回應），二〇一〇年十月十一日。
63 PDF-002730，阿提亞寫給奧薩瑪・賓・拉登（括號內為阿提亞的回應），二〇一〇年十月十一日。
64 同上註。
65 PDF-004402，安全委員會報告。
66 見 "Defending Privacy," in Michael Cook, *Commanding Right and Forbidding Wrong in Islamic Thought*, Cambridge: Cambridge University Press, 2000, pp. 80–2.
67 Abu Yahya al-Libi, *al-Mu'lim fi Hukm al-Jasus al-Muslim* (A Guide to the Legal Judgement Concerning a Muslim Spy), Markaz al-Fajr al-I'lami, 2009. Mark Mazzetti, "Officer Failed to Warn C.I.A. Before Attack," *The New York Times*, October 19, 2010, https://www.nytimes.com/2010/10/20/world/asia/20intel.html
68 Mark Mazzetti, "Officer Failed to Warn C.I.A. Before Attack," *The New York Times*, October 19, 2010, https://www.nytimes.com/2010/10/20/world/asia/20intel.html
69 PDF-004402，安全委員會報告。
70 同上註。
71 如前幾章內容所述，蓋達組織於二〇〇二年發動的蒙巴薩襲擊是在二〇〇〇年策劃的，實施襲擊的特工人員在九一一之前就被派往東非。
72 PDF-003592，奧薩瑪・賓・拉登，二〇〇四年底。
73 阿提亞寫給奧薩瑪・賓・拉登，二〇〇九年八月二十二日，ODNI，二〇一六年。二〇〇八年，奧薩瑪希望蓋達組織襲擊丹麥以回應在丹麥出版的侮辱先知的漫畫（"Dear honorable brother Shaykh Azmaray," ODNI, 2016）。但我們從賓・拉登二〇一〇年的一封信中得知，蓋達組織的「能力不足以」發動這樣的襲擊，只能「針對丹麥駐伊斯蘭馬巴德的大使館」（PDF-

002772）。

74 同上註。

75 “New York Terror Case: Indictment Announced,” The FBI, September, 24, 2009, https:// archives.fbi.gov/archives/news/stories/2009/september/zazi_092409; Peter Bergen, *United States of Jihad: Who are America's Homegrown Terrorists, and How Do We Stop Them?*, New York: Crown Publishers, 2016, Chapter “Leader-Led Jihad”; Erica Orden, “Najibullah Zazi, who plotted to bomb the New York subway, gets a second chance,” *CNN*, September 28, 2019, https://www.cnn.com/2019/05/01/us/najibullah-zazi-new-york-subway-bomb-plot-sentencing/index.html 我要感謝彼得・伯根關於這些問題與我進行的有益討論。

76 PDF-023772, Muhannad al-Abyani/Tufan, “Arhibuhum,” February 13, 2010; 隨後，受到圖凡的啟發，阿布・薩利赫・索馬里（Abu Salih Al Somali）於二〇一〇年撰寫氰化氫在炸彈中的應用一文——PDF-010805 - “Terror Franchise: The Unstoppable Assassin Techs Vital role for its success”一文將Arhibuhum一文描述為「極其重要」，應該要予以遵循。根據報導，倫敦七七爆炸案、二〇〇六和〇九年失敗的陰謀，都是由同一個人，Rashid Rauf策劃的，而且一個叫薩利赫・索馬里的人也有參與其中。（參見Raffaello Pantucci, “A Biography of Rashid Rauf: Al-Qa'ida's British Operative,” CTC Sentinel, July 2012, Vol. 5, Issue 7.）無論是蓋達組織領導人拒絕發布的圖凡的論文，還是阿布・薩利赫的手冊，都沒有表明這兩個人對於倫敦七七爆炸案、二〇〇六和二〇〇九年失敗的陰謀有深入的了解。關於蓋達組織領導人對於圖凡計劃的看法，見PDF-023884，阿提亞寫給賓・拉登，二〇一〇年八月二十八日；PDF-003133，奧薩瑪・賓・拉登寫給阿提亞，二〇一〇年九月二十五日。

77 PDF-023935，哈吉・奧斯曼寫給奧薩瑪・賓・拉登，二〇一〇年一月二十五日。

78 PDF-003128，阿提亞寫給奧薩瑪・賓・拉登，二〇一〇年六月十九日。

79 PDF-003128，阿提亞寫給奧薩瑪・賓・拉登，二〇一〇年六月十九日。

第六章

1 PDF-003128，阿提亞寫給奧薩瑪・賓・拉登，二〇一〇年六月十九日。

2 PDF-011006，優尼斯・茅利塔尼寫給奧薩瑪・賓・拉登，二〇一〇年三月十八日。

3 PDF-011006，優尼斯・茅利塔尼寫給奧薩瑪・賓・拉登，二〇一〇年三月十八日。

4 這是一份兩百二十頁的手寫文件（家庭文件）。

5 PDF-004384，奧薩瑪・賓・拉登寫給阿提亞，二〇一〇年七月五日。

6 Al-Suri, *Da'wat al-Muqawama*, p. 726.

7 出處同上註，頁五四、七二六。

8 PDF-004225，奧薩瑪・賓・拉登寫給哈吉・奧斯曼和阿提亞的信稿，二〇一〇年初。

9 James Howarth翻譯，見Lawrence, *Messages to the World*, p. 105。奧薩瑪在發表公開聲明時往往是語氣端莊的，但當他發布誓言時，他的語氣是明顯不同的。可查閱https://archive.org/details/Qasam-Benladen。

10 Eric Tucker and Michael Balsamo, "US to Send Home Some Saudi Military Students After Shooting," *Associated Press*, January 12, 2020, https://apnews.com/726126ca1c1e0afb752b3323 4201137c.

11 Muhammad Saeed al-Shamrani, "Ayyuha al-Sha'b al-Amriki," December 6, 2019.

12 PDF-004225，奧薩瑪・賓・拉登寫給哈吉・奧斯曼和阿提亞的信稿，二〇一〇年初。另見PDF-003959（類似信稿）。

13 PDF-004225

14 PDF-004225, PDF-003959

15 PDF-004225, PDF-003959

16 James Howarth翻譯，見Lawrence, *Messages to the World*, p. 141。

17 PDF-004225, PDF-003959

18 PDF-004225，當時的美國人口更多，見表格https://www.multpl.com/united-states-population/table/by-year。

19 PDF-004225, PDF-003959

20 比方說，賓・拉登似乎不知道徵兵制度在美國獨立之前就已經存在，而且在越南戰爭爆發之前已經頒布過好幾部徵兵法。是林登・詹森（而不是尼克森）擴大徵兵法，他的考量是因為白人具有的豁免兵役優勢，少數族裔擔負了更多兵役。請參考Timothy J. Perri, "The Evolution of Military Conscription in the United States," *The Independent Review*, vol. 17, no. 3, Winter 2013, pp. 429–39; Michael Beschloss, *Presidents of War: The Epic Story, from 1807 to Modern Times*, New York: Broadway Books, 2019, p. 546; Max Hastings, *Vietnam: An Epic Tragedy, 1945–75*, New York: Harper Perennial, 2019, p. 161.

Hastings, *Vietnam*, pp. 384–6. Stanley Karnow, *Vietnam: A History*, 2nd edn.,

21 Hastings, *Vietnam*, pp. 384–6. Stanley Karnow, *Vietnam: A History*, 2nd edn, New York: Penguin Books, 1997, pp. 613, 625.
22 PDF-004225. 另見"Letter to Shaykh Mahmud 2," ODNI, 2017.
23 PDF-003776，穆罕默德・伊利亞斯・克什米里寫給奧薩瑪・賓・拉登，二〇一〇年五月三十一日。
24 PDF-023884, PDF-002746.
25 PDF-003871，奧薩瑪・賓・拉登寫給艾曼・扎瓦希里，二〇〇九年。
26 PDF-023888，阿提亞寫給阿布・巴希爾，二〇一〇年七月十八日（信中包括奧薩瑪指示內容的摘錄）。
27 「落款日期為二〇一一年四月五日的信，」ODNI，二〇一五年。
28 PDF-023908，艾曼・扎瓦希里寫給奧薩瑪・賓・拉登，二〇一〇年五月三十一日。
29 PDF-023935，哈吉・奧斯曼寫給奧斯曼・賓・拉登，二〇一〇年一月二十五日。
30 PDF-004350，優尼斯・茅利塔尼寫給賓・拉登。這在貝爾穆赫塔爾本人的採訪中也有報導。見Andrew Wojtanik的研究，"Mokhtar Belmokhtar: One-Eyed Firebrand of North Africa and the Sahel," ed. Nelly Lahoud, Jihadi Bios Project, CTC, February 2015. The original interview with Belmokhtar can be accessed at https://www.menadefense.net/algerie/les-clins-doeils-du-borgne-belaouar-sexprime-dans-un-entretien/
31 PDF-004436，優尼斯・茅利塔尼的報告，二〇〇七年八月十四日。
32 PDF-004350，優尼斯・茅利塔尼寫給奧薩瑪・賓・拉登，二〇一〇年三月二十五日。
33 PDF-023935，哈吉・奧斯曼寫給奧薩瑪・賓・拉登，二〇一〇年一月二十五日。
34 這是賓・拉登在九一一事件之後的第一次採訪。由James Howarth翻譯的Lawrence, *Messages to the World*, p. 128。
35 PDF-004350，優尼斯・茅利塔尼寫給賓・拉登，二〇一〇年三月二十五日。
36 同上註。
37 PDF-003181，奧薩瑪・賓・拉登寫給優尼斯・茅利塔尼，二〇一〇年三月十七日。
38 見美國能源訊息管理局（EIA）：https://www.eia.gov/dnav/pet/hist/LeafHandler.ashx?n=PET&s=MCRIMUS1&f=M。
39 PDF-004225，奧薩瑪・賓・拉登寫給哈吉・奧斯曼和阿提亞的信稿，二〇一〇年初。
40 我感謝寇特・阿爾博（美國海軍）在二〇二〇年五月十二日與我就這部分內容進行的寶貴討論。
41 McRaven, *Spec Ops*, p. 9.
42 與寇特・阿爾博的訪談。他補充說，「AIS在二〇一〇年時肯定已經在使用了，我只是不確定是否有能力透過網際網路獲取這些訊息。」
43 與寇特・阿爾博的訪談。關於這一點，請參考https://www.wartsila.com/encyclopedia/ term/draught-marks
44 PDF-003181.
45 與寇特・阿爾博的訪談。關於美國的地理區域的指揮機構，請參考https://www.centcom.mil/ABOUT-US/COMPONENT-COMMANDS/
46 PDF-011131，奧薩瑪・賓・拉登寫給艾曼・扎瓦希里，二〇一〇年十二月三日。
47 PDF-002772，奧薩瑪・賓・拉登寫給優尼斯・茅利塔尼，二〇一〇年七月六日。
48 PDF-003128，阿提亞寫給奧薩瑪・賓・拉登，二〇一〇年六月十九日。
49 PDF-003775，奧薩瑪・賓・拉登寫給優尼斯・茅利塔尼，二〇一〇年九月二十五日。
50 PDF-004740，奧薩瑪・賓・拉登寫給阿提亞，二〇一〇年十二月三日。
51 PDF-000939，奧薩瑪・賓・拉登寫給阿提亞，二〇一一年四月二十六日。
52 "Al-Qaeda Chief Younis al-Mauritani Held, says Pakistan," *BBC* September 5, 2011.
53 Ahmed Mohamed, "Mauritania Sentences Alleged al-Qaida Leader to 20 years," *Associated Press*, April 21, 2015.
54 和約瑟夫・沃特爾將軍（退役）的訪談。沃特爾將軍所表述的意見是針對我給賓・拉登的計畫和目標所做出的總結而提出的。關於沃特爾將軍在美國軍事生涯中獲得榮譽的詳細狀況，可參考以下網址：https://www.defense.gov/Our-Story/Biographies/Biography/ Article/602777/general-joseph-l-votel/
55 關於全文，請參考Public Law 107-40-Sept. 18, 2001, https://www.congress.gov/107/plaws/ publ40/PLAW-107publ40.pdf。
56 請參考Nelly Lahoud and Liam Collins, "How the CT Community Failed to Anticipate the Islamic State," *Democracy and Security*, August 2016.

第七章

1 二〇〇二年蒙巴薩攻擊之所以能夠實施，是因為蓋達組織在二〇〇〇年，也就是九一一事件之前就向東非派出行動人員。
2 Brian M. Jenkins, "The New Age of Terrorism, The RAND Corporation," p. 119, https://www.rand.org/content/dam/rand/pubs/reprints/2006/

RAND_RP1215.pdf.

3 本章內容借用我在另一篇文章中的部分研究，見Nelly Lahoud, "Bin Laden's Catastrophic Success: Al Qaeda Changed the World—But Not in the Way It Expected," *Foreign Affairs*, September–October 2021. https://www.foreignaffairs.com/articles/afghanistan/2021-08-13/osama-bin-ladens-911catastrophic-success.

4 關於全文內容，見Public Law 107-40-Sept. 18, 2001, https://www.congress.gov/107/plaws/ publ40/PLAW-107publ40.pdf.

5 應該要指出的是，在聖戰分子的眼裡，不支持聖戰主義的穆斯林是沒資格成為「兄弟」的。相反的，他們被稱為「叛教者」、「偽信者」、「異端」等等。

6 PDF-002730，阿提亞和賓・拉登，二〇一〇年十月十一日。

7 PDF-023401，最有可能是阿提亞，二〇〇七年。

8 PDF-023956，阿提亞寫給穆赫塔爾・阿布・祖拜爾，二〇一〇年十二月二十七日。

9 PDF-023392，比什爾・比什爾向阿提亞在沙烏地阿拉伯的「可靠的中間人」轉達這一訊息，二〇〇七年二月十九日。

10 "U.S. Secretary of State Colin Powell Addresses the U.N. Security Council," February 5, 2003, https://georgewbush-whitehouse.archives.gov/news/releases/2003/02/20030205-1.html

11 這篇文章第一次引起我注意的是這本書：Fuad Hussein, *al-Zarqawi: al-Jil al-Thani li-al-Qa'ida*, Beirut: Dar al-Khayal, 2005. 但這篇文章可能已經在聖戰網站上流傳了。我在以前的研究中是依靠這篇文章來評估阿布・穆薩布和奧薩瑪之間的早期歷史的，但我現在知道這是錯的。

12 如果這篇文章不是由賽義夫起草並經過了伊朗當局的大量編輯，那麼我認為輔助者組織就是在幕後的操作者。他們會知道阿布・穆薩布的背景和他去阿富汗的情況。這一點將會在本章變得清晰。

13 PDF-002730，阿提亞和奧薩瑪・賓・拉登，二〇一〇年十一月十日。

14 關於阿布・穆薩布・扎卡維的背景，請參考Joby Warrick, *Black Flags: The Rise of ISIS*, New York: Doubleday, 2015 前七章。

15 在其中的一份文件中，他指出他親筆寫了導言和結論，但要求一位「兄弟」幫助他寫其他的部分，因為他太忙了。這位「兄弟」應該不太可能會畫這些畫。

16 見前文，第二章。

17 見 "Ansar al-Islam," *Al Jazeera*, February 9, 2004, https://www.aljazeera.net/encyclopedia/movementsandparties/2014/2/9/%D8%A3%D9%86%D

8%B5%D8%A7%D8%B1-%D8%A7%D9%84%D8%A5%D8%B3%D9%84%D8%A7%D9%85; and "Ansar al-Islam al-Kirdiya. Min al-Ta'sis hatta 'Daesh,'" December 21, 2019, http://www.islamist-movements.com/32212

18 PDF-003600，阿布・穆薩布・扎卡維寫給蓋達組織，二〇〇四年初。

19 引自"Syria Backs 'Iraqi People' in War," CNN, March 31, 2003, https://www.cnn.com/2003/WORLD/meast/03/31/sprj.irq.us.syria/

20 見"Zarqawi Beheaded US Man in Iraq," *BBC*, May 13, 2004, http://news.bbc.co.uk/2/hi/middle_east/3712421.stm.

21 PDF-003604，瓦濟里・汗，二〇〇四年十月十八日。

22 "Iraqis Welcome Exiled Cleric Home," *BBC*, May 12, 2003, http://news.bbc.co.uk/2/hi/middle_east/3019831.stm

23 IMG-019664，筆記中充滿借自伊斯蘭教早期內戰的教派主義語言，例如，「巴士拉屬於那些追隨聖裔家族的人，」「子彈會射向穆阿維亞和亞齊德後代的頭。」

24 PDF-003604，瓦濟里・汗，二〇〇四年十月十八日。

25 在阿布・穆薩布的信中使用的是「醫生」的稱呼。蓋達組織的信上用的是「同伴的父親」。

26 PDF-004648，不知名，與阿布・穆薩布・扎卡維有關，二〇〇四年。

27 PDF-003223，奧薩瑪・賓・拉登寫給阿提亞，二〇一〇年。

28 在兩段聖訓（記載的先知穆罕默德的言論和行為）存在有與此相關的指導。前者是穆斯林應該要對穆斯林教親行為的出發點報以正向思考（*husn al-zann*—Jami' al-Tirmidhi 3604f, Bk. 48, Hadith 240）。後者（*yara al-shahid ma la yara al-gha'ib*）的判定可以根據Musnad Ahmad 628/Bk. 5, Hadith 65。這兩段聖訓都可以在Sunnah.com上找到。這些信件反映出，奧薩瑪及其同夥是以這些聖訓為指導的，例如PDF-023513和PDF-002879。

29 PDF-003600，阿布・穆薩布・扎卡維寫給蓋達組織的領導層，二〇〇四年。

30 PDF-002879，奧薩瑪・賓・拉登寫給阿布・法蒂瑪／艾曼和陶菲克，二〇〇四年十二月九日。

31 PDF-023401，是阿提亞和一名在聖戰媒體《黎明之杖》（*Markaz al-Fajr*）擔任高級職務的中間人之間的交換意見，該中間人曾經協助過輔助者組織的媒體工作。

32 阿提亞寫給阿布・穆薩布・扎卡維，二〇〇五年十二月十二日，https://ctc.usma.edu/wp-content/uploads/2013/10/Atiyahs-Letter-to-Zarqawi-Original.pdf

33 PDF-017949，最有可能是阿提亞寫給賓・拉登和哈吉・奧斯曼的，二〇〇六年。這封信轉錄了扎卡維的一系列語音訊息。

34 同上註。
35 PDF-017785，扎瓦希里寫給阿布・阿布杜拉・沙菲儀，二〇〇六年一月二十六日。
36 同上註。
37 PDF-018260，哈吉・奧斯曼寫給奧薩瑪・賓・拉登，二〇〇六年三月一日。
38 Atiya, "Kalimat fi Nusrat Dawlat al-'Iraq al-Islamiyya," December 13, 2006.
39 阿提亞於二〇〇五年開始發表公開聲明，在二〇〇六年初，他參與長篇幅的在線問答。在二〇〇七年十二月，奧薩瑪責成他作為蓋達組織的官方發言人之一。見PDF-017045，奧薩瑪・賓・拉登寫給哈吉・奧斯曼，二〇〇七年十二月十七日。
40 哈米德・阿里，對其網站上一個問題的回答，二〇〇七年四月四日。
41 PDF-004928，奧薩瑪・賓・拉登寫給艾曼・扎瓦希里，二〇〇七年。
42 IMG-067996、IMG-053227、IMG-051717，阿布・哈姆扎・穆哈吉爾寫給阿布・阿布杜拉・沙菲儀，四月二十九日，二〇〇七年。
43 PDF-003740，阿布・阿布杜拉・沙菲儀寫給阿布・哈姆扎・穆哈吉爾，二〇〇七年。
44 PDF-003596，兩封信：原文是輔助者組織的二號人物阿布・阿巴斯的筆跡；括號中的是來自蓋達組織的拉賈的回應。
45 PDF-023425，艾曼・扎瓦希里寫給歐瑪爾・巴格達迪，二〇〇八年三月六日。
46 PDF-023401，阿提亞，二〇〇七年六月至七月。
47 同上註。
48 PDF-123763，「你在伊拉克伊斯蘭國法律事務部的兄弟」所編寫的詳細報告，二〇〇七年。
49 Al-Mawardi, *The Ordinances of Government*, trans. Wafaa H. Wahba, Reading, England: Center for Muslim Contribution to Civilization, 1996, p. 4.
50 David Petraeus, "How We Won in Iraq," *Foreign Policy*, October 29, 2013.
51 PDF-003212，寫給哈菲茲・蘇丹/哈吉・奧斯曼的信，另見PDF-009341。
52 PDF-023513，哈吉・奧斯曼寫給賓・拉登，二〇一八年四月十六日（他表示，他們已經四個月左右沒有得到消息了）。
53 PDF-023447，阿提亞寫給奧薩瑪・賓・拉登，二〇〇八年三月或四月。
54 PDF-004555，阿提亞寫給奧薩瑪・賓・拉登，二〇一〇年十月六日。
55 PDF-002935，奧薩瑪・賓・拉登的筆記，二〇一〇年中。

56 PDF-004433, Majlis Shura, Islamic State of Iraq, 2010. 關於阿布・巴克爾・巴格達迪的背景，見William McCants, "The Believer: How an Introvert with a Passion for Religion and Soccer Became the Leader of the Islamic State," *Brookings*, 2015, http://csweb.brookings.edu/content/research/essays/2015/thebeliever.html

57 "Baghdad Church Hostage Drama Ends in Bloodbath," *BBC*, November 1, 2010.

58 PDF-023945，艾曼・扎瓦希里寫給奧薩瑪・賓・拉登，二〇一一年一月十三日。

59 PDF-002935，奧薩瑪・賓・拉登的筆記，二〇一〇年中。

60 Abu Muhammad al-Adnani, "Udhran Amir al-Qaeda," May 2014.

61 Ayman al-Zawahiri，"Qadaya Sakhina"接受《運動》的採訪，二〇〇六年八月。

62 扎瓦希里在他的《先知旗幟下的騎士》（*Fursan tahta Rayat al-Nabi*）中討論到這個「倡議」，pp. 181–200。

63 PDF-004992，薩阿德・賓・拉登寫給奧薩瑪・賓・拉登，二〇〇八年八月五日。

64 Dr. Fadl, *al-Ta'riya* (1), *al-Masri al-Yawm*, November 18, 2008, https://www.almasryalyoum.com/news/details/1930360.

65 關於法德勒博士的論文，請參考Nelly Lahoud, *The Jihadis' Path to Self-Destruction*, London/New York: Hurst/Columbia University Press, 2010, pp. 232-39.

66 PDF-003871，奧薩瑪・賓・拉登寫給艾曼・扎瓦希里，二〇〇九年。

67 PDF-023532，穆罕默德・哈利勒・哈凱馬／阿布杜・哈基姆・阿富汗尼／哈倫寫給艾曼・扎瓦希里，二〇〇八年二月十一日。

68 IMG-059923，阿布・哈達拉・阿布杜・拉扎克・阿瑪里・奧拉西（？），第五區領導人，寫給奧薩瑪・賓・拉登，二〇〇四年二月十二日。

69 Salima Mellah and Jean-Baptiste Rivoire, "El Para, the Maghreb's Bin Laden," *Le Monde Diplomatique*, February 2005, https://mondediplo.com/2005/02/04algeria.

70 PDF-023749，是伊斯蘭馬格里布蓋達組織不同的領導人寫給拉買（很可能是阿提亞的另一個化名）的幾封信的清單。這些信件是在二〇〇九年一月二十日至五月六日之間創作的。請注意，ODNI在二〇一七年解密了薩利赫／優尼斯・茅利塔尼關於AQIM的「附錄」，日期為二〇〇七年八月十九日，其內容不準確。因為薩利赫不是AQIM成員，而是來自穆拉比特（al-Murabitun）組織。我所引用的文件是由AQIM的領導人和最接近他的人所寫的。

71 PDF-023749.
72 同上註。
73 "Austria Denies Ransom in Qaeda Hostage Release," *France24*, November 2, 2008.
74 Abu Yahya al-Libi, "Al-Jaza'ir: Bayna Tadhiyat al-Aba', wa-Wafa' al-Abna,'" June 2009.
75 PDF-023962，阿提亞寫給阿布．穆罕默德．薩拉赫，二〇一〇年十二月十一日。
76 PDF-023376，艾曼．扎瓦希里寫給阿布．穆薩布．阿布杜．瓦杜德，二〇〇七年十月十八日。
77 PDF-003742，阿布．穆薩布．阿布杜．瓦杜德寫給賓．拉登和扎瓦希里，三月十六日，二〇一〇年。
78 見Ibn Rushd, *The Distinguished Jurist's Primer*, trans. Imran Ahsan Khan Nyazee and Mohammad Abdul Rauf, Reading: Garnet Publishing, 2000, *The Book of Jihad*, Section 6, *The Permission for Truce*, pp. 463. 關注的重點在於不信者（kuffar）和拜偶像者（mushrikun），而不是叛教者。
79 *Shaybani's Siyar*, trans. Majid Khadduri, Islamic Law of Nations, Baltimore: The Johns Hopkins Press, 196, p. 223（貌似許可？）請注意，阿提亞在二〇〇七年已經寫信給困難軍（Jaysh al-'Usra，見下文關於索馬利亞的內容），建議「不允許與叛教者休戰，除非是出於必要」（但這是可以闡釋的）。見PDF-023404，阿提亞寫給困難軍，二〇〇七年九月。
80 阿布．葉海亞在Ibn Qayyim al-Jawziya的*Zad al-Ma'ad*一書中發現這個觀點。
81 PDF-023438，未知（最有可能是阿提亞在王國中有聯繫的人）寫給阿布．葉海亞．利比，二〇一〇年。
82 PDF-023579，阿布．葉海亞．利比寫給阿布．穆薩布．阿布杜．瓦杜德，二〇一〇年十月七日。阿布．葉海亞也在二〇〇九年時尋求緩和與其他「利比亞兄弟」的關係，但不清楚這是否回應了伊斯蘭馬格里布蓋達組織的要求。見「來自阿布．葉海亞的信，」ODNI，二〇一七年。
83 Ayman al-Zawahiri, *al-Hiwar ma' al-Tawaghit: Maqbarat al-Da'wa wa-al-Du'at*, 一九八九年首次出版，http://www.ilmway.com/site/maqdis/MS_10841.html 該書在第三章專門討論這個問題。
84 比方說，可以參考Butlan Muhadanat al-Murtaddin的一章，作者是Abu al-Hasan al-Rashid, http://www.ilmway.com/site/maqdis/MS_11240.html
85 PDF-023821，薩拉赫．阿布．穆罕默德寫給阿提亞，二〇一〇年一月二十二日。
86 阿提亞並沒有特別指出他的資料來源，但它被包括在這一本教法學著作中，見 Ibn al-Jawziyya, *Jami 'I al-Fiqh*, ed. Yusri al-Sayyid Muhammad, Dar al-Wafa' li-al-Tiba'a wa-al-Nashr, 2000, vol. 5, pp. 174–5。

87 PDF-023962，阿提亞寫給阿布・穆罕默德・薩拉赫，二〇一〇年十二月十一日。

88 PDF-023485，阿布・穆薩布・阿布杜・瓦杜德寫給艾曼・扎瓦希里，二〇〇八年三月二十八日（注意此文件包含在兩封信裡）。

89 PDF-011131，奧薩瑪・賓・拉登寫給艾曼・扎瓦希里，二〇一〇年十二月三日。

90 當時該組織的正式名稱為Jamaʻat Ahl al-Sunna wal-al-Jamaʻa li-al-Daʻwa wa-al-Jihad，隨後於二〇〇五年與IS合併。

91 阿布・巴克爾・謝考，「一切讚頌全歸真主，養育眾世界的主，」ODNI，二〇一六年。

92 請參考PDF-023816和PDF-023799。

93 Nasaʼih wa-Tawjihat Sharʻiyya min al-Sheikh Abi al-Hasan Rashid li-Mujahidi Nigeria. 這本小冊子是由伊斯蘭馬格里布蓋達組織發布的，包括從阿伯塔巴德找到的一些信件，我和Jacob Zenn就此進行了幾次有益的談話。

94 請參考Jacob Zenn, *Unmasking Boko Haram: Exploring Global Jihad in Nigeria*, Denver: Lynne Rienner Publishers, 2020, Ch9-10.

95 "Abubakar Shekau: Nigeria's Boko Haram Leader Is dead, say Rival Militants," *BBC*, June 7, 2021, https://www.bbc.com/news/world-africa-57378493

96 PDF-003133，奧薩瑪・賓・拉登寫給阿提亞，二〇一〇年九月二十六日。

97 PDF-004740，奧薩瑪・賓・拉登寫給阿提亞，二〇一〇年十月三日。

98 Usama bin Laden, "Min Usama bin Laden ila al-Shaʻb al-Faransi," November 2010.

99 PDF-002655，薩拉赫／可能是瓦杜德寫給阿提亞，二〇一〇年十二月二十一日。

100 PDF-000939，奧薩瑪・賓・拉登寫給阿提亞，二〇一一年四月二十六日。

101 "Freed French Hostages Return Amid Ransom Speculation," *BBC*, October 2013, https://www.bbc.com/news/world-europe-24739716.

102 見Kevin Jackson, Abu al-Layth al-Libi, Nelly Lahoud (ed.), Jihadi Bios Project, February 15, CTC.

103 PDF-003732，艾曼・扎瓦希里寫給奧薩瑪・賓・拉登，二〇〇四年十月二十日。

104 PDF-023513，哈吉・奧斯曼寫給奧薩瑪・賓・拉登，二〇〇八年四月十六日。

105 PDF-002659，阿提亞寫給奧薩瑪・賓・拉登，二〇一〇年七月十七日。

106 PDF-017164，奧薩瑪・賓・拉登寫給阿布・拉伊斯和阿布・葉海亞，二〇〇七年。

107 PDF-023376，艾曼・扎瓦希里寫給阿布・穆薩布・阿布杜・瓦杜德，二〇〇七年十月十八日。

108 PDF-010238，阿提亞寫給奧薩瑪．賓．拉登，二〇一〇年十一月二十三日。

109 Abu Yahya al-Libi, "Usama: Masiratu 'Izzin wa-Khatimatu Sharaf," 2011.

110 Fadil Harun, *al-Harb 'ala al-Islam*, vol. 2, pp. 57–120.

111 關於該組織的歷史根源及其在葉門的（早期）行動時間軸，請參考Gabriel Koehler-Derrick (ed.), A False Foundation? AQAP, Tribes and Ungoverned Spaces in Yemen, CTC, October 3, 2011.

112 PDF-017143，奧薩瑪．賓．拉登寫給艾曼．扎瓦希里，二〇〇七年十二月十七日。

113 PDF-023447，阿提亞寫給奧薩瑪．賓．拉登，二〇〇八年五至六月。

114 *Sada al-Malahim*, issue 1, 2008.

115 我們不清楚他所說的教育程度（al-ta'sisi wa-ba'd al-mulhaqat）是指小學和一些中學課程，還是高中和一些職業課程。這個說法不太可能是指大學一年級和一些選修課。

116 PDF-023740，阿布．胡萊拉／卡西姆．雷米（Qasem al-Raymi）寫給蓋達組織的領導層，未標註日期。

117 "Al Qaeda Blamed for U.S. Embassy Attack," CNN, September 17, 2008; "Al Qaeda Blamed for Yemen Attack," *CNN*, 2009; "Al Qaeda Leader Behind Northwest Flight 253 Terror Plot Was Released by U.S.," ABC News, December 28, 2009.

118 PDF-023642，奧薩瑪賓．拉登寫給阿布．巴希爾，最有可能是寫於二〇一〇年。

119 PDF-023741，阿布．巴希爾，給哈吉．奧斯曼的回信，最可能是寫於二〇〇九年末。

120 PDF-023935，哈吉．奧斯曼寫給阿提亞和賓．拉登，二〇一〇年一月二十五日。

121 PDF-023642，奧薩瑪．賓．拉登寫給阿布．巴希爾，最有可能是寫於二〇一〇年。

122 同上註。

123 同上註。

124 PDF-023888，阿提亞寫給阿布．巴希爾，二〇一〇年七月十八日。

125 同上註。

126 PDF-023625，阿布．巴希爾寫給阿提亞，二〇一一年二月十日。的確有報導稱，蓋達組織一直在採購生產有毒蓖麻素的材料。Annasofie Flaman, "Yemen's al-Qaeda Want Toxic Bombs," *PRI*, August 15, 2011

127 PDF-023625，阿布．巴希爾寫給阿提亞，二〇一一年二月十日。

128 PDF-001292，阿提亞寫給阿布·巴希爾，二〇一一年三月二十七日。

129 Fadil Harun, *al-Harb ʻala al-Islam*, vol. 1, pp. 118–172.

130 Paul B. Henze, *Layers of Time: A History of Ethiopia*, New York: Palgrave, 2000, chs. 8–9.

131 伊斯蘭法庭聯盟的崛起可以追溯至一九九四年，當時索馬利亞已經從一九九一年以來就沒有政府了。這是一個非常複雜的事件，我們不應該誇大伊斯蘭法庭聯盟和青年聖戰組織的關係之性質。請參考：Cedric Barnes and Harun Hassan, "The Rise and Fall of Mogadishu's Islamic Courts," *Journal of Eastern African Studies*, vol. 1, no. 2, July 2007, pp. 151–60; Ken Menkhaus, "Somalia: A Country in Peril, a Policy Nightmare," *Enough Strategy Paper*, September 2008.

132 Zeray W. Yihdego, "Ethiopia's Military Action Against the Union of Islamic Courts and Others in Somalia: Some Legal Implications," *The International and Comparative Law Quarterly*, vol. 56, no. 3, July 2007, pp. 666–76.

133 引用於上述著作，p. 670。

134 Fadil Harun, *al-Harb ʻala al-Islam*, vol. 2, p. 82. 關於此傳記的研究，請參考Nelly Lahoud, *Beware of Imitators: Al-Qaʻida through the Lens of Its Confidential Secretary*, CTC, June 4, 2012.

135 PDF-023811, Jaysh al-ʻUsra. 這封信的標題表明，他最初是寄給葉門「兄弟們」的。

136 關於AQAP的聯繫：法迪勒·哈倫講述二〇〇六至二〇〇七年越獄的人們最初前往索馬利亞與衣索比亞的占領作戰。見Fadil Harun, *al-Harb ʻala al-Islam*, vol. 2, pp. 57–120.

137 出處同上註，vol. 1, p. 310; vol. 2, pp. 20–26。根據哈倫的說法，在策劃一九九八年的東非爆炸案時，阿布·穆罕默德·米斯里給阿布·哈夫斯·米斯里送去一封信，其中提及有三個年輕人正在前往阿富汗。薩利赫是三人之一，當時只有十七歲。薩利赫是塔爾哈·蘇丹尼的組織的成員，但因為兩人意見相左，所以他們分道揚鑣。薩利赫·納巴罕與尤瑟夫·坦尚尼（Yousef al-Tanzani）是同一人。

138 Martin Lings, *Muhammad: His Life Based on the Earliest Sources*, Cambridge: The Islamic Texts Society, 2002, p. 319.

139 PDF-023811，來自困難軍的信。

140 PDF-023404，阿提亞寫給困難軍，二〇〇七年九月。

141 PDF-023811，來自困難軍的信。

142 Usama bin Laden, "al-Nizal, al-Nizal, Ya Abtal al-Sumal," *al-Sahab*, March 2009.

143 同上註。

144 Ayman al-Zawahiri, "Min Kabul ila Mugadishu," February 2009. 同一影片裡有其他索馬利亞人物的拼接（蒙太奇）畫面。

145 PDF-017043，奧薩瑪・賓・拉登寫給艾曼・扎瓦希里的信稿。

146 PDF-023850，艾曼・扎瓦希里寫給奧薩瑪・賓・拉登，二〇〇九年三月十二日。

147 PDF-023983，穆赫塔爾・阿布・祖拜爾寫給常務領導層和呼羅珊地區的謝赫們，二〇一〇年三月五日。

148 同上註。

149 PDF-000931，穆赫塔爾・阿布・祖拜爾寫給阿提亞，二〇一一年一月二十六日。

150 PDF-023567，艾曼・扎瓦希里寫給未知人物，二〇〇九年六月二十日。

151 PDF-023883，阿提亞寫給穆赫塔爾・阿布・祖拜爾，二〇一〇年七月十五日。

152 同上註。

153 PDF-003223，奧薩瑪・賓・拉登寫給穆赫塔爾・阿布・祖拜爾，筆記，二〇一〇年。

154 同上註。

155 PDF-005666，奧薩瑪・賓・拉登寫給穆赫塔爾・阿布・祖拜爾，二〇一〇年八月六日。

156 PDF-003223，奧薩瑪・賓・拉登寫給穆赫塔爾・阿布・祖拜爾，筆記，二〇一〇年。

157 同上註。

158 PDF-023883，阿提亞寫給穆赫塔爾・阿布・祖拜爾，七月十五日，二〇一〇年。我無法在媒體上找到這一攻擊的報導。

159 同上註。

160 PDF-005666，奧薩瑪・賓・拉登寫給穆赫塔爾・阿布・祖拜爾，二〇一〇年八月六日。

161 PDF-000931，穆赫塔爾・阿布・祖拜爾寫給阿提亞，二〇一一年一月二十六日。

162 同上註。

163 PDF-003636，阿提亞寫給穆赫塔爾・阿布・祖拜爾，二〇一一年三月二十至二十二日。

164 PDF-003672，奧薩瑪・賓・拉登寫給哈吉・奧斯曼，二〇一〇年一月。關於敘利亞穆斯林兄弟會的經驗和哈瑪起義的背景閱讀，請參考Patrick Seale, *Asad of Syria*, California: University of California Press, 1989，尤其是該書的第二十章。

165 SOCOM-2012-0000019，奧薩瑪・賓・拉登寫給阿提亞，二〇一〇年五至六月。

166 同上註。

167 同上註。

168 PDF-003133，奧薩瑪・賓・拉登寫給阿提亞，二〇一〇年九月二十五日。

169 SOCOM-2012-0000019.

170 同上註。

171 PDF-003159，奧薩瑪・賓・拉登寫給阿提亞，二〇一〇年十月十六日。

172 "Undated Letter 3," ODNI, May 20, 2015.

173 PDF-003159

174 PDF-011131, 奧薩瑪・賓・拉登寫給艾曼・扎瓦希里，二〇一〇年十二月三日。

第八章

1 本書的此部分內容，一部分源自於我的研究，見Nelly Lahoud, "What the Jihadis Left Behind," *London Review of Books*, vol. 42, no. 2, January 23, 2020。本文是第一篇記載奧薩瑪・賓拉登的妻子和女兒為他的公開聲明所做的貢獻的文章。

2 PDF-017471，希哈姆寫給達吾德，二〇〇七年十二月十六日。

3 Najwa bin Laden, in Jean Sasson, *Najwa bin Laden, and Omar bin Laden, Growing Up Bin Laden: Osama's Wife and Son Take Us Inside Their Secret World*, New York: St Martin's Griffin, 2009, pp. 74, 104. 根據巴基斯坦政府關於阿伯塔巴德突擊的調查委員會的說法，賓・拉登的妻子們說賓・拉登一家在二〇〇五年搬到阿伯塔巴德之前生活在哈利浦爾（Haripur）。這是有可能的。但從這些信件中可以看出，她們提供的訊息並非完全真實。因此也有可能是妻子們為了保護那些曾接待過他們的人的安全，而沒有透露出他們在二〇〇五年以前的真實位置。*Bin Laden Dossier (Abbottabad Commission Report on Killing of Osama bin Laden)*, 2013, p. 42, https://dataspace.princeton.edu/handle/88435/dsp01jq085k07t.

4 Nelly Lahoud, "The Neglected Sex: The Jihadis' Exclusion of Women from Jihad," *Terrorism and Political Violence*, vol. 26, no. 5, pp. 780–802, at p. 788.

5 IMG-032990，希哈姆的筆記和詩作草稿，我們從娜芝娃的敘述中得知，法蒂瑪（她的女兒）和海迪嘉是在同一天訂婚的。

6 他的真名是阿布杜拉。他使用的化名有達吾德、阿布杜·拉提夫和阿布·阿布杜拉·哈拉比。我選擇在這裡使用達吾德這個名字，以避免和其他的阿布杜拉的名字相混淆。

7 IMG-034493，IMG-016349，希哈姆的筆記和詩作草稿。

8 IMG-016349，請注意，我的翻譯涉及到了一些猜測，因為它是來自於希哈姆的詩歌草稿，有些字幾乎是無法辨認的。

9 IMG-017653，希哈姆的詩作草稿。

10 Peter Bergen, *Manhunt: The Ten-Year Search for Bin Laden from 9/11 to Abbottabad*, New York: Crown, 2013, pp. 6–7.

11 PDF-001093

12 PDF-023382，達吾德寫給希哈姆，二〇〇七年十一月一日。

13 PDF-023389，達吾德寫給哈立德，二〇〇七年十一月二十日。

14 "Press Briefing by Senior Administration Officials on the Killing of Osama bin Laden," *The White House*, May 2, 2011.

15 PDF-004974，奧薩瑪·賓·拉登寫給穆罕默德·阿斯拉姆（Muhammad Aslam），二〇一一年二月三日。

16 PDF-009895，蘇梅亞寫給海麗亞，二〇一一年一月七日。蘇梅亞在這封信裡講述了孩子們的年齡。

17 PDF-018232，哈立德寫給達吾德，二〇〇七年十二月十六日。

18 VID-000313，很多隻雞的影片。

19 VID-009968，奶牛和小牛的影片。

20 PDF-004974，奧薩瑪·賓·拉登寫給穆罕默德·阿斯拉姆，二〇一一年二月三日。

21 PDF-001135，奧薩瑪·賓·拉登寫給阿提亞，二〇一一年四月二十六日。

22 PDF-002419，海麗亞／烏姆·哈姆扎寫給哈姆扎，二〇一一年。

23 PDF-000820, 海迪嘉寫給易卜拉欣／阿瑪爾，二〇〇五年。

24 PDF-004270，奧薩瑪·賓·拉登寫給一名「中間人」，可能是二〇一一年一月三日。

25 海迪嘉曾在二〇〇五年五月給她的家人寫過信，但那封信沒有找到。也許那時他們尚未搬到阿伯塔巴德。

26 PDF-000377，海迪嘉寫給奧薩瑪·賓·拉登，二〇〇五年。似乎在某個時候，他們制定前往阿伯塔巴德的計畫。見PDF-000823，達吾德寫給賓·拉登。

27 PDF-000126，瑪麗亞姆的信是這批信件中的一封，二〇〇五年九月二十七日。

28 PDF-000126，蘇梅亞在二〇〇五年的信是這批信件中的其中之一。

29 IMG-058052，一首讚美蘇梅亞的詩歌。

30 關於賓．拉登的父親的背景，請參考Steve Coll, *The Bin Ladens: An Arabian Family in the American Century*, New York: The Penguin Press, 2008. 第一部分，尤其是pp. 83–7。

31 IMG-058052，一首讚美蘇梅亞的詩歌。

32 "Letter to Mom", ODNI, January 19, 2017. 海迪嘉的信很可能是在二〇〇五年七月、八月或九月初寫的。PDF-000126。希哈姆二〇〇五年九月二十七日的信是這批信的其中之一。

33 PDF-000126。

34 PDF-001673，烏姆．哈姆扎／海麗亞寫給哈姆扎／阿布．穆阿德，二〇一一年。

35 PDF-016822，哈立德寫給阿布杜．拉赫曼．馬格里比，二〇一〇年八月七日。

36 一些文件中包含有追蹤修改；其他的文件裡還包含寫在聲明草稿的印刷紙上的紅筆手寫評論。見IMG-041161; IMG-052523; IMG-058792; IMG-010487; IMG-071101; IMG-047092; IMG-057733; IMG-071875; IMG-042030; IMG-012483; IMG-010671; IMG-007731; IMG-063519; IMG-052971; IMG-047043; IMG-028150。

37 PDF-000126，希哈姆寫給海迪嘉，二〇〇五年九月。

38 PDF-003604，PDF-002879。目前還不清楚哈賈爾是艾曼的繼女還是某一個穆罕默德．薩拉赫的繼女，後者當時可能已經死亡。艾曼要麼是在照顧哈賈爾和她（事實上）的姊妹，要麼就是（在法律上）收養了她們。

39 PDF-000126，希哈姆寫給海迪嘉，二〇〇五年九月。

40 PDF-001772，海麗亞／烏姆．哈姆扎寫給哈姆扎，二〇一一年。她沒有列出希哈姆的孩子們在阿伯塔巴德讀過所有的書的書單，但這些書籍中包括："Nadrat al-Na'im"（十二卷）；"al-Shawqiyya"; "al-Riyad"（可能是指塔巴里（Tabari）的*al-Riyad al-Nadir fi Manakib al-Ashab al-'Ashara*）；"al-Rahiq"（可能是一部詩歌作品，*al-Rahiq al-Makhtum*），再加上聖訓集*Sahih al-Jami'*, *Sunan Abi Daoud*, *Silsilat al-Ahadith al-Sahiha*。

41 PDF-016822

42 https://archive.org/details/All-talks-by-Shiekh-Osama-Ben-Laden

43 Robert Windrem and Victor Limjoco, "Was Bin Laden's Last Video Faked?" *NBC*, October 29, 2010, http://www.nbcnews.com/id/21530470/

ns/nbc_nightly_news_with_brian_williams/t/was-bin-ladens-last-video-faked/

44 PDF-018232，哈立德寫給達吾德，二〇〇七年十二月十六日。

45 PDF-002045。在一封希哈姆可能會讀到的潤色過的信中，她把對哈立德的描述改成了「他的貢獻不可被低估」（PDF-002419）。

46 VID-009968

47 PDF-000685、PDF-000516，海迪嘉寫給希哈姆，二〇〇五年。

48 PDF-017076，一些短信件，有希哈姆寫給哈拉比的；有希哈姆寫給她的兄弟薩阿德的；奧薩瑪・賓・拉登寫給他的女兒海迪嘉；以及希哈姆給她的女兒海迪嘉的。這些信寫於二〇〇五年。

49 PDF-017076, Siham, November 2005.

50 同上註。

51 同上註。

52 Bergen, *Manhunt*, p. 7.

53 PDF-017076，希哈姆，二〇〇五年十一月。

54 PDF-018232，哈立德寫給達吾德，二〇〇七年十二月十六日。

55 PDF-023371，烏姆・阿布杜・拉赫曼寫給希哈姆，二〇〇七年。

56 同上註。

57 PDF-023389，達吾德寫給哈立德，二〇〇七年十一月二十日。

58 PDF-023382，達吾德寫給希哈姆，二〇〇七年十一月一日。

59 同上註。

60 同上註。

61 David Cook, "Contemporary Martyrdom: Ideology and Material Culture," in Thomas Hegghammer (ed.), *Jihadi Culture: The Art and Social Practices of Militant Islamists*, Cambridge: Cambridge University Press, 2017, pp. 154–7.

62 PDF-017471，希哈姆寫給達吾德，二〇〇七年十二月十六日。

63 PDF-023374，達吾德寫給奧薩瑪・賓・拉登和希哈姆，二〇〇七年。

64 PDF-017471，希哈姆寫給達吾德，二〇〇七年十二月十六日。

65 同上註。

66 見E. Kohlberg's entry "Shahid," *Encyclopaedia of Islam* (2), vol. 9, pp. 203–7, at p. 206。我要感謝麥可・庫克提醒我特別注意此參考資料。

67 PDF-017244，希哈姆寫給烏姆・哈立德（她給法蒂瑪喂母乳），二〇〇七年十二月十六日。

68 PDF-017471

69 Coll, "The Unblinking Stare."

70 PDF-023382，達吾德寫給希哈姆，二〇〇七年十一月一日。

71 這裡說的草藥是al-habba al-sawda'（black seed，黑籽）。這種植物在聖訓中提到過，而且說到可以治療各種疾病。（見Islamweb.net, Fatwa 62318）

72 PDF-023407，烏姆・哈立德・哈比布寫給希哈姆，二〇〇七年十一月四日。

73 PDF-023389，法蒂瑪也被稱為希哈姆。第二個女人是烏姆・哈立德・哈比布，她的丈夫（也許是哈立德・哈比布的孫子？）在二〇〇九年左右被殺（見PDF-003871）。

74 Lings, *Muhammad*, p. 23.

75 達吾德說阿布杜拉已經背誦「到了地震章」，也就是《古蘭經》的第九十九章（總共有一百一十四章），而阿伊莎和奧薩瑪已經「背到忠誠章」，也就是第一百一十二章。他所說的很令人懷疑，而且他們可能並非按照章節順序來背誦的。二〇一〇年，阿布杜拉寫信告訴他的父親他已經背下來「夜行章和山洞章」（即第十七和十八章）。

76 PDF-023382，達吾德寫給希哈姆，二〇〇七年十一月一日。

77 PDF-010966, "Daily Schedule."

78 PDF-018232，哈立德寫給達吾德，二〇〇七年十二月十六日。根據找到的影片證據，院子裡的確有很多貓。

79 VID-007714

80 AUD-000303

81 VID-009969

82 AUD-005846

83 VID-004413

84 VID-002617

85 PDF-018232，哈立德寫給達吾德，二〇〇七年十二月十六日。

86 PDF-023827，希哈姆寫給達吾德。

87 AUD-005129, AUD-005057, AUD-003821.

88 AUD-006160

89 IMG066064，所有的三封信都在同一頁上。在當時，小奧薩瑪的名字是哈姆扎。

90 PDF-023854，達吾德給希哈姆，二〇一〇年。

91 Lahoud, "The Neglected Sex."

92 PDF-023783，達吾德寫給希哈姆。我們了解到，她是「阿布・哈姆扎・伊拉齊（Abu Hamza al-'Iraqi）的女兒，曾在白沙瓦和謝赫阿布杜拉・阿扎姆一起。」

93 PDF-023783，達吾德寫給希哈姆。

94 IMG-029064，烏姆・薩阿德／薩拉赫寫給希哈姆，二〇一〇年十二月二十日。

第九章

1 PDF-004992，薩阿德・賓・拉登寫給奧薩瑪・賓・拉登，二〇〇八年八月五日。

2 PDF-002879，奧薩瑪・賓・拉登寫給陶菲克，二〇〇四年十二月九日。

3 T. Fahd, "Ru'ya," *Encyclopaedia of Islam* (2).

4 PDF-000770、PDF-000852、PDF-017029，奧薩瑪・賓・拉登寫給巴克爾・賓・拉登，二〇〇七年（很可能第三個文件是他最後發出的信）。在伯根的書中討論了奧薩瑪關於政治事件的夢境，見Bergen, *The Osama bin Laden I Know*, pp.400-1; Coll, *The Bin Ladens*, Ch19 and 25.

5 PDF-017029. 在教派分歧的上下文語境中，「拉菲達」是指那些拒絕承認伊斯蘭先知穆罕默德之後的三位哈里發的正當性的人們。對什葉派而言，具有正當性的是第四位哈里發阿里和阿里的後代。關於「拉菲達」這個詞的起源和用法，見E.

Kohlberg, "al-Rafida," *Encyclopaedia of Islam* (2)。關於前四位哈里發是如何在九世紀時被視為正統哈里發的，請參考Crone, *God's Rule*, pp. 27–8.

6 PDF-017029

7 PDF-017029

8 伊曼也使用阿斯瑪（Asma）這個名字。

9 引用於Coll, *The Bin Ladens*, p. 401。

10 PDF-017029

11 Bergen, *The Osama bin Laden I Know*, p. 401; Coll, *The Bin Ladens*, pp. 278–9.

12 PDF-017029

13 PDF-017471，希哈姆寫給達吾德，二〇〇七年十二月十六日。

14 PDF-023474

15 PDF-004992，薩阿德・賓・拉登寫給奧薩瑪・賓・拉登，二〇〇八年八月五日。

16 Muhamad al-Shafi'i, "Muhamad Shawqi al-Islambuli (Abu Khaled) shaqiq qatil al-Sadat waffara li-A'da' 'al-Qaeda' maladhan aminan fi janubi Iran," *al-Sharq al-Awsat*, issue 8942, May 23, 2003, https://archive.aawsat.com/details.asp?article=172395&issueno=8942#.X-DKUeTsElQ.

17 Atiya, "al-Liqa' al-Maftuh ma' al-Sheikh 'Atiyatullah fi 'Shabakat al-Hisba al-Islamiyya'," November 2006, in *al-A 'mal al-Kamila li-al-Sheikh al-Imam al-Shahid al-Mujahid 'Atiyatullah al-Liby*, p. 227.

18 同上註。

19 PDF-023392，二〇〇七年二月。這封信由「可信賴的中間人」提供的訊息以及他從教士比什爾那裡了解到的訊息組成，比什爾是王國中少數的支持蓋達組織的神職人員之一。他在寫信時已經被軟禁。

20 PDF-003874，奧薩瑪・賓・拉登，二〇〇四年。

21 PDF-023383，阿提亞寫給奧薩瑪・賓・拉登，二〇〇七年十一月。

22 PDF-003710，阿里夫・阿布・沙迪亞寫給奧薩瑪・賓・拉登，二〇〇七年。

23 PDF-023513，哈吉・奧斯曼寫給奧薩瑪・賓・拉登，二〇〇八年四月十六日。

24 Ayman al-Zawahiri, "al-Liqa' al-Maftuh," part II, April 2008. "Letter to Shaykh Azmarai," ODNY, 2016.

25 拉登也被他的家人稱為巴克爾，在少數情形下稱呼他為哈米德。

26 Sasson, Bin Laden, and Bin Laden, *Growing Up Bin Laden*, p. 64.

27 從地圖上看，薩阿德的軌跡是合理的。

28 PDF-004992，薩阿德寫給他的父親的信，二〇〇八年八月五日。

29 PDF-010240，阿布．阿布杜．拉赫曼．蘇巴伊寫給奧薩瑪，二〇一〇年。

30 PDF-004992，薩阿德．賓．拉登，二〇〇八年八月五日。

31 法蒂瑪和海迪嘉是同一天訂婚的。她的丈夫在美國二〇〇一年十月對阿富汗進行轟炸時被炸死，她在十五歲時就成為寡婦。

32 請注意，我在這裡指的是二〇〇九年的版本。在二〇一〇年版本發行時，伊曼已經逃離，而奧薩瑪的家人被拘押一事已為公眾所知。

33 我要感謝哈薩．阿赫麥迪安（Hassan Ahmadian），他告訴我，如果伊朗的囚犯證明他們需要經濟支持來幫助他們的家人，他們可以得到一筆津貼。

34 Jane Perlez, "An Iranian Diplomat Is Abducted by Gunmen in Pakistan," The *New York Times*, November 13, 2008,

35 PDF-023570，阿提亞寫給奧薩瑪．賓．拉登，十一月六日，二〇〇九年。

36 同上註。

37 唸珠是主命拜之外的副功拜用品。見A.J. Wensinck, "Subha," *Encyclopaedia of Islam* (2).

38 PDF-001582

39 同上註。

40 同上註。

41 PDF-002195、PDF-011055，阿布．薩赫爾．米斯里寫給奧薩瑪．賓．拉登。他於二〇一〇年從伊朗獲釋。

42 Sasson, Bin Laden, and Bin Laden, *Growing Up Bin Laden*, pp. 301–2.

43 "Mutalabat Iran bi-Itlaq Usrat bin Laden," *Al Jazeera*, March 15, 2010.

44 在當時，奧薩瑪知道他有十個孫輩在伊朗（根據薩阿德的信）；到二〇一〇年四月為止，他有十二個孫輩（根據阿布．薩赫爾．米斯里的信）。

45 請參考兩封略有不同的信：PDF-002736和PDF-002813。
46 PDF-003128
47 PDF-010898，達吾德寫給賓・拉登，二〇一〇年後半。另見SOCOM-2012000019, pp. 42–3。
48 PDF-002195、PDF-011055，阿布・薩赫爾・米斯里寫給奧薩瑪・賓拉登。
49 PDF-010240，阿布・阿布杜・拉赫曼・蘇巴伊寫給奧薩瑪・賓・拉登，二〇一〇年十月十三日。
50 "Sulaiman Abu Ghaith Sentenced to Life in Prison," September 23, 2014, *BBC*, https://www.bbc.com/news/world-us-canada-29331395
51 Benjamin Weiser, "Abu Ghaith, a Bin Laden Adviser, Is Sentenced to Life in Prison," *The New York Times*, September 23, 2014, https://www.nytimes.com/2014/09/24/nyregion/abu-ghaith-abin-laden-adviser-is-sentenced-to-life-in-prison.html
52 Eric Schmitt, "U.S. Officials Say a Son of Bin Laden may be Dead," *The New York Times*, July 23, 2009.
53 Eric Schmitt, "U.S. Officials Say a Son of Bin Laden may be Dead," *The New York Times*, July 23, 2009.
54 同上註。
55 同上註。
56 IMG-047913，薩阿德給妻子的遺囑，二〇〇八年八月十五日。
57 薩阿德還專門說起「如果你有別人可以照顧你」，也就是說，如果她不需要他們兒子的支持。
58 阿布・包爾汗在一九八〇年代時曾是奧薩瑪的生活圈子裡的一員，也參加了見證蓋達組織從服務局中分離出來的會面。
59 "Habs al-Madin fi qabrihi bi-daynihi," dorar.net. 此觀點是基於幾則聖訓。（Abu Daoud, 3341; al-Nisa'i, 7/315; Ahmad 5/20）
60 T. H. Weir and A. Zysow, "Sadaka," *Encyclopaedia of Islam* (2).
61 二〇一二年二月十六日，https://www.govinfo.gov/content/pkg/CHRG-112shrg79855/html/CHRG112shrg79855.htm; 值得注意的是，九一一委員會報告聲稱，蓋達組織在一九九八年的東非攻擊之前曾將部分人員送往「黎巴嫩真主黨訓練營」，以培訓「戰術專長」。我在信中（或其他的原始資料中）沒有發現任何東西可以支持這一說法。考慮到本章所討論的奧薩瑪所做的關於伊朗的夢／惡夢，他是極不可能批准這種訓練的。
62 "Remarks by President Trump on the Joint Comprehensive Plan of Action," *The White House*, May 8, 2018.
63 Michael R. Pompeo, "The Iran-al-Qa'ida Axis," January 12, 2021, https://www.state.gov/ the-iran-al-qaida-axis/
64 PDF-002161，哈姆扎・賓・拉登寫給奧薩瑪・賓・拉登，二〇一〇年十二月四日。

65 IMG-046353，奧薩瑪・賓・拉登的筆記。

66 PDF-001833，阿赫邁德・哈桑・阿布・海爾寫給穆斯塔法・哈米德，二〇〇九年八月二十二日。

67 Mustafa Hamid and Leah Farrall(in converstion), *The Arabs at War in Afghanistan*, London: Hurst, 2015, p. 214. 哈米德和法拉爾的通信是在二〇〇九年開始的，當時哈米德仍身在伊朗，這表示他享受到的是一種其他蓋達組織成員並未享受到的特殊「關押」。

68 我透過電子郵件聯繫到穆斯塔法・哈米德並向他提出採訪要求，但他「出於我不允許我這樣做的狀況」而禮貌地拒絕了我的要求。

69 IMG-046353，奧薩瑪・賓・拉登筆記。

70 同上註。

71 MAFA World, https://www.mafa.world/mustafa-hamed/

72 關於二〇一五年的協定，見Cole Bunzel, "Why Are Al Qaeda Leaders in Iran?" *Foreign Affairs*, February 11, 2021.

73 "Al Qaeda's No. 2, Accused in U.S. Embassy Attacks, Was Killed in Iran," *The New York Times*, November 14, 2020.

第十章

1 PDF-004591，奧薩瑪・賓・拉登寫給海麗亞，二〇一一年一月三日。

2 除了海麗亞和四個孩子之外，奧薩瑪還在伊朗有十三個孫輩。而且，他的女兒法蒂瑪嫁給了蘇萊曼・阿布・蓋伊斯，奧薩瑪樂觀地評估認為，「把妻子和她們的丈夫分開對伊朗來說會是太不公平的做法了。」基於這個基礎，他推斷蘇萊曼和他的另一個妻子烏姆・哈夫斯（Umm Hafs）以及他們的女兒也將得到釋放。

3 SOCOM-2012-0000019，奧薩瑪・賓・拉登寫給阿提亞的信稿，二〇一〇年六月至七月。

4 SOCOM-2012-0000019，奧薩瑪・賓・拉登寫給阿提亞的信稿，二〇一〇年六月至七月。

5 PDF-023765，哈吉・奧斯曼寫給奧薩瑪・賓・拉登，二〇〇九至二〇一〇年／未署日期。

6 PDF-002753，阿提亞寫給奧薩瑪・賓・拉登，二〇一〇年十二月九日。

7 PDF-010241，阿提亞寫給奧薩瑪・賓・拉登，二〇一〇年十一月二十三日。

8 SOCOM-2012-0000019，奧薩瑪・賓・拉登寫給阿提亞的信稿，二〇一〇年六月至七月。

9 「寫給吾兒奧斯曼、穆罕默德、哈姆扎，和妻子烏姆・哈姆扎，」二〇一〇年九月二十六日，ODNI，二〇一五年。
10 PDF-023884，阿提亞寫給奧薩瑪・賓・拉登，二〇一〇年八月二十八日。
11 PDF-002195，阿布・薩赫爾・米斯里寫給奧薩瑪・賓・拉登，二〇一〇年四月一日。
12 PDF-002195，在這封信上專門提到賽義夫・阿德勒和阿布・哈夫斯・茅利塔尼的名字。
13 見本書前一章關於蘇萊曼的內容。
14 PDF-010675，哈立德寫給阿布杜拉和阿布・哈利斯，二〇一〇年十月五日。
15 PDF-023953，阿提亞寫給奧薩瑪・賓・拉登，二〇一一年一月二十四日。
16 PDF-002753，阿提亞寫給奧薩瑪・賓・拉登，二〇一〇年十二月九日。海麗亞可能是在十月十日啟程的。
17 同上註，以及PDF-023953，阿提亞寫給奧薩瑪・賓・拉登，二〇一一年一月二十四日。
18 「寫給兒子們的信，奧斯曼，穆罕默德，哈姆扎，妻子——烏姆・哈姆扎」，二〇一〇年九月二十六日，ODNI，二〇一五年。
19 「給我的親愛家人的信，」奧薩瑪・賓・拉登寫給海麗亞，二〇一一年二月三日。ODNI，二〇一六年三月。
20 PDF-004591, 奧薩瑪・賓・拉登寫給海麗亞，二〇一一年一月三日。
21 同上註。
22 同上註。
23 「沒有標註日期的信，三」ODNI，二〇一五年五月二十日，奧薩瑪・賓・拉登寫給海麗亞，二〇一〇年十二月底，二〇一一年一月三日。
24 同上註。
25 PDF-004591，奧薩瑪・賓・拉登寫給海麗亞。
26 如果他真的去了，那麼這就應該是緊急的醫療狀況了，但是信中並沒有暗示出他真的去了。
27 PDF-004270，奧薩瑪・賓・拉登寫給一位不知名的兄弟，最有可能是在二〇一一年一月的第一個星期。
28 PDF-009953，哈立德寫給穆尼爾／阿布杜・拉赫曼・馬格里比，二〇一〇年十一月四日。
29 PDF-010568，哈立德的筆記，最有可能是寫於二〇一一年一月六日。
30 PDF-011199，希哈姆寫給烏姆・阿布杜・拉赫曼，二〇一一年一月七日。

31 同上註。另見“Muhammad,” in Muhammad b. Sirin and Abd al-Ghani al-Nabulsi, *Mu'jam Tafsir al-Ahlam*, ed. Basil al-Baridi, Beirut: al-Yamama, 2008, p. 1021。

32 PDF-011199。

33 關於這首凱伊斯・賓・穆魯赫（Qays b. al-Muluh）的詩作，可以查閱：https://adabworld.com; Ruqayya Yasmine Khan, *Bedouin and 'Abbasid Cultural Identities: The Arabic Majnun Layla Story*, London/New York: Routledge, 2021, pp. 1-15。

34 PDF-009895，哈立德寫給海麗亞，二〇一一年一月七日。

35 PDF-003594，奧薩瑪・賓・拉登寫給阿布・穆罕默德和阿布・哈立德，二〇一一年一月十四日。

36 同上註。另請參考《古蘭經》第五章第二節，「你們當為正義和敬畏互助，不要為罪惡和橫暴而互助。你們當敬畏安拉，因為安拉的刑罰確是嚴厲的。」

37 PDF-003594.

38 PDF-004993，奧薩瑪・賓・拉登寫給阿布・穆罕默德，二〇一一年一月十九日。

39 SOCOM-2012-0000019.

40 PDF-011177，奧薩瑪・賓・拉登寫給穆罕默德・阿斯拉姆，二〇一一年二月三日。

41 請參考《古蘭經》第十六章九十一節：「當你們低階盟約的時候，你們應當履行。你們既以安拉為你們的保證者，就不要在締結盟約後違約。安拉是確知你們行為的。」

42 我們並沒有海麗亞描述其情形的信件。

43 「寫給親愛家人的信」，ODNI，二〇一六年二月。

44 「寫給親愛家人的信」，二〇一一年二月三日，ODNI，二〇一六年。

45 PDF-009917，烏姆・哈立德寫給烏姆・阿布杜・拉赫曼，二〇一一年二月。

46 PDF-002045，海麗亞寫給哈姆扎/阿布・穆阿德，二〇一一年。

47 CIA, November 1, 2017, https://www.cia.gov/library/abbottabad-compound/index.html

48 同上註。

49 這是一本很有處理上的挑戰性的筆記本，而且內容並不總是連貫的。除了轉錄的對話內容之外，筆記裡還包括新聞事件的總結，偶爾還有（父女之間的）信稿，而且記錄女兒的想法和意見。

50 見PDF-023910和PDF-023911，阿布杜・拉赫曼・馬格里比寫給奧薩瑪・賓・拉登和他的兒子哈立德，二〇一〇年。
51 C.E. Bosworth, "Tulaka," *Encyclopaedia of Islam* (2). 請注意Bosworth指的是複數tulaqa'。
52 PDF-001042, PDF-001306, PDF-001381, PDF-002842, PDF-002847, PDF-003664, PDF-003991, PDF-004091, PDF-004278, PDF-004728, PDF-023598, PDF-023612, PDF-023629, PDF-023635, PDF-023636, PDF-023646.
53 IMG-064408，阿布杜・凱尤姆（Abd al-Qayyum，也叫烏斯・蘇巴伊・利比）寫給阿布・葉海亞，二〇一一年三月二十日。
54 PDF-023690，阿提亞寫給奧薩瑪・賓・拉登，二〇一一年四月四日。
55 一九七三號決議，二〇一一年三月十七日，https://www.nato.int/nato_static/assets/pdf/pdf_2011_03/ 20110927_110311-UNSCR-1973.pdf.
56 PDF-000939，奧薩瑪・賓・拉登寫給阿提亞，二〇一一年四月二十六日。
57 如James Howarth翻譯，Lawrence, *Messages to the World*, p. 229。
58 PDF-000952，以「待辦事項清單」形式出現的筆記。
59 兩百二十頁的筆記本。
60 SOCOM-2012-0000019.
61 同上註。奧薩瑪・賓・拉登寫給阿提亞的信稿，二〇一〇年六月至七月。另見AFGP-2002-600046，「蓋達組織成員名單」，這是蓋達組織的內部文件，可透過CTC取得，文件表示出哈姆扎的兄弟們——薩阿德、奧斯曼、穆罕默德、歐瑪爾和阿布杜・拉赫曼都是蓋達組織的成員：https://ctc.usma.edu/harmony-program/list-of-names-of-al-qaidamembers-original-language-2/。
62 PDF-001673，海麗亞寫給哈姆扎，二〇一一年。
63 「日期標註為二〇一〇年十一月二十四日的信，」ODNI，二〇一五年五月。
64 Sarah Westwood, Evan Perez, and Ryan Browne, "Trump Confirms Osama bin Laden's Son Hamza Killed in US Counterterrorism Operation," CNN, September 14, 2019, https://www.cnn.com/2019/09/14/politics/hamza-bin-laden-al-qaeda-dead/index.html
65 Robert O'Neill, *The Operator: Firing the Shots That Killed Osama Bin Laden and My Years as a SEAL Team Warrior*, New York: Scribner, 2017, p. 308.
66 同上註。

第十一章

1 Ahmad al-Naysaburi, cited in Heinz Halm, *The Fatimids and Their Traditions of Learning*, New York: I.B. Tauris & Co. Ltd, 1997, p. 65. 我十分感謝麥可・庫克讓我注意到這個寶貴資料。

2 President Barack Obama, "Osama bin Laden Dead," May 2, 2011, https://obamawhitehouse.archives.gov/blog/2011/05/02/osama-bin-laden-dead.

3 McRaven, *Sea Stories*, 325–7.

4 同上註。

5 同上註，以及113th Congress, 2d Session, Senate Report 113-288, *Report of the Senate Select Committee on Intelligence Committee Study of the Central Intelligence Agency's Detention and Interrogation Program*, December 9, 2014, https://www.intelligence.senate.gov/sites/default/files/publications/CRPT-113srpt288.pdf, p. 379.

6 Carol Rosenberg, "What the C.I.A.'s Torture Program Looked Like to the Tortured," *The New York Times*, December 4, 2019, https://www.nytimes.com/2019/12/04/us/politics/cia-torturedrawings.html

7 "Press Briefing by Senior Administration Officials on the Killing of Osama bin Laden," *The White House*, May 2, 2011, https://obamawhitehouse.archives.gov/the-press-office/2011/05/02/press-briefing-senior-administration-officials-killing-osama-bin-laden. 這是在二〇一〇年八月二十七日開始的。另請參考Chris Wallace with Mitch Weiss, *Countdown bin Laden: The Untold Story of the 247-Day Hunt to Bring the Mastermind of 9/11 to Justice*, New York: Simon & Schuster, 2021.

8 "Revealed: The Hunt for Bin Laden," 9/11 Memorial & Museum https://www.911memorial.org/visit/museum/exhibitions//revealed-hunt-bin-laden.

9 同上註。

10 Seymour M. Hersh, "The Killing of Osama bin Laden," *London Review of Books*, vol. 37, no. 10, May 21, 2015. 赫許在此事上的巴基斯坦消息來源是阿赫邁德・舒賈・帕夏將軍（General Ahmed Shuja Pasha），他是阿伯塔巴德突擊行動發生時的三軍情報局主管。因為賓・拉登是躲藏在巴基斯坦當局的視線外的，因此這些信件內容裡沒有揭示出任何巴基斯坦政府的內部工作。

11 PDF-004974，奧薩瑪・賓・拉登寫給穆罕默德・阿斯拉姆，二〇一一年二月三日。

12 阿布・哈立德的名字是阿莫爾（Amer）；阿布・穆罕默德的名字並未有提及。根據媒體報導的內容，這對兄弟都已經結婚。其中的一個妻子在突擊行動中被殺。信件中並沒有提及妻子們，也沒有透露出兄弟倆的全名／身分。

13 PDF-004974，奧薩瑪・賓・拉登寫給穆罕默德・阿斯拉姆，二〇一一年二月三日。

14 在二〇〇五年底，他們否決了奧薩瑪的女兒及其家人，當時他們想要在齋月裡和家人團聚。在海迪嘉於二〇〇七年過世後，他們允許她四個無人照料的孩子在阿伯塔巴德長大。當鰥夫達吾德娶了海迪嘉的姊妹瑪麗亞姆時，安保人員沒有允許他們造訪（二〇〇八年至二〇〇九年）。在好幾個月裡，他們都否決了海麗亞前往阿伯塔巴德的計畫（二〇一〇年底至二〇一一年初）。

15 PDF-023853，哈吉・奧斯曼寫給奧薩瑪・賓・拉登，二〇〇九年八月四日。

16 PDF-010238，阿提亞寫給賓・拉登，二〇一〇年十一月二十三日。阿提亞說的那位巴基斯坦「兄弟」不是普什圖人，「而是」旁遮普人。我們從信中內容無法得知這個「而是」到底是什麼意思。其他的信件顯示出對普什圖人來說，「效忠」是非常重要的事情，這意味著奧薩瑪和他的安保人員之間有著無可腐蝕的紐帶。

17 PDF-003874，奧薩瑪・賓・拉登，信稿，二〇〇四年底。

18 SOCOM-2012-0000019，奧薩瑪・賓・拉登，最可能是在二〇一〇年七月。

19 形容SIM卡的詞是shara'ih，而且istikhraj一詞表明它們並不是簡單地放在一個信封裡，而是要經過一些技術程序才能取得。

20 PDF-010241，阿提亞寫給奧薩瑪・賓・拉登（阿提亞的回答在括號中），二〇一〇年十一月二十三日。

21 PDF-023953，阿提亞寫給奧薩瑪・賓・拉登，二〇一一年一月二十四日。

22 PDF-002926，奧薩瑪・賓・拉登寫給穆罕默德・阿斯拉姆，二〇一一年二月十二日。

23 同上註。

24 PDF-002746，奧薩瑪・賓・拉登寫給阿提亞，二〇一一年一月五日。

25 奧薩瑪想要阿提亞給他送一筆大額歐元款項，但阿提亞拒絕了這個要求，並堅持認為中間人只應該攜帶當地貨幣以防遇到搜查。

26 PDF-004058，達吾德寫給哈立德，二〇一〇年八月二十五日。另見PDF-010238，阿提亞寫給奧薩瑪・賓・拉登，二〇一〇年十一月二十三日。

27 SOCOM-2012-0000019，奧薩瑪・賓・拉登寫給阿提亞的信稿，二〇一〇年六月至七月。

28 「寫給我親愛家人的信」，ODNI。海麗亞的信並沒有被恢復，但其內容可以透過奧薩瑪的信重構出來。

29 PDF-010241，阿提亞寫給奧薩瑪・賓・拉登，二〇一〇年十一月二十三日。

30 PDF-023953，阿提亞寫給奧薩瑪・賓・拉登，二〇一一年一月二十四日。

31 PDF-002753，阿提亞寫給奧薩瑪・賓・拉登，二〇一〇年十二月九日。

32 二百二十頁的手寫筆記本。

尾聲

1 PDF-002143，希哈姆寫給哈姆扎，二〇一一年。

2 在一份二百二十頁的文件中包含有家庭談話內容的轉錄。

3 見後文，附錄一：奧薩瑪・賓・拉登的遺囑。

4 奧薩瑪・賓・拉登在二〇〇〇年底的媒體會議。由*al-Sahab*於二〇一一年五月發布，使用了先前無法使用的影片鏡頭：https://archive.gnews.bz/index.php/s/kg2NbAXaf6kGSbx.

5 見前文，第六章。

6 Philip Alston, "The CIA and Targeted Killings Beyond Borders," *Harvard National Security Journal*, vol. 2, 2011, pp. 283–446, esp. section IV.

7 Greg Thielman, "The Missile Gap Myth and Its Progeny," *Arms Control Association*, 2011, https:// www.armscontrol.org/act/2011-05/missile-gap-myth-its-progeny.

附錄一

1 見Coll, *The Bin Ladens*, 尤其是第一部分。

2 同上註，頁四九三。

3 同上註，頁三七一、三八三。

4 同上註，頁四九三。

5 PDF-000915，奧薩瑪・賓・拉登寫給哈吉・奧斯曼，二〇〇七年八月十七日。

6 同上註。amwal khassa bina的說法表明賓・拉登所說的是私人／家庭匯款，但是也不一定是確定無疑的。另見哈吉・奧斯曼在二〇〇七年五月寫給奧薩瑪的信，「令人尊敬的兄弟，善心的謝赫，扎姆萊，薩希布」（Respected Brother, kind Shaykh, Zamrai, Sahib），ODNI，二〇一六年。

7 PDF-003128，阿提亞寫給奧薩瑪・賓・拉登，二〇一〇年六月十九日。

8 PDF-004260，奧薩瑪・賓・拉登寫給阿提亞，二〇一〇年後半。

9 PDF-023960、PDF-023961，利雅德・胡賽尼（Riyad al-Husayni），二〇一一年一月。

10 ODNI，二〇一六年。奧薩瑪・賓・拉登的遺囑。

11 J. Schacht, "Mirath," *Encyclopaedia of Islam* (2). 另請參考A. Layish, "Mirath," 關於現代伊斯蘭國家的部分, *Encyclopaedia of Islam* (2)。

12 R. Peters, "Wasiyya," *Encyclopaedia of Islam* (2).

13 ODNI，二〇一六年。正如在末章裡提到的，要注意賓・拉登並沒有寫「在主道上奮鬥」（jihad in God's path）。他選擇「在主道上作戰」（fighting in God's path）的說法可能是為了避免他在沙烏地阿拉伯的守法繼承人們決定把他的錢捐獻給慈善機構。「吉哈德」（jihad）一詞包含的行動很廣泛：可以是進攻性和防禦性戰爭，也可以是精神上的活動。

14 很難估計黃金的數量，因為我不知道奧薩瑪有多少個表親。

15 我在計算中並沒有包含沙烏地阿拉伯的賓拉登集團投資的一千二百萬美元，因為奧薩瑪明確地提到「現金」（*al-amwal al-naqdiyya*）；我也沒有把他在蘇丹和賈拉拉巴德收到的二百萬美元包含在內，因為從他銀行戶頭的狀況來看，他已經花掉這筆錢。

參考書目

第一手資料來源

賓・拉登文件

PDF-000126, Letters from Siham, Mariam, and Sumayya to Khadija, September 2005.
PDF-000377, Khadija to Usama bin Laden, 2005.
PDF-000516, PDF-000685, Khadija to Siham, 2005.
PDF-000820, Khadija to Umm Ibrahim/Amal, 2005.
PDF-000823, Daoud to Usama bin Laden, 2005/6.
PDF-000915, Usama bin Laden to Hajji Uthman, August 17, 2007.
PDF-000931, Mukhtar Abu al-Zubayr to Atiya, January 26, 2011.
PDF-000939, Usama bin Laden to Atiya, April 26, 2011.
PDF-000952, Notes in the form of a "to-do list," 2011.
PDF-001042, PDF-001306, PDF-001381, PDF-002842, PDF-002847, PDF-003664, PDF-003991, PDF-004091, PDF-004278, PDF-004728, PDF-023598, PDF-023612, PDF-023629, PDF-023635, PDF-023636, PDF-023646, Drafts of Usama bin Laden's Arab Spring public statement, 2011.
PDF-001093, Curriculum 2001–02 (Bin Laden household).

PDF-001135, Usama bin Laden to Atiya, April 26, 2011.
PDF-001292, Atiya to Abu Basir, March 27, 2011.
PDF-001582, Hamza to Usama bin Laden, 2009.
PDF-001673, Khairiah to Hamza, 2011.
PDF-001772, Khairiah to Hamza, 2011.
PDF-001833, Ahmad Hasan Abu al-Khair to Mustafa Hamid, 22 August 2009.
PDF-002045, Khairiah to Hamza, 2011.
PDF-002143, Siham to Hamza bin Laden, 2011.
PDF-002161, Hamza bin Laden to Usama bin Laden, December 4, 2010.
PDF-002195, PDF-011055, PDF-002736, PDF-002813, Abu Sahl al-Misri to Usama bin Laden, April 1, 2010.
PDF-002419, Khairiah/Umm Hamza to Hamza, 2011.
PDF-002653, Usama bin Laden, addendum to PDF-004000, December 2004.
PDF-002655, Salah/possibly al-Wadud to Atiya, December 21, 2010.
PDF-002659, Atiya to Usama bin Laden, July 17, 2010.
PDF-002730, Atiya to Usama Bin Ladin (with Atiya's responses in brackets), October 11, 2010.
PDF-002746, Usama bin Laden to Atiya, January 6, 2011.
PDF-002753, Atiya to Usama bin Laden, December 9, 2010.
PDF-002772, Usama bin Laden to Younis al-Mauritani, July 6, 2010.
PDF-002879, Usama bin Laden to Abu Fatima/Ayman al-Zawahiri and Tawfiq, December 9, 2004.
PDF-002926, Usama bin Laden to Muhammad Aslam, February 12, 2011.
PDF-002935, Usama bin Laden notes, middle of 2010.
PDF-003128, Atiya to Usama bin Laden, June 19, 2010.
PDF-003133, Usama bin Laden to Atiya, September 26, 2010.
PDF-003157, Usama bin Ladin to Ayman al-Zawahiri, October 16, 2010.

PDF-003159, Usama bin Laden to Atiya, October 16, 2010.

PDF-003181, Usama bin Laden to Younis al-Mauritani, March 17, 2010.

PDF-003212, Letter addressed to Hafiz Sultan/Hajji Uthman, March 28, 2007.

PDF-003213, Atiya and Abu Yahya al-Libi to Hakimullah Mahsud, December 3, 2010.

PDF-003223, Usama bin Laden to Atiya (and notes to Mukhtar Abu al-Zubayr), 2010.

PDF-003592, Usama bin Laden to Tawfiq, late 2004.

PDF-003594, Usama bin Laden to Abu Muhammad and Abu Khaled, January 14, 2011.

PDF-003596, Two letters: the original text by Abu al-'Abbas, the deputy leader of Ansar al-Sunna, and, in brackets, the responses from Raja' from al-Qaeda.

PDF-003600, Abu Musab al-Zarqawi to al-Qaeda leaders, 2004.

PDF-003604, Wakil Khan to leaders of al-Qaeda, October 18, 2004.

PDF-003636, Atiya to Mukhtar Abu al-Zubayr, March 20–22, 2011.

PDF-003672, Usama bin Laden to Hajji Uthman, January 2010.

PDF-003702, Usama bin Laden to Younis al-Mauritani, 2010.

PDF-003710, Arif Abu Shadia to Usama bin Laden, 2007.

PDF-003732, Ayman al-Zawahiri to Usama bin Laden, October 20, 2004.

PDF-003740, Abu Abdallah al-Shafii to Abu Hamza al-Muhajir, 2007.

PDF-003742, Abu Musab Abd al-Wadud to Usama bin Laden and Ayman al-Zawahiri, March 16, 2010.

PDF-003774, Usama bin Laden to Ayman al-Zawahiri, May 7, 2008.

PDF-003775, Usama bin Laden to Younis al-Mauritani, September 25, 2010.

PDF-003776, Muhammad Ilyas Kashmiri to Usama bin Laden, May 31, 2010.

PDF-003871, Usama bin Laden to Ayman al-Zawahiri, 2009.

PDF-003874, Usama bin Laden notes, late 2004.

PDF-003928, Usama bin Laden notes, late 2004.

PDF-003967, Usama bin Laden to his sons Uthman and Muhammad, January 7, 2011.

PDF-004000, Usama bin Laden to Hamza al-Rabia, December 2004.

PDF-004029, Atiya to Usama bin Laden, July 8, 2010.

PDF-004058, Daoud to Khaled, August 25, 2010.

PDF-004119, Jargh al-Din to Abd al-Rahman al-Maghrebi, most likely early 2005.

PDF-004225, PDF-003959, Usama bin Laden draft letter to Hajji Uthman and Atiya, early 2010.

PDF-004260, Usama bin Laden to Atiya, latter part of 2010.

PDF-004270, Usama bin Laden to an unknown brother/intermediary, most likely the first week of January, 2011.

PDF-004325, Abu Musab al-Zarqawi, 2004.

PDF-004345, Atiya to jihadis in Yemen and Somalia, June–July 2010.

PDF-004350, Younis al-Mauritani to Usama bin Laden, March 25, 2010.

PDF-004384, Usama bin Laden to Atiya, July 5, 2010.

PDF-004402, Security Committee Report, May 17, 2010.

PDF-004413, Hajji Uthman to Usama bin Laden, April 14, 2010.

PDF-004433, Majlis Shura—Islamic State of Iraq, 2010.

PDF-004436, Report by Younis al-Mauritani, August 14, 2007.

PDF-004555, Atiya to Usama bin Laden, October 6, 2010.

PDF-004588, PDF-003627, PDF-023584, Usama bin Laden to Atiya and Abu Yahya al-Libi, December 5, 2010.

PDF-004591, Usama bin Laden to Khairiah, January 3, 2011.

PDF-004648, Unknown, related to Abu Musab al-Zarqawi, 2004.

PDF-004740, Usama bin Laden to Atiya, December 3, 2010.

PDF-004835, Usama bin Laden to Mullah Omar, September 24, 2010.

PDF-004928, Usama bin Laden to Ayman al-Zawahiri, 2007.

PDF-004946, Notes about and excerpts from Bob Woodward's book *Obama's Wars*, 2010.

PDF-004974, Usama bin Laden to Muhammad Aslam, February 3, 2011.

PDF-004992, Saad bin Laden to Usama bin Laden, August 5, 2008.

PDF-004993, Usama bin Laden to Abu Muhammad, January 19, 2011.

PDF-005032, Atiya to Usama bin Laden, January 26, 2011.

PDF-005666, Usama bin Laden to Mukhtar Abu al-Zubayr, August 6, 2010.

PDF-009341, Unknown, about Abu Omar al-Baghadi.

PDF-009895, Khaled and Sumayya's letters to Khairiah, January 7, 2011.

PDF-009917, Umm Khaled to Umm Abd al-Rahman, February 2011.

PDF-009953, Khaled to Munir/Abd al-Rahman al-Maghrebi, November 4, 2010.

PDF-010238, Atiya to Usama bin Laden, November 23, 2010.

PDF-010240, Abu Abd al-Rahman al-Subay'i to Usama bin Laden, October 13, 2010.

PDF-010241, Atiya to Usama bin Laden (Atiya's answers in brackets), November 23, 2010.

PDF-010568, Khaled's notes, most likely January 6, 2011.

PDF-010675, Khaled to Abdallah and Abu al-Harith, October 5, 2010.

PDF-010805, Abu-Salih al Somali, "Terror Franchise: The Unstoppable Assassin Techs Vital role for its success," 2009/2010.

PDF-010898, Daoud to Usama bin Laden, latter part of 2010.

PDF-010966, "Daily Schedule"/homeschooling.

PDF-011006, Letter from Younis al-Mauritani to Usama bin Laden, March 18, 2010.

PDF-011131, Usama bin Laden to Ayman al-Zawahiri, December 3, 2010.

PDF-011177, Usama bin Laden to Muhammad Aslam, February 3, 2011.

PDF-011199, Siham to Umm Abd al-Rahman, January 7, 2011.

PDF-016822, Khaled to Abd al-Rahman al-Maghrebi, August 7, 2010.

PDF-017029, PDF-000770, PDF-000852, Usama bin Laden to Bakr bin Laden, December 2007.

PDF-017043, Usama bin Laden draft letter to Ayman al-Zawahiri.

PDF-017045, Usama Bin Laden to Hajji Uthman, December 17, 2007

PDF-017076, Siham, November 2005.

PDF-017143, Usama bin Laden to Ayman al-Zawahiri, December 17, 2007.

PDF-017164, Usama bin Laden to Abu al-Laith and Abu Yahya, 2007.

PDF-017244, Siham to Umm Khaled (this person breastfed little Fatima), 16 December 2007.

PDF-017471, Siham to Daoud, December 16, 2007.

PDF-017785, Letter from Ayman al-Zawahiri to Abu Abdallah al-Shafii, January 26, 2006.

PDF-017949, Most likely Atiya to Usama bin Laden and Hajji Uthman, 2006.

PDF-018232, Khaled to Daoud, December 16, 2007.

PDF-018260, Hajji Uthman to Usama bin Laden, March 1, 2006.

PDF-023371, Umm Abd al-Rahman to Siham, 2007.

PDF-023374, Daoud to Usama bin Laden and Siham, 2007.

PDF-023376, Ayman al-Zawahiri to Abu Musab Abd al-Wadud, October 18, 2007.

PDF-023382, Daoud to Siham, November 1, 2007.

PDF-023383, Atiya to Usama bin Laden, November 2007.

PDF-023388, Atiya to Bishr al-Bishr through a "trusted intermediary."

PDF-023389, Daoud to Khaled, November 20, 2007.

PDF-023392, "Trusted Intermediary" from Saudi Arabia to Atiya.

PDF-023401, Exchange between Atiya and someone in the jihadi media outlet Markaz al-Fajr, June–July 2007.

PDF-023404, Atiya to Jaysh al-'Usra, September 2007.

PDF-023405, Hajji Uthman to Usama bin Laden, October 2007.

PDF-023407, Umm Khaled al-Habib to Siham, November 4, 2007.

PDF-023425, Ayman al-Zawahiri to Abu Omar al-Baghdadi, March 6, 2008.

PDF-023429, Abu Abdallah al-Halabi/Daoud to Abu Sulaiman, December 18, 2007.

PDF-023438, Unknown (most likely Atiya, who had contacts in the kingdom) to Abu Yahya al-Libi, 2010.
PDF-023447, Atiya to Usama bin Laden, March/April/May/June 2008.
PDF-023454, Ayman al-Zawahiri to Usama bin Laden, March 5, 2008.
PDF-023485, Abu Musab Abd al-Wadud to Ayman al-Zawahiri, March 28, 2008.
PDF-023513, Hajji Uthman to Usama bin Laden, April 16, 2008.
PDF-023514, Abu al-Tayyib to Usama bin Laden, February 25, 2008.
PDF-023532, Muhammad Khalil al-Hakayma to Ayman al-Zawahiri, February 11, 2008.
PDF-023566, Internal Report, June 2008.
PDF-023567, Ayman al-Zawahiri to unknown, June 20, 2009.
PDF-023568, List of names to be read alongside PDF-023566.
PDF-023570, Atiya to Usama bin Laden, November 6, 2009.
PDF-023579, Abu Yahya al-Libi to Abu Musab Abd al-Wadud, October 7, 2010.
PDF-023625, Abu Basir to Atiya, February 10, 2011.
PDF-023642, Usama bin Laden to Abu Basir, most likely 2010.
PDF-023690, Atiya to Usama bin Laden, April 4, 2011.
PDF-023740, Abu Hurayra/Qasem al-Raymi to the leaders of al-Qaeda, undated.
PDF-023741, Abu Basir—letter in response to Hajji Uthman, most likely late 2009.
PDF-023749, Several letters from different leaders in AQIM addressed to Raja' (most likely Atiya), January 20–May 6, 2009.
PDF-023750, Hajji Uthman to Usama bin Laden, October 18, 2009.
PDF-023765, Hajji Uthman to Usama bin Laden, undated/2009–10.
PDF-023772, Muhannad al-Abyani/Tufan, "Arhibuhum" (meaning "Terrorize Them") February 13, 2010.
PDF-023767, Hajji Uthman to Usama bin Laden, March 8, 2010.
PDF-023783, Daoud to Siham, 2010.
PDF-023799/ PDF-023816, Abu Musab Abd al-Wadud to Shekau, August 31, 2009.

PDF-023811, Jaysh al-'Usra, 2007.

PDF-023821, Salah Abu Muhammad to Atiya, January 22, 2010.

PDF-023827, Siham to Daoud, 2010.

PDF-023844, Elisabeth Anna Windischmann to Usama bin Laden.

PDF-023850, Ayman al-Zawahiri to Usama bin Laden, March 12, 2009.

PDF-023853, Hajji Uthman to Usama bin Laden, August 4, 2009.

PDF-023854, Daoud to Siham, 2010.

PDF-023883, Atiya to Mukhtar Abu al-Zubayr, July 15, 2010.

PDF-023884, Atiya to Usama bin Laden, August 28, 2010.

PDF-023888, Atiya to Abu Basir, July 18, 2010.

PDF-023900, Ayman al-Zawahiri to Usama bin Laden, May 16, 2010.

PDF-023908, Ayman al-Zawahiri to Usama bin Laden, May 31, 2010.

PDF-023910, PDF-023911, Abd al-Rahman al-Maghrebi to Usama bin Laden and his son Khaled, 2010.

PDF-023935, Hajji Uthman and Atiya to Usama bin Laden, January 25, 2010.

PDF-023945, Ayman al-Zawahiri to Usama bin Laden, January 13, 2011.

PDF-023950, Abu Yahya al-Libi, 2009.

PDF-023953, Atiya to Usama bin Laden, January 24, 2011.

PDF-023956, Atiya to Mukhtar Abu al-Zubayr, December 27, 2010.

PDF-023960, PDF-023961, Riyad al-Husayni, January 2011.

PDF-023962, Atiya to Abu Muhammad Salah, December 11, 2010.

PDF-023983, Mukhtar Abu al-Zubayr to the General Leadership and the Sheikhs in Khurasan, March 5, 2010.

PDF-123763, A detailed report prepared by "Your brothers in the Ministry of Legal Affairs, Islamic State of Iraq," 2007.

IMG-040538, Usama bin Laden's notes, "The Birth of the Idea of 11 September," September 2002 (1/).

IMG-052993, Usama bin Laden's notes, September 2002 (1/7).

IMG-046353, Usama bin Laden's notes, September 2002 (2/7).
IMG-007097, Usama bin Laden's notes, September 2002 (3/7).
IMG-038618, Usama bin Laden's notes, September 2002 (4/7).
IMG-025138, Usama bin Laden's notes, September 2002 (6/7).
IMG-053149, Usama bin Laden's notes, September 2002 (7/7)
IMG-030337 (1/4), Abu al-Hasan al-Saidi/Tawfiq, September 8, 2004.
IMG-033568 (2/4), Abu al-Hasan al-Saidi/Tawfiq, September 8, 2004.
IMG-046447 (3/4), Abu al-Hasan al-Saidi/Tawfiq, September 8, 2004.
IMG-004960 (4/4), Abu al-Hasan al-Saidi/Tawfiq, September 8, 2004.
IMG-058732 (1/5), Khaled al-Habib to Usama bin Laden, 2004.
IMG-065081 (2/5), Khaled al-Habib to Usama bin Laden, 2004.
IMG-000667 (3/5), Khaled al-Habib to Usama bin Laden, 2004.
IMG-000468 (4/5), Khaled al-Habib to Usama bin Laden, 2004.
IMG-063395 (5/5), Khaled al-Habib to Usama bin Laden, 2004.
IMG-063213, IMG-020402, IMG-063801, IMG-024865, IMG-031841, IMG-010391, IMG-040552, IMG-018029, IMG-037939, Abu Hammam al-Gharib to Usama bin Laden, undated, most likely around 2009.
IMG-019664, Iraq-related.
IMG-067996, Abu Hamza al-Muhajir to Abu Abdallah al-Shafii, April 29, 2007 (1/3).
IMG-053227/052915, Abu Hamza al-Muhajir to Abu Abdallah al-Shafii, April 29, 2007 (2/3).
IMG-051717/009822, Abu Hamza al-Muhajir to Abu Abdallah al-Shafii, April 29, 2007 (3/3).
IMG-059923, Abu Haidara Abd al-Razzaq Amari al-Awrasi (?), eader of the 5th Region, to Usama bin Laden, February 12, 2004.
IMG-064408, Abd al-Qayyum/Abu Abd al-Rahman Uns al-Subay'i to Abu Yahya, March 20, 2011.
IMG-047297 (1/2), Saad bin Laden, will addressed to his wife, August 15, 2008.
IMG-047913 (2/2), Saad bin Laden, will addressed to his wife, August 15, 2008.

IMG-021277, Saad bin Laden, will addressed to his father, August 15, 2008.

IMG-029064 (1/2), Umm Saad/Sarah (Daoud's wife) to Siham, December 20, 2010.

IMG-036096 (2/2), Umm Saad/Sarah (Daoud's wife) to Siham, December 20, 2010.

IMG-031090 (1/5), Uthman to Tawfiq, August 8, 2004.

IMG-057702 (2/5), Uthman to Tawfiq, August 8, 2004.

IMG-004980 (3/5), Uthman to Tawfiq, August 8, 2004.

IMG-057660 (4/5), Uthman to Tawfiq, August 8, 2004.

IMG-031009 (5/5), Uthman to Tawfiq, August 8, 2004.

IMG-032990, Siham's notes and draft poems.

IMG-034493, Siham's notes and draft poems.

IMG-016349, Siham's notes and draft poems.

IMG-017653, Siham's notes and draft poems.

IMG-038895, Siham's notes and draft poems.

IMG-063579, Siham's notes and draft poems.

IMG-058052, Poem praising Sumayya.

IMG-066064, Three letters by Daoud and Khadija's children to Daoud.

VID-007714, "Ana al-Bandoura al-Hamra."

VID-009969, "Unshudat al-Huruf al-Hija'iyya."

VID-004413, "Ya Qittati."

VID-002617, "7 Days in a Week – Song for Young Children."

VID-000313, Video of chickens in the Abbottabad compound

VID-009968, Video of the cow and her calf in the Abbottabad compound.

AUD-000303, "Ana Sirtu Saminan Ya Mama."

AUD-005846, "Ramadanu Ata wa-l-Qalbu Hafa."

AUD-005129, Aisha elocuting poetry.
AUD-005057, Abdallah elocuting poetry.
AUD-003821, Usama elocuting poetry.
AUD-006160, Fatima elocuting poetry.
"Bin Ladin's Journal" (inaccurate description by the CIA—it is a transcription of family conversation during the last two months of Usama bin Laden's life), https://www.cia.gov/library/abbottabad-compound/index.html
SOCOM-2012-0000004, Adam Gadhan to al-Qaeda's leaders, January 2011.
SOCOM-2012-0000007, Atiya and Abu Yahya to Hakimullah Mehsud, December 3, 2010.
SOCOM-2012-0000011, Letter to Hafiz Sultan/Hajji Uthman, March 2007.
SOCOM-2012-0000012, Letter from 'Atiyatullah al-Libi, https://ctc.usma.edu/app/uploads/2013/09/Letter-from-Atiyahtullah-Al-Libi-Original.pdf.
SOCOM-2012-0000015, Usama bin Laden to Atiya, October 21, 2010.
SOCOM-2012-0000016, Usama bin Laden notes, 2010.
SOCOM-2012-0000019, Usama bin Laden to Atiya, May–June 2010.
"Letter to Sons Uthman, Muhammad, Hamza, wife—Umm Hamza," ODNI, 2015.
"Letter to Shaykh Abu Muhammad 17 August 2007," ODNI, 2016.
"Letter to Mawlawi 'Abd al-'Aziz," ODNI, 2016.
"To our respected Shaykhs," ODNI, 2016.
"Please Give Me Your News," ODNI, 2016.
"AQ Accounting Ledger," ODNI, 2017.
"Letter from Abu Yahya," ODNI, 2017.
"Letter to Haj 'Uthman," ODNI, 2017.
"Letter to Shaykh Mahmud 2," ODNI, 2017.
"Letter to My Caring Family," ODNI, 2016.
"Undated Letter 3," ODNI, 2015.

"Letter Dtd November 24, 2010," ODNI, May 2015.
"Dear Brother Shaykh Mahmud," ODNI, 2016.
"From Abu Ma'adh," ODNI, 2016.
"In Regard to the Money That Is in Sudan—Bin Laden's Will," ODNI, 2016.
"Draft of a Letter to Subordinates," ODNI, 2017.
"Letter to Abdallah and 'A'sisha," ODNI, 2016.
"Letter to Karim," ODNI, 2016.
"To Abu al-Faraj and 'Abd al-Hadi," Abu Saad, November 19, 2002, ODNI, 2016.
Letter from Atiya to Usama bin Laden, 22 August 2009, ODNI, March 2016.
"Jihad in Pakistan," ODNI, 2016.
"Letter Addressed to Shaykh," ODNI, 2015.
"Letter to My Dear Brother, Muhammad Aslam," ODNI, 2016.
"Letter to Our Honorable Shaykh," ODNI, 2015.
"Letter to Shaykh Azmarai," ODNI, 2016.
"Mujahidi Shura Council in Iraq," ODNI, 2016.
"Letter Dtd 7 August 2010," ODNI, 2015.
"Respected Brother, Kind Shaykh, Zamrai, Sahib," ODNI, 2016.
"Letter Dtd 5 April 2011," ODNI, 2015.
"Praise Be to God the Lord of All World," ODNI, 2016.
"Summary of the Points Session," ODNI, 2016.
"Undated Letter 3," ODNI, 20 May 2015.
"Letter to Mom", ODNI, 19 January 2017.
"My Generous Brother Tawfiq," ODNI, 2016 (1/2); "Letter from Hafiz," ODNI, 2015 (2/2).
"Letter Dtd 21 May 2007," ODNI, 2015.

"Letter Dtd 30 October 2010," ODNI, 2015.
"The Leadership of the Organization," ODNI, 2016.
"Letter Dtd 5 April 2011," ODNI, 2015.
"Letter from Khalid to Abdullah and Abu al-Harish," ODNI, 2015.
"Letter Dtd 18 July 2010," ODNI, 2015.
"Tehrik-e Taliban Pakistan (TTP) Charter," ODNI, 2016.
"To Emir Al-Mo'mineen," ODNI, 2016.
"Some Reactions to the Speech of al-Hafiz Abu Talhah al-Almani," ODNI, 2016.

其他第一手資料來源

蓋達組織內部文件

AFGP-2002-600321, "Letter to Mullah Muhammed 'Umar from Bin Laden," undated, pre-2001, CTC, https://ctc.usma.edu/harmony-program/letter-to-mullah-muhammed-umar-from-bin-laden-original-language-2/
AFGP-2002-003251, Abu Hudhayfa to Abu 'Abdallah (i.e., Usama bin Laden), June 21, 2000, CTC, https://ctc.usma.edu/wp-content/uploads/2013/09/A-Memo-to-Sheikh-Abu-Abdullah-Original1.pdf.
AFGP-2002-000112, "Al-Qa'ida Staff Count Public Appointments," CTC, https://ctc.usma.edu/harmony-program/al-qaida-staff-count-public-appointments-original-language-2/
AFGP-2002-600046, "List of Names of Al-Qa'ida Members," https://ctc.usma.edu/harmony-program/list-of-names-of-al-qaida-members-original-language-2/
Tarikh al-Ma'sada, CTC.
Atiya to Abu Musab al-Zarqawi, December 12, 2005, https://ctc.usma.edu/wp-content/uploads/2013/10/Atiyahs-Letter-to-Zarqawi-Original.pdf.

聖戰理論著作

Al-Adnani, Abu Muhammad, "Udhran Amir al-Qaeda," May 2014.

Bin Laden, Usama, "Declaration of Jihad," "Muslim Bomb," "Among a Band of Knights," "To the Allies of America," "The Towers of Lebanon," "Depose the Tyrants," "Resist the New Rome," in Bruce Lawrence (ed.), *Messages to the World: The Statements of Osama bin Laden*, trans. James Howarth, New York: Verso, 2005.

——. https://archive.org/details/Qasam-Benladen.

——. "Hayya 'ala al-Jihad—Kalima ila Ahli Pakistan," August 2007.

——. "al-Nizal, al-Nizal, Ya Abtal al-Sumal," *al-Sahab*, March 2009.

——. "Risala ila Ikhwanina fi Pakistan—wa-Qatiluhum," May 2009.

——. "Min Usama bin Laden ila al-Sha'b al-Faransi," November 2010.

Al-Bishr Bishr, http://www.tarhuni.org/i3teqal/olama/beshr.htm, and http://www.ilmway.com/site/maqdis/MS_5647.html

Fadl, Dr. *al-Ta'riya* (1), *al-Masri al-Yawm*, November 18, 2008, https://www.almasryalyoum.com/news/details/1930360.

Harun, Fadil, *al-Harb 'ala al-Islam: Qissat Fadil Harun*, vols. 1 and 2, CTC, https://www.ctc.usma.edu/harmony-program/the-war-against-islam-the-story-of-fazul-harun-part-1-original-language-2/; https://www.ctc.usma.edu/harmony-program/the-war-against-islam-the-story-of-fazul-harun-part-2-original-language-2/

Al-Jarbu', Abd al-'Aziz, *al-Mukhtar fi Hukm al-Intihar Khawfa Ifsha' al-Asrar*, http://www.ilmway.com.

Al-Libi, Abu Yahya, *al-Mu'lim fi Hukm al-Jasus al-Muslim* (A Guide to the Legal Judgement Concerning a Muslim Spy), Markaz al-Fajr al-I'lami, 2009.

——. "Al-Jaza'ir: Bayna Tadhiyat al-Aba', wa-Wafa' al-Abna'," June 2009.

——. "Usama: Masiratu 'Izzin wa-Khatimatu Sharaf," 2011.

Al-Libi, Atiya, *al-A'mal al-Kamila li-al-Sheikh al-Imam al-Shahid al-Mujahid 'Atiyatullah al-Libi* (Collected Works).

Al-Mauritani, Abu Hafs, Interview with Yusuf al-Shawli, "Mahfouz wuld al-Walid.. al-Qaeda wa-harakat Taliban," *Al Jazeera*, November 30, 2001.

Al-Rashid, Abu al-Hasan, "Butlan Muhadanat al-Murtaddin," http://www.ilmway.com/site/maqdis/MS_11240.html

Al-Shamrani, Muhammad Saeed, "Ayyuha al-Sha'b al-Amriki," December 6, 2019.

Al-Siba'i, Hani, "al-Harakat al-Islamiyya al-Jihadiyya," http://www.albasrah.net/moqawama/maqalat/sba3iansar_140304.htm.

Al-Suri, Abu Musab, *Da'wat al-Muqawama al-Islamiyya* (*c.* 2005).

——. *Afghanistan wa-al-Taliban wa-Ma 'rakatu al-Islami al-Yawm*, 1998.

Al-Wuhayshi, Abu Basir, *al-Masra*, part 1, issue 3, January 30, 2016; part 2, issue 4, February 9, 2016. Accessed at https://jihadology.net/wp-content/uploads/_pda/2016/01/al-masracc84-newspaper-3.pdf.

Al-Zawahiri, Ayman, *al-Hiwar ma' al-Tawaghit: Maqbarat al-Da'wa wa-al-Du'at.*

——. Interview with al-Sahab, 2002.

——. "Qadaya Sakhina," Interview with al-Sahab, August 2006.

——. "al-Liqa' al-Maftuh," parts I (2006) and II (2008).

——. "Min Kabul ila Mugadishu," February 2009.

——. "Ikhwani wa-Akhawati al-Muslimin fi Pakistan," June 2009.

——. "Fursan tahta Rayat al-Nabi."

——. "Nasihat al-Umma al-Muwahhida bi-Haqiqat al-Umam al-Muttahida," November 23, 2021.

Al-Sahab, Qanadil min Nur (8), Usama bin Laden press conference in early 2001. Released in May 2021, https://archive.gnews.bz/index.php/s/kg2NbAXaf6kGSbx.

Nasa'ih wa-Tawjihat Shar'iyya min al-Sheikh Abi al-Hasan Rashid li-Mujahidi Nigeria (released by AQIM).

Sada al-Malahim (released by AQAP), issue 1, 2008.

"Tahni'at al-Umma al-Islamiyya 'ala Nasri Allah fi Afghanistan al-Abiyya," *al-Sahab*, August 2021.

其他第一手資料來源

Bush, George, W., "Presidential Address to the Nation", *The White House*, October 7, 2001, https://georgewbush-whitehouse.archives.gov/news/releases/2001/10/20011007-8.html

——. "President Delivers State of the Union Address," January 29, 2002. https://georgewbush-whitehouse.archives.gov/news/releases/2002/01/20020129-11.html

Musharraf, Pervez, "Frontline," *PBS*, May 14, 2002, https://www.pbs.org/wgbh/pages/frontline/shows/campaign/interviews/musharraf.html

Obama, Barack, "Osama Bin Laden Dead," May 2, 2011, https://obamawhitehouse.archives.gov/blog/2011/05/02/osama-bin-laden-dead.

Pompeo, Michael R., "The Iran-al-Qa'ida Axis," January 12, 2021, https://www.state.gov/the-iran-al-qaida-axis/

Powell, Colin, "U.S. Secretary of State Colin Powell Addresses the U.N. Security Council," February 5, 2003, https://georgewbush-whitehouse.archives.gov/news/releases/2003/02/20030205-1.html

Trump, Donald, "Remarks by President Trump on the Joint Comprehensive Plan of Action," *The White House*, May 8, 2018, https://uy.usembassy.gov/remarks-by-president-trump-on-the-joint-comprehensive-plan-of-action/

"Press Briefing by Senior Administration Officials on the Killing of Osama bin Laden," *The White House*, May 2, 2011, https://obamawhitehouse.archives.gov/the-press-office/2011/05/02/press-briefing-senior-administration-officials-killing-osama-bin-laden.

"Joint Resolution to Authorize the Use of the United States Armed Forces Against Those Responsible for the Recent Attacks Launched Against the United States," Public Law 107-40-Sept. 18, 2001, https://www.congress.gov/107/plaws/publ40/PLAW-107publ40.pdf.

Senate Hearing 112-741, Current and Future Worldwide Threats to the National Security of the United States, February 16, 2012, https://www.govinfo.gov/content/pkg/CHRG-112shrg79855/html/CHRG-112shrg79855.htm.

United Nations Security Council, Resolutions 1189 (1998); 1193 (1998); 1267 (1999); 1333 (2000), https://www.un.org/securitycouncil/sanctions.

Resolution 1973, March 17, 2011, https://www.nato.int/nato_static/assets/pdf/pdf_2011_03/20110927_110311-UNSCR-1973.pdf.

Eleventh Report of the Analytical Support and Sanctions Monitoring Team, United Nations Security Council, May 27, 2020, https://www.securitycouncilreport.org/atf/cf/%7B65BFCF9B-6D27-4E9C-8CD3-CF6E4FF96FF9%7D/s_2020_415_e.pdf.

"Agreement for Bringing Peace to Afghanistan Between the Islamic Emirate of Afghanistan Which Is Not Recognized by the United States as a State and Is Known as the Taliban and the United States of America," February 29, 2020, https://www.state.gov/wp-content/uploads/2020/02/Agreement-For-Bringing-Peace-to-Afghanistan-02.29.20.pdf.

"Tora Bora Revisited: How We Failed to Get Bin Laden," A Report to Members of the Committee of Foreign Relations, United States Senate, November 30, 2009, https://www.govinfo.gov/content/pkg/CPRT-111SPRT53709/html/CPRT-111SPRT53709.htm.

Senate Report 113-288, Report of the Senate Select Committee on Intelligence Committee Study of the Central Intelligence Agency's Detention and Interrogation Program, 113th Congress, 2d Session, December 9, 2014, https://www.intelligence.senate.gov/sites/default/files/publications/CRPT-113srpt288.pdf.

The 9/11 Commission Report: Final Report of the National Commission on Terrorist Attacks Upon the United States (9/11 Report), July 22, 2004, https://www.govinfo.gov/app/details/GPO-911REPORT.

Bin Laden Dossier [Abbottabad Commission Report on Killing of Osama bin Laden], 2013, https://dataspace.princeton.edu/handle/88435/dsp01jq085k07t

第二手資料來源

文章、書籍與百科全書

Alston, Philip, "The CIA and Targeted Killings Beyond Borders," *Harvard National Security Journal*, vol. 2, 2011, pp. 283–446.

Barfield, Thomas, *Afghanistan: A Cultural and Political History*, Princeton: Princeton University Press, 2012.

——. "Problems in Establishing Legitimacy in Afghanistan," *Iranian Studies*, vol. 37, no. 2, June 2004, pp. 263–93.

Barnes, Cedric, and Hassan, Harun, "The Rise and Fall of Mogadishu's Islamic Courts," *Journal of Eastern African Studies*, vol. 1, no. 2, July 2007, pp. 151–60.

Bergen, Peter, *The Osama bin Laden I Know: An Oral History*, New York: Free Press, 2008.

——. *Manhunt: The Ten-Year Search for Bin Laden from 9/11 to Abbottabad*, New York: Crown, 2013.

——. *United States of Jihad: Who are America's Homegrown Terrorists, and How Do We Stop Them?*, New York: Crown Publishers, 2016.

——. *The Rise and Fall of Osama bin Laden*, New York: Simon & Schuster, 2021.

Beschloss, Michael, *Presidents of War: The Epic Story, from 1807 to Modern Times*, New York: Broadway Books, 2019.

Bosworth, C.E., "Tulaka,'" *Encyclopaedia of Islam* (2).

Coll, Steve, *The Bin Ladens: An Arabian Family in the American Century*, New York: The Penguin Press, 2008.

——. "The Unblinking Stare: The Drone War in Pakistan," *The New Yorker*, November 17, 2014.

Cook, David, "Contemporary Martyrdom: Ideology and Material Culture," in Thomas Hegghammer (ed.), *Jihadi Culture: The Art and Social Practices of Militant Islamists*, Cambridge: Cambridge University Press, 2017.

Cook, Michael, *Muhammad*, Oxford: Oxford University Press, 1983.

——. *The Koran: A Very Short Introduction*, Oxford: Oxford University Press, 2000.

——. *Commanding Right and Forbidding Wrong in Islamic Thought*, Cambridge: Cambridge University Press, 2000.

Crenshaw, Martha, "The Causes of Terrorism," *Comparative Politics*, vol. 13, no. 4, July, 1981, pp. 379–99.

Crone, Patricia, *God's Rule: Government and Islam*, Columbia: Columbia University Press, 2004.

Fahd, T., "Ru'ya," *Encyclopaedia of Islam* (2).

——. "Firasa," *Encyclopaedia of Islam* (2).

Farrall, Leah, and Hamid, Mustafa, *The Arabs at War in Afghanistan*, London: Hurst, 2015.

Fouda, Yosri, *Fi Tariq al-Adha: Min Ma'aqil al-Qa 'ida ila Hawadini Da'ish*, Cairo: Dar al-Shuruq, 2015.

Halm, Heinz, *The Fatimids and Their Traditions of Learning*, New York: I.B. Tauris & Co. Ltd, 1997.

Hastings, Max, *Vietnam: An Epic Tragedy, 1945–75*, New York: Harper Perennial, 2019.

Heck, Paul, L., "Jihad Revisited," *Journal of Religious Ethics*, vol. 32, no. 1, 2004, pp. 95–128.

Hegghammer, Thomas, *The Caravan: Abdallah Azzam and the Rise of Global Jihad*, Cambridge: Cambridge University Press, 2020.

Henze, Paul B., *Layers of Time: A History of Ethiopia*, New York: Palgrave, 2000.

Hussein, Fuad, *al-Zarqawi: al-Jil al-Thani li-al-Qa'ida*, Beirut: Dar al-Khayal, 2005.

Ibn al-Jawziyya, *Jami' al-Fiqh*, vol. 5, ed. Yusri al-Sayyid Muhammad, Dar al-Wafa' li-al-Tiba'a wa-al-Nashr, 2000.

Ibn Rushd, *The Distinguished Jurist's Primer*, vols. 1 and 2, trans. Imran Ahsan Khan Nyazee and Mohammad Abdul Rauf, Reading, UK: Garnet Publishing, 2000.

Ibn Sirin, Muhammad, b., and al-Nabulsi, Abd al-Ghanis, *Mu'jam Tafsir al-Ahlam*, ed. Basil al-Baridi, Beirut: al-Yamama, 2008.

Jordan, Robert W., with Fiffer, Steve, *Desert Diplomat: Inside Saudi Arabia Following 9/11*, Potomac Books, 2015.

Jordheim, Helge, "Philology and the Problem of Culture," in Harry Lonnroth (ed.), *Philology Matters!: Essays on the Art of Reading Slowly*, Leiden: Brill,

2017.

Karnow, Stanley, *Vietnam: A History*, 2nd edn., New York: Penguin Books, 1997.

Khadduri, Majid, *Shaybani's Siyar*, (trans.) *Islamic Law of Nations*, Baltimore: The Johns Hopkins Press, 1966.

Kohlberg, E., "Shahid," *Encyclopaedia of Islam*, 2nd edn., ed. P. Bearman, Th. Bianquis, C.E. Bosworth, E. van Donzel and W.P. Heinrichs, Leiden: E. J. Brill (online).

——. "al-Rafida, *Encyclopaedia of Islam* (2).

Lahoud, Nelly, *The Jihadis' Path to Self-Destruction*, London/New York: Hurst/Columbia University Press, 2010.

——. "The Evolution of Modern Jihadism," *Oxford Research Encyclopedia, Religion*, August 2016.

——. "The Neglected Sex: The Jihadis' Exclusion of Women from Jihad," *Terrorism and Political Violence*, vol. 26, vol. 5, 2014, pp. 780–802.

——. "What the Jihadis Left Behind," *London Review of Books*, vol. 42, no. 2, January 23, 2020.

——. and Collins, Liam, "How the CT Community Failed to Anticipate the Islamic State," *Democracy and Security* (August 2016), pp. 199–210.

——. "Bin Laden's Catastrophic Success: Al Qaeda Changed the World—But Not in the Way It Expected," *Foreign Affairs*, September–October 2021. https://www.foreignaffairs.com/articles/afghanistan/2021-08-13/osama-bin-ladens-911-catastrophic-success

Lawrence, Bruce (ed.), *Messages to the World: The Statements of Osama bin Laden*, New York: Verso, 2005.

Layish, A., "Mirath," *Encyclopaedia of Islam* (2).

Lia, Brynjar, *The Architect of Global Jihad*, London/New York: Hurst/Columbia University Press, 2008.

Lings, Martin, *Muhammad: His Life Based on the Earliest Sources*, Cambridge: The Islamic Texts Society, 2002.

Al-Mawardi, *The Ordinances of Government*, trans. Wafaa H. Wahba, Reading, England: Center for Muslim Contribution to Civilization, 1996.

McRaven, William H., *Sea Stories: My Life in Special Operations*, New York/Boston: Grand Central Publishing, 2019.

——. *Spec Ops: Case Studies in Special Operations Warfare: Theory and Practice*, New York: Presidio Press, 1996.

——. Lecture at the Special Operations Policy Forum, New America, September 2019, https://www.newamerica.org/conference/special-ops-2019/

Menkhaus, Ken, "Governance Without Government in Somalia," *International Security*, Vol. 31, no. 3, 2006–07, pp. 74–106.

——. "Somalia: A Country in Peril, a Policy Nightmare," Enough Strategy Paper, September 2008.

O'Neill, Robert, *The Operator: Firing the Shots That Killed Osama bin Laden and My Years as a SEAL Team Warrior*, New York: Scribner, 2017.

Perri, Timothy J., "The Evolution of Military Conscription in the United States," *The Independent Review*, vol. 17, no. 3, Winter 2013, pp. 429–39.

Peters, R., "Wasiyya," *Encyclopaedia of Islam* (2).

Sasson, Jean, Bin Laden, Najwa, and Bin Laden, Omar, *Growing Up Bin Laden: Osama's Wife and Son Take Us Inside Their Secret World*, New York: St Martin's Griffin, 2009 and 2010.

Schacht, J., "Mirath," *Encyclopaedia of Islam* (2).

Scott-Clark, Cathy, and Levy, Adrian, *The Exile: The Stunning Inside Story of Osama bin Laden and Al Qaeda in Flight*, New York: Bloomsbury, 2017.

Seale, Patrick, *Asad of Syria*, California: University of California Press, 1989.

Silber, Mitchell D., *The Al Qaeda Factor: Plots Against the West*, Philadelphia: University of Pennsylvania Press, 2012.

Stenersen, Anne, *Al-Qaida in Afghanistan*, Cambridge: Cambridge University Press, 2017.

Wallace, Chris, with Weiss, Mitch, *Countdown bin Laden: The Untold Story of the 247-Day Hunt to Bring the Mastermind of 9/11 to Justice*, New York: Simon & Schuster, 2021.

Warrick, Joby, *Black Flags: The Rise of ISIS*, New York: Penguin, 2015.

Weir, T.H., and Zysow, A., "Sadaka," *Encyclopaedia of Islam* (2).

Wensinck, A.J., "Asiya," *Encyclopaedia of Islam* (2).

——. "Subha," *Encyclopaedia of Islam* (2).

Williams, Brian Glyn, *Predators: The CIA's Drone War on al Qaeda*, Washington, D.C.: Potomac Books, 2013.

Woodward, Bob, *Obama's Wars*, New York: Simon & Schuster, 2010.

Yamskov, A.N., "Ethnic Conflict in the Transcaucasus: The Case of Nagorno-Karabakh," *Theory and Society*, vol. 20, no. 5, October 1991, pp. 631–60.

Yihdego, Zeray W., "Ethiopia's Military Action Against the Union of Islamic Courts and Others in Somalia: Some Legal Implications," *The International and Comparative Law Quarterly*, vol. 56, no. 3, July 2007, pp. 666–76.

Zaeef, Abdul Salam, *My Life with the Taliban*, ed. Alex Strick van Linschoten and Felix Kuehn, London: Hurst & Company, 2010.

Zenn, Jacob, *Unmasking Boko Haram: Exploring Global Jihad in Nigeria*, Denver: Lynne Rienner Publishers, 2020.

雜誌、報紙與報導

Benotman, Noman, "An Open Letter to Osama bin Laden," *Foreign Policy*, September 10, 2010.

Bergen, Peter, "The Man Who Wouldn't Hand Over bin Laden to the U.S.," *CNN*, July 29, 2015, https://peterbergen.com/the-man-who-wouldnt-hand-over-bin-laden-to-the-u-s-cnn-com/

——. Cruickshank, Paul, "The Unraveling," *The New Republic*, June 11, 2008.

——. Sterman, David, and Salyk-Virk, Melissa, "America's Counterterrorism Wars: Tracking the United States' Drone Strikes and Other Operations in Pakistan, Yemen, Somalia, and Libya," *New America*, https://www.newamerica.org/international-security/reports/americas-counterterrorism-wars/

Bunzel, Cole, "Why Are Al Qaeda Leaders in Iran?" *Foreign Affairs*, February 11, 2021.

Biswas, Soutik, "Mumbai 26/11 Attacks: Six Corpses, a Mobile Phone Call and One Survivor," BBC, November 26, 2018, https://www.bbc.com/news/world-asia-india-46314555

Coll, Steve, "The Unblinking Stare: The Drone War in Pakistan," *The New Yorker*, November 17, 2014, https://www.newyorker.com/magazine/2014/11/24/unblinking-stare

Dabashi, Hamid, "Who Is the 'Great Satan'?", *Al Jazeera*, September 20, 2015, https://www.aljazeera.com/indepth/opinion/2015/09/great-satan-150920072643884.html

Dorronsoro, Gilles, "The World Isolates the Taliban," *Le Monde Diplomatique*, June 2001, https://www.globalpolicy.org/the-dark-side-of-natural-resources-st/water-in-conflict/41438.html

Flaman, Annasofie, "Yemen's al-Qaeda Want Toxic Bombs," *PRI*, August 15, 2011.

Flissi, Lutfi, "al-Wasit al-Tijari li-Bin Ladin fi Qabdat al-Aman al-Jaza'iri," October 16, 2007.

Frantz, Douglas, "U.S.-Based Charity Is Under Scrutiny," *The New York Times*, June 14, 2002.

Hasan, Syed Shoaib, "Islamabad's Red Mosque," BBC News, July 27, 2007.

Hersh, Seymour M., "The Killing of Osama bin Laden," *London Review of Books*, vol. 37, no. 10, May 21, 2015.

Jackson, Kevin, *Abu al-Layth al-Libi*, in Nelly Lahoud (ed.), Jihadi Bios Project, February 15, 2015, CTC.

Jenkins, Brian M., "The New Age of Terrorism," The RAND Corporation, https://www.rand.org/content/dam/rand/pubs/reprints/2006/RAND_RP1215.pdf

Khan, Zahid Ali, "Military Operations in FATA and PATA: Implications for Pakistan," ISSI-Islamabad, 2014, http://www.issi.org.pk/wp-content/uploads/2014/06/1339999992_58398784.pdf.

Koehler-Derrick, Gabriel (ed.), *A False Foundation? AQAP, Tribes and Ungoverned Spaces in Yemen*, CTC, October 3, 2011.

Lahoud, Nelly, *Beware of Imitators: Al-Qa'ida Through the Lens of Its Confidential Secretary*, CTC, June 4, 2012.

——. *Al-Qa'ida's Contested Relationship with Iran: The View from Abbottabad*, New America, September 2018.

——. Caudill, Stuart, Collins, Liam, Koehler-Derrick, Gabriel, Rassler, Don, and al-'Ubadydi, Muhammad, "Letters from Abbottabad: Bin Laden Sidelined," CTC, May 3, 2012, https://ctc.usma.edu/letters-from-abbottabad-bin-ladin-sidelined/

Malnic, Eric, Rempel, William C., and Alonso-Zaldivar, Ricardo, "EgyptAir Co-Pilot Caused '99 Jet Crash, NTSB to Say," *Los Angeles Times*, March 15, 2002.

Mazzetti, Mark, "Officer Failed to Warn C.I.A. Before Attack," *The New York Times*, October 19, 2010, https://www.nytimes.com/2010/10/20/world/asia/20intel.html

McCants, William, "The Believer: How an Introvert with a Passion for Religion and Soccer Became the Leader of the Islamic State," *Brookings*, 2015, http://csweb.brookings.edu/content/research/essays/2015/thebeliever.html

Mellah, Salima, and Rivoire, Jean-Baptiste, "El Para, the Maghreb's Bin Laden," *Le Monde Diplomatique*, February 2005, https://mondediplo.com/2005/02/04algeria

Miller, John, "Greetings, America. My Name Is Osama Bin Laden . . .," *Esquire*, February 1, 1999, https://www.pbs.org/wgbh/pages/frontline/shows/binladen/who/miller.html

Mohamed, Ahmed, "Mauritani Sentences Alleged al-Qaida Leader to 20 Years," *Associated Press*, April 21, 2015.

Orden, Erica, "Najibullah Zazi, who plotted to bomb the New York subway, gets a second chance," *CNN*, September 28, 2019, https://www.cnn.com/2019/05/01/us/najibullah-zazi-new-york-subway-bomb-plot-sentencing/index.html

Pantucci, Raffaello "A Biography of Rashid Rauf: Al-Qa'ida's British Operative," *CTC Sentinel*, July 2012, Vol. 5, Issue 7.

Perlez, Jane, "An Iranian Diplomat Is Abducted by Gunmen in Pakistan," *The New York Times*, November 13, 2008, https://www.nytimes.com/2008/11/14/world/asia/14envoy.html

Petraeus, David, "How We Won in Iraq," *Foreign Policy*, October 29, 2013.

Riedel, Bruce, "Al Qaeda's Latest Loss," *Brookings*, June 4, 2011, https://www.brookings.edu/opinions/al-qaedas-latest-loss/

Rosenberg, Carol, "What the C.I.A.'s Torture Program Looked Like to the Tortured," *The New York Times*, Dec. 4, 2019, https://www.nytimes.com/2019/12/04/us/politics/cia-torture-drawings.html

Rosenberg, Matthew, "C.I.A. Cash Ended Up in Coffers of Al Qaeda," *The New York Times*, March 14, 2015, https://www.nytimes.com/2015/03/15/world/asia/cia-funds-found-their-way-into-al-qaeda-coffers.html

Schmitt, Eric, "U.S. Officials Say a Son of Bin Laden May Be Dead," *The New York Times*, July 23, 2009.

Al-Shafi'i, Muhamad, "Muhamad Shawqi al-Islambuli (Abu Khaled) shaqiq qatil al-Sadat waffara li-A 'da' "al-Qaeda" maladhan aminan fi janubi Iran," *al-Sharq al-Awsat*, issue 8942, May 23, 2003, https://archive.aawsat.com/details.asp?article=172395&issueno=8942#.X-DKUeTsElQ

Smucker, Philip, "How Bin Laden Got Away," *Christian Science Monitor*, March 4, 2002.

Thielman, Greg, "The Missile Gap Myth and Its Progeny," *Arms Control Association*, 2011, https://www.armscontrol.org/act/2011-05/missile-gap-myth-its-progeny

Tucker, Eric, and Balsamo, Michael, "US to Send Home Some Saudi Military Students After Shooting," *Associated Press*, January 12, 2020, https://apnews.com/726126ca1c1e0afb752b33234201137c

Al-'Ubaydi, Muhammad, *Khattab* (Jihadi Bios Project, ed. Nelly Lahoud), CTC, March, 2015.

Walsh, Declan, "Pakistan's Spymaster Hamid Gul: Angel of Jihad or Windbag Provocateur," *Guardian*, May 31, 2011.

Weiser, Benjamin, "Abu Ghaith, a Bin Laden Adviser, Is Sentenced to Life in Prison," *The New York Times*, September 23, 2014, https://www.nytimes.com/2014/09/24/nyregion/abu-ghaith-a-bin-laden-adviser-is-sentenced-to-life-in-prison.html

Westwood, Sarah, Perez, Evan, and Browne, Ryan, "Trump Confirms Osama bin Laden's Son Hamza Killed in US Counterterrorism Operation," *CNN*, September 14, 2019, https://www.cnn.com/2019/09/14/politics/hamza-bin-laden-al-qaeda-dead/index.html

Windrem, Robert, and Limjoco, Victor, "Was Bin Laden's Last Video Faked?" *NBC*, October 29, 2010, http://www.nbcnews.com/id/21530470/ns/nbc_nightly_news_with_brian_williams/t/was-bin-ladens-last-video-faked/

Whitlock, Craig, and Khan, Kamran, "Blast in Pakistan Kills Al Qaeda Commander: Figure Reportedly Hit by U.S. Missile Strike," *Washington Post*, December 4, 2005, https://www.washingtonpost.com/wp-dyn/content/article/2005/12/03/AR2005120301473_pf.html

——. and DeYoung, Karen, "Senior Al-Qaeda Commander Believed to Be Dead," *Washington Post*, April 10, 2008, https://www.washingtonpost.com/

wp-dyn/content/article/2008/04/09/AR2008040901793.html?hpid=moreheadlines.
Wojtanik, Andrew, "Mokhtar Belmokhtar: One-Eyed Firebrand of North Africa and the Sahel," Jihadi Bios Project, ed. Nelly Lahoud, CTC, February 2015.
"Al-Qaeda Chief Younis al-Mauritani Held, Says Pakistan," *BBC*, September 5, 2011.
"Mutalabat Iran bi-Itlaq Usrat Bin Laden," *Al Jazeera*, March 15, 2010.
"Sulaiman Abu Ghaith Sentenced to Life in Prison," *BBC*, September 23, 2014, https://www.bbc.com/news/world-us-canada-29331395.
"Al Qaeda's No. 2, Accused in U.S. Embassy Attacks, Was Killed in Iran," *The New York Times*, November 14, 2020.
"Austria Denies Ransom in Qaeda Hostage Release," *France24*, November 2, 2008.
"Timeline: Saudi Attacks," *BBC News*, http://news.bbc.co.uk/2/hi/middle_east/3760099.stm.
"Senior Afghan Taliban Leader, Mullah Obaidullah, Is Dead," *BBC*, February 13, 2012, https://www.bbc.com/news/world-asia-17011844.
"Guantanamo Inmates Say They Were 'Sold,'" *Associated Press*, May 31, 2005, http://www.nbcnews.com/id/8049868/ns/world_news/t/guantanamo-inmates-say-they-were-sold/
"U.S. Tells Taliban to Close New York Office," *The New York Times*, February 10, 2001.
"US-Taliban Talks: Who Is Mullah Baradar?" *Al Jazeera*, May 1, 2019, https://www.aljazeera.com/news/2019/05/us-taliban-talks-mullah-baradar-190501184035063.html
"Baghdad Church Hostage Drama Ends in Bloodbath," *BBC*, November 1, 2010.
"Taliban Leader Mullah Akhtar Mansour Killed, Afghans Confirm," *BBC*, May 22, 2016, https://www.bbc.com/news/world-asia-36352559.
"Obituary: Hakimullah Mehsud," *BBC*, November 1, 2013, https://www.bbc.co.uk/news/world-asia-24464506.
"Syria Backs 'Iraqi People' in War," *CNN*, March 31, 2003, https://www.cnn.com/2003/WORLD/meast/03/31/sprj.irq.us.syria/
"Zarqawi Beheaded US Man in Iraq," *BBC*, May 13, 2004, http://news.bbc.co.uk/2/hi/middle_east/3712421.stm.
"Iraqis Welcome Exiled Cleric Home," *BBC*, May 12, 2003, http://news.bbc.co.uk/2/hi/middle_east/3019831.stm.
"Ansar al-Islam," *Al Jazeera*, February 9, 2004, https://www.aljazeera.net/encyclopedia/movementsandparties/2014/2/9/%D8%A3%D9%86%D8%B5%D8%A7%D8%B1-%D8%A7%D9%84%D8%A5%D8%B3%D9%84%D8%A7%D9%85.
"Ansar al-Islam' al-Kirdiyya .. Min al-Ta'sis hatta 'Daesh,'" December 21, 2019, http://www.islamist-movements.com/32212.

BBC timeline of the Madrid attacks, http://news.bbc.co.uk/2/shared/spl/hi/guides/457000/457031/html/

"Al Qaeda No. 3 Dead, But How?" *CNN*, December 4, 2005, http://www.cnn.com/2005/WORLD/asiapcf/12/03/pakistan.rabia/

"Deadly Attacks Rock Baghdad, Karbala," *CNN*, March 2, 2004, http://edition.cnn.com/2004/WORLD/meast/03/02/sprj.nirq.main/

"US Judge: Saudi Royals Must Answer Question in 9/11 Lawsuit," *Associated Press*, September 11, 2020, https://apnews.com/article/lawsuits-archive-courts-ac77fbfb343c5133019153eb864a820d.

"Abubakar Shekau: Nigeria's Boko Haram Leader Is Dead, Say Rival Militants," *BBC*, June 7, 2021, https://www.bbc.com/news/world-africa-57378493.

"Freed French Hostages Return amid Ransom Speculation," *BBC*, October 2013, https://www.bbc.com/news/world-europe-24739716.

"Al Qaeda Blamed for U.S. Embassy Attack," *CNN*, September 17, 2008.

"Al Qaeda Blamed for Yemen Attack," *CNN*, 2009.

"Al Qaeda Leader Behind Northwest Flight 253 Terror Plot Was Released by U.S.," *ABC News*, December 28, 2009.

"Key Afghanistan Taliban Commander Killed in US Air Strike," *BBC*, December 2, 2018, https://www.bbc.com/news/world-asia-46418776.

"The Guantanamo Files—Abdullah Khan," *WikiLeaks*, https://wikileaks.org/gitmo/prisoner/950.html

網站

The 9/11 Memorial & Museum, https://www.911memorial.org/visit/museum/exhibitions/in-memoriam.

9/11 Commission Report, https://govinfo.library.unt.edu/911/report/911Report.pdf.

UNESCO, https://whc.unesco.org/en/list/208/

FBI, https://www.fbi.gov/history/famous-cases/east-african-embassy-bombings.

DIA, https://www.dia.mil/News/Articles/Article-View/article/567026/attacks-on-uss-cole-spurred-dias-counterterrorism-mission/

United Nations – Zia-ur-Rahman Madani –https://www.un.org/securitycouncil/sanctions/1988/materials/summaries/individual/zia-ur-rahman-madani.

America's Navy, https://www.navy.com/seals.

Air Combat Command, "RQ-1/MQ-1 Predator Unmanned Aerial Vehicle," November 5, 2008, https://www.acc.af.mil/About-Us/Fact-Sheets/

Display/Article/199130/rq-1mq-1-predator-unmanned-aerial-vehicle/
Air Force Technology, "Predator RQ-1/MQ-1/MQ-9 Reaper UAV," https://www.airforce-technology.com/projects/predator-uav/
U.S. Air Force, "MQ-1B Predator," September 23, 2015, https://www.af.mil/About-Us/Fact-Sheets/Display/Article/104469/mq-1b-predator/
Air Force Technology, "Predator RQ-1/MQ-1/MQ-9 Reaper UAV," https://www.airforce-technology.com/projects/predator-uav/
U.S. Air Force, "MQ-9 Reaper," https://www.af.mil/About-Us/Fact-Sheets/Display/Article/104470/mq-9-reaper/
EIA—US Energy Information Administration, https://www.eia.gov/dnav/pet/hist/LeafHandler.ashx?n=PET&s=MCRIMUS1&f=M.
CENTCOM, https://www.centcom.mil/ABOUT-US/COMPONENT-COMMANDS/
The Hall of Valor Project, Kent G. Solheim, https://valor.militarytimes.com/hero/5554.
See more about the blood chit on https://www.airforcemag.com/article/1098chit/
Isamweb.net, Fatwa 62318.
https://adabworld.com – Qays b. al-Muluh.
MAFA World, https://www.mafa.world/mustafa-hamed/
dorar.net – "Habs al-Madin fi qabrihi bi-daynihi."
Sunnah.com – *Jami' al-Tirmidhi* 3604f, Bk 48, Hadith 240; *Musnad* Ahmad 628/Bk 5, Hadith 65.

國家圖書館出版品預行編目(CIP)資料

賓.拉登文件：阿伯塔巴德突擊行動揭示的蓋達組織、其領導人和家庭真相/奈莉.拉胡德(Nelly Lahoud)作；苑默文譯. -- 初版. -- 新北市：黑體文化, 遠足文化事業股份有限公司, 2023.06
面；　公分. -- (黑盒子；13)
譯自：The Bin Laden papers : how the Abbottabad raid revealed the truth about al-Qaeda, its leader and his family
ISBN 978-626-7263-03-7(平裝)

1.CST: 賓拉登(Bin Laden, Osama,1957-2011) 2.CST: 恐怖主義 3.CST: 恐怖活動 4.CST: 伊斯蘭教

548.86　　112000692

特別聲明：
有關本書中的言論內容，不代表本公司／出版集團的立場及意見，由作者自行承擔文責。

黑體文化　　讀者回函

黑盒子13

賓・拉登文件：蓋達組織、其領導人與家庭的真相

The Bin Laden Papers: How the Abbottabad Raid Revealed the Truth about Al-Qaeda, Its Leader and His Family

作者・奈莉・拉胡德（Nelly Lahoud）｜譯者・苑默文｜責任編輯・龍傑娣｜封面設計・莊謹銘｜出版・黑體文化／遠足文化事業股份有限公司｜總編輯・龍傑娣｜社長・郭重興｜發行人・曾大福｜發行・遠足文化事業股份有限公司｜電話：02-2218-1417｜傳真・02-2218-8057｜客服專線・0800-221-029｜客服信箱・service@bookrep.com.tw｜官方網站・http://www.bookrep.com.tw｜法律顧問・華洋國際專利商標事務所・蘇文生律師｜印刷・通南彩色印刷有限公司｜排版・菩薩蠻數位文化有限公司｜初版・2023年6月｜定價・650元｜ISBN・978-626-7263-03-7